Die Jahre 1933 bis 1943 markieren das schwärzeste Kapitel der europäischen Moderne. Im Angesicht der Katastrophe entwickeln die vier Philosophinnen Hannah Arendt, Simone de Beauvoir, Ayn Rand und Simone Weil ihre visionären Ideen: zum Verhältnis von Individuum und Gesellschaft, von Mann und Frau, von Sex und Gender, von Freiheit und Totalitarismus, von Gott und Mensch. Ihr abenteuerlicher Weg führt sie von Stalins Leningrad bis nach Hollywood, von Hitlers Berlin und dem besetzten Paris bis nach New York; vor allem aber zu revolutionären Gedanken, ohne die unsere Gegenwart – und Zukunft – nicht dieselbe wäre. Ihre Existenzen – als Geflüchtete, Aktivistinnen, Widerstandskämpferinnen – erweisen sich dabei als gelebte Philosophie und legen eindrucksvoll Zeugnis von der befreienden Kraft des Denkens ab.
Ein wichtiges Buch über vier globale Ikonen, die am Abgrund des 20. Jahrhunderts beispielhaft und mit bis heute weltweiter Wirkung verkörperten, was es heißt, ein wahrhaft freies Leben zu führen.

Wolfram Eilenberger, geboren 1972, war langjähriger Chefredakteur des *Philosophie Magazins*, ist *Zeit*-Kolumnist, moderiert die »Sternstunde Philosophie« im Schweizer Fernsehen und ist Programmleiter der phil. cologne. In zahlreichen Talkshow-Auftritten im Deutschen Fernsehen gibt er der Philosophie eine Stimme und ein Gesicht. Sein Buch »Zeit der Zauberer« stand monatelang auf der *Spiegel*-Bestsellerliste und wurde 2018 mit dem Bayerischen Buchpreis ausgezeichnet. Auch das vorliegende Buch »Feuer der Freiheit« war *Spiegel*-Bestseller.

FEUER DER FREIHEIT

Die Rettung der Philosophie in finsteren Zeiten

1933–1943

WOLFRAM EILENBERGER

Klett-Cotta

FSC www.fsc.org
MIX
Papier aus verantwortungsvollen Quellen
FSC® C083411

Klett-Cotta
www.klett-cotta.de
Dieses Werk wurde vermittelt durch die Literarische Agentur Michael Gaeb

Printed in Germany
Cover: Rothfos & Gabler, Hamburg
unter Verwendung eines Fotos von © Sotheby's/akg-images,
Gaston La Touche, Feu d'artifice sur Paris
Gesetzt von Dörlemann Satz, Lemförde
Gedruckt und gebunden von CPI – Clausen & Bosse, Leck
ISBN 978-3-608-98512-2
E-Book ISBN 978-3-608-12037-0

Bibliografische Information der Deutschen Nationalbibliothek
Die Deutsche Nationalbibliothek verzeichnet diese Publikation in der Deutschen Nationalbibliografie; detaillierte bibliografische Daten sind im Internet über http://dnb.d-nb.de abrufbar.

Für Venla und Kaisa,
Frauen auf dem Weg

INHALT

Wähntest du etwa,
Ich sollte das Leben hassen,
In Wüsten fliehen …

Johann Wolfgang von Goethe,
»Prometheus« (1789)

Fool me once, fool me twice
Are you death or paradise?

Billie Eilish, »No Time To Die« (2020)

I.
FUNKEN

1943

Beauvoir ist in Stimmung, Weil in Trance,
Rand außer sich und Arendt im Alptraum

DAS PROJEKT

»Warum überhaupt beginnen, wenn man doch wieder innehalten muß?«[1] Für einen Anfang nicht übel. Genau davon sollte der Essay handeln: von der Spannung zwischen der Endlichkeit des eigenen Daseins – und der offensichtlichen Unendlichkeit dieser Welt. Schließlich drohte dieser Abgrund bereits nach kurzem Nachdenken jeden Plan, jeden Entwurf, jedes selbst gesteckte Ziel dem Absurden preiszugeben. Und zwar ganz egal, ob es nun darin bestand, gleich den gesamten Erdball zu erobern oder nur den eigenen Vorgarten zu pflegen.[2] Letztlich lief es auf dasselbe hinaus. Wenn schon niemand anderes, so würde die Zeit selbst das erschaffene Werk dereinst nichten und für ewig vergessen machen. Gerade so, als ob es nie gewesen wäre. Ein Schicksal, so sicher wie der eigene Tod.

Warum also überhaupt etwas tun und nicht vielmehr nichts? Oder, besser gleich in Form einer klassischen Fragetriade: »Welches ist des Menschen Maß? Welche Ziele kann er sich setzen, und welche Hoffnung darf er hegen?«[3] Ja, das trug. Das war sie, die gesuchte Struktur!

Von ihrem Ecktisch im zweiten Stock des Café Flore sah Simone de Beauvoir den Passanten nach. Da liefen sie. Die anderen. Jeder und jede ein eigenes Bewusstsein. Unterwegs mit ihren ganz eigenen Ängsten und Sorgen, Plänen und Hoffnungen. Genauso wie sie auch. Als nur eine unter Milliarden. Ein Gedanke, der ihr jedes Mal wieder einen Schauer über den Rücken jagte.

Beauvoir hatte sich mit der Zusage nicht leichtgetan. Was nicht zuletzt an der von Jean Grenier als Herausgeber gewünschten Thematik lag. Für einen Sammelband zu den bestimmenden geistigen Strömungen der Gegenwart wollte er von ihr einen Text über »den Existentialismus«.[4] Dabei hatten weder Sartre noch sie diesen Begriff bislang für sich beansprucht. Er war eine jüngere Erfindung des Feuilletons, nichts weiter.

Die Ironie der Themenstellung war damit schwer zu überbieten. Denn wenn es überhaupt ein Leitmotiv gab, das ihren und Sartres Weg in den vergangenen zehn Jahren bestimmt hatte, so lag dies in der konsequenten Weigerung, freiwillig in Schubladen zu kriechen, die andere bereits für sie entworfen hatten. Genau diese Art der Revolte war der Kern ihres Projekts gewesen – war es bis heute.

BESTE JAHRE

Sollten die anderen es ruhig »Existentialismus« nennen. Sie würde den Begriff bewusst vermeiden. Und stattdessen als Autorin einfach das tun, was sie seit den ersten Einträgen in ihre Jugend-Tagebücher am liebsten tat: sich möglichst konzentriert den Fragen widmen, die sie in ihrem Dasein umtrieben – und deren Antwort sie noch nicht kannte. Seltsamerweise waren es noch immer dieselben. Allen voran die Frage nach dem möglichen Sinn ihrer eigenen Existenz. Sowie die Frage nach der Wichtigkeit anderer Menschen für das eigene Leben.

Nie zuvor allerdings hatte Beauvoir sich in diesem Nachdenken so sicher und frei gefühlt wie jetzt, im Frühling des Jahres 1943. Auf dem Höhepunkt eines weiteren Weltkriegs. Inmitten ihrer besetzten Stadt. Trotz Essensmarken und Versorgungsengpässen, trotz chronischen Kaffee- und Tabakentzugs (Sartre war mittlerweile so verzweifelt, dass er jeden Morgen auf dem Boden des Flore herumkroch, um Stummel des Vorabends einzusammeln), trotz täglicher Kontrollschikanen und Ausgangssperren, trotz der allgegenwärtigen Zensur und deutschen Soldaten, die sich selbst hier, im Montparnasse, mit immer größerer Schamlosigkeit in den Cafés tummelten. Solange sie nur genug Zeit und Ruhe zum Schreiben fände, war auch weiterhin alles andere zu ertragen.

Zum Herbst würde ihr erster Roman bei Gallimard erscheinen.[5] Ein zweiter lag fertig in der Schublade.[6] Auch ein Theaterstück[7] war gut im Werden. Nun sollte der erste philosophische Essay folgen. Sartres 1000-seitiges Werk »Das Sein und das Nichts« lag ebenfalls zum Druck beim Verlag. Binnen Monatsfrist würde sein Drama »Die Fliegen« am Théâtre de la Cité Uraufführung feiern. Sein bisher politischstes Stück.

In Wahrheit war all dies die geistige Ernte eines gesamten Jahrzehnts, in dessen Verlauf sie und Sartre miteinander tatsächlich einen neuen Stil des Philosophierens geschaffen hatten. Sowie – weil das eine nun einmal untrennbar mit dem anderen einherging – neue Arten und Weisen, ihr Leben zu führen: privat, beruflich, literarisch, erotisch.

Noch während ihres Philosophiestudiums an der École Normale Supérieure – Sartre lud sie zu sich ein, um sich Leibniz erklären zu lassen – hatten die beiden einen Liebespakt der besonderen Art geschlossen: Sie hatten einander unbedingte geistige Treue und Ehrlichkeit versprochen – bei gleichzeitiger Offenheit für weitere Anziehungen. Absolut notwendig füreinander würden sie sein, gern zufällig auch für andere. Eine dynamische Dyade, in der sich nach ihrem Willen die ganze weite Welt spiegeln sollte. Zu immer neuen Anfängen und Abenteuern hatte dieser Entwurf sie seither getragen: von Paris bis nach Berlin und Athen; von Husserl über Heidegger bis Hegel; von Traktaten über Romane zu Theaterstücken. Von Nikotin über Meskalin zu Amphetamin. Von der »kleinen Russin« über den »kleinen Bost« bis zur »ganz kleinen Russin«. Von Nizan über Merleau-Ponty zu Camus. Er trug sie noch immer, ja trug sie fester und bestimmter denn je (»Eine Liebe zu leben bedeutet, sich durch sie auf neue Ziele hin zu entwerfen«).[8]

Ihr Wochendeputat (maximal 16 Stunden) als Philosophielehrende erledigten sie mittlerweile ohne größeres Engagement. Anstatt sich an den Lehrplan zu halten, ließen sie ihre Schüler nach kurzen Eingangsreferaten frei miteinander diskutieren – immer ein Erfolg. Es deckte die Rechnungen. Zumindest einen Teil davon. Schließlich hatten sie nicht nur für sich selbst aufzukommen, sondern noch immer für weite Teile ihrer »Familie«. Auch nach fünf Jahren in Paris stand Olga mit ihrer Karriere als Schauspielerin erst in den Startlöchern. Der kleine Bost schaffte es als freier Journalist ebenfalls kaum über die Runden, und Olgas jüngere Schwester, Wanda, suchte weiterhin verzweifelt nach etwas, das ganz und gar zu ihr passte. Allein Natalie Sorokin, als jüngster Neuzuwachs, stand fest auf eigenen Füßen: Gleich zu Kriegsbeginn hatte sie sich auf das Stehlen von Fahrrädern spezialisiert und betrieb seither einen gut organisierten – von den Nazis offenbar geduldeten – Schwarzmarkthandel immer breiteren Sortiments.

DIE SITUATION

Die Erfahrungen des Krieges und der Okkupation hatte sie noch einmal enger zusammenwachsen lassen. Gerade in den vorangegangenen Monaten hatte ihr Zusammenleben, wie es Beauvoir als eigentlichem Familienoberhaupt schien, richtig zu sich gefunden. Ein jeder genoss seine Rolle, ohne auf diese reduziert zu bleiben. Jeder kannte seine Ansprüche und Rechte, ohne allzu starr darauf zu beharren. Sie waren jeder für sich glücklich, aber gemeinsam trotzdem nicht langweilig.

Die bevorstehende Urteilsverkündung beunruhigte Beauvoir deshalb nicht allein um ihrer selbst willen. Seit mehr als einem Jahr waren die Schnüffler der Vichy-Behörden mit ihrer Untersuchung zugange. Mehr zufällig hatte Sorokins Mutter in einer Schublade eine intime Briefkorrespondenz ihrer Tochter mit deren damaliger Philosophielehrerin gefunden. Daraufhin hatte sie eigene Nachforschungen angestellt und war mit dem Material schließlich zu den Behörden gegangen. Das Vorgehen, so ihre Klage, sei offenbar immer das gleiche: Zunächst freunde sich Beauvoir mit den sie bewundernden Schülerinnen oder Ex-Schülerinnen privat an, verführe sie dann sexuell und leite sie nach einiger Zeit gar an ihren langjährigen Lebenspartner, den Philosophielehrer und Literaten Jean-Paul Sartre, weiter. Ins Zentrum der Ermittlungen rückte damit der Tatbestand »Ermunterung zu ausschweifendem Verhalten«[9], womit Beauvoir bei einer etwaigen Schuldigsprechung Konsequenzen drohten, von denen der bleibende Entzug ihrer Lehrerlaubnis noch die leichteste sein würde.

Fest stand bisher nur, dass Sorokin, Bost und Sartre bei ihren Vorladungen dichtgehalten hatten. Außer den besagten, nicht letztschlüssig inkriminierenden Briefen an Sorokin, gab es zudem wohl keine direkten Beweise. Dafür gewiss jede Menge Indizien, die den Schnüfflern des Pétain-Regimes ein ausreichend präzises Bild davon vermittelten, auf welcher Seite des politischen Spektrums Beauvoir als Lehrkraft wohl einzuordnen war – und wofür sie mit ihrer gesamten Existenz einstand.

Anstatt in Wohnungen, lebten sie seit Jahren gemeinsam in Hotels des Montparnasse. Dort tanzten und lachten, kochten und tranken, stritten und schliefen sie miteinander. Ohne äußeren Zwang. Ohne letzte Regeln. Und vor allem auch – soweit es eben möglich war – ohne falsche Versprechen und Verzichte. Konnte nicht schon ein einfacher Blick, eine lose Berührung, eine gemeinsam durchwachte Nacht der mögliche Funke in das Feuer eines abermals erneuerten Lebens ein? Sie wollten es glauben. Ja, soweit es Beauvoir und Sartre betraf, war der Mensch überhaupt nur als Anfänger wirklich bei sich.

> Man kommt nie irgendwo an. Es gibt nur Ausgangspunkte, Anfänge. Mit jedem Menschen bricht die Menschheit von neuem auf. Und daher findet der junge Mensch, der seinen Platz in der Welt sucht, diesen zunächst nicht und fühlt sich deshalb verlassen …[10]

Das war eben auch eine Weise zu erklären, weshalb sie Olga, Wanda, den kleinen Bost und Sorokin einst unter ihre Fittiche, aus der Provinz zu sich nach Paris genommen, sie dort gestützt, gefördert und finanziert hatten. Um diese jungen Menschen von ihrer offenbaren Verlassenheit in die Freiheit zu führen. Sie zu ermuntern, sich ihren eigenen Platz in der Welt zu schaffen, anstatt einfach einen schon bereitgestellten einzunehmen. Dies geschah aus einem Akt der Liebe heraus, nicht der Unterwerfung, des lebendigen Eros, nicht der blinden Ausschweifung. Einem Akt, bei welchem die Menschlichkeit gewahrt blieb. Denn: »Der Mensch ist nur, indem er sich selbst erwählt; wenn er es ablehnt, sich zu erwählen, vernichtet er sich.«[11]

TODSÜNDEN

Sofern es gemäß ihrer neuen Philosophie überhaupt etwas gab, das den nach dem Tod Gottes frei gewordenen Platz der »Sünde« einnehmen konnte, war es die willentliche Verweigerung eben dieser Freiheit. Genau diese selbst verschuldete Vernichtung galt es um jeden Preis zu vermeiden. Sowohl für sich selbst wie für andere. Sowohl privat wie politisch. Und zwar im Hier und Jetzt, im Namen und als Feier des Lebens selbst. Und nicht etwa, wie es der mutmaßliche »Existentialist« Martin Heidegger von der deutschen Provinz aus zu lehren schien, im Namen eines »Seins zum Tode«. »Das menschliche Sein existiert in der Gestalt von Entwürfen, die nicht Entwürfe auf den Tod sind, sondern auf bestimmte Ziele hin. … Man ist also nicht *zum* Tode.«[12]

Das einzige Sein, das demnach zählte, war das Sein dieser Welt. Die einzig tragenden Werte waren diesseitige Werte. Ihr einzig wirklich tragender Ursprung der Wille eines freien Subjekts zum Ergreifen seiner Freiheit. Das war es, was es eigentlich hieß, als Mensch zu *existieren*.

Exakt auf diese Form des Existierens, auf deren Vernichtung und Auslöschung, hatten es Hitler und die Seinen abgesehen. Genau dies war ihr Ziel gewesen, als sie vor drei Jahren auch über Beauvoirs Land hergefallen waren – um nach ihrem Endsieg über die gesamte Welt noch dem letzten verbliebenen Menschen auf Erden genau vorzuschreiben und aufzuzwingen, wie er seinen Essay zu schreiben oder auch nur den Vorgarten zu pflegen habe.

Nein, sie hatte wahrlich Besseres zu tun, als sich um das Urteil dieser faschistischen Spießer zu kümmern. Sollten sie ihr die Lehrerlaubnis nur entziehen! Sie würde sich schon aus eigenen Stücken neu zu entwerfen wissen! Vor allem jetzt, wo sich viele Türen gleichzeitig zu öffnen schienen.

DIE MORAL

Beauvoir war voller Vorfreude auf die Diskussionen. Am Abend würde es zur Generalprobe von Sartres jüngstem Stück gehen. Danach, wie immer, auf die Piste. Auch Camus hatte sein Kommen angekündigt. War sie ihren Gedanken bislang richtig gefolgt, eröffneten diese gar die Möglichkeit einer neuen Bestimmung des Menschen als handelndes Wesen. Und zwar eine, die weder wie bei Sartre letztlich inhaltsleer war noch wie bei Camus notwendig absurd bleiben musste. Mit ihrem Essay würde sie eine weitere Alternative aufzeigen. Einen eigenen, dritten Weg.

Soweit sie sah, wäre das Maß genuin menschlichen Handelns demnach durch zwei Extreme von innen heraus begrenzt: zum einen durch das Extrem totalitärer Übergriffigkeit, zum anderen durch dasjenige absolut asozialer Selbstbescheidung. Konkret gesprochen, fand es sich also zwischen dem notwendig einsamen Ziel nach Eroberung der gesamten Welt sowie dem ebenso einsamen Bestreben nach Kultivierung des nur eigenen Vorgartens. Schließlich gab es, man musste ja nur aus dem Fenster blicken, auch noch andere Menschen als einen selbst. Deshalb hatten sich auf dieser Basis auch die Ziele moralischen Engagements zwischen nur zwei Extremen zu halten: dem des selbstentleerten und notwendig ungerichteten Mitleids für *alle* anderen leidenden Menschen auf der einen und der ausschließlichen Sorge für rein private Belange auf der anderen Seite. Als Szene des wirklichen Lebens: »Eine junge

Frau ärgert sich, weil ihre Schuhe Löcher haben, durch die das Wasser eindringt. Indessen weint vielleicht eine andere über die Greuel der chinesischen Hungersnot.«[13]

Beauvoir hatte diese Situation sogar einst selbst erlebt. Die junge Frau mit den Löchern in den Schuhen war sie selbst gewesen (besser gesagt: eine frühere Version ihrer selbst). Die weinende andere aber ihre damalige Kommilitonin Simone Weil. Nie wieder hatte sie seither einen Menschen getroffen, der spontan in Tränen ausbricht, weil sich irgendwo in fernen Weiten eine Katastrophe ereignet, die rein gar nichts mit dem eigenen Leben zu tun zu haben schien. Diese andere Simone in ihrem Leben, sie war ihr noch immer ein Mysterium.

Beauvoir hielt inne, sah auf die Uhr. Es war Zeit. Schon morgen früh würde sie ins Café Flore zurückkehren, um von neuem über ihr Rätsel nachzudenken.

DIE MISSION

Genau wie Simone de Beauvoir ist auch besagte Simone Weil zu Beginn des Jahres 1943 fest entschlossen, radikal neue Wege einzuschlagen. Der Ernst der Situation lässt ihr keine andere Wahl. Schließlich ist sich die 34-jährige Französin in diesem Frühling gewisser denn je, einem Feind gegenüberzustehen, der selbst das größte zu erbringende Opfer rechtfertigt. Für einen tief religiös durchdrungenen Menschen wie Weil besteht dieses Opfer nicht etwa darin, das eigene Leben zu geben, sondern ein anderes zu nehmen.

»Wenn ich bereit bin«, notiert sie in ihr Denktagebuch dieses Frühlings, »im Falle strategischer Notwendigkeit Deutsche zu töten, dann nicht, weil ich ihretwegen gelitten habe. Nicht weil sie Gott und Christus hassen. Sondern weil sie die Feinde aller Nationen der Erde sind, einschließlich meiner Heimat, und weil man sie unglücklicherweise, zu meinem größten Schmerz, zu meinem äußersten Bedauern, nicht daran hindern kann, Böses zu tun, ohne eine gewisse Anzahl von ihnen zu töten.«[14]

Von New York aus, wohin sie ihre Eltern auf der Flucht ins Exil begleitet hat, besteigt sie Ende Oktober 1942 einen Frachter nach Liverpool, um sich in England den Streitkräften des Freien Frankreich unter Leitung von General Charles de Gaulle anzuschließen.[15] Nichts ist Weil in diesen kriegsentscheidenden Wochen und Monaten schmerzhafter als der Gedanke, sich fern der Heimat, fern ihres Volkes zu finden. Direkt nach ihrer Ankunft im Londoner Hauptquartier setzt sie die dortigen Entscheidungsträger deshalb von ihrem brennenden Wunsch in Kenntnis, eine Mission auf französischem Boden zu erhalten, um dort, wenn nötig, für ihr Vaterland den Märtyrertod zu sterben. Gerne als Fallschirmspringerin – die betreffenden Handbücher habe sie eingehend studiert. Oder auch als Verbindungsagentin zu den Kameraden vor Ort, von denen sie einige persönlich kenne, da sie die Jahre zuvor in Marseille für die katholische Widerstandsgruppe der Christlichen Zeugen aktiv war. Am liebsten aber an der Spitze einer von ihr eigens ersonnenen Spezialmission, die sich ihrer festen Überzeugung nach als kriegsentscheidend erweisen könnte. Weils Plan besteht in der Aufstellung eines Sonderverbands französischer Frontkrankenschwestern, die ausschließlich an gefährlichsten Orten eingesetzt werden, um direkt in der Schlacht Erste Hilfe zu leisten. Die dafür notwendigen medizinischen Kenntnisse habe sie sich über entsprechende Rot-Kreuz-Kurse in New York angeeignet. An vorderster Front könne dieses Spezialkommando viele wertvolle Leben retten, erklärt Weil, und legt den anwesenden Mitgliedern des Leitungsstabs zur Unterstützung ihrer Einschätzung eine Liste ausgewählter chirurgischer Fachpublikationen vor.

Der eigentliche Wert des Kommandos aber bestünde in dessen Symbolkraft, in dessen *spirituellem* Wert. Wie jeder Krieg, fährt sie wie beseelt fort, sei auch dieser zunächst ein Krieg der Geisteshaltungen – und damit einer des propagandistischen Geschicks. Gerade in diesem Bereich aber erweise sich der Feind den eigenen

Kräften bislang in bösartigster Weise überlegen. Man denke nur an Hitlers SS und den Ruf, der ihr mittlerweile europaweit vorauseile:

»Die SS-Leute bringen perfekt den Geist Hitlers zum Ausdruck. An der Front verfügen sie … über den Heroismus der Brutalität … Wir können und müssen aber beweisen, dass wir eine andere Art von Mut besitzen. Der ihre ist brutal und niedrig, er geht aus dem Willen zur Macht und Zerstörung hervor. Da wir andere Ziele haben, geht unser Mut auch aus einem ganz anderen Geist hervor. Kein Symbol kann unseren Geist besser zum Ausdruck bringen als der hier vorgeschlagene Frauenverband. Das bloße Beharren gewisser Dienste der Menschlichkeit inmitten der Schlacht, auf dem Kulminationspunkt der Barbarei, wäre für diese Barbarei, zu der sich der Feind entschieden hat und zu der er auch uns zwingt, eine eklatante Herausforderung. Die Herausforderung wäre umso schlagender, als diese Dienste der Menschlichkeit von Frauen erfüllt würden und von mütterlicher Zuwendung umhüllt wären. Die Frauen wären zwar nur eine Handvoll und die Zahl der Soldaten, um die sie sich kümmern könnten, wäre verhältnismäßig klein, aber die moralische Wirksamkeit eines Symbols bemisst sich nicht nach deren Quantität … Es wäre die schlagendste Darstellung der beiden Richtungen, zwischen denen die Menschheit sich heute entscheiden muss.«[16] Wieder einmal in der Geschichte des Landes, erklärt Weil, also gelte es dem Geist der Idolatrie eine authentische Form des Glaubens rettend entgegenzusetzen. Kurz und gut, was ihr vorschwebe, sei eine Art weibliche Anti-SS im Geiste der Jungfrau von Orléans: Der Plan liege bereits schriftlich ausgearbeitet vor. Als Simone Weil ihn Maurice Schumann persönlich überreicht, verspricht er seiner einstigen Kommilitonin in die Hand, ihn de Gaulle zum Entscheid vorzulegen. Und geleitet sie persönlich hinaus zu ihrer Kasernenunterkunft.

Wie von Schumann erwartet, benötigt de Gaulle keine drei Sekunden, um »Kommando Krankenschwester« abschließend zu bewerten. »Aber, sie ist verrückt!«[17] Weshalb auch jede andere Art von

Einsatz auf französischem Boden, kommt man überein, in Weils Fall absolut ausgeschlossen sei. Viel zu gefährlich. Man müsse sie ja nur einmal ansehen. Abgemagert bis auf die Knochen, ohne Brille faktisch blind. Schon rein körperlich würde sie den Belastungen nicht gewachsen sein. Von den geistigen gar nicht zu reden.

Bei aller Eigenwilligkeit des Auftritts, gibt Schumann zu bedenken, sei Weil ein Mensch von höchster Integrität und vor allem einzigartigem Intellekt: Abschluss in Philosophie an der Pariser Eliteuniversität École Normale Supérieure, fließend mehrsprachig, mathematisch hochbegabt, mit langjähriger Erfahrung im Journalismus und der Gewerkschaftsarbeit. Diese Fähigkeiten gelte es zu nutzen.

Anstatt direkt an der Front für ihre Ideale sterben zu dürfen, wird Weil von ihren Oberen deshalb mit einer Spezialmission ganz anderer Art versehen: Für die Phase nach dem Sieg über Hitler sowie der folgenden Machtübernahme durch die Exilregierung soll sie Pläne und Szenarien für den politischen Wiederaufbau Frankreichs entwerfen.

Tief enttäuscht, indes ohne offene Widerrede, nimmt sie die Aufgabe an, verschanzt sich in einem eigens für sie zur Schreibstube umfunktionierten Hotelzimmer in der Hill Street 19 – und macht sich an die Denkarbeit.

INSPIRIERT

Es dürfte in der Geschichte der Menschheit wenige Individuen gegeben haben, die in der Spanne von knapp vier Monaten geistig produktiver waren als die philosophische Widerstandskämpferin Simone Weil in diesem Londoner Winter des Jahres 1943: Sie schreibt Traktate zur Verfassungslehre und Revolutionstheorie, zu einer politischen Neuordnung Europas, eine Untersuchung zu den erkenntnistheoretischen Wurzeln des Marxismus, zur Funktion der Parteien in einer Demokratie. Sie übersetzt Teile der

»Upanischaden« aus dem Sanskrit ins Französische, verfasst Abhandlungen zur Religionsgeschichte Griechenlands und Indiens, zur Theorie der Sakramente und der Heiligkeit der Person im Christentum sowie, unter dem Titel »Die Verwurzelung«[18], einen 300-seitigen Neuentwurf der kulturellen Existenz des Menschen in der Moderne.

Wie auch ihr »Plan für einen Verbund von Frontkrankenschwestern« durchschimmern lässt, macht Weil die eigentliche Not der Stunde im Bereich des Ideellen und Inspirativen aus. Als Ursprungskontinent gleich zweier Weltkriege binnen nur zweier Jahrzehnte, so ihre Analyse, leide Europa bereits seit längerem unter einer verheerenden Aushöhlung seiner kulturell wie politisch einst tragenden Werte und Ideale. In Wahrheit, lässt sie den militärischen Leitungsstab der französischen Résistance zum Februar in einer gleichnamigen Eingabe wissen, ist dieser Krieg »ein Krieg der Religionen«.[19]

> Europa bleibt im Zentrum des Dramas. Von dem Feuer, das Christus zur Erde warf und das vielleicht das des Prometheus war, sind einige glühende Kohlen in England geblieben. Das hat das Schlimmste verhindert … Wir sind verloren, wenn nicht aus diesen Kohlen und Funken, die auf dem Kontinent glimmen, eine Flamme hervorgeht, die Europa erleuchten kann. Wenn wir nur durch Amerikas Gelder und Fabriken befreit werden, fallen wir auf die eine oder andere Weise in eine Form der Knechtschaft zurück, die der heutigen gleicht. Vergessen wir nicht, dass Europa nicht von Horden unterjocht wurde, die von einem anderen Kontinent oder vom Mars kamen, und dass es nicht ausreichen würde, sie zu verjagen. Europa leidet an einer inneren Krankheit. Es bedarf der Heilung … Die unterjochten Länder können dem Sieger nur eine Religion entgegensetzen … Die feindlichen Verbindungslinien … brächen zusammen, wenn sich das Feuer eines wirklichen Glaubens auf diesem gesamten Gebiet ausbreiten würde.[20]

Um diesen Heilungsprozess zunächst militärisch, dann auch politisch wie kulturell auf den Weg zu bringen, müsse dem Kontinent deshalb eine neue »Inspiration eingehaucht«[21] werden – nach Weil insbesondere aus den Textens Platons sowie des Neuen Testaments. Denn wer wahre Heilung wolle, habe sich gerade in finsterster Zeit an Quellen zu halten, die nicht nur von dieser Welt seien.

Allen voran gelte dies für ihr Heimatland Frankreich, das als Ursprungsland des Freiheitsschubs von 1789 unter allen Krieg führenden Nationen geistig am tiefsten gefallen sei. Im Sommer 1940, binnen nur weniger Wochen annähernd kampflos von Hitlers Truppen unterworfen, bleibe es zu seiner Befreiung nun auf fremde Hilfe angewiesen und habe als Volk jeden tragenden Glauben an sich verloren. Es zeige sich derzeit mit anderen Worten denkbar tief in dem wichtigsten und tiefsten aller menschlichen Seelenbedürfnisse erschüttert: eben dem nach »Verwurzelung«.

> Die Verwurzelung ist wohl das wichtigste und am meisten verkannte Bedürfnis der menschlichen Seele. Es zählt zu denen, die sich nur sehr schwer definieren lassen. Der Mensch hat eine Wurzel durch seinen wirklichen, aktiven und natürlichen Anteil am Dasein eines Gemeinwesens, in dem gewisse Schätze der Vergangenheit und gewisse Vorahnungen der Zukunft am Leben erhalten werden. Natürlicher Anteil heißt: automatisch gegeben durch den Ort, die Geburt, den Beruf, die Umgebung. Fast sein gesamtes moralisches, intellektuelles und spirituelles Leben muss er durch jene Lebensräume vermittelt bekommen, zu denen er von Natur aus gehört. … Eine militärische Eroberung bringt jedes Mal eine Entwurzelung mit sich … Wenn aber der Eroberer in dem Territorium, das er in Besitz genommen hat, ein Fremder bleibt, wird die Entwurzelung für die unterworfene Bevölkerung zu einer beinahe tödlichen Krankheit. Sie erreicht die höchste Stufe bei Massendeportationen, wie in dem von Deutschland besetzten Europa …[22]

So weit die Lageeinschätzung Simone Weils als eigens eingesetzter philosophischer Vordenkerin des Schattenkabinetts von General de Gaulle im Frühjahr 1943. Als Jüdin geboren, indes seit Jahren tief christlich gestimmt, dient ihr diese Analyse eines spirituellen Defizits am eigentlichen Grund des mörderischen Geschehens als Quelle ihrer geradezu übermenschlich anmutenden Gedankenproduktion.

IN TRANCE

Wie in Trance lässt sie in diesen Monaten die gesamte Breite ihres einzigartigen Geistes aufs Blatt fließen. Stunde um Stunde, Tag um Tag. Ohne ausreichend zu schlafen. Und vor allem auch, wie bereits die Jahre zuvor, ohne ausreichend Nahrung zu sich zu nehmen. In ihr Londoner Denktagebuch notiert sie: »Aber so wie die allgemeine und dauernde Lage der Menschheit in dieser Welt aussieht, ist es vielleicht immer Betrug, sich satt zu essen. (Ich habe ihn oft begangen)«.[23]

Am 15. April 1943 findet der Rausch ein abruptes Ende. Weil kollabiert in ihrem Zimmer und verliert das Bewusstsein. Erst nach Stunden wird sie von einer Kameradin entdeckt. Wieder bei sich, verbietet Weil ihr indes kategorisch, einen Arzt zu rufen. Noch immer hat sie die Hoffnung auf einen Kampfeinsatz nicht ganz aufgegeben. Stattdessen ruft sie direkt bei Schumann an, der ihr auf Nachfrage mehrmals versichert, noch sei über einen Einsatz in Frankreich nicht endgültig entschieden – somit im Prinzip noch alles möglich. Vor allem bei gewiss zügiger Genesung. Erst darauf lässt sich Weil ins Krankenhaus abholen.

GEISTESSCHWACH

Hätte sich die New Yorker Schriftstellerin und Philosophin Ayn Rand eine weitere Verkörperung all jener Werte ausdenken wollen, die ihrer Überzeugung nach verantwortlich für die Katastrophen des Weltkriegs waren, keine Kandidatin wäre geeigneter gewesen als die real existierende Simone Weil in London. Tatsächlich scheint Rand in diesem Frühling 1943 politisch nichts verheerender zu sein als die Bereitschaft, das eigene Leben im Namen einer Nation zu opfern. Moralisch nichts fataler als der Wille, zunächst und vor allem den anderen beizustehen. Philosophisch nichts abwegiger als blindes Gottvertrauen. Metaphysisch nichts verwirrter als das Streben, handlungsleitende Werte in einem Reich jenseitiger Transzendenz zu verankern. Existentiell nichts verrückter als persönliche Askese zur Rettung der Welt.

Exakt diese Haltung und die sie leitende Ethik sind der eigentliche Feind. Sie gilt es zu überwinden und bedingungslos zu bekämpfen, wo immer sie sich zeigen. Keinen Schritt weit durfte diesem Irrationalismus nachgegeben werden. Auch nicht, schon gar nicht in Fragen des eigenen Überlebens.

Wie Rand in zehn Jahren freier Autorenexistenz schmerzhaft gelernt hatte, waren dies gerade in den USA letztlich geschäftlichen Fragen. Weshalb sie in einem Brief vom 6. Mai 1943 an ihren Lektor Archibald Ogden auch wie nie zuvor in deren Korrespondenz schäumt: »*Vertrauen … Vertrauen*, ich weiß nicht einmal, was dieses Wort bedeutet. Wenn Du damit *Vertrauen* (*faith*) im religiösen Sinne meinst, also im Sinne eines blinden Akzeptierens und Annehmens, dann vertraue ich tatsächlich in nichts und niemanden. Habe es niemals getan und werde es niemals tun. Das Einzige, woran ich mich halte, sind mein Verstand und Fakten«, legt Rand die eigentlichen Grundlagen ihres Weltzugangs frei. Und wendet sie Ogden gegenüber sogleich auf ihre ureigensten Interessen an: »Welche objektiven Anhaltspunkte bestehen derzeit hinsichtlich der Befähigung des Verlagshauses Bobbs-Merrill, mein Buch erfolgreich zu vermarkten? Wem genau sollte ich da vertrauen? Und auf welcher Grundlage?«[24]

Sieben Jahre hat sie an diesem Roman gearbeitet. Ihre gesamte Lebensenergie und Kreativität, vor allem aber ihre Philosophie in dieses Werk gelegt. Und nun soll »The Fountainhead« (dt. »Die Quelle«/»Der Ursprung«) vom Verlag in den ohnehin allzu spärlichen Anzeigen als Liebesgeschichte im Architektenmilieu beworben werden. Nicht einmal die Tatsache, dass die Autorin des Buches eine Frau und kein Mann ist, vermag dessen Presseabteilung bislang erfolgreich zu kommunizieren: »Bei dem Vertrauen, das man solchen Mitarbeitern entgegenbringen soll, kann es sich ganz offensichtlich nur um das Vertrauen eines Geistesschwachen handeln. … Ist das wirklich die Art von Vertrauen, die Du von mir erwartest?«[25]

Eine rhetorische Frage, ganz offenbar. Rand war in ihrem Leben bereits für fast alles gehalten worden. Nie aber für geistesschwach. Vielmehr war jedem, mit dem sie sprach, bereits nach wenigen Minuten klar, es mit einem Intellekt von einzigartiger Klarheit und nicht zuletzt Kompromisslosigkeit zu tun zu haben. Das grundlegend zu lösende Problem in dieser Welt stellte für sie demgemäß auch nicht ihre eigene Existenz dar, sondern diejenige all der anderen. Nicht, was ihre Mitmenschen so dachten und taten, war für Rand dabei das eigentlich Rätselhafte, sondern *weshalb* sie es taten: Warum konnten sie nicht einfach stringent denken und vor allem handeln? Was genau hinderte all die Menschen daran, stets ihrem je eigenen, rein faktenbasierten Urteil zu folgen? Ihr gelang es doch auch.

UNVERSCHÄMT

Warum rückte ihr Lektor nicht wenigstens jetzt, einen Tag vor dem offiziellen Erscheinungstermin des Buches, mit dem Offensichtlichen heraus: Die zwei, drei zu schaltenden Anzeigen waren reine

Staffage. Faktisch würde das Werk vom Verlag durchgewunken. Wenn überhaupt, müsste »The Fountainhead« nach Beschluss der Marketingabteilung aus eigener Kraft seinen eigenen Weg in die Läden oder gar Bestsellerlisten finden. Schließlich konnte niemandem, der auch nur eine Seite darin las, entgehen, dass dieses über 700 Seiten starke Werk mit dem übermenschlich anmutenden Architekten Howard Roark als Hauptfigur in Wahrheit ein Roman gewordenes philosophisches Manifest war. Ein wuchtiges Ideenmonument voll seitenlanger Monologe, das darüber hinaus die schwer zu vermarktende Eigenschaft besaß, sämtliche moralischen Intuitionen herauszufordern, auf denen das sittliche Empfinden des amerikanischen Mainstream-Publikums mutmaßlich beruhte.

Soweit es Rand betraf, lag exakt darin das einzigartige Versprechen ihres Werkes. Genauso sollte es auch präsentiert und beworben werden: als ein *transformatives* literarisches Leseereignis, das seinen Lesern eine fundamental andere Weltsicht eröffnet, sie von der Höhle ins Licht führt, um sich selbst und ihre Welt zum ersten Mal klar zu sehen! 100 000 verkaufte Exemplare[26], zeigt die Autorin sich im engsten Freundeskreis überzeugt, sollten deshalb ein Minimum des Erwartbaren sein – sowie eine baldige Hollywood-Verfilmung des Stoffes mit ihrem Lieblingsschauspieler Gary Cooper in der Rolle des Howard Roark.

Was sprach, *rein rational*, dagegen? Gewiss nicht die Qualität ihres Werkes. Ganz gewiss nicht die Aktualität seiner Botschaft! War es denn nicht offensichtlich, wie es um diese Welt und selbst Amerika mittlerweile stand? Erspürte nicht jeder einzelne Bürger des Landes, dass da etwas ganz grundlegend aus dem Lot geraten war? Dass es dringender denn je galt, einen gesamten Kulturkreis vor seinem selbst verschuldeten Untergang zu bewahren? Ihn mit der Macht der freien Rede, der Bündigkeit des Arguments und nicht zuletzt der weltverwandelnden Kraft des Erzählens von der tiefen Verwirrung zu therapieren, an dem er nun, im Frühjahr 1943, in einer weltweiten Orgie der Gewalt unterzugehen drohte?

KAMPFBEREIT

Das Ziel, das Rand sich mit ihrem Roman gesetzt hatte, bestand vor allem darin, »den Kampf zwischen Individualismus und Kollektivismus nicht in der Politik, sondern der menschlichen Seele«[27] auszuleuchten. *Das* war sein eigentliches Thema: also der Kampf zwischen Autonomie und Fremdbestimmung, zwischen Denken und Gehorchen, zwischen Mut und Demut, zwischen Schöpfen und Kopieren, zwischen Integrität und Korruption, zwischen Fortschritt und Verfall, zwischen Ich und all den anderen – zwischen Freiheit und Unterdrückung.

Auf dem Weg zur wahren Befreiung des Individuums vom Joch der altruistischen Sklavenmoral hatten die Werke Max Stirners und Friedrich Nietzsches nur rhapsodische Anfänge bedeutet. Erst mit ihrer, mit Ayn Rands Philosophie würde dem aufgeklärten Egoismus ein objektiv begründbares Fundament gegeben werden! In exakt diesem Geiste ließ die Autorin auch ihren Helden Howard Roark – als Erlöser von sämtlichen Übeln der Gegenwart – während der alles entscheidenden Gerichtsverhandlung am Ende ihres Romans in den Verteidigungsstand treten. Als wegweisende Verkörperung eines freiheitsliebenden Daseins der reinen, schöpferischen Vernunft. Roarks Credo war auch Rands eigenes:

> Der Schöpfer lebt für sein Werk. Er braucht niemand anderes. Sein primäres Ziel liegt in ihm selbst. … Altruismus ist die Lehre, die verlangt, dass man für andere lebt und andere über sich selbst stellt … Was ihr in der Realität am nächsten kommt – der Mensch, der lebt, um anderen zu dienen –, ist der Sklave. Wenn körperliche Sklaverei widerwärtig ist, wie viel widerwärtiger ist dann das Konzept geistiger Unterwürfigkeit? Der besiegte Sklave besitzt noch eine Spur von Ehre. Er hat sich gewehrt und empfindet seinen Zustand als schmachvoll. Doch der Mensch, der sich im Namen der Liebe freiwillig für andere versklavt, ist

> das niedrigste aller Geschöpfe. Er setzt die Menschenwürde und den Begriff der Liebe herab. Aber genau das ist das Wesen des Altruismus.[28]

Rand wusste, wovon sie ihren Helden warnend sprechen ließ. Sie hatte am eigenen Leib erfahren, wie es sich anfühlte, in einer Gesellschaft staatlich erzeugter Sklaven zu leben. Wie so viele einst wohlhabende jüdische Familien waren auch die in Sankt Petersburg ansässigen Rosenbaums im Verlauf der russischen Oktoberrevolution enteignet worden. Nach der Plünderung und Zerstörung der von ihrem Vater geführten Apotheke (Lenin: »Plündert die Plünderer!«) war Ayn, die damals noch Alissa gerufen wurde, Ende 1918 mit ihren Eltern und den beiden Schwestern an die Krim geflüchtet. Tausende Kilometer, zunächst per Zug, schon bald über Fußmärsche. Zwar konnte die Familie 1921 wieder nach Sankt Petersburg (Petrograd, ab 1924 Leningrad) zurückkehren. Seine Geschäfte als Apotheker durfte der nunmehr weitgehend mittellose Vater als einstiger Vertreter der »Bourgeoisie« allerdings nicht weiterführen.[29]

Im Herbst dieses Jahres schreibt Rand sich an der Universität für Geschichte und Philosophie ein und wechselt nach ihrem Abschluss 1924 schließlich an die Hochschule für angewandte Künste, um Film zu studieren. Doch ist ihr wahres Ziel zu dieser Zeit schon ein anderes: Die 19-jährige Überfliegerin will nichts wie raus aus dieser Sowjetunion, will nichts zu tun haben mit deren Utopie »vom neuen Menschen«, sondern aus eigenen Stücken und Antrieben die werden, die sie ist: eine Schöpferin eigener Welten. Sie will in die Freiheit, in das Land ihrer bevorzugten Filmstars und Regisseure – nach Amerika!

Über ein Urlaubsvisum gelingt es den Eltern Anfang 1926, sie zu Verwandten nach Chicago ausreisen zu lassen. Sechs abenteuerliche Wochen später (Riga, Berlin, Le Havre, New York) ist sie mit dem Bus auf dem Weg nach Hollywood, um dort als Schriftstellerin und Drehbuchautorin zu leben. Alissa Rosenbaum ist damals

21 Jahre alt, spricht so gut wie kein Wort Englisch und will fortan nur noch »Ayn Rand« genannt werden. Wenn schon die alte Welt nicht zu retten war, konnte Alissa doch in der neuen zu einer anderen werden. Sie schwört sich, lieber zu sterben, als je wieder in ihre Heimat zurückzukehren.

NUR LOGISCH

17 Jahre hat sie seither jeden Tag für ihren amerikanischen Traum gekämpft. Während sich Rand mit der Veröffentlichung des »Fountainhead« ihrem Lebensziel so nah wie nie wähnt, drohen die Eltern sowie ihre beiden jüngeren Schwestern in dem seit mehr als zwei Jahren von Hitlers Wehrmacht belagerten Leningrad den Hungertod zu sterben. Wenn sie denn überhaupt noch lebten. Es gibt für Rand nicht die geringste Möglichkeit, dies herauszufinden. Die wenigen Berichte, die vom nackten Überlebenskampf der Belagerten gerüchteweise über den Atlantik dringen, gehen über die Grenzen des Menschlichen hinaus. An die eine Million Einwohner sollen dort bis zum Frühjahr 1943 umgekommen sein. Lange schon seien sämtliche Hunde und Katzen zum Verzehr getötet worden. Gar von systematischem Kannibalismus ist die Rede.[30] Nein, ihr brauchte man nichts weiter zu erzählen. Sie hatte es ja bereits damals alles erlebt. Den Hunger. Den Typhus. Die Toten. Seither waren ihre Augen geöffnet. Und mittlerweile auch philosophisch weiter geschärft.

Nach Rands Sicht der Dinge folgte sowohl Hitlers wie Stalins Mordlust letztlich ein und derselben Logik, und zwar der Logik einer gewaltsamen staatlichen Unterjochung jedes einzelnen Menschen im Namen eines ideell überhöhten Kollektivs. Ob dieses Kollektiv nun als »Klasse« oder »Volk«, »Nation« oder »Rasse« angerufen wird, bedeutet nur auf den ersten Blick einen Unterschied. Denn in ihren Antrieben, Methoden und vor allem ihren letztlich menschenverachtenden Wirkungen sind diese »Totalitarismen«[31] – wie Rand die politischen Bedrohungen seit Beginn der vierziger Jahre für sich auf einen gemeinsamen Begriff bringt – im Ergebnis wirkungsgleich. Zuerst hatte der Totalitarismus in Russland gesiegt, dann in Italien und schließlich in Deutschland. Kein Land war also vor ihm gefeit. Auch nicht, schon gar nicht die USA. Bestand das eigentliche Erfolgsgeheimnis totalitärer Kräfte doch gerade darin, in dem Prozess ihrer systematischen Unterjochung keineswegs auf die ausdrückliche Unterstützung der breiten Massen zu setzen, sondern allein auf deren dumpfe Gleichgültigkeit.

Mit dem erfolgten Kriegseintritt der USA unter dem New-Deal-Präsidenten Roosevelt drohte deshalb für Rand die gesamte Welt an einer einzigen falschen Idee, einem fundamentalen philosophischen Missverständnis zugrunde zu gehen: der Nobilitierung der Selbstaufopferung zugunsten anderer, zugunsten eines propagandistisch geheiligten Kollektivs. Genau diese altruistische Denkblockade war es, die es eigentlich zu durchbrechen galt. Dieser Krieg, er war ein Krieg der Ideen!

> Alle diese Grauen wurden *ausschließlich* von Menschen möglich gemacht, die jeden Respekt für das einzelne, individuelle menschliche Wesen verloren haben; Menschen, die der Idee anhängen, dass Klassen, Rassen und Nationen das sind, was zählt, nicht aber einzelne Personen; dass die Mehrheit heilig ist, die Minderheit aber Dreck, dass Herden zählen, nicht aber der einzelne Mensch. Wie stehen Sie dazu? Es gibt hier keinen Mittelweg.[32]

Bereits 1941 hatte Rand diese Zeilen für ein politisches Manifest zu Papier gebracht. Im Angesicht der weltpolitischen Lage dachte sie nun darüber nach, diesen Text möglichst zügig zu einem Sachbuch auszubauen. Fester denn je fühlt sie sich im Frühjahr 1943 entschlossen, sich mit aller denkerischen Kraft in diesen Krieg der Ideen zu werfen. Und zwar aus purem Eigeninteresse. Für ihre *eigene* bedrohte Freiheit und Integrität. Für alles, was *ihr* auf dieser und keiner anderen Welt lieb und teuer ist. Für wen oder was auch sonst?

DIE FREMDE

Nur einen Steinwurf von Ayn Rands Apartment in Manhattan entfernt, sieht auch Hannah Arendt die Zeit für eine denkbar grundsätzliche Neubestimmung gekommen. Allerdings in weitaus weniger kämpferischem Geiste. »Nur sehr wenige Individuen«, schreibt die 36-jährige Philosophin in einem Artikel des Januars 1943, »bringen die Kraft auf, ihre eigene Integrität zu wahren, wenn ihr sozialer, politischer und juristischer Status völlig verworren ist.«[33] Exakt zehn Jahre nach ihrer Vertreibung aus Hitler-Deutschland ist Arendt beim Blick in den Spiegel nicht sicher, auch weiterhin die dafür nötige Energie in sich zu finden. Nie zuvor in ihrem Leben hat sie sich so isoliert, so durch und durch leer und sinnlos gefühlt wie in den vorangegangenen Wochen: »Wir haben unser Zuhause und damit die Vertrautheit des Alltags verloren. Wir haben unseren Beruf verloren und damit das Vertrauen eingebüßt, in dieser Welt irgendwie von Nutzen zu sein. Wir haben unsere Sprache verloren und mit ihr die Natürlichkeit unserer Reaktionen, die Einfachheit unserer Gebärden und den ungezwungenen Ausdruck unserer Gefühle. Wir haben unsere Verwandten in den polnischen Ghettos zurückgelassen, unsere besten Freunde sind in den Konzentrationslagern umgebracht worden, und das bedeutet den Zusammenbruch unserer privaten Welt. … Wenn wir gerettet werden, fühlen wir uns gedemütigt, und wenn man uns hilft, fühlen wir uns erniedrigt. Wie Verrückte kämpfen wir um eine private Existenz mit individuellem Geschick.«[34]

Tatsächlich taugt Arendts Beschreibung ihrer Gestimmtheit als eindrückliches Beispiel für eben jene Leiden der Seele, die Simone Weil als notwendige Folge existentieller »Entwurzelung« beschreibt. Nur eben, dass Arendt zum besagten Zeitpunkt weder in einem dauerhaft besetzten Land lebt noch selbst Opfer von Massendeportation geworden ist. Vielmehr beschreibt diese Passage ihres Essays »Wir Flüchtlinge« den umfassenden Verlust, von dem sich deutsch-jüdische Flüchtlinge in neuer Welt zum Jahreswechsel 1942/1943 besonders hart getroffen zeigen. Für Wochen brachten sie und ihr Mann ihre Tage damit zu, gemeinsam in das graue Nichts des New Yorker Winterhimmels zu starren. Rauchend. Schweigend. Wie die letzten Menschen auf Erden.

OHNE GELÄNDER

Vom Naturell an sich eine chronische Frohnatur, hatte Arendt ihre Situation die vorangegangenen zehn Jahre mit ebenso viel Zähigkeit wie Einfallsreichtum angenommen. Kam es darauf an, hatte sie stets genug Feuer in sich gefunden, den Weg in ein abermals neues Leben zu bahnen. Von Berlin nach Paris, von Paris nach Marseille, schließlich hierher nach New York. Stets mit dem Ziel, »ohne alle faulen Tricks der Anpassung und Assimilation ihren Weg zu machen«.[35]

Was sie indes mit dem Frühjahr 1943 vom Gerüst ihres privaten Daseins gerettet sah, war einzig ihr »Monsieur« Heinrich, mit dem sie sich in einem schäbigen Apartmentblock in der 95th Avenue ein möbliertes Zimmer teilte – sowie auf derselben Etage ihre in der neuen Welt ebenso hilflose wie kränkelnde Mutter Martha Beerwald, verwitwete Arendt. Gewiss, das war mehr als viele andere »displaced persons« auf der Flucht hatten retten können. Aber ein selbstbestimmtes Geschick, das diesen Namen verdiente, war es deshalb noch lange nicht.

Einst Meisterschülerin von Karl Jaspers und Martin Heidegger, hatte sie ihr besonderes Gespür, sich zielgenau zwischen allen Stühlen zu platzieren, auch über die Jahre des Exils nicht verlassen. Tatsächlich ließ sich die Anzahl von Menschen, auf deren

Wohlwollen sie sich wirklich verlassen konnte, weltweit mittlerweile an einer Hand abzählen: Arendts Mentor Kurt Blumenfeld in New York sowie der Judaist Gershom Scholem in Jerusalem. Ihr Ex-Gatte Günther Stern in Kalifornien, der Theologe Paul Tillich, ebenfalls in New York. Ob die Jaspers' noch lebten und wenn ja, wo – es war nicht zu ermitteln. Der letzte Brief lag bald ein Jahrzehnt zurück. Sie wusste selbst nicht, weshalb der Kontakt so früh abgebrochen war. Jaspers – rückblickend ist er der einzige wahre Lehrer, denn sie je hatte. Ihre einst stürmische Bindung mit Heidegger aber war 1933 aus ganz anderen Gründen erloschen, als dieser der NSDAP beitrat und in einem Beiblatt zu seiner Freiburger Rektoratsrede dieses Jahres den Studenten unter anderem verkündete: »Der Führer selbst und er allein *ist* die heutige und künftige deutsche Wirklichkeit und ihr Gesetz.«[36] Noch immer hatte sie nicht den Mut gefunden, bei Ernst Cassirer anzuklopfen, der nun in Yale unterrichtete und über gemeinsame Freunde von Arendt wusste.

DER RISS

Seit dem Kriegseintritt der USA war es noch einmal schwerer geworden, sich über das Schicksal der in Europa zurückgebliebenen Bekannten und Verwandten zu informieren – geschweige denn, ihnen bei der Flucht behilflich zu sein. So trifft es Arendt besonders hart, als am 18. Dezember 1942 in der deutschsprachigen Exilzeitung »Der Aufbau«, für die sie selbst gut ein Jahr lang als Kolumnistin tätig gewesen war, ein Bericht über den Deportationstag im südfranzösischen Internierungslager Gurs veröffentlicht wird, dem lange Namenslisten der Deportierten folgten.[37] Auch Arendt war 1940 dort interniert – und erkannte manchen Namen wieder.

Der Artikel im »Aufbau« war in diesem Winter indes nur eine von mehreren Veröffentlichungen, die vom Beginn einer neuen Phase im Umgang mit den von den Nazis mittlerweile zu Millionen in Konzentrationslagern gefangenen Juden Europas berichtete. Offenbar war man im Sinne der von Hitler wie Goebbels angekündigten »Endlösung der Judenfrage« dazu übergegangen, diese Menschen in eigens dafür geschaffenen Vernichtungslagern fabrikartig zu ermorden – sie zu vergasen. Weder Arendt noch ihr Mann hatten jemals Zweifel an der unbedingten Judenfeindschaft der Nazis gehegt – noch an deren rückhaltloser Brutalität im Verfolgen verlautbarter Ziele. Doch selbst ihnen fällt zunächst schwer, diesen Berichten Glauben zu schenken. Zu monströs das geschilderte Vorgehen, zu sinnlos als Maßnahme. Nicht zuletzt aus logistischer und strategischer Sicht. Gerade jetzt, wo Hitlers Armee einen Rückschlag nach dem anderen einstecken musste. Allein in der Sowjetunion hatte sie, wie es hieß, in diesem Winter eine Million Soldaten verloren.

Dennoch, offenbar traf es zu, war der Fall. Zu zahlreich die Berichte, zu divers die Quellen. Der Weltverlust, den Arendt in den folgenden Wochen verspürte, ging über jedes ihr bisher bekannte Maß hinaus. Es betraf keine bestimmte Gruppe oder Gemeinschaft, keinen konkreten Ort oder Zeitraum, allenfalls ihr Menschsein überhaupt. Ein geradezu metaphysisches Befremden hatte sie erfasst. Als ob sich mitten in dieser Welt, mitten in ihrem Selbst ein Abgrund aufgetan hätte, der durch nichts und niemanden mehr überbrückbar schien.

Woran genau hatten sie eigentlich nicht glauben wollen? Was genau für unmöglich gehalten? Dass man ein gesamtes Volk – und sei es über die ganze Welt verstreut – zum Todfeind erklärte, war ja an sich nichts Menschenfremdes. Nicht einmal dieser Krieg und seine bestialischen Schlachten waren es. Die Geschichte kannte dergleichen, ja bestand in Wahrheit aus kaum etwas anderem. Aber *das* … Nichts ließ Arendt die eigene Ohnmacht deutlicher erfahren als ihr nachhaltiges Unvermögen, das Geschehen in eigene Worte zu fassen.[38]

GEGENWÄRTIG

Am liebsten hätte sie ihr altes Selbst einfach vergessen. So getan, als wäre sie ganz frei zu entscheiden, wer sie ist und wie sie fortan in dieser Welt leben wollte: Es gab ja Menschen, sogar Philosophen, die so etwas aus dem Stand für möglich erklärten. Doch für solche Illusionen war sie nie jung genug gewesen. In Wahrheit, sie wusste es, blieb die Erschaffung »einer neuen Persönlichkeit so schwierig und hoffnungslos wie eine Neuerschaffung der Welt«.[39] Kein Mensch fing jemals ganz von neuem an. Niemand war so frei oder haltlos. Sosehr er oder sie sich dies – sei es aus Größenwahn oder tiefster Verzweiflung – auch wünschen oder einbilden mochte.

Bedachte man es recht, war diese eine Weise zu erhellen, wie es überhaupt zu dem ganzen Höllenspektakel gekommen war. In seinem Ursprung lag die Wahnidee Einzelner, nach eigenem Willen tatsächlich der gesamten Welt eine neue Gestalt zu geben, sie buchstäblich neu schaffen zu wollen: aus einem einzigen und einheitlichen Guss. Es war die Wahnvision von einer Welt, die fortan nur noch von einem einzigen Antlitz bestimmt wurde. Einer Welt also, die zu ihrer fortwährenden Neuschöpfung keiner anderen Menschen, keiner leibhaftigen Widerstände mehr bedurfte: der politische Alptraum totaler Herrschaft.

Doch wenn etwas ein Alptraum ist, so viel blieb selbst in dieser finsteren Zeit wahr, bedeutet es auch, dass man aus ihm erwachen kann. Man musste nur den Mut in sich finden, die Augen zu öffnen – offen zu halten –, um wachen Geistes die Abgründe der je eigenen Gegenwart zu gewahren. Die Wahrheit zu sagen, auch wenn sie anstößig ist.«[40] Um so zu bezeugen, aus welchen Untiefen sie in die Welt getreten waren. Also weder dem Vergangenen noch dem Zukünftigen anheimzufallen. Weder dem eigenen Urteil noch dem der anderen je blind zu folgen. Den Mut finden, sich ihres eigenes Verstandes zu bedienen. Sich im Denken frei zu orientieren.

Gerade jetzt, in diesem Moment – Arendt sammelte neue Kräfte – mochte es darauf ankommen, »ganz und gar gegenwärtig zu sein«.[41] Oder mit anderen Worten: zu philosophieren.

II. EXILE

1933/1934

Arendt verlässt ihr Land, Weil ihre Partei,
Beauvoir ihre Skepsis und Rand ihr Skript

»Gewöhnlich habe ich doch da immer jemand vor mir sitzen, da sehe ich bloß nach, dann weiß ich schon, was das ist. Aber, was tue ich mit Ihnen?«[1] Offenbar war ihr Name noch in keiner Gestapo-Kartei erfasst. Und selbst wenn sie dem jungen Kommissar auf die Sprünge hätte helfen wollen, ganz genau vermochte auch Hannah Arendt nicht einzuschätzen, weshalb sie und ihre Mutter an diesem Maimorgen während des Frühstücks in einem Café nahe dem Berliner Alexanderplatz in einen Wagen gezerrt und zum Verhör gebracht worden waren.

Gründe gäbe es genug. Den ganzen Frühling über hatte ihre Wohnung in der Opitzstraße als Versteck für politisch Verfolgte gedient. Und dann war da ja noch die Bitte ihres um eine Generation älteren Freundes Kurt Blumenfeld, für den nahenden Zionistenkongress in Prag »eine Sammlung aller antisemitischen Äußerungen auf unterer Ebene« anzulegen, die sie Tag für Tag in die Zeitungsarchive der Preußischen Staatsbibliothek führte. Auch derartige Materialien zu sammeln, war mittlerweile illegal.

Womöglich arbeitet man zur Abschreckung aber auch einfach nur Namenslisten ab – sowie Listen, die auf solchen Listen beruhten. Wie etwa dem Adressbuch Bertolt Brechts. Bereits wenige Tage nach Hitlers Machtübernahme hatte es die Gestapo aus dessen Wohnung konfisziert. Ein Who's who der kommunistisch gesinnten Intelligenzija Berlins, zu der auch Arendts Ehemann Günther Stern gehörte.

Aus Furcht, der frisch gegründeten preußischen Hilfspolizei in die Hände zu fallen, war er bereits Anfang Februar aus Berlin nach Paris geflohen. Und tatsächlich, nur zwei Wochen später, als hätte der Reichstagsbrand in der Nacht vom 27. auf den 28. Februar 1933 das lang vereinbarte Startsignal gegeben, begannen die Wellen: willkürliche Verhaftungen, Verschleppungen in provisorische Konzentrationslager im Umland, selbst städtische Turnhallen wurden zu Folterkammern umfunktioniert. Allein in Berlin gab es mit diesem Sommer mehr als 200 solcher Orte. Der Naziterror hatte den Alltag erreicht. Die Zahl der Opfer ging bereits in die Tausenden.

Mehr als wahrscheinlich, dass eine Einheit der Gestapo just in diesem Moment ihre Wohnung durchsuchte. Aber was würden die Tölpel dort schon finden – außer Dutzende Notizbücher mit transkribierten griechischen Originalzitaten, die Gedichte Heines und Hölderlins sowie unzählige Werke zum Berliner Geistesleben des frühen 19. Jahrhunderts?

Soweit es die öffentlichen Register betraf, war sie eine unbescholtene Doktorin der Philosophie mit einem erst im Vorjahr ausgelaufenen Stipendium der Notgemeinschaft der deutschen Wissenschaft. Die klassische Berliner Existenz: Akademikerin ohne Einkünfte, Publizistin ohne Abnehmer. Natürlich verbringe sie jeden Tag in der Bibliothek. Was denn sonst? Schließlich ruhe die Forschung nie.

Selbst aus Arendts Mutter war, wie sich erweisen sollte, nichts Verwertbares herauszubekommen. Befragt auf die Aktivitäten ihrer Tochter, gab Martha Beerwald (verwitwete Arendt) während ihres Verhörs vielmehr einen Elternsatz von schönster Solidarisierung zu Protokoll: »Nein, ich weiß nicht, was sie tut, aber was sie auch getan haben mag, es war richtig, und ich hätte es auch gemacht.«[2]

Noch am Tag der Festnahme[3] kommen beide wieder frei. Nicht einmal einen Anwalt hatten sie einschalten müssen. Glück gehabt. Für dieses Mal. Dennoch, auch Arendts Entschluss ist nun getroffen. Es gab in diesem Land keine Zukunft mehr. Jedenfalls nicht für Menschen wie sie.

RAHELS FALL

Dass es keineswegs nur an einem selbst lag zu entscheiden, wer und was man sei, wenige dürften in diesem ersten Sommer nach Adolf Hitlers Machtübernahme dafür ein klareres Bewusstsein besessen haben als Hannah Arendt. Am Beispiel der Berlinerin Rahel Varnhagen ging sie seit drei Jahren den komplexen Identitätsdynamiken einer deutschen Jüdin und Intellektuellen zur Wende des 18. zum 19. Jahrhundert nach. Entstanden war so das Psychogramm einer Frau, in deren Existenz sich die spannungsreiche Geschichte des gebildeten deutschen Judentums beispielhaft verdichtete – vor allem in Bezug auf die Frage der Assimilation. In weiten Teilen collagenhaft als Zitatsammlung angelegt, zeichnet Arendt in diesem Buch den Bewusstseinsprozess einer Frau nach, der es durch die offensive Verneinung ihrer jüdischen Herkunft lange unmöglich bleibt, überhaupt ein stabiles Selbst- und Weltverhältnis aufzubauen. Als Mensch ihres Zeitraums, wie Arendt ja auch, in eine Situation dreifacher Marginalisierung geworfen – Frau, Jüdin, Intellektuelle –, führt Rahels Weigerung, sich sozial als das anzuerkennen, was sie in den Augen der anderen unweigerlich ist und bleiben muss, zu einer Situation leidvoll erfahrener Selbstlosigkeit: »Rahels Kampf gegen die Fakten, vor allem gegen das Faktum, als Jude geboren zu sein, wird sehr schnell zum Kampf gegen sich selbst. Sich selbst muß sie den Konsens verweigern, sich selbst, die Benachteiligte, verleugnen, verändern, umlügen, da sie ja nicht sich selbst einfach die Existenz bestreiten kann. … Es gibt – hat man erst einmal nein zu sich gesagt – keine Wahl. Es gibt nur eins: immer gerade und im Augenblick anders zu sein, als man ist.«[4]

Exemplarisch für ein gesamtes Zeitalter ist Rahels Fall für Arendt auch insofern, als in ihrer Lebenssituation zwei Formen erforderten Mutes miteinander kollidieren: der aufklärerische Mut, sich des eigenen Verstands zu bedienen und sich in diesem Sinne als Vernunftwesen autonom zu bestimmen, sowie der Mut anzuerkennen, dass die Freiheit dieses Selbstentwurfs stets von geschichtlichen wie kulturellen Verhältnissen bedingt bleibt, von denen sich kein Individuum völlig distanzieren kann. In Rahels eigenem Zeitraum drückt sich dies im Spannungsfeld zwischen aufklärerischen und romantischen Selbstwerdungsidealen aus: zwischen Vernunft und Geschichte, Stolz und Vorurteil, Denken und Gehorchen, zwischen dem Traum von der vollkommenen Selbstbestimmung des Ich und der letztlich unhintergehbaren Fremdbestimmung durch die anderen.

Nach Arendt kann die aufklärerische Vernunft zwar »von den Vorurteilen der Vergangenheit befreien, und sie kann die Zukunft des Menschen leiten. Nur leider genügt das offensichtlich nicht: sie kann nur individuell befreien, und nur die Zukunft von Robinsonen liegt in ihrer Hand. Das solchermaßen befreite Individuum stößt doch immer wieder auf eine Welt, eine Gesellschaft, deren Vergangenheit in Gestalt von ›Vorurteilen‹ Macht hat, in der ihm bewiesen wird, daß gewesene Wirklichkeit auch Wirklichkeit ist. Als Jüdin geboren zu sein, das mag für Rahel nur auf längst Vergangenes hindeuten, mag im Denken ganz und gar ausgelöscht sein; als Vorurteil in den Köpfen anderer wird es doch zur leidigsten Gegenwart.«[5]

Kein Mensch entkommt der Geworfenheit in diese Spannung – und sollte nicht einmal vernünftig wünschen, es zu können. Wäre der Preis dafür doch in Wahrheit kein geringerer als der Verlust dessen, was überhaupt Welt und Wirklichkeit genannt zu werden verdient.

AUFGEKLÄRT

Das Risiko des Weltverlusts im Namen einer sich als allzu rational gebärdenden Selbstbestimmung, mit dieser Mahnung an Rahel stellt sich Arendt ganz bewusst in die philosophische Spur ihrer beiden prägenden akademischen Lehrer: Martin Heidegger und Karl Jaspers. Bereits als Studentin in Marburg wurde Arendt durch

Heidegger, mit dem sie ab 1925 auch ein über mehrere Jahre andauerndes Liebesverhältnis verband, für die blinden Flecken des modernen Welt- und Menschenbilds sensibilisiert. Denn der Mensch, wie Heidegger ihn in seinem epochalen Werk »Sein und Zeit« beschrieb, war mitnichten ein vorrangig vernunftbegabtes »Subjekt«, sondern vielmehr ein grundlos in die Welt geworfenes »Da-Sein«. Er lebte als denkendes und vor allem handelndes Wesen auch nicht in einer stummen »Realität«, die er erst mit Sinngehalt zu versehen hatte, sondern in einer »Umwelt«, die für ihn schon immer bedeutungsvoll war. Wie auch wahre menschliche Autonomie für Heidegger fast nichts mit rein rationalen Entscheidungen, Berechnungen oder auch nur Regelvorgaben zu tun hatte, sondern mit dem Mut, sich in existentiell ausgezeichneten Grenz- und Sondersituationen selbst zu ergreifen.

All diese Motive trieben in den zwanziger Jahren auch Heideggers damals engsten Denkvertrauten Karl Jaspers um, als sich Arendt 1926 in Heidelberg bei diesem zur Promotion vorstellte. Im Gegensatz zu Heidegger allerdings betonte Jaspers' »Existenzphilosophie« weniger die Macht dunkler und stark vereinzelnder Gestimmtheiten, wie der Angst oder Todesnähe, als vielmehr die Möglichkeiten des Menschen, gerade durch die Kommunikation und Zuwendung zu anderen den Weg in ein helleres, freieres Leben zu finden. Diese Zuwendung war im Idealfall immer als dialogische zu denken und betonte somit die Notwendigkeit eines tatsächlichen Gegenübers, womit sie zugleich dessen gesichtslose Adressierung im Sinne des anonymen »man«, »der Öffentlichkeit« oder gar »der Menschheit« ausschloss.

Vollgesogen mit diesen Impulsen, erschließt sich Arendt ab Ende der zwanziger Jahre ein eigenes Deutungsfundament der menschlichen Situation, das ihr in Form und Inhalt eine äußert eigenständige Annäherung an den Fall der Rahel Varnhagen ermöglicht: War Rahels Situation nicht wie geschaffen, beispielhaft eben jene Druckverhältnisse freizulegen, die in Wahrheit jedes moderne Dasein bedingen?

VIELSTIMMIG

Sich mit Rahel als Mensch selbst zu erkennen – für Arendt als Philosophin bedeutet dies die Zurückweisung jeder weltlosen und damit auch ahistorischen Vernunftkonzeption. Es bedeutet die Anerkennung, dass wahre Selbstfindung nur im Zeichen anderer Menschen zu erreichen ist, bedeutete ebenfalls den Verzicht auf jede abstrakte Rede von einem »Menschen an sich«. Nur konsequent also, dass Arendt konkrete Fallstudien rein abstrakten Analysen und Abhandlungen vorzog: Existenzphilosophie als vielstimmige Daseinsreportage.

Gleich mit den ersten Sätzen ihres Rahel-Buches legt Arendt eindrücklich Beispiel von dieser Herangehensweise ab und begreift sich als Autorin des Jahres 1933 – exakt hundert Jahre nach Rahels Ableben – an einem wiederum entscheidenden Wendepunkt der deutsch-jüdischen Geschichte.

Einem Quijote gleich, der, sein Leben lang in falschen Beschreibungen gefangen, auf der Suche nach sich selbst idealistisch durch die Welt irrte, kommt es auch bei der Romantikerin Rahel Varnhagen auf dem Sterbebett zum Moment wahrer Erkenntnis und Selbstfindung: »›Welche Geschichte! – Eine aus Ägypten und Palästina Geflüchtete bin ich hier und finde Hilfe, Liebe und Pflege von Euch! … Mit erhabenem Entzücken denk' ich an diesen meinen Ursprung und diesen ganzen Zusammenhang des Geschicks, durch welches die ältesten Erinnerungen des Menschengeschlechts mit der neuesten Lage der Dinge, die weitesten Zeit- und Raumfernen verbunden sind. Was so lange Zeit meines Lebens mir die größte Schmach, das herbste Leid und Unglück war, als eine Jüdin geboren zu sein, um keinen Preis möcht' ich das jetzt missen‹.«[6]

Als Arendt diese Zeilen zu Papier bringt, steht auch sie vor einem tief greifenden Einschnitt ihres Lebens. Denn genau so, wie der wohlbehüteten Bürgerstochter Rahel Varnhagen einst erst durch das Ereignis Napoleon bewusst wurde, dass »auch ihre Existenz allgemeinen politischen Bedingungen unterstand«[7], wurde

Arendt als Denkerin durch das Ereignis Hitler erst eigentlich für die Sphäre des Politischen sensibilisiert. Wie Varnhagen, die letztlich dazu fand, ihre Identität als Jüdin dankbar zu bejahen, wird auch Arendt im Verlauf ihrer Arbeit an diesem Buch immer wacher und hellhöriger für die spezifischen Ansprüche, Gefahren und auch parianahen Chancen, die sich aus ihrem lange eher unthematisch gebliebenen Jüdischsein ergeben.

Faktisch fielen die Prozesse ihrer Politisierung wie auch Sensibilisierung unter dem Druck des aufziehenden Naziregimes zusammen und führten nicht zuletzt auch zu ihrem von dem Zionisten Kurt Blumenfeld angeregten Engagement, als Rechercheurin Beispiele für die nunmehr alltäglich gewordenen antisemitischen Schmähungen in Deutschland zusammenzutragen.

Wer sie im eigentlichen Sinne war und zukünftig sein wollte, blieb indes noch immer offen. Nur so viel stand ihr klar vor Augen: dass diese Bestimmung nicht allein in ihren Händen lag; und dass die Erwartungen nach einer eindeutigen Antwort von allen Seiten stärker wurden. Als ob das polizeiliche Begehren nach absolut klarer Zuordenbarkeit über Nacht auf eine gesamte Gesellschaft übergegriffen hätte.

DEUTSCHE WESEN

Exakt um diese Themen kreist zu Beginn des Jahres 1933 auch ein Briefaustausch mit ihrem Doktorvater Karl Jaspers. Wie Arendt war auch er vom Zeitgeist zur Ausarbeitung eines Psychogramms der besonderen Art inspiriert worden. Und auch bei Jaspers stand dabei die Identitätsfrage im Vordergrund. Schließlich fand er in der »nationalistischen Jugend soviel guten Willen und echten Schwung in verworrenem und verkehrtem Geschwätz«, dass er am Beispiel seines 1919 verstorbenen Heidelberger Professorenkollegen, des Soziologen Max Weber, den Anspruch herausarbeiten wollte, »der darin liegt, ein Deutscher zu sein«.

Ganz bewusst in einem nationalistischen Verlag veröffentlicht, »um an die Leser zu kommen, die dieses erzieherlichen (!) Impulses bedürfen und sich danach sehnen«[8], hatte ihr Jaspers seine Studie bereits im Herbst 1932 mit persönlicher Widmung zugeschickt. Ihr Titel: »Max Weber – Deutsches Wesen im politischen Denken, im Forschen und Philosophieren«[9]. Arendt brütete monatelang über einer Antwort:

> Berlin, den 1. Januar 1933
>
> Sehr verehrter, lieber Herr Professor,
> haben Sie meinen herzlichsten Dank für den Max Weber, mit dem Sie mir eine große Freude bereitet haben. Daß ich Ihnen trotzdem erst heute für die Schrift danke, hat einen bestimmten Grund: Eine Stellungnahme ist mir von vorneherein durch Titel und Einleitung erschwert. Es handelt sich dabei nicht darum, daß Sie in Max Weber den großen Deutschen, sondern daß Sie in ihm das »deutsche Wesen« darstellen und daß Sie dieses mit »Vernünftigkeit und Menschlichkeit aus dem Ursprung der Leidenschaft« identifizieren … Sie werden verstehen, daß ich als Jüdin dazu weder Ja noch Nein sagen kann und daß mein Einverständnis ebenso unpassend wäre wie eine Argumentation dagegen. … Für mich ist Deutschland die Muttersprache, die Philosophie und die Dichtung. Für all das kann und muß ich einstehen. Aber ich bin zu Distanz verpflichtet, ich kann weder dafür noch dagegen sein, wenn ich den großartigen Satz Max Webers lese, zur Wiederaufrichtung Deutschlands würde er sich auch mit dem leibhaftigen Teufel verbinden. Und in diesem Satz scheint mir gerade das Entscheidende offenbar zu sein. … Trotz Haushalt komme ich gut zur Arbeit. Die Rahel ist schon zu einem großen Teil fertig.[10]

Abgesehen davon, dass sich bereits mit dem Jahreswechsel 1932/1933 immer klarer abzeichnete, welche Form von Teufelspakt dieses Deutschland zu seiner »Wiederaufrichtung« einzugehen bereit stand, liegt das eigentlich Visionäre von Arendts Replik in der Verweigerung einer eindeutigen Positionierung. Zu einem Bekenntnis kommt es lediglich mit Blick auf das Faktum der Muttersprache sowie einer Tradition, die sie als denkendes Wesen überhaupt erst ins Leben gerufen hat. Nicht aber im Sinne von spezifischen Haltungen, Idealen oder gar Territorien. Menschen wie Arendt tragen ihre Heimat vielmehr in ihrem Herzen (und in Form von Büchern bald auch in Koffern) durch die Welt.

Gerade weil es ein so bestimmtes »Deutschland« aber in Prozessen der Lektüre und Reinterpretation immer wieder neu zu erschließen und zu verlebendigen gilt, lässt es sich nicht auf ein für alle Zeit fixiertes »Wesen« bestimmen. Seine »rettende Wiederaufrichtung« kann sich, wenn überhaupt, nur in Akten der verstehenden und damit wohlwollenden Aneignung vollziehen – und damit durch etwas, was jeden Pakt mit dem Teufel, sozusagen wesensgemäß, ausschließt.

In seiner unmittelbaren Antwort ermahnt Jaspers die ehemalige Schülerin, man könne als kulturelle Existenz ja »nicht allein aus der Negation, den Problematiken und Vieldeutigen leben«[11]. Doch will Arendt gerade zu Beginn des Jahres 1933 von einer geschichtlich-politischen Mission Deutschlands ebenso wenig raunen hören wie von einer einseitigen Vereinnahmung deutschsprachiger Juden in besagtes Traditionsgeschehen. Im Original an Jaspers vom 6. Januar 1933:

> Ich bin natürlich dennoch Deutsche in dem Sinne, den ich schon schrieb. Nur kann ich das geschichtlich politische Schicksal nicht einfach hinzufügen. Ich weiß zu genau, wie spät und wie lückenhaft die Juden daran beteiligt worden sind, wie zufällig sie schließlich in die damals fremde Geschichte hineingekommen sind. … Deutschland im alten Glanze ist Ihre Vergangenheit, welches die meine ist, ist kaum mit einem Worte zu sagen; wie überhaupt jede Eindeutigkeit – sei es die der Zionis-

ten, der Assimilanten oder die der Antisemiten – die wirkliche Problematik der Situation nur verdeckt.[12]

Wie aber wäre – gerade als deutsche Jüdin oder jüdische Deutsche – nun ein Leben vorstellbar, das sich nicht in die reaktive Falle begab, fortan »allein aus der Negation« zu leben, und sich gleichzeitig der zeitgeistprägenden Zumutung nach absoluter Eindeutigkeit entzog? Wie sähe ein Leben aus, das der Rahel-Falle entging, ohne in die der vorbehaltlosen Bejahung und damit auch politischen Vereinnahmung zu tappen? Ein Leben mit Halt, aber ohne Geländer? Wo immer für Arendt die Antworten auf diese Fragen zu finden oder entwerfen waren – es würde nicht mehr in Deutschland sein können.

HINTERTÜR

Gemeinsam mit ihrer Mutter wählt Arendt die klassische Route: vom Erzgebirge über die grüne Grenze in die Tschechoslowakei. Die politisch Verfolgten blieben meist in Prag, wo sich mit dem Frühling 1933 ein starkes Netzwerk des insbesondere sozialdemokratischen Widerstands gebildet hatte. Die Intellektuellen hingegen zogen in der Regel weiter über die Schweiz nach Frankreich. Mit dem Sommer des Jahres 1933 sind bereits um die 40 000 Menschen so geflohen, 20 000 davon nach Paris.

Wie um die neu gewonnene Position des »Dazwischen« am eigenen Leibe zu verkörpern, erfolgt der Grenzübergang über das Haus einer deutschen Sympathisantin, »dessen Eingang in Deutschland und dessen Hinterausgang in der Tschechoslowakei lag: sie empfing ihre ›Gäste‹ am Tage, gab ihnen zu essen und ließ sie dann im Schutze der Dunkelheit durch die Hintertüre hinaus«[13]. Hinaus aus Deutschland, in ein neues Dasein.

RASEND

Auch die Gymnasiallehrerin und Gewerkschaftsaktivistin Simone Weil hat sich im Sommer des Jahres 1933 endgültig von Deutschland verabschiedet. Dabei war sie nur ein Jahr zuvor kurz entschlossen von Paris nach Berlin gereist, um sich dort für einige Wochen ein eigenes Bild der Lage zu verschaffen. Schließlich müssten, wie sie ihre zehnteilige Reportage-Serie für eine Gewerkschaftszeitung einleitete, »alle, die ihre Hoffnungen auf einen Sieg der Arbeiterklasse gegründet haben, … ihren Blick derzeit nach Deutschland richten«.[14]

Was sie vor Ort in Berlin zu sehen bekommt, ist eine Nation am Boden. »In Deutschland verdienen ehemalige Ingenieure eine kalte Mahlzeit pro Tag durch Vermieten von Stühlen in öffentlichen Parks; Greise mit steifem Kragen und Melone betteln an den U-Bahn-Ausgängen oder singen mit gebrochener Stimme auf der Straße. Studenten verlassen die Universität, um Erdnüsse, Streichhölzer, Schuhriemen zu verkaufen … jeder erwartet, eines Tages in jenen erzwungenen Müßiggang geworfen zu werden, der das Schicksal von fast der Hälfte der deutschen Arbeiterklasse ist.«[15]

Mit anderen Worten ist die Stimmung in eben jenem Land, das über die bestorganisierte und zahlenmäßig stärkste Arbeiterbewegung Europas verfügt, klar revolutionär. Die dortige Linke zeigt sich indessen hoffnungslos gespalten und gelähmt. Anstatt sich den Nationalsozialisten geschlossen entgegenzustellen, führen KPD und Kommunistische Internationale, von Stalin und dem russischen Zentralkomitee gesteuert, lieber einen »sektiererischen Kampf gegen die Sozialdemokratie als ›Hauptfeind‹«. Die Folgen sind für Weil klar absehbar. »In Deutschland«, schreibt sie im Herbst 1932 einem befreundeten Gewerkschaftsfunktionär, »habe ich den letzten Respekt vor der Partei verloren … jede Duldsamkeit ihr gegenüber kommt einem Verbrechen gleich.«[16]

Nur ein Jahr danach ist es exakt so gekommen, wie von Weil in den Artikeln prognostiziert. Hitler hat auf ganzer Linie gesiegt, die

Säuberungswellen sind in vollem Gange. Nicht einmal flüchtenden Kameraden und Kameradinnen gewährt Stalins Sowjetunion Asyl. Wer jetzt noch an die proletarische Revolution von Moskaus Gnaden glaubte, dem war nach Weils Sicht geistig nicht mehr zu helfen.

REVOLUTIONÄR

Für die »Rote Simone«, wie sie bereits während ihres Philosophiestudiums gerufen wurde, ist dies indes nur ein Grund mehr, ihr politisches Engagement zu intensivieren: in der Flüchtlingshilfe, der gewerkschaftlichen Bildungsarbeit, als Publizistin.

Nach Querelen an ihrem vormaligen Lycée in Auxerre – nur vier ihrer elf Schülerinnen bestehen dort die Abschlussprüfung in Philosophie – wird Weil als Lehrerin zum Herbst 1933 in das Städtchen Roanne (in der Nähe von Lyon) versetzt. Das Ministerium will die Aktivistin lieber in einer eher ruhigeren, bürgerlicheren Gegend wirken sehen. Ein schmales Deputat von zwölf Wochenstunden bei lediglich fünf Schülerinnen lässt auch dort ausreichend Zeit und Raum für das, was ihr eigentlich wichtig und dringlich erscheint. Wann immer möglich, nimmt sie den Zug in die Arbeitersiedlungen von Saint-Étienne, um für die dortigen Minenkumpel Abendkurse und Vorlesungsreihen zu halten. Basiswissen Geometrie, Einführung in die französische Literatur, »Grundlagen des wissenschaftlichen Sozialismus« – mit Blick auf die kommende Gesellschaft kann auf nichts davon verzichtet werden. Kaum 1,50 Meter groß, die Hände stets tief in den mit Tabak gefüllten Manteltaschen, eilt sie vom Bahnhof in die Gewerkschaftsräume; mehr als Notizen braucht sie zur Lehre nicht.

Nicht selten geht es mit den Kameraden auch noch in eine benachbarte Wohnung, wo Simone, als Zentrum eines Stuhlkreises, dann weiter frei über den potentiell alles entscheidenden Zusammenhang zwischen Produktionssteigerung und Produktionsmitteln referiert, die Versuchungen des cartesianischen Dämons veranschaulicht oder aus dem Gedächtnis Passagen von Homer und Aischylos rezitiert. Hin und wieder stimmt sie auch in Arbeiterlieder schmutzigsten Inhalts mit ein. Allein mit dem Tanzen hat sie es nicht so. »Ich weiß doch nicht, wie das geht«[17], sagt sie dann mehr zu sich selbst und schleicht schon bald aus dem Raum.

Kommt das Wochenende, marschiert sie, eingewickelt in eine rote Fahne, direkt mit an der Spitze der Protestzüge und stimmt aus vollem Halse die Internationale an. Nein, so leicht bringt »la Simone« niemand zum Schweigen. Nicht einmal die Störenfriede der stalinistischen Fraktion, die immer häufiger bei ihren Veranstaltungen auftauchen, um sie von der Bühne zu brüllen.

Selbst am Lycée de jeunes filles in Roanne geht der Kampf weiter. Als eine Kollegin ankündigt, für den Nachmittag einen Lesekreis anzubieten, in dem Materialen der Jugendorganisation Action Catholique studiert werden sollen, lässt sich Weil die Unterlagen eigens aus Paris zusenden und verkündet nach eingehendem Studium im Kollegium: »Wenn das hier durchgeht, biete ich morgen einen Lesekreis zum Rationalismus an.« Der Streit führt bis ins Direktorat. Das Ergebnis des Schlichtungsgesprächs ist nicht überliefert.[18]

SORGE

Doch gibt es da immer auch eine andere Simone. Und das nicht nur, wenn die Kopfschmerzen zurück sind. Mit geschlossenen Augen, die Hände an die Schläfen gepresst, sitzt sie nächtelang allein in ihrem Zimmer, schlaflos ob der hämmernden Kopfschmerzattacken, gefangen in Pein. Wie bei den vorigen Lehrerstationen in Le Puy und Auxerre begleiten die Eltern sie auch in Roanne die ersten Tage, helfen der 24-Jährigen bei der Suche nach einer neuen Bleibe, richten das Zimmer ein, sorgen für die Grundausstattung. Besser als jeder andere wissen Mutter »Mime« und Vater »Biri« um die wahre Zerbrechlichkeit ihrer Tochter, ihre geradezu selbstzerstörerische Alltagsferne und Askese.

In den fast täglichen Briefen finden sich immer wieder die gleichen elementaren Sorgen: Ist die Wohnung geheizt? Hast du gegessen? Dürfen wir dir Kleidung schicken? Fragen, auf die Simone allenfalls im Ton der aggressiven Abwehr reagiert: »Meine liebe Mime, … ich *verbiete* dir hiermit ausdrücklich, mir ohne meine ausdrückliche Erlaubnis irgendetwas zu kaufen – es sei denn, ich hätte seit mehr als fünfzehn Tagen keine Nahrung zu mir genommen oder etwas in der Art.«[19] Zudem wissen die Eltern, wie Simone es seit Jahren mit ihrem Einkommen hält: Für sich selbst zweigt sie exakt die Summe ab, die arbeitslosen Fabrikarbeitern als staatliche Mindestunterstützung zusteht, den Rest verschenkt und spendet sie an bedürftige oder geflüchtete Kameraden.

Mit den Entwicklungen des Jahres 1933 gerät Weils Mutter mehr und mehr in die Rolle der Privatsekretärin von Simones Solo-Flüchtlingshilfswerk. Neben ihrer Familienwohnung besitzen die Weils im siebten Stock des Gebäudes in der Rue Auguste Comte, nahe dem Jardin du Luxembourg, ein weiteres leer stehendes Apartment, das für die Flüchtlinge nun als Aufnahmezentrum dient.

Woche um Woche kündigt Weil ihrer Mutter während dieses Herbstes brieflich die baldige Ankunft deutscher Flüchtlinge an, die ohne weitere Fragen aufzunehmen und finanziell zu unterstützen sind. Die Eltern tun stets, wie ihnen befohlen. Schon lange haben sie vor Simones Willen kapituliert und sehen ihre Rolle – Vater »Biri« ist ein angesehener Arzt – vorrangig darin, das sonderbare Leben ihrer sonderbaren Tochter nach Kräften zu unterstützen und bis zu dem absehbaren Zeitpunkt eines abermaligen physischen Zusammenbruchs so reibungslos wie möglich zu gestalten.

Mit besonderer Hellhörigkeit – wie auch Sorge – werden sie die letzten Sätze eben jenes Essays ihrer Tochter gelesen haben, das im Herbst des Jahres 1933 wie ein Meteor in der Denklandschaft der französischen Linken einschlägt: »Nichts auf der Welt«, heißt es dort, »kann uns verbieten, klar zu sein. Kein Widerspruch ist vorhanden zwischen dieser theoretischen Aufklärungsaufgabe und den praktischen Kampfaufgaben; im Gegenteil, es gibt eine Wechselbeziehung, weil man nicht handeln kann, ohne zu wissen, was man will, und ohne die Hindernisse zu kennen, die zu besiegen sind. Da jedoch die uns zur Verfügung stehende Zeit auf jeden Fall begrenzt ist, muß man sie einteilen zwischen Reflexion und Aktion, oder bescheidener: Vorbereitung der Aktion ... Wie dem auch sei, das größte Unglück für uns wäre unterzugehen, ohne erfolgreich zu sein und ohne verstehen zu können.«[20]

DRITTE WEGE

Der Affront, den Weils unter dem Titel »Perspektiven – Gehen wir einer proletarischen Revolution entgegen?« am 25. August 1933 erstmals in einer Gewerkschaftszeitschrift[21] veröffentliche Analyse bedeutet, ist massiver nicht zu denken. Ganz explizit nämlich hält sie darin die strukturelle Gleichartigkeit zwischen dem faschistisch gewordenen Deutschland sowie Stalins Sowjetunion fest. In nur wenigen Monaten habe Hitler in Deutschland ...

> ein politisches Regime errichtet, dessen Struktur ungefähr der des russischen Regimes entspricht, so wie es Tomski definiert: »Eine Partei an der Macht und alle anderen im Gefängnis.« Fügen wir hinzu, dass die mechanische Unterordnung der Partei unter den Führer in beiden Fällen die gleiche ist und jeweils von der Polizei gesichert wird. Aber die politische Souveränität ist nichts ohne die ökonomische Souveränität; daher zeigt der Faschismus die Tendenz, sich auch im ökonomischen Bereich, mit Hilfe der Konzentration jeder ökonomischen und politischen Macht in den Händen des Staatschefs, dem russischen Regime anzugleichen.[22]

Überdies beruhe die nach Weil historisch erstmalige Staatsform eines totalen Führerstaats auf einer neuen, technologisch gestützten Form der Unterdrückung, die sich dem ungeheuren Machtzuwachs einer neuen Klasse von überwachenden Funktionären verdanke. Und zwar Funktionären, die ihre Macht nicht etwa »um des Glücks der Unterworfenen willen ausüben, sondern zur Vermehrung eben dieser Macht«[23]. Damit aber fände sich der Rahmen des marxistischen Bildes vom Klassenkampf endgültig gesprengt.

In den neuen totalen Systemen à la Hitler und Stalin, die der äußeren Wirtschafsform nach zum Staatskapitalismus, dem inneren Aufbau nach aber zum repressiven Überwachungsstaat tendieren, werde mithilfe der sich vorrangig selbst dienenden Funktionärsklasse sowie immer avancierterer Überwachungstechnologien eine, wie Weil es nennt, »bürokratische Diktatur« installiert, für die Stalins Sowjetunion das bislang eindrücklichste wie auch verheerendste Beispiel darstelle.

Kein Zustand könne deshalb weiter von einer wahren Arbeiterdemokratie entfernt sein. Schließlich sei völlig belanglos, wem die Produktionsmittel nun nominell gehörten (Arbeitern, Großkapitalisten, dem Staat), sofern sich an den faktischen Unterdrückungsverhältnissen nichts ändere. Wenn überhaupt, sei die Brutalisierung des Arbeitsalltags unter Stalin nur weiter vorangeschritten, begleitet von neuen katastrophalen Versorgungsengpässen.

Über Briefe und persönliche Gespräche mit russischen Geflüchteten ist Weil in diesem Herbst des Jahres 1933 über die Zustände in Stalins Reich partiell im Bilde. In einem Brief an Mutter »Mime« fasst sie ihren Informationsstand folgendermaßen zusammen: »Man sieht in Städten wie Magnitogorsk – einer Stadt ohne Arbeitslosigkeit –, wie Menschen mit bloßen Händen verfaulte Kartoffeln ausgraben und roh essen, wie die Arbeiter dort, bei Temperaturen von –40 Grad, in unbeheizten Baracken schlafen, dass in der Ukraine ganze Dörfer durch den Hungertod ausgelöscht sind, dass man dort eigens ein Gesetz erlassen musste, das die Verzehrung von Leichnamen mit der Todesstrafe belegt … und dass aus Angst vor dem Terror der Geheimpolizei (GPU) keiner keinem mehr über den Weg traut, es wird von Schlangen berichtet, in denen Menschen von 8 Uhr morgens bis 2 Uhr mittags bei –35 Grad für eine Ration Kartoffeln anstehen.«[24]

Von dem epischen Grauen des sogenannten Holodomor – der Tötung durch Hunger – der Jahre 1932 und 1933 ist Weil nur ansatzweise unterrichtet. Dabei erlitten vermutlich um die vier Millionen Ukrainer einen qualvollen Hungertod, den Stalins Administration gezielt herbeigeführt hatte.[25] Dennoch, ihre Briefe beweisen es: Wer im Frankreich des Jahres 1933 wirklich wissen will, was in der Sowjetunion vor sich geht, kann es wissen. Ein stilles, unheimliches Wissen, das Weils Analysen und Bewertungen beeinflusst.

Perspektivisch, schließt Weil den Text, ergebe sich für diese neue Staatsform mit ihren »monströsen Apparaturen« die Notwendigkeit, die Unterdrückung der Bevölkerung immer weiter zu verschärfen, und zwar am propagandistisch effektivsten im Namen des eigenen Volkes, das seine gesamte Arbeitsproduktion einem unnachgiebigen Überlebenskampf mit einem äußeren Feind unterordnen müsse. Dann erst schließt sich der Kreis der Unterdrückung des Individuums unter ein vollends anonymes Kollektiv, dessen einziges sichtbares Antlitz fortan das des Führers bildet.

Weil sieht keinen Weg und legt in ihrem Essay auch keinen frei, wie dieser Dynamik fortan Einhalt zu gebieten wäre. Als gute Sozialistin begnügt sie sich zum Abschluss damit, die eigentliche Mission des Sozialismus in Erinnerung zu rufen: »Daß wir dem Individuum, nicht dem Kollektiv den höchsten Wert zumessen. Wir wollen vollständige Menschen schaffen durch die Beseitigung der Spezialisierung, die uns alle verstümmelt. … Das Individuum sieht sich brutal der Kampf- und Arbeitsmittel beraubt; weder der Krieg noch die Produktion sind heute möglich ohne eine totale

Unterwerfung des Individuums unter das kollektive Machtpotential … Die Unterordnung der Gesellschaft unter das Individuum, das ist die Definition der wirklichen Demokratie, folglich auch des Sozialismus.«[26]

HEILSARMEE

Exzessive Bürokratisierung, Entfremdung des Parteiapparats von der Basis, blinde Einstimmigkeit … mit solchen Kritikpunkten am Verlauf der Russischen Revolution stand Simone Weil im Lager der damaligen Linken an sich nicht allein da. Genau genommen handelte es sich exakt um die Punkte, die auch Leo Trotzki seit dem Ende der zwanziger Jahre gegen seinen ehemaligen Kampfgenossen Josef Stalin vorbringt. In der Sowjetunion bald als »jüdischer Verschwörer« und »Lakai des Faschismus« gebrandmarkt, wird er zunächst nach Kasachstan verbannt und muss 1929 in die Türkei flüchten. Im Juli 1933 schließlich hatte ihn sein Weg, begleitet von seiner Frau Natalia Sedowa und deren ältestem Sohn Lew Sedow, ins Exil nach Barbizon geführt, eine Kleinstadt südlich von Paris. In ständiger Geldnot und per Erlass aus Moskau mittlerweile seiner Staatsbürgerschaft beraubt, lebt er – unter strengen Auflagen und ständiger Angst vor den Häschern des sowjetischen Geheimdiensts – als freier Publizist. Und strickt im Geheimen weiter an dem Aufbau einer Vierten Internationale, deren erklärtes Ziel die kommunistische Weltrevolution bleibt.

Eine Einmischung in die inneren Angelegenheiten Frankreichs ist ihm dabei von der Regierung Daladier ebenso streng untersagt wie Aufenthalte in Paris. Die Sache war also riskant, bedurfte ausgiebiger Planung sowie höchster Geheimhaltung. Nicht zuletzt »Biri« sträubt sich lange, knickt nach Simones wiederholtem Insistieren aber erwartungsgemäß ein.

Zum Jahreswechsel ist es schließlich so weit. Mit neuer Frisur, geschorenem Bart und bis weit ins Gesicht hochgeschlagenem

Kragen bezieht Leo Trotzki – begleitet von zwei Leibwächtern sowie Sohn und Gattin – im besagten siebten Stock der Rue Auguste Comte Quartier. Nach kurzer Besichtigung ist klar: Die Wohnung der Weils taugt. Lediglich um einen zusätzlichen Sessel wird gebeten, als weitere Sitzmöglichkeit für die Leibwächter, die mit entsichertem Revolver im Schichtwechsel das Schlafzimmer des Ehepaars Trotzki bewachen.

Es waren Simones Rolle als Flüchtlingshelferin und ihr früher Kontakt zu Trotzkis Sohn Lew (von allen nur der »Kronprinz« genannt), die dazu führen, dass es nun ausgerechnet im Wohnhaus der Weils zu einem ersten Treffen eines neuen Führungsstabs der nahenden Weltrevolution kommen soll. Bereits seit Juli stehen Weil und Lew in Briefkontakt, was Vater Leo (in Weils Kreisen »Papa« genannt) indes nicht davon abgehalten hatte, höchstpersönlich auf die von Weil publizierten Thesen zu der sogenannt »proletarischen Revolution« zu reagieren. Am 13. Oktober 1933 publiziert er in der Zeitschrift »La Verité« unter dem Titel »Die Vierte Internationale und die UdSSR« einen Beitrag, in dem er die Analysen und Schlussfolgerungen, die Simone Weil vorgebracht hatte, scharf und entschieden zurückweist: »Aus Enttäuschung über einige missliche Erfahrungen in Zusammenhang mit der Diktatur des Proletariats«, heißt es dort, »hat Simone Weil nun Trost in einer neuen Mission gefunden: die eigene Persönlichkeit gegen die Gesellschaft zu verteidigen. Eine Formel des alten Liberalismus, aufgefrischt in Form eines übersteigerten Anarchismus, wie er derzeit wohl offenbar Mode ist. Fehlt nur noch auf den Hochmut hinzuweisen, mit dem Simone Weil dabei von unseren ›Illusionen‹ spricht! Für sie und die Ihren braucht es noch zahlreiche Jahre, bis sie sich von den reaktionärsten kleinbürgerlichen Vorurteilen befreit haben werden.«[27]

»Papa« war also alles andere als amüsiert. Weshalb es auch nicht schwerfällt, sich den inneren Widerwillen vorzustellen, mit dem er auf das Wohnungsangebot eingegangen sein wird. Doch auch in Weil brodelt es gehörig. Mochte dieser mutige Mann auch einst eine revolutionäre Millionenarmee befehligt haben, ein gutes Argument ersetzt das keineswegs!

Trotzkis Stimme ist bis in die unteren Etagen zu hören.[28] Und allemal erregt genug, dass auch Natalia Sedowa, die bei »Mime« und »Biri« derweil zum Tee sitzt, nur mit dem Kopf schütteln kann: »Dieses Kind wagt es tatsächlich, Trotzki die Stirn zu bieten …«

Simone Weils Notizen, die sie unmittelbar nach diesem Zwiegespräch mit Leo Trotzki am 31. Dezember 1933 niedergeschrieben hat, konzentrieren sich tatsächlich auf sämtliche Streitpunkte, die den linken Diskurs auf Jahre und Jahrzehnte hinaus prägen sollten: Welche Mittel waren zum Erreichen des revolutionären Endzwecks gestattet – oder gar erfordert? Insbesondere in Bezug auf die Frage nach dem unbedingten Wert jedes einzelnen menschlichen Lebens: Wie viele Eier durften oder mussten zerschlagen werden, um das revolutionäre Omelett zuzubereiten? Oder war bereits mit solch entmenschlichenden Redewendungen der entscheidende Tabubruch begangen, das Tor in den millionenfachen Terror aufgestoßen?

Simone Weil war davon zutiefst überzeugt. Trotzki, er hatte es mehrfach selbst bewiesen und wohl auch beweisen müssen, zeigte sich diesbezüglich durchaus flexibel gestimmt. Was Weil ihm anhand des »Kronstädter Matrosenaufstands« von 1921 – in dessen Folge Trotzki persönlich Anweisung gegeben hatte, 1500 der aufständischen »Konterrevolutionäre« sofort zu exekutieren – zu Beginn ihres Gesprächs auch direkt vorhielt. »Na, wenn Sie so denken, warum gewähren Sie mir hier überhaupt Unterkunft. Sind Sie etwa von der Heilsarmee?«[29]

Eine in der Nachbetrachtung geradezu prophetische Frage, die allerdings nur den Auftakt einer Auseinandersetzung bildete, in der sich Trotzki zunehmend in die leicht paradoxe Rolle gedrängt sah, im Namen der Revolution gerade jene Personen zu verteidigen, die ihm nun direkt nach dem Leben trachteten: »Ich habe Stalin nichts vorzuwerfen (abgesehen von Fehlern im Rahmen seiner eigenen Politik) … Es ist viel erreicht worden: für die Arbeiter (die Frauen, Kinder) … der russische Arbeiter kontrolliert die Regierung in dem Maße, in dem er sie toleriert, denn er zieht diese Regierung einer Rückkehr der Kapitalisten vor. Das ist das Siegel seiner Herrschaft!«

Ach so, hakt Weil nach, ob man daraus auch schließen dürfe, dass die Arbeiter anderswo ihre Regierung ebenfalls im Modus des Tolerierens kontrollieren, zum Beispiel in Frankreich oder Deutschland … »Sie Idealistin, Sie nennen also die herrschende Klasse eine versklavte Klasse … Warum eigentlich müssen Sie an allem zweifeln?«

Jedenfalls Trotzki gibt sich selbst am Ende dieses Gesprächs einmal mehr todsicher: »Ich glaube nicht nur daran, dass die neue linke Opposition die Revolution erreichen wird, ich bin dessen sicher!« Und genau diese Botschaft gibt er auch den Eltern Weils nach erfolgtem konspirativen Treffen mit seinen Mitstreitern aus ganz Europa zum Abschied mit auf den Weg: »In Ihrer Wohnung hat die Vierte Internationale ihren Anfang genommen!«[30]

TESTAMENT

Mit dem Jahresbeginn 1934 hat Simone Weil für sich ebenfalls zu neuer Gewissheit gefunden. Allerdings mit entschieden anderer Ausrichtung. Am 6. Februar 1934 kommt es in Paris zu schweren Krawallen und Straßenschlachten mit zahlreichen Todesopfern und mehreren Tausend Verletzten. Mitten in der tiefsten Wirtschaftskrise war ein umfangreicher Bank- und Börsenbetrug aufgeflogen. In Form eines Schneeballsystems hatte ein gewisser Alexandre Stavisky mehrere Hundert Millionen Francs öffentlicher Gelder veruntreut und war dabei anscheinend auch von Lokal- und Regierungspolitikern der Linken gedeckt worden. Ein gefundenes Fressen für die rechte Kampfpresse, die es sich nicht nehmen lässt, neben dessen sozialistischen Freunden auch die jüdisch-ukrainische Herkunft des Betrügers besonders herauszustellen. Noch am Tag nach den Unruhen tritt Premierminister Édouard Daladier, Mitglied der Parti Radical Socialist, nach nur sechs Tagen erneut im Amt als Chef seiner nun so genannten »Regierung von Mördern« zurück. Die politische Lage stabilisiert das kaum.

Wenige Tage danach schreibt Weil ihrer guten Freundin (und späteren Biographin) Simone Pétrement aus Paris in die Schweiz: »Hier keine Neuigkeiten, abgesehen davon, dass das Land auf dem direkten Weg in den Faschismus ist oder zumindest einer sehr reaktionären Diktatur: Aber das weißt du ja alles. Sämtliche Informationen aus Russland sind ebenfalls niederschmetternd. Und was Deutschland betrifft, besser kein Wort davon. … Ich habe beschlossen, mich vollständig aus der Politik zurückzuziehen, abgesehen von theoretischen Forschungen. Dies schließt allerdings in keiner Weise die etwaige Beteiligung an einer großen, spontan entstehenden Massenbewegung aus (im Rang der Mitläuferin, als Soldatin), aber fortan will ich keine Verantwortung mehr übernehmen, so gering sie auch sein mag, nicht einmal in indirekter Form, denn ich bin sicher, dass all das Blut, das vergossen werden wird, vergebens vergossen werden wird, und dass die Schlacht im Vorhinein verloren ist.«[31]

Die kommenden Monate will Weil ihre gesamte geistige Energie einem Essay widmen, den sie Freunden gegenüber als ihr »geistiges Vermächtnis« bezeichnet. Weil ist damals 25 Jahre alt. Sein Titel taugte auch als prophetische Überschrift für das gesamte kommende Jahrzehnt: »Reflexionen über die Ursachen der Freiheit und sozialen Unterdrückung«.[32]

BEDROHT

Als Simone de Beauvoirs Kollegium am 12. Februar 1934, wie vier Millionen andere Franzosen und Französinnen auch, geschlossen dem Aufruf der Gewerkschaften zum Generalstreik folgt, überlegt sie »nicht einmal, ob ich mich ihnen anschließen sollte, so fern stand ich jeder politischen Tätigkeit.«[33] Schließlich bedeutet zu streiken, sich mit den Interessen anderer berufstätiger Menschen solidarisch zu zeigen. Genau dazu aber fehlt Beauvoir jeder innere Impuls. Weder ist sie bereit, sich »mit der Lehrerin zu identifizieren, die ich war«[34], noch vermag sie in dieser Phase ihres Lebens zu begreifen, wozu das Dasein anderer Menschen überhaupt gut sein sollte. »Die Existenz des Anderen«, schreibt sie in der Rückschau, »blieb für mich stets eine Gefahr ... ich blieb immer in Abwehrstellung. Bei Sartre hatte ich mich aus der Affäre gezogen, indem ich erklärte: ›Wir sind eins‹. Ich hatte uns beide in den Mittelpunkt der Welt gestellt. Um uns kreisten widerwärtige, lächerliche oder spaßige Personen, die keine Augen hatten, mich zu sehen: ich war der einzige Blick. Deshalb setze ich mich auch ungeniert über die Meinung anderer Leute hinweg.«[35]

Seit knapp fünf Jahren bilden Jean-Paul Sartre und sie nun schon ein Paar der besonderen Art: vereint in vollkommener geistiger Hingabe bei gleichzeitig gewährter Offenheit für andere Erfahrungen und Abenteuer. Im Jahr 1929 hatten sie bei den landesweiten Abschlussprüfungen für Philosophielehrer (Agrégation) die ersten Plätze belegt[36] und wurden darauf, wie es den Regeln des Systems entsprach, für die ersten Lehrjahre von Paris in die Provinz entsandt.

Zumindest in dieser Hinsicht bedeutete Beauvoirs 1932 erfolgte Versetzung von Marseille nach Rouen eine Rückkehr ins Zentrum der eigenen Existenz. Denn Sartre unterrichtete zu dieser Zeit in der nördlichen Hafenstadt Le Havre, nur noch eine Zugstunde entfernt. Paris war an den Wochenenden ebenfalls viel leichter zu erreichen.

Doch selbst diese neu gewonnene Nähe vermochte nicht den gefühlten Abgrund zu überbrücken, der ihr Leben prägte. Zumal es mit dem literarischen Schreiben nicht recht werden wollte. Wieder und wieder konzipiert sie in den Cafés von Rouen Romane, verwirft die Anfänge indes schon nach wenigen Wochen; schildern sollten sie die gesellschaftlichen Druckverhältnisse, die sich für Frauen ihres Milieus ergaben, sobald diese nach einer wahrhaft freien Existenz streben.

DIE ANDERE

Man kann die Lebenssituation dieser 26-jährigen, intellektuell hoch veranlagten Philosophielehrerin zunächst auch deutlich prosaischer beschreiben: Trotz ihrer tiefen und einzigartigen Beziehung zu dem zwei Jahre älteren Jean-Paul Sartre hat sie ihre eigene Stimme, ihren Sitz und Halt im Leben noch nicht gefunden. Weder beruflich noch literarisch. Weder politisch noch philosophisch. Nicht einmal erotisch.

Offenbar gärte ein unerhörtes, ganz anderes Ich in ihr. Sie leidet, zumal es in ihrem Umfeld gleichaltrige Frauen gibt, die bereits viel weiter wirken. Etwa die in kommunistischen Gruppen stark engagierte Colette Audry, als einzige Kollegin am Ort, mit der Beauvoir so etwas wie Freundschaft sucht. Sowie natürlich Audrys engste Kameradin:

> Colette … berichtete mir manchmal von Simone Weil, und obgleich ich es nicht gerne zuließ, drängte sich diese Fremde in mein Leben: Sie war Lehrerin … Man erzählte, sie wohne in einer Rollkutscherherberge und lege am Ersten jeden Monats ihr Gehalt auf den Tisch: jeder konnte sich bedienen. … Ihre Intelligenz, ihr Asketentum, ihr Extremismus flößten mir Bewunderung ein; ich wußte, umgekehrt würde es nicht so sein, hätte sie mich gekannt. Ich konnte sie nicht für mein Universum annektieren und fühlte mich vage bedroht.[37]

Bereits mit 19 Jahren, als Beauvoir ihr Philosophiestudium an der Sorbonne antritt, beschreibt sie den Gegensatz zwischen dem »Selbst und den anderen« als die sie eigentlich treibende Fragestellung.[38] Und genauso, wie ihr der tief in seiner eigenen Kreativität ruhende Sartre während der Studienzeit zum beglückend »großen Gleichen« wird, nimmt die Existenz ihrer Kommilitonin Simone Weil in dieser Zeit die Position der »großen Anderen« ein.

Wie zwei Magneten stießen die beiden einander gleich bei der ersten Begegnung entschieden ab: »Eine große Hungersnot hatte China heimgesucht, und man hatte mir erzählt, daß sie (Weil) bei der Bekanntgabe dieser Nachricht in Schluchzen ausgebrochen sei: Diese Tränen zwangen mir noch mehr Achtung für sie ab als ihre Begabung für Philosophie. Ich beneidete sie um ein Herz, das imstande war, für den ganzen Erdkreis zu schlagen. Eines Tages gelang es mir, ihre Bekanntschaft zu machen. Ich weiß nicht, wie wir damals ins Gespräch gekommen sind; sie erklärte in schneidendem Tone, dass eine einzige Sache heute auf Erden zähle: eine Revolution, die allen Menschen zu essen geben würde. In nicht weniger peremptorischer Weise wendete ich dagegen ein, das Problem bestehe nicht darin, Menschen glücklich zu machen, sondern für ihre Existenz einen Sinn zu finden. Sie blickte mich fest an. ›Man sieht, daß Sie noch niemals Hunger gelitten haben.‹ Damit waren unsere Beziehungen auch schon wieder zu Ende.«[39]

Weils Wille zur absoluten Identifikation mit dem Leid aller anderen, gerade auch Fernsten trifft dabei auf Beauvoirs angestrebt absolute Identifikation des eigenen Ich mit sich selbst und ihrem Nächsten – gegen alle anderen. Für Beauvoir verbirgt sich hinter der Herausforderung, »einen Sinn für die Existenz der Menschen zu finden«, in Wahrheit ein Doppelproblem: Erstens: Worauf gründet eine sich als sinnvoll erfahrende Existenz? Und zweitens: Welche Rolle wird oder soll dabei die Existenz anderer Menschen spielen? Anders gefragt: Welchen Sinn, wenn überhaupt, gebiert deren offenbare Existenz für die eigene Existenz?

Soweit es sie und ihren Lebenssinn auf dieser Welt betrifft, ist die Existenz Sartres vollkommen ausreichend. Dem Rest konnte mit gleichgültiger Ironie begegnet werden; wo aber nicht, taten andere vor allem eines: Sie störten ganz gewaltig.

EINGEKAPSELT

Beauvoirs bis dato lebensprägender Unwille, sich in andere Menschen empathisch hineinzuversetzen oder auch nur anzuerkennen, dass sie ebenfalls existierten, geht weit über eine nur psychologische Eigenheit hinaus. Schließlich war das gesamte Gebäude der modernen Philosophie – von René Descartes ausgehend – von dem Zweifel belastet, woher und wie man als ganz in seinem eigenen Denken eingekapseltes Subjekt überhaupt wissen konnte, dass auch andere denkende Subjekte existierten. Buchstäblich in sie hineinkriechen ließ sich schließlich nicht. Alles, was in Bezug auf das Bewusstseinsleben anderer Menschen blieb, waren Rückschlusse auf der Basis ureigener Erfahrungen. Ganz nach dem Motto: »An seiner oder ihrer Stelle würde ich jetzt Folgendes erfahren, denken, spüren …« Wie Descartes aber in seinem Grundlagenwerk »Meditationen«[40] ein für alle Mal gezeigt zu haben schien, konnten diese Schlüsse falsch sein – ja, im Extremfall sogar jeder wirklich begründbaren Basis entbehren. Einmal in der Kunst philosophischer Skepsis ausreichend geübt, konnte einem an dem gezeigten Verhalten anderer Menschen damit nichts und niemand Gewissheit verschaffen, dass es sich bei all den anderen ebenfalls um denkende und empfindende Wesen handelte. Schließlich konnte es sich auch um bloße Automaten oder Roboter ohne wirkliches Innenleben handeln: In Descartes Worten aus dem 17. Jahrhundert:

> … oft sehe ich zufällig vom Fenster aus Menschen auf der Straße vorübergehen, von denen ich ebenfalls gewohnt bin zu sagen, ich sehe sie – und doch sehe ich nichts als Hüte und Kleider, unter denen sich ja auch Automaten verbergen konnten.[41]

Buchstäblich eine Beschreibung der Haltung, die auch Beauvoir und Sartre als gedanklich tief vorverständigtes Pärchen in den Cafés von Rouen, Le Havre und Paris an den Tag legten. Die anderen existieren für sie nicht wirklich als Menschen. Sie beide sind die einzigen wirklich empfindenden Wesen. Der Rest der Menschheit dient nur als Kulisse zur Anregung der eigenen Gedankenspiele. Eine ebenso attraktive wie – Sartre und Beauvoir spüren es genau – letztlich verarmende Einstellung, wird der absolute Schutz der imaginierten Einzigkeit doch notwendig mit einem Verlust an Unmittelbarkeit und möglicher Wirklichkeitsfülle bezahlt.[42]

Durchaus alterstypisch treibt sie als philosophierendes Paar in dieser Phase deshalb das Rätsel um, wie sich dieses Verblassen der Wirklichkeit wohl verhindern ließe, ohne dabei jedoch die unantastbare Souveränität des ureigenen Bewusstseins antasten zu müssen. Wie konnte man der Einkapselung aus der eigenen Hirnhöhle entkommen, ohne sich von der Welt der anderen direkt Vorschriften machen lassen zu müssen? Wie die Welt und ihre Ansprüche wörtlich nehmen, ohne alle ironische Distanz fahren zu lassen?

ZAUBERTRANK

Zum Jahreswechsel 1932/1933 verabreden sich die beiden mit einem ehemaligen Studienkollegen, Raymond Aron, auf einen Drink. Aron ist gerade von seinem Berliner Stipendiumsjahr für eine Stippvisite zurück in Paris. Bei einem Treffen in der Bar Bec de Gaz in der Rue du Montparnasse macht der Rückkehrer die beiden mit einer ganz neuen deutschen Strömung des Philosophierens vertraut, der sogenannten »Phänomenologie«. Beauvoir erinnert sich: »Wir bestellten die Spezialität des Hauses: Aprikosencocktail. Aron wies auf sein Glas: ›Siehst du, *mon petit camarade*, wenn du Phänomenologe bist, kannst du über diesen Cocktail reden, und es ist Philosophie!‹ Sartre erbleichte vor Erregung; das war genau, was er sich seit Jahren wünschte: man redet über den nächstbesten Gegenstand; und es ist Philosophie. Aron überzeugte ihn, daß die Phänomenologie genau diese Forderung erfülle: Überwindung von Idealismus und Realismus, Bejahung der

Souveränität des Bewußtseins und der Präsenz der Welt, wie sie uns gegenwärtig ist.«[43]

Da schien er also urplötzlich als lang gesuchte Möglichkeit auf: ein neuer, dritter Denkweg, hinein in eine frei erlebte Alltäglichkeit, die weder auf die quecksilbrige Geschmeidigkeit des eigenen Gedankenlebens noch den unverstellten Kontakt zur sogenannten Wirklichkeit Verzicht leisten musste. Doch worin bestand dieser Weg genau? Wodurch zeichnete er sich in seinen Grundsätzen aus?

Wie Sartre und Beauvoir bald in ebenso intensiven wie sprachlich fordernden Originallektüren ermitteln, hatte der Mathematiker und Philosoph Edmund Husserl bereits vor dem Ersten Weltkrieg von Göttingen und Freiburg aus tatsächlich eine neue Form von philosophischer Untersuchung etabliert. Unter dem Slogan »Zurück zu den Sachen selbst« forderte Husserl seine Adepten schlicht zu einer möglichst präzisen, unverstellten und insbesondere auch vorurteilslosen Beschreibung dessen auf, was sich dem Bewusstsein als Gegebenem darbot. Wie zeigen sich die Dinge dem Bewusstsein wirklich?

Die für Husserls Methode prägende, durchaus meditationsnahe Haltung einer Konzentration auf das rein Gegebene – unter Vermeidung allen Hinzufügens oder Abweichens – nannte er »Reduktion«. Und eine seiner ersten zentralen Einsichten daraus bestand in Folgendem: Bewusstsein, wie immer es sich konkret ausgestaltet oder womit es auch beschäftigt sein mag, ist schon immer Bewusstsein von oder über etwas! Wir schmecken die Süße des Likörs, wir stören uns *am* Lärm des vorbeiratternden Autos, erinnern uns *an* den Urlaub in Spanien, hoffen *auf* gutes Wetter. Sofern Bewusstsein für uns also überhaupt zu fassen ist, ist es als Bewusstsein *von etwas* zu fassen. Dieses wesensgemäße Gerichtetsein *auf* oder Handeln *von* des Bewusstseins nennt Husserl »Intentionalität«. In Wahrheit reichte schon ein Aprikosencocktail mitten in Paris, um sich diese Wahrheit klarzumachen.

Eng damit verbunden machte Husserl noch ein zweites prägendes Merkmal des Bewusstseins aus: Indem es gerichtet (intentional) ist, handelt das Bewusstsein immer auch von Dingen, die ihm wesensgemäß äußerlich und anders sind (der Likör, das Auto, die Landschaft, das Wetter). Um überhaupt es selbst sein zu können, drängt Bewusstsein deshalb schon immer aus sich selbst heraus ins Freie und andere. Ihm eignet, mit anderen Worten, der wesensgemäße Drang, sich selbst zu übersteigen – oder eben, mit Husserl gesprochen, sich zu »trans-zendieren«.

Aron hatte es Sartre und Beauvoir also durchaus richtig erklärt, die philosophische Sprengkraft dieses Ansatzes voll erfasst: Die Phänomenologie eröffnete eine Weise, die eigene Existenz radikal neu zu verstehen: Denn in Husserls Welt richtet sich das Bewusstsein weder ganz und gar passiv nach den Dingen (Realismus), noch ist das Bewusstsein ein Kompass, auf den die Dinge ausgerichtet sind (Idealismus). Vielmehr sind Realismus und Idealismus unverrückbar aufeinander bezogen, ohne jemals wirklich eins werden zu können. Weder verschwindet die Welt ganz im Bewusstsein, noch geht das Bewusstsein völlig in der Welt unter. Wie bei einem schönen Tanz sind beide ganz sie selbst, und doch der eine ohne den anderen jeweils nichts.[44]

MAUERN

Es sagt viel über den in Sartre entfachten Enthusiasmus aus, dass er nur ein halbes Jahr später, im Sommer 1933, selbst einen einjährigen Studienaufenthalt am Maison de France in Berlin antritt, um die neue Lehre im Land und der Sprache ihres Ursprungs zu studieren. Hinein ins Auge des neuen Gedankensturms also, hinein in eine neue Wirklichkeit. Auch Beauvoir, nach wie vor in Rouen, intensiviert in diesem Herbst ihre philosophischen Untersuchungen: Sie nimmt bei einem Flüchtling eigens Deutschstunden, studiert Husserl im Original und steht mit Sartre in intensivem Lektüreaustausch. Literarisch experimentiert sie derweil, auf den Spuren Virginia Woolfs, mit neuen, von der Phänomenologie methodisch nahegelegten Erzähltechniken wie etwa dem »Bewusstseinsstrom«.

Es bewegte sich also etwas, nicht zuletzt mit Blick auf ihre gemeinsame Beziehung. Vorbei die Zeit der absoluten Einheit und dialogischen Intimität. Insbesondere aus Sartres Sicht hatte man einander zu Genüge erkannt. Getreu den neuen philosophischen Vorgaben galt es, sich nun auch leiblich zu zersprengen. Sartre macht den Beginn und setzt Beauvoir – wie es ihr Vertrauenspakt von 1929 ausdrücklich einfordert – zum Winter hin en détail von seinem Verhältnis mit der Ehefrau eines Berliner Mitstipendiaten in Kenntnis. Zwar gibt Beauvoir an, keinesfalls so etwas wie Eifersucht zu verspüren, dennoch bleibt ihr das Ereignis Anlass genug, sich Ende Februar 1934 von einem Pariser Psychiater für zwei Wochen krankschreiben zu lassen (Grund: mentale Erschöpfung) und den nächsten Schnellzug ins winterkalte Berlin zu nehmen. Alles halb so wild. Sartres »Mondfrau«, wie die Dame von beiden genannt wird, ist tatsächlich keine ernste Bedrohung. Und Berlin, ja Deutschland allemal eine Reise wert. Auch oder gerade im Jahr 1934.

Beauvoirs Schilderungen ihrer damaligen Zeit in Deutschland sind bis heute eindrückliche Beispiele dafür, wie komplikationslos bemerkenswerte philosophische Wachheit mit beinahe vollkommener Blindheit für politische Realitäten einhergehen kann – insbesondere, wenn man diese Aufzeichnungen mit den Reportagen vergleicht, die Simone Weil nur 18 Monate zuvor aus eben jenem Berlin mitbrachte.

Jedenfalls bleiben die lebensweltlichen Folgen der Machtübernahme Hitlers in Beauvoirs Protokollen weitgehend unerwähnt. Man besucht gemeinsam das Leibniz-Haus in Hannover (»sehr hübsch mit Butzenscheiben«), die Dresdner Altstadt (»noch hässlicher als Berlin«) und die Hamburger Reeperbahn (»wo geschminkte Dirnen mit gekräuseltem Haar sich hinter blankgeputzten Fensterscheiben zeigten«[45]). Der Fokus liegt auf architektonischen und kulinarischen Eindrücken und solchen des

Nachtlebens, wie etwa in folgender Passage: »Cantin führte uns in die Kaschemmen rund um den Alexanderplatz. Besonderen Spaß machte mir ein Schild an einer Wand: ›Das Animieren von Damen ist verboten.‹ … Ich trank Bier in gewaltigen Bierhäusern. Eines bestand aus einer ganzen Flucht von Sälen, und drei Orchester spielten gleichzeitig. Um elf morgens waren alle Tische besetzt, die Leute hakten sich unter und schunkelten singend. ›Das ist *Stimmung*‹[46], erklärte mir Sartre.«

Zurück in Rouen, nähert sich Beauvoirs Stimmung zum Sommer indes einem neuen depressiven Tiefpunkt. Anstatt Befreiung zu spüren, stößt ihr Blick dort »überall an Mauern«.[47] Die Zeit des großen »Wir« ist ebenso vorbei wie die Jahre einer unbeschwert zu genießenden Adoleszenz. Politisch weitgehend desinteressiert, beruflich gelangweilt, privat in der Krise und literarisch stagnierend, ist das einzige Gefühl, das sie in Bezug auf ihre soziale Umwelt wirklich aufrichtig zu empfinden vermag, ein vager Hass »auf die bürgerliche Ordnung«. Derweil der Blick des eigenen Über-Ichs in den Spiegel nur negative Gedanken gebiert: »kein Ehemann, keine Kinder, kein Heim, keine Stellung in der Gesellschaft. In diesem Alter will man etwas gelten auf der Welt!«[48]

Während Sartre sich in Berlin jeden Tag eine neue Welt zu erschließen vermochte, drohte sie in der Eintönigkeit des Alltags endgültig jeden weiteren Sinn für sich und die Welt zu verlieren. Beauvoir war mehr als nur allein. Sie war einsam. Als ob sich das Universum selbst über sie lustig machen wollte, logierte sie in einem Hotel namens »La Rochefoucauld«, lehrte in einer Schule namens »Jeanne d'Arc«, und das alles in einer Stadt, deren provinzielle Enge Gustave Flaubert einst als perfekter Schauplatz für den Suizid seiner »Madame Bovary« gedient hatte. Alles andere als die Erzählung und vor allem Wirklichkeit, die sie einst für sich erträumt hatte. Alles andere als die erhoffte Rettung der Philosophie.

SCHREIB-MASCHINE

Im Frühling 1934 holt die »Große Depression« auch das Ehepaar Rand endgültig ein. Gleich der einem Loire-Schlösschen nachempfundenen Fassade ihres Wohnhauses wirkt äußerlich zwar alles in Ordnung, in Wahrheit jedoch sind die finanziellen Ressourcen der jungen Künstler – er Filmschauspieler, sie Drehbuchautorin – weitgehend aufgebraucht. Seit Jahren stagniert Frank O'Connors Hollywood-Karriere auf niedrigem Niveau. Als bisher größten Erfolg hat der 37-jährige Sohn eines Stahlarbeiters aus Ohio – hoch gewachsen, dunkler Teint, schlanke Eleganz – eine Nebenrolle in »King Kong II« vorzuweisen.[49] Auch bei Ayn Rand klafft noch immer ein gewaltiger Abgrund zwischen privater Ambition und gewonnener Anerkennung.

An mangelndem Willen liegt dies in ihrem Fall gewiss nicht. »Von jetzt ab wirst du dir keinen Gedanken mehr an dich selbst erlauben, nur an deine Arbeit. Du existierst nicht. Du bist nichts als eine Schreib-Maschine. Das Geheimnis des Lebens besteht darin, reiner Wille zu sein. Zu wissen, was du willst – und es dann zu tun! ... Nur Wille und Kontrolle. Alles andere kann zur Hölle fahren«[50], hatte sie sich 1929 ins Tagebuch geschworen. Keine Woche war seither ohne Fortschritt vergangen. Über Kurzgeschichten und Treatments tastete sie sich in der ihr noch immer fremden Sprache Schritt für Schritt an die großen literarischen Formen heran – Drama, Drehbuch, Roman.

Als Autorin besteht die für sie alles entscheidende Frage nach wie vor darin, wie es Werken der Fiktion gelingen kann, philosophisch anspruchsvolle Fragestellungen zu behandeln, ohne dabei das Interesse des breiteren Publikums zu verlieren. Die Gewissheit, dass dergleichen wenigstens im Prinzip möglich sei, hat sie in Russland quasi mit der Muttermilch eingesogen. Was waren die Romane Dostojewskis und Tolstois schließlich anderes als metaphysische Blockbuster, an deren spannungsreichem Tiefsinn sich ein ganzer Kulturkreis erfreute? Oder Tschechows Dramen? Nun galt es, dieses Wunder auch für das 20. Jahrhundert zu etablieren, gerne auch im eigentlichen Zukunftsmedium dieser Zeit, also dem Film.

Nach sieben Jahren in Hollywood steht ihr die Rezeptur klar vor Augen: Der betreffende Plot war unbedingt mehrschichtig anzulegen. »Man muss es«, schreibt sie dem Filmproduzenten und Regisseur Kenneth MacGowan am 18. Mai 1934, »so anstellen, dass ein und dieselbe Geschichte als etwas funktioniert, das keinerlei Tiefgang besitzt, sodass es diejenigen, denen der Sinn nicht nach tieferen intellektuellen oder künstlerischen Zugängen steht, es nicht als Belastung empfinden, und gleichzeitig diejenigen, die genau das erwarten, die tieferen Aspekte in exakt demselben Material finden werden.«[51]

Beispielsweise in Form einer romantischen Dreieckskonstellation, in der eine Frau sich einem zweiten Mann hingeben muss, um so den Mann zu retten oder zu gewinnen, den sie wirklich liebt. Dergleichen ist bereits auf der Ebene des reinen Handlungsfortgangs spannend genug – man will wissen, wie es angestellt wird und ausgeht. Auf einer zweiten Ebene gewährt derselbe Plot aber auch tiefere Einsichten in das Gefühlsleben und die spezifischen Anfechtungen der handelnden Personen. Auf einer dritten, philosophischen schließlich verhandelt solch ein Plot die existentielle Grundspannung zwischen »Pflicht« und »Neigung«, »Opfer« und »Lebensglück« oder auch »Mittel« und »Zweck«.

Gewiss, gesteht Rand in besagtem Brief, das klinge zunächst seltsam: »sich in einem Kinofilm an philosophischen Themen zu versuchen. Aber wenn die Philosophie nur für diejenigen zum Tragen kommt, die das auch wollen, und es all die anderen derweil nicht stört oder langweilt … nun, warum nicht?«[52] Das künstlerische Ziel ihres Schaffens steht Rand jedenfalls klar vor Augen: Philosophie für alle, auf höchstem Niveau – umgesetzt in Form von Drehbüchern und Romanen mit absolutem Bestsellerpotential! Das war es, was sie wollte. Und sie würde nicht ruhen, bis sie es erfolgreich ins Werk gesetzt sah.

LUFTDICHT

Ihr Kampf um dieses Ideal war nicht ohne erste Erfolge geblieben. So hatten 1932 gleich mehrere Studios Interesse an ihrem ersten ausgearbeiteten Drehbuch gezeigt. Unter dem Titel »Red Pawn« (frei übersetzt: Rotes Bauernopfer) entwickelt sie darin die Geschichte einer ebenso hübschen wie mutigen Amerikanerin, die sich auf eine entlegene Gulag-Insel einschiffen lässt, um ihren dort inhaftierten Ehemann zu befreien – ein russischer Ingenieur, der im sowjetischen System aufgrund seines besonderen Talents und allzu großer Eigeninitiative verleumdet worden ist. Der Plan der Heldin besteht darin, ein Verhältnis mit dem Lagerleiter einzugehen, dessen Herz zu gewinnen und ihm schließlich die Augen für den unbedingten Wert jedes Menschen zu öffnen, insbesondere natürlich ihres inhaftierten Gatten.

Alles nach Rands Rezeptur: eine klassische romantische Dreieckskonstellation, mit philosophisch-ideologischem Akzent auf der menschenverachtenden Natur des Sowjetsystems sowie der alles befreienden Kraft des Traumes vom »pursuit of happiness« – dieser bereits durch und durch amerikanisch aufgepäppelt. Als Rand das Drehbuch 1932 fertigstellt, ist sie noch Vollzeit in der Requisitenabteilung des Filmstudios RKO angestellt; 14 Stunden stupide Logistikarbeit täglich. Sie schrieb nachts und an den Sonntagen.[53]

Letztlich ging der Zuschlag für »Red Pawn« für 700 Dollar an Universal, plus weitere 800 Dollar für eine von der Autorin zu erstellende Endversion. Rand hätte ihr Werk lieber in den Händen von Metro-Goldwyn-Mayer gesehen. Marlene Dietrich, dort unter Vertrag, hatte sich für den Stoff begeistert, ihr damaliger Mentor und Regisseur Josef von Sternberg indes entschieden abgewunken. Denn nur wenige Monate zuvor war ein anderer russischer Filmstoff bei ihm gründlich gefloppt.[54]

Noch in der Woche der Vertragsunterzeichnung kündigt Rand ihren tief verhassten Brotjob und wagt, auf dem vorläufigen Höhepunkt der Wirtschaftskrise, den Sprung in die freie Schriftstellerinnenexistenz. Jetzt oder nie!

Doch selbst zwei Jahre danach wartet »Red Pawn« noch immer auf Umsetzung. Und auch Rands erster großer Roman, in den sie seither fast alle kreative Energie gesteckt hat, findet keine Interessenten. »Airtight« (dt. Luftdicht), so der Arbeitstitel des im Frühling 1934 gut zur Hälfte vorliegenden Buches, handelt einmal mehr von dem Streben willensstarker Individuen nach Selbstverwirklichung, Liebe und Glück. Ort der permanenten Freiheitsberaubung ist diesmal kein sibirischer Gulag, sondern die junge Sowjetunion als Ganzes. Bereits der Titel bringt die das Werk bestimmende Atmosphäre aus Mangelwirtschaft, Alltagsverwahrlosung, omnipräsenter Angst und institutionalisiertem Machtmissbrauch treffend zum Ausdruck.

Rand stellt »Luftdicht« als das erste Werk aus der Feder eines Menschen vor, der die Zustände in der jungen Sowjetunion am eigenen Leibe erlebt hat, diese aber aus distinkt amerikanischer Perspektive und Haltung beschreibt. Das musste doch unterzubringen sein! Umso mehr, als der amerikanische Leser, wie Rand ihrer Literaturagentin Jean Wick nach New York schreibt, ja »nicht die geringste Vorstellung (von den Lebensbedingungen in Leningrad) besitzt. Andernfalls gäbe es hier nicht so eine abstoßend hohe Anzahl von heimlichen Bolschewiken und idealistischen Sympathisanten mit dem sowjetischen System, diese *liberals* (hier im Sinne von: Linken) würden Schreie des Entsetzens ausstoßen, wüssten sie nur die Wahrheit über die sowjetischen Lebensverhältnisse. Gerade für diese Menschen wurde das Buch geschrieben.«[55]

Im Grunde verhandle der Roman aber viel mehr und Tieferes als nur die Verhältnisse in Russland oder den Liebes- und Freiheitskampf von dessen weiblicher Heldin: »*Airtight ist keineswegs* die Geschichte von Kira Argounova. Es ist die Geschichte von Kira Argounova *und* den Massen … Das Individuum gegen die Massen, das ist das eigentliche, das einzige Thema dieses Buches. Denn dies ist das größte Problem unseres Jahrhunderts – zumindest für alle, die es begreifen wollen.«[56]

Die Lektoren New Yorks führender Literaturhäuser zählen augenscheinlich nicht dazu. Und falls doch, stehen sie mit Blick auf diese Schlüsselfrage im Jahr 1934 wohl eher auf der Seite der Masse als des Individuums.

Der amerikanische Traum, er ist mit den Jahren der Wirtschaftskrise selbst im Land der Freien grau geworden. Als der Demokrat Franklin Delano Roosevelt den Präsidentschaftswahlkampf des Jahres 1932 gegen den Konservativen Herbert Hoover gewinnt, liegt die Arbeitslosenquote im Land bei 25 Prozent. Zügig setzt Roosevelt sein Wahlversprechen eines New Deals in die Tat um: strenge Regulierung der Finanzmärkte, staatliche Beschäftigungsprogramme, Umverteilung durch Steuererhöhungen, Verbot von privatem Goldbesitz, um den Dollar zu stabilisieren.

Ayn Rand musste niemand erklären, wie eng das eigene Leben schon immer mit politischen und ökonomischen Rahmenbedingungen verflochten war. Gerade mit Blick auf die Traumatisierungen, die sie und ihre Familie zu Beginn der Revolution in Sankt Petersburg erlitten hatten, kam ihr das neue präsidiale Maßnahmenpaket samt begleitender Rhetorik verdächtig bekannt vor. Schon bald befürchtete sie das Schlimmste. Dass darüber hinaus auch ihr Manuskript zurückgewiesen wird, begreift sie als weiteres untrügliches Anzeichen, wie weit insbesondere die kreativen Eliten der Ostküste bereits kommunistisch unterwandert waren.

Wollte denn selbst hier niemand begreifen und bekämpfen, was ihr nunmehr als weltweites Szenario konkret vor Augen stand: die Unterwerfung des Einzelnen unter das Diktat der rebellierenden Massen, ja des Mobs? Das alles war keine Fiktion mehr, man musste ja nur die Zeitung aufschlagen: Ob in Moskau, Berlin, Paris und nun auch Washington, bald jeden Tag gewann der Kollektivismus eine weitere Schlacht! Wie nie zuvor seit ihrer Ankunft in den USA fühlte sie sich in ihren tiefsten Sehnsüchten und Hoffnungen enttäuscht. In den dramatischen Originalworten ihrer Romanheldin Kira: »Es galt Ich gegen 150 Millionen.«[57]

IDEALE

Derart auf sich zurückgeworfen, beginnt Rand im Krisenfrühling des Jahres 1934 ein »philosophisches Denktagebuch«[58]. In ihm soll es ganz explizit um die Durchdringung eben jener Fragen gehen, die den Grund oder Abgrund jedes menschlichen Lebens bedeuten: das Problem der Willensfreiheit, das Verhältnis von Gefühl und Vernunft, das Wesen der Sprache, die Existenz unbedingter Werte, die ethische Spannung zwischen Egoismus und Altruismus.

Bereits die ersten beiden Einträge vom 9. April 1934 legen Zeugnis von ihrem besonderen Selbstbewusstsein ab, mit dem sie diese Menschheitsfragen anzugehen gedenkt:

> Dies sind die vagen Anfänge einer Amateur-Philosophin. Einer erneuten Prüfung zu unterziehen anhand der Einsichten, die vorliegen, wenn ich die Philosophie gemeistert haben werde – dann beurteilen, wie viel davon bereits vorher gesagt wurde, ob ich irgendetwas Neues zu sagen habe oder irgendetwas Altes zu sagen habe, nur eben besser.

> Die menschliche Gattung verfügt nur über zwei unbeschränkte Fähigkeiten: zu leiden und zu lügen. Ich werde die Religion als Wurzel alles menschlichen Lügens und als einzige Entschuldigung für das Leiden bekämpfen.
> Ich bin überzeugt – und will dafür alle verfügbaren Fakten sammeln –, dass der größte Fluch der Menschheit in deren Fähigkeit besteht, Ideale als etwas rein Abstraktes aufzufassen und damit als etwas, das mit dem alltäglichen Leben nichts zu tun hat. Also die Fähigkeit, ganz anders zu *leben*, als man *denkt*, und also das Denken ganz aus dem konkreten Leben zu eliminieren.

Dies nicht nur mit Blick auf gezielte und planvoll vorgehende Heuchler, sondern vielmehr angewandt auf all die weitaus gefährlicheren und hoffnungsloseren Fälle, die, ganz auf sich allein gestellt, einen vollkommenen Bruch zwischen ihren tiefsten Überzeugungen und ihrer faktischen Existenz erdulden – und dennoch glauben, Überzeugungen zu besitzen. Diese Menschen halten entweder ihre Ideale oder ihr Leben für wertlos – in der Regel aber beides.[59]

NIETZSCHE UND ICH

Ausgeprägter Religionshass, unverblümter Elitismus, Zurückweisung jeder Leidensnotwendigkeit; die Aufforderung, bejahte Entwicklungsideale bruchlos in den eigenen Lebensvollzug zu integrieren … überdeutlich bezeugen Rands erste systematische Gehversuche den Einfluss Friedrich Nietzsches, tatsächlich des einzigen philosophischen Autors, dessen Werken sie sich intensiver gewidmet hat.

Nietzsches »Also sprach Zarathustra«, das erste Buch, das sie in Amerika auf Englisch gekauft hat, ist über die Jahre zu so etwas wie ihrer Hausbibel geworden. Gerade in dunkleren Stunden kehrt sie immer wieder zu ihm zurück, um Mut zu fassen und sich ihrer eigenen Mission zu vergewissern. Lange bevor sie ein eigentlich »philosophisches Denktagebuch« beginnt, begleiten deshalb Sätze wie »Nietzsche und ich denken« oder »wie Nietzsche schon sagt« ihre persönlichen Aufzeichnungen.[60] In Wahrheit dürfte der erste nähere Kontakt mit Nietzsches Schriften bereits während Rands Jugend in Sankt Petersburg erfolgt sein, wo sich die Schriften des deutschen Denkers vom Übermenschen gerade in den dortigen Unternehmer- und Avantgardekreisen großer Beliebtheit erfreuten. Nicht zuletzt auch in den progressiv jüdischen Milieus der Metropole.

Wie bei Millionen anderen Jugendlichen, die mit dem Denker des

Übermenschen einen Weg ins Philosophieren finden, mag neben dem rebellischen Inhalt und der stilistischen Brillanz Nietzsches auch im Falle Rands das psychologische Moment entscheidend im Spiel gewesen sein. Gewähren Nietzsches Schriften doch gerade geistig besonders wachen, indes in ihrer Altersgruppe weithin isolierten Jugendlichen in dieser kritischen Phase der Selbstwerdung eine existentielle Rechtfertigung ihres sozialen Außenseitertums: eine Art Verstehensmatrix für die eigene Andersheit, die zudem den verführerischen Effekt hat, sich in diesem erfahrenen Ausgestoßensein als Teil einer eigentlichen Elite begreifen zu können.

Kein ungefährlicher Impuls, da immer auch mit narzisstischem Beigeschmack. Selbst die mittlerweile 29-jährige Ayn, ihr Denktagebuch beweist es, ist sich dieser Schlagseite eines elitären Scheins durchaus bewusst.

> 15. 5. 1934
>
> Eines Tages werde ich herausfinden, ob ich ein ungewöhnliches Exemplar der menschlichen Spezies bin, da in meinem Fall Instinkte und Vernunft untrennbar eines sind, wobei die Vernunft die Instinkte leitet. Bin ich ungewöhnlich oder vielmehr normal und gesund? Versuche ich anderen meine eigenen Besonderheiten als philosophisches System aufzuzwingen? Bin ich ungewöhnlich intelligent oder einfach nur ungewöhnlich ehrlich? Ich denke Zweiteres. Es sei denn – Ehrlichkeit wäre selbst eine Form überlegener Intelligenz.[61]

Zeilen staunender Selbstbefragung, die dem Grundimpuls nach auch von Simone Weil, Hannah Arendt oder Simone de Beauvoir stammen könnten. Sie alle quält von früher Jugend an dieselbe Frage: Was mag es letztlich sein, das mich so anders macht? Was ist es, das ich im Gegensatz zu all den anderen offenbar nicht zu begreifen und zu leben vermag? Bin wirklich ich der Geisterfahrer auf der Autobahn des Lebens – oder nicht eher die Masse wild hupender Menschen, die mir einer nach dem anderen mit aufgeblendeten Lichtern entgegenkommen? Ein Zweifel am Grunde jedes philosophisch geführten Lebens.

SOKRATISCHE SPANNUNG

Der philosophierende Mensch erscheint so geradezu wesensgemäß als Paria abweichender Einsichten und Prophetin eines richtigen Lebens, dessen Spuren sich selbst noch in tiefster Falschheit auffinden und entschlüsseln lassen: In jedem Fall bleibt dies eine Weise, die Rolle zu bestimmen, die Ayn Rand wie auch ihre Zeitgenossinnen Weil, Arendt und Beauvoir mit Beginn der dreißiger Jahre immer selbstbewusster annehmen. Nicht, dass sie dabei eine ausdrückliche Wahl getroffen hätten. Sie erfahren sich einfach grundlegend anders in die Welt gestellt. Und bleiben dabei tief im Innern gewiss, wer oder was das eigentlich zu therapierende Problem darstellt: nicht etwa sie selbst, sondern die anderen. Womöglich gar: alle anderen.

Folgte man dieser Sicht, bestünde der eigentliche Impuls des Staunens am Beginn allen Philosophierens nicht etwa in dem Befremden, dass es »überhaupt etwas gibt und nicht nichts«, sondern vielmehr in der ehrlichen Verblüfftheit eines oder einer Einzelnen, dass all die anderen tatsächlich so leben, wie sie leben. Die Ursprungsentkopplung des Philosophierens wäre mit anderen Worten keine ontologische oder erkenntnistheoretische, sondern eine soziale. Sie beträfe nicht das Verhältnis der Ichs zur stummen Welt, sondern des Ich zu den sprechenden anderen.

Für den historischen Moment des Jahres 1934, in dem Roosevelt seinen New Deal aufs endgültig staatliche Gleis setzt, dürfen wir uns Ayn Rand als von dem Gebaren ihrer Landsleute ähnlich befremdet vorstellen wie Hannah Arendt auf der Wache in Berlin, Simone Weil während der Diskussionen in ihren kommunistischen Kreisen oder Simone de Beauvoir als ehrenwertes Mitglied des Gymnasialkollegiums Jeanne d'Arc in Rouen.

Da stimmte ganz offensichtlich etwas ganz grundsätzlich nicht mit dieser Welt – und den Menschen in ihr. Hatte vielleicht nie gestimmt. Doch was genau mochte es sein? Und wie wäre es zu Beginn der dreißiger Jahre möglich, als Individuum dieses offenbar immer drängendere Unbehagen heilend zur Sprache zu bringen?

III.
EXPERIMENTE

1934/1935

Rand zieht es zum Broadway, Beauvoir zu Olga,
Weil in die Fabrik und Arendt nach Palästina

ANGEKLAGT

Alle waren sie gekommen: Regisseur Frank Capra genauso wie Pola Negri, Gloria Swanson und Marlene Dietrich – nebst dem gesammelten russischen Exiladel von Los Angeles in der ersten Reihe, unter Führung des ehemaligen Zarengenerals Ivan Lebedeff. Dieser ließ es sich selbstredend ebenfalls nicht nehmen, dem neuen Wunderkind an diesem alles entscheidenden Tag den Rücken zu stärken. Eigens zu Rands Ehren hatte Lebedeff für den späteren Abend noch zu einer Party im Weißen Adler geladen – dem Stammcafé der russischen Diaspora.[1]

Zunächst aber waren die Geschworenen an der Reihe. Würden sie die Heldin freisprechen und damit beweisen, dass es in diesem Land noch wahren Freiheitssinn gab? Ein rettendes Restwohlwollen für Menschen mit eigenem Kern, Ehrgeiz, romantischem Wagemut und mitreißender Unabhängigkeit? Oder sollte im anstehenden Verdikt einmal mehr die konventionelle Moral der Mehrheit, der »viel zu vielen« den Sieg davontragen, mit ihren kleinlichen Regeln und Ängsten, ihrem leeren Formalismus und angelernten Anstand, ihrem verstohlenen Widerwillen gegen alles wirklich groß Entworfene und Gewagte?

Die Spannung im Saal war deutlich zu spüren. Allein Ayn Rand, als eigentliche Hauptperson des Geschehens, wirkte seltsam unbeteiligt. Als ob sie das alles nichts anginge. Mit beachtlichem Geschick hatte sie die Indizien so verteilt, dass es für die Jury unmöglich sein würde, ihr Urteil rein auf die Faktenlage zu stützen. Fakten, was sagen die am Ende schon? Lautet die eigentlich entscheidende Frage im Leben nicht zunächst, wie man sich zu vorliegenden Fakten stellt?

Nach Rand hängt die menschliche Fähigkeit, eigenständig Stellung zu nehmen, grundlegend von etwas ab, das sie Lebensgespür (»sense of life«) nennt und worunter sie einen zunächst eher gefühlten denn ausargumentierten Sinn für das versteht, worauf es jedem Menschen eigentlich ankommt: einen Sinn für den eigenen Ort in der Welt und damit immer auch für die eigenen Ziele und Ideale. Wie stand um diesen »sense of life«? Wie war er in ihrem neuen Heimatland »der Freien« tatsächlich verteilt und gelagert? Und wie forderte man ihn wirksam heraus? Das sind ihre Fragen, ist ihr eigentliches Experiment.

Bereits 1933 hat sie das Theaterstück als fast perfektes Verbrechen ersonnen. Als Gerichtsdrama in drei Akten feiert es an diesem Abend des späten Oktober 1934 unter dem Titel »Woman on Trial« im Hollywood Playhouse zu Los Angeles Weltpremiere. Es ist Rands erstes Stück auf der Bühne. Ja, ihre erste amerikanische Veröffentlichung überhaupt!

VOR DEM URTEIL

Vor nicht einmal acht Jahren war sie in dieser Stadt angekommen, ohne ausreichende Sprachkenntnisse und mit nichts als einem Koffer in der Hand. Nun strahlt der eigene Name in großen Leuchtbuchstaben hinaus auf die Boulevards von Hollywood! Genau so, wie sie es sich und ihrer Familie daheim in Leningrad prophezeit, ja versprochen hatte. Jeder andere Mensch wäre im Angesicht des Erreichten gewiss vor Stolz zerborsten. Bei Rand jedoch, der vor der anstehenden Premierenparty noch mehr graut als vor der Aufführung selbst, regierte an diesem Abend eine eigentümliche Mischung aus ehrlicher Ermattung und Ekel. Immerhin: Die Hauptdarstellerin, ein ehemaliger Stummfilmstar namens Barbara Bedford, überzeugt in ihrer Hauptrolle der angeklagten Sekretärin Karen Andre. Und auch wenn die auf schmalem Budget realisierte Aufführung in Ausstattung und Umsetzung schmerzlich viel zu wünschen übrig lässt, hatte sich deren Regisseur und Produzent Edward E. Clive wenigstens streng an Rands Textgrundlage gehalten. Vor allem schien der Gimmick mit der Jury voll aufzugehen: Noch vor Beginn des Stückes zwölf Freiwillige aus dem Publikum auszuwählen, die dann, als Teil der Aufführung, auf offener Bühne kurz vor Ende des Dramas im Namen des Volkes ihr Urteil fällen, das gab es zuvor so noch nicht. Das war wirklich neu. Und es ist Rands Idee.

Den inhaltlichen Anstoß zu dem Stück »Woman on Trial« (Ursprungstitel: »Penthouse Legend«), das Rand in nur wenigen Wochen niedergeschrieben hatte, gab ihr der reale und damals viel diskutierte Fall des schwedischen Zündholzmagnaten und Spekulanten Ivar Kreuger. Durch ein extrem risikoreiches Geschäfts- und Kreditgebaren hatte dieser Mann von Schweden aus ein weltweit vernetztes Mischunternehmen von weit über 100 Firmen aufgebaut und dabei mutmaßlich phantastischen Reichtum angehäuft. Im Frühjahr 1932 mit seiner Zahlungsunfähigkeit wie auch absehbaren Verurteilung wegen Finanzbetrugs konfrontiert, wählt Kreuger den Freitod und jagt sich in einem Pariser Luxushotel eine Kugel durch den Kopf. Aufgrund von Kreugers extrovertiertem Playboyleben wurde sein Fall auch von der Regenbogenpresse intensiv begleitet.

In Rands leicht fiktionalisierter Umsetzung wird aus Kreuger der ruchlose Geschäftsmann Björn Faulkner. Die entscheidende Frage des Dramas lautet, ob und gegebenenfalls aus welchen Gründen Faulkners langjährige Sekretärin, Mitgesellschafterin und nicht zuletzt ihm leidenschaftlich ergebene Geliebte Karen Andre für dessen tödlichen Sturz vom Balkon seines Luxuspenthouse verantwortlich ist. Dass Faulkner von Andre aus enttäuschter Liebe eiskalt ermordet wurde, behaupten im Zeugenstand die junge Witwe des Verschiedenen sowie deren tief in Faulkners Geschäfte verstrickte Bankiersvater. Die Angeklagte hingegen bestreitet Tat und Hergang vehement, obwohl sie zweifellos am Tatort in den Sturz Faulkners involviert war, was auch Zeugen bestätigen. Während ihres beeindruckend selbstsicheren Auftritts vor Gericht weist sie zudem jede Form von Enttäuschung oder gar Eifersucht gegenüber jenem von ihr tief geliebten und bewunderten Mann von sich, dessen kriminelle Geschäfte, Affären und geheuchelte Ehe sie über Jahre deckte und mitermöglichte.

Ein klassischer Indizienprozess also, mit widersprüchlichen Aussagen und nicht ganz schlüssiger Faktenlage. Das Drama ist gebaut nach Rands präferierter Plotrezeptur – klassisches Liebesdreieck, Oberflächenspannung im Sinne der Frage: »Wer beging den Mord?« Auf einer tieferen Ebene aber liegt der von jedem Zuschauer selbst zu bewertende Grundkonflikt von »starke Persönlichkeit« gegen »normentreues man«, »Unabhängigkeit gegen Konformität«.[2] Die Jury muss entscheiden, welcher Seite sie mehr Glauben und letztlich auch Sympathie schenkt. In Ermangelung einer klaren Faktenlage hängt alles von dem »sense of life« der Jurymitglieder ab. Wie jedes wahre Urteil würde auch dieses also vor allem die Urteilenden selbst richten.

SELBSTISCH

Soweit es ihre eigene Gestimmtheit betraf, würde Rand nicht zu zögern haben. Befeuert von ihrem früh verinnerlichten Nietzscheanismus, hegt sie eine besondere Faszination für kompromisslose Tatmenschen, mag es sich dabei in der realen Welt auch um offene kriminelle Finanzjongleure oder gar mordende Triebtäter handeln. Ist die Konventionsmoral der neidischen Masse als eigentlicher Feind identifiziert, wird zunächst jeder zum Alliierten, der sich diesen Normen reuelos widersetzt. Die leitende Prämisse dieses übermenschlichen Lebensgespürs lautet zunächst schlicht: Alles, nur kein Mittelmaß! Alles, nur keine Bescheidenheit!

Entsprechend groß ist die Enttäuschung am Morgen danach. Dabei wird das Stück mehrheitlich gelobt und vor allem auch das beachtliche Talent von dessen Autorin hervorgehoben. Vor allem verzückt sind die Kritiker aber von dem Gimmick mit der Live-Jury. Kein Wort indes über das, was Rand als wahres Thema des Stückes ansah. Kein Wort über den aus ihrer Sicht tobenden Weltenkampf von »heroischen Individuen« gegen die »viel zu vielen«[3]. Was war damit gewonnen, die Anerkennung der breiten Masse zu erringen, wenn es aus den falschen Gründen geschah? Nur Menschen ohne echten Selbstwert vermochten dergleichen Erfolge wirklich zu befriedigen. Und zu denen gehörte Rand nun einmal nicht. Tatsächlich ist die offensichtliche Unfähigkeit, Werke der Kunst aus den richtigen Gründen hochzuschätzen, Rands Überzeugung nach mittlerweile kulturübergreifend. Und zwar mit verheerenden Folgen – nicht zuletzt für das kreative Selbstbewusstsein der Künstler selbst.

Nur wenige Monate zuvor hält sie auf der Basis einer intensiven Lektüre von Ortega y Gassets »Der Aufstand der Massen«[4] in ihrem philosophischen Tagebuch fest:

> Der sogenannte »selbstische« (selfish) Mensch von heute nutzt »Ideen« nur als Mittel zum Zweck, *seine eigenen* Ziele zu erreichen. Aber worin besteht dieses Ziel? Was ist schon damit gewonnen, nur dadurch Erfolg und Prominenz zu erreichen, dass man sich nach den Bedürfnissen der Masse richtet? In diesem Fall triumphiert ja nicht *er*, nicht seine Ideen und Standards, sondern nur seine physische Hülle. In Wahrheit ist ein solcher Mensch der Sklave der Massen. Das ist es auch, was ich meine, wenn ich sage, dass der »selbstische« ehrgeizige Mensch von heute essentiell *selbstvergessen* (unselfish) oder auch *selbstlos* (selfless) ist. Die wahre Form der Selbstbezogenheit hingegen ist diejenige, die das Recht auf *ihre eigenen* höheren Ideale und Werte einfordert. Der »höchste Egoismus« zeichnet sich somit dadurch aus, Dinge aufgrund ihres essentiellen, nicht ihres sekundären Wertes für sich zu beanspruchen.
>
> Ein Beispiel aus meiner eigenen Erfahrung, das mich derzeit am meisten betrifft, ist die Tatsache, dass nur wenige Menschen die Fähigkeit *oder auch nur den Wunsch* besitzen, literarische Werke nach deren *essentiellem* Wert zu beurteilen. Für die meisten Menschen erhält ein Werk erst einen Wert, nachdem ihm dieser

> bereits von jemand anderem zugesprochen wurde. Sie selbst verfügen nämlich über keinen eigenen Bewertungsstandard (und vermissen diesen auch nicht).[5]

Nur wer ein unabhängiges und gefestigtes Ich sein Eigen nennt, kann auch ein guter Egoist sein. Der vulgäre Egoismus eines gewieften Massenmanipulators hingegen, der bereit ist, potentiell alles zu tun und zu sagen, um Erfolg, Prominenz oder Macht zu erlangen, ist in Wahrheit innerlich viel zu hohl und ungerichtet, um den Titel eines höchsten Egoisten berechtigt zu beanspruchen.

Nicht zuletzt hätten Gesellschaften, die solche leeren Helden rückhaltlos idealisieren, jedes tragende Kriterium für ihren eigenen Wert verloren, zeigten sich in ihrem Bestehen also manifest gefährdet: vor allem in Form einer demokratisch scheinlegitimierten Anerkennungsdiktatur, an deren Spitze sich ein manipulativ besonders begabtes Massenindividuum gesetzt hätte. Rands eigentlicher Alptraum für ihr Land der Freien.

SECOND HAND

Doch was steckte eigentlich hinter dem Drang zur freiwilligen Selbstaufgabe im Zeichen der »viel zu vielen«? Welche Mechanismen waren hierbei psychologisch wie sozial entscheidend? Eine Alltagskonversation mit ihrer Nachbarin bedeutet für Rand diesbezüglich ein Erweckungserlebnis. Die junge Frau, wie Rand in der Filmbranche tätig und als Assistentin von David O. Selznick beruflich durchaus erfolgreich, war Rand schon länger als besonders ehrgeizig und karriereorientiert aufgefallen. Eines Tages stellt sie ganz direkt die Frage, worin ihr eigentliches Ziel im Leben bestünde. Die Befragte, Marcella Bannett mit Namen, muss nicht lange überlegen: Besäße niemand ein Auto, wollte sie auch keines haben. Besäßen manche eines und andere nicht, wollte sie ebenfalls eines besitzen. Besäßen manche zwei Autos und andere nur eines, so wollte sie zwei. Zudem ist es ihr sehr wichtig, andere dann auch wissen zu lassen, dass sie mehr besitzt als diese.[6]

Rand konnte kaum fassen, was sie da hörte: Offenbar richtete sich diese Frau bei ihren persönlichen Intentionen allein an den Zielen aus, die andere Menschen in ihrem Umfeld verfolgten, und dies wiederum mit dem Ziel, diese Menschen nach Möglichkeit in sämtlichen Bereichen zu übertreffen und auszustechen. Alles, was ihr begehrenswert erschien, hing von dem Begehren und damit den Zielsetzungen anderer Menschen ab, war in Wahrheit also sekundärer Natur.

Was aber, wenn die Menschen, nach denen sich das Begehren besagter Sekretärin ausrichtete, ebenfalls von nichts anderem getrieben wären als dem Begehren, das sie wiederum an anderen Menschen wahrnahmen … Vor Rands geistiges Auge trat das abgründige Bild einer angeblich freien Gesellschaft, deren Ehrgeiz und Individualismus in Wahrheit von nichts als abgeleiteter Selbstbestimmung und pervertiertem Anerkennungsdrang befeuert wurde. So konnte, so wollte sie nicht leben. Kein Mensch sollte es.

FILMREIF

Immerhin, der sogenannte Erfolg, er war jetzt da. Die Filmrechte für das Stück sind ebenfalls bald verkauft und mit Samuel »Sam« Grosvenor Wood unterbreitet ihr einer der erfolgreichsten Regisseure dieser Zeit das Angebot, ihr Drama auch am New Yorker Broadway aufzuführen. Vorausgesetzt, er dürfe gegebenenfalls eigenständig in den Text eingreifen. Und vorausgesetzt, Rand werde mit ihm vor Ort daran arbeiten, den Stoff auf die wirklich große Bühne zu bringen.

Was hielt sie in Hollywood zurück? Gewiss nicht das Klima in Kalifornien. Und auch nicht die offenbare Non-Karriere ihres Gatten Frank O'Connor. Kaum eine Woche nach der Unterschrift ist die alte Existenz in Hollywood abgewickelt und das Ehepaar in einem alten Pick-up-Truck auf dem Weg an die Ostküste. Rand wird auf dieser Fahrt erstmals eines anderen Amerikas ansichtig: das der verarmten Kleinstädte, der mittellosen Landarbeiter, tiefster schwarzer Armut sowie nicht zuletzt einer maroden Infrastruktur.

Als Frank in Virginia einem überholenden Laster ausweichen muss, überschlägt sich ihr Wagen und kommt im Straßengraben zu stehen. Unverletzt, aber völlig abgebrannt erreicht man per Greyhound Lines New York, wo die Dinge sich unmittelbar nach der Ankunft in der denkbar schlechtesten Weise entwickeln. Die Finanzierung für die geplante Broadway-Aufführung von »Woman on Trial« unter dem Titel »Die Nacht des 16. Januar« ist überraschend zusammengebrochen und verurteilt Rand mit Beginn des Jahres 1935 in den Zustand harrender Hilflosigkeit. Um Kosten zu sparen, bildet das Paar mit Franks nun ebenfalls in New York von der Hand in den Mund lebendem Bruder Nick eine Wohnungsgemeinschaft. Da sitzt man also zu dritt auf engsten Raum um eine Kochnische herum und wartet auf bessere Zeiten. War Rand ehrlich, unterschieden sich ihre Umstände damit allenfalls marginal von denen ihrer Familie in Leningrad. Wie deren Briefen zu entnehmen, durchstreift dort der einst so stolze Vater, noch immer ohne Anstellung und Einkommen, tagelang die Straßen der Stadt, um etwa einer Glühbirne habhaft zu werden. Ist ein Kilo Äpfel im Haus, gilt dies schon als Festtag. Die Mutter und die Schwestern, fließend mehrsprachig und bestens ausgebildet, müssen peinlich darauf achten, bloß keine Abendveranstaltung der kommunistischen Partei zu verpassen, damit sie ihre Stelle als Fremdenführerinnen nicht gefährden.

Woran sich der Lebenswille der Familie Rosenbaum vor allem aufrichtet, ist der sagenhafte Erfolg ihrer ausgewanderten Alissa. Damit auch der Vater sich an ihren Werken erfreuen kann, hatte die Mutter den Text von »Die Nacht des 16. Januar« eigenhändig ins Russische übersetzt. Vater Sinowjew spart nicht mit Lob und stellt das Drama, soweit es Sprache und Aufbau betrifft, sogleich auf eine Stufe mit Shakespeare. Schwester Nora legt den Briefen Zeichnungen von riesigen Leuchtreklamen bei, auf denen der Name Ayns prangt. Und Mutter Anna schließlich verleiht ihrer Befriedigung darüber Ausdruck, selbst im von Oberflächlichkeiten bestimmten Hollywood führe letztlich kein Weg an der Einsicht vorbei, »dass Weiß eben Weiß ist«.[7] Sie alle hatten schon immer gewusst: Wo Freiheit regiert, setzt sich überragendes Talent letztlich durch. Wenn auch manchmal auf verschlungenen Wegen. Oder sehr verschlungenen.

Zu den sich wöchentlich erneuernden Vertröstungen des Produzenten nämlich gesellen sich in dieser Phase weitere Ablehnungen für das nun fertiggestellte Romanmanuskript von »Airtight«. Um diesbezüglich nicht ganz und gar in Passivität aufzugehen, feuert Rand ihre bisherige Agentin. Für Monate ohne eigene Einkünfte – auch Frank sucht im rezessionsgebeutelten New York vergebens nach bezahlter Arbeit –, muss Rand froh sein, zum Frühsommer wieder für einen Hungerlohn als Drehbuchlektorin ihres ehemaligen Studios RKO arbeiten zu dürfen. Alles also wieder auf Anfang. Fast wie im Film.

SITTEN DER PROVINZ

Auch in Rouen, Nordfrankreich, kommt ab Herbst 1934 ein Drama der besonders aufgeladenen Art in Gang. Jedes Wochenende aufs Neue wird es in den Cafés, Spelunken und auch Stundenhotels der Provinzstadt zur Aufführung gebracht. Zentrale Darsteller sind eine skandalumwitterte, 26-jährige Philosophielehrerin am örtlichen Mädcheninternat sowie deren nur zwei Jahre älterer, erst vor wenigen Wochen aus Berlin zurückgekehrter Dauerliebhaber, ebenfalls Philosophielehrer und unter der Woche in der gut eine Zugstunde entfernten Hafenstadt Le Havre tätig. Zum anderen eine sinnenfrohe 18-jährige Ex-Internatsschülerin namens Olga Kosakiewicz, mit familiären Wurzeln in Russlands Hochadel, die mit den mittlerweile immer zahlreicheren ukrainischen und polnischen Flüchtlingen das Nachtleben der Stadt erkundet.

Da sowohl die ortsansässige Lehrerin wie auch deren auffällig kurz gewachsener Lebensgefährte mit wechselndem Erfolg und Geschick um die nicht zuletzt sexuelle Gunst der Jüngsten im Bunde buhlen, handelt es sich zunächst um eine klassisch romantische Dreiecksgeschichte. Auf einer zweiten Ebene hingegen verdichten sich in dieser Konstellation Spannungen, deren Wucht jedes wach geführte Leben betreffen: Freiheit gegen Notwendigkeit, Augenblick gegen Zukunft, Subjekt versus Objekt, Authentizität oder Uneigentlichkeit.

Sie alle werden als Begriffe explizit in den Fortgang der Handlung eingebracht, insbesondere von dem ursprünglich aus Paris stammenden Philosophenpärchen. Dessen Ausgangslage lässt sich in diesem Herbst wie folgt beschreiben: Auf der letzten Schwelle ins Erwachsenendasein stehend, haben sich Jean-Paul Sartre und Simone de Beauvoir einzugestehen, weit hinter den eigenen Hoffnungen und Erwartungen zurückgeblieben zu sein. Einst die beiden Jahrgangsbesten der prestigeträchtigsten Universität des Landes, sind sie nun einfach zwei von mehreren Tausend Philosophielehrenden in der französischen Provinz. Vor allem Jean-Paul zieht die Enttäuschung, als die er sich meint begreifen zu müssen, hinab in eine andauernde Depression, die umso hartnäckiger ausfällt, als das rauschhafte Berliner Stipendiumsjahr ihm sowohl geistig wie sinnlich neue Horizonte eröffnet hatte.

Kaum, dass seine Gedanken und auch Äußerungen in diesen Monaten um etwas anderes kreisen als die absehbare Eintönigkeit seines Daseins: sein Leben, fest mit dem von Simone verankert; die wenig wahren Freundschaften, bereits geschlossen; die berufliche Karriere, klar vorgezeichnet. »Wir waren noch keine Dreißig, und doch würden wir nichts Neues mehr erleben, niemals!«[8]

Sogar Sartres Haupthaar beginnt sichtbar schütterer zu werden. Wie einst in seiner Kindheit, als dem Fünfjährigen bei einem Friseurbesuch die goldenen Locken abgeschnitten wurden und dieser sich beim Blick in den Spiegel plötzlich mit einer neuen, durchaus unlieblichen Erscheinung zu identifizieren hatte, wird ihm der Verlust abermals zum Trauma, das umso wuchtiger einschlägt, als es auf die letzte und unüberwindbare Kränkung auch seiner Existenz vorausdeutet: den Tod.

Findet Simone die Kraft, widerspricht sie Sartres Verfallsdiagnose vehement, preist wieder und wieder dessen philosophische Originalität und mahnt, von der einzigartigen Begabung Sartres überzeugt, zu Geduld, Beharrlichkeit und Realitätssinn. Sie hat darin keinen erkennbaren Erfolg, zumal auch Beauvoir immer häufiger mit tränenüberströmten Wangen über die abgründige Unvermittelbarkeit zwischen dem Glück des Augenblicks und der unausweichlichen Nichtigkeit allen Strebens sinniert. Vor allem, wenn sie wieder einmal zu viel getrunken hat.[9]

Der geteilte Alltag in der Provinz hat einen schalen Geschmack angenommen. Und war man ehrlich zueinander, galt selbiges auch für den nun noch seltener gewordenen Sex zwischen ihnen beiden. Vor allem Jean-Paul zeigt kaum noch Initiative und lässt Simone, bei aller wechselseitig zugestandenen Offenheit, dauerhaft unausgelastet. Ob es schlicht daran liegt, dass man sich geistig zu nah ist? Oder wäre die sich im Gespräch stets erneuernde gedankliche Einswerdung, als tragendes Fundament ihres Weltverhältnisses, gar nur eine weitere Illusion?

Aus den Rissen des Vorjahres jedenfalls droht mit diesem Winter 1934/1935 endgültig ein Abgrund zu werden. Mit mehreren abgebrochenen Romanprojekten in der Schublade hat Beauvoir seit gut einem Jahr keine eigene Seite mehr zu Papier gebracht, während Sartre unvermindert produziert, und zwar mit einer Intensität und Geschwindigkeit, der in ihrer suchenden Richtungslosigkeit durchaus etwas Zwanghaftes eignet: Allein in den vorangegangenen Monaten hat er ein mehrhundertseitiges Manuskript über die menschliche Psyche verfasst. Zudem befindet er sich noch immer, oder wieder einmal, im Prozess einer Fundamentalrevision eines bereits mannigfach umgearbeiteten Romanfragments, das zu diesem Zeitpunkt den Arbeitstitel »Melancholia«[10] trägt.

Beide Projekte hängen insofern eng zusammen, als es nach Sartres Überzeugung vor allem die Fallstricke des eigenen Vorstellungsvermögens sind, die Menschen in einen bleibenden Zustand der Trostlosigkeit versetzen. Besonders dann, wenn die Vorstellungen, die ein Individuum von sich pflegt, mit der faktischen Existenz dieses Individuums in offenem Konflikt stehen. Die Weisen, sich in seinem eigenen Identitätsentwurf fundamental zu verfehlen, sind dabei so reich und vielfältig wie die Kraft der menschlichen Imagination selbst. Um sich dies zu vergegenwärtigen, muss das Paar beim Blick aus dem Café ja nur die guten Bürger von Rouen oder Le Havre betrachten, wie sie in mehr oder minder stiller Verzweiflung an den Fenstern vorbeiziehen. Es brauchte nicht einmal mehr ausgesprochenes Pech, und in wenigen Jahren würden sie selbst dazugehören.

Immerhin, noch hatten sie Ziele, die wesentlich über das bündige Besorgen von Alltäglichkeiten hinausgingen. Aber war das eigentlich gut? Oder nicht vielmehr das eigentliche Problem?

DAS PRINZIP OLGA

Wie anders da Olga. Erst gegen Ende der Abschlussklasse war sie Beauvoir wegen eines brillanten Essays über Kant aufgefallen. Diese Gedankenexplosion aus dem scheinbaren Nichts mutete beispielhaft an für die unstete Eigenwilligkeit ihres gesamten Weltzugangs, der auf schwer zu greifende Weise zwischen vorurteilsloser Klarsicht und tiefer Orientierungslosigkeit oszillierte. Mit einem einzigen Blick schien sie komplexeste Zusammenhänge, vor allem aber das Innenleben anderer Menschen zu erfassen und zeigte sich zugleich wie blind für eigene Ziele und Antriebe.

Beauvoir erklärte sich dies aus der besonderen Spannung, die Olgas Elternhaus und Erziehung bestimmten. Olgas französische

Mutter war einst als Kindermädchen nach Russland gegangen und hatte sich dort in einen Ingenieur aus bestem Hause (weißrussischer Adel) verliebt. Im Zuge der Oktoberrevolution muss die junge Familie nach Frankreich flüchten, wo sie wie so viele andere Exilrussen eine sozial weitgehend abgeschottete Existenz pflegen, die sich durch die Isolation der Provinz noch einmal verstärkt. Weder gehörte man dazu noch war dies angestrebt.

Während in den eigenen vier Wänden aristokratische Etikette und elitäres Selbstverständnis regieren, prallte man in der Alltagswelt auf Erfahrungen profunder Deklassierung und Ausgeschlossenheit. Die Erziehung zu Hause folgte dem freien Bildungsideal von Menschen, die nie für Geld würden arbeiten müssen, während die faktische Verarmung der Familie dazu führte, die Kinder mit allem Ehrgeiz zu einer Karriere in einem existenzsichernden Beruf zu drängen. So auch bei Olga, die nach dem Willen der Eltern Medizin studieren soll, in ihrem ersten Jahr nach Schulabschluss aber weder etwas in sich findet, das sie mit diesem Ziel verbinden kann, noch etwas, das diesem ausdrücklich widerspricht. »Olga war von Kindheit an davon überzeugt, daß sie in der Gesellschaft, in der sie lebte, nichts zu suchen habe, und sie rechnete nicht damit, daß diese Gesellschaft eine Zukunft für sie bereithielte; das Morgen existierte für sie kaum, das nächste Jahr überhaupt nicht.«[11]

Wie für so viele Schülerinnen des Jahrgangs war die unangepasste Philosophielehrerin Beauvoir auch für Olga zu einem bewunderten Vorbild geworden, während Beauvoir die offenbare Verlorenheit und Gedankentiefe Olgas als pädagogischen Auftrag begriff. Zuerst trank mag gemeinsam Kaffee, ging spazieren, lernte einander kennen und sprach sich bald immer offener aus. Mit wachsender Faszination beobachtete Beauvoir, wie sämtliche Ansprüche und Erwartungen, die von außen an Olga herangetragen wurden, an dieser wirkungslos abprallten, ohne so etwas wie Druck, Scham oder gar Reue zu erzeugen. Während die 26-jährige Beauvoir immer noch bewusst darum kämpfte, sich von den Ansprüchen und Erwartungen ihres Elternhauses zu emanzipieren, schien die gerade einmal 18-jährige Olga dieses Ziel gleichsam traumwandlerisch längst erreicht zu haben. Olga warf sich einfach ohne vorgegebenen Entwurf ins Leben. Weder war sie sich selbst ein anderer, noch ließ sie erkennen, dass andere sich ihres Selbst bemächtigen konnten: »Ich verstand mich mit Olga sehr gut, obgleich wir grundverschieden waren. Ich lebte meinen Plänen; sie leugnete die Zukunft. Jede Anstrengung schien ihr verächtlich, die Vorsicht ein Ausdruck der Zimperlichkeit, die Ausdauer ein Selbstbetrug. Für sie zählten nur Emotionen; was man mit dem Kopf begreift, interessierte sie nicht … Die Gegenwart genügte Olga; die Worte, die festlegen, einschränken oder versprechen und immer vorgreifen, schienen völlig unangebracht …«[12]

Wollte man es intellektuell aufladen – und genau in dieser Disziplin, der psycho-philosophischen Aufladung ihres Soziallebens, strebten Sartre und Beauvoir seit Jahren Meisterschaft an –, verkörperte Olga in exemplarischer Weise die Utopie einer lebensphilosophischen Unmittelbarkeit, das Prinzip reiner, momentergebener Vitalität.

ZAUBERER

Auch Sartre ging bereits nach den ersten gemeinsamen Treffen auf, wie ungemein belebend der Umgang mit der »kleinen Russin« wirkte, wie perfekt diese sich als Projektionsfläche für sämtliche Haltungen und Begehren eignete, die ihm einen Ausweg aus der verstandesraubenden Langeweile seines Daseins versprachen. Denn mit dem Frühjahr 1935 war Sartre nicht nur weiterhin stark depressiv, sondern auch zunehmend überzeugt, sich auf dem direkten Weg in den Wahnsinn zu befinden. Was nicht zuletzt an den Legionen von menschengroßen Schalentieren und Insekten lag, die ihn auf Schritt und Tritt verfolgten. Sein akademisches Interesse für das Wesen der menschlichen Imagination hatte ihn dazu gebracht, an den Meskalin-Experimenten eines befreundeten

Pariser Psychiaters teilzunehmen. Entgegen dessen Versicherungen, die als Folge der Droge entstehenden Halluzinationen würden maximal 36 Stunden andauern, kehrten sie bei Sartre noch Wochen und Monate nach der Einnahme schubweise und mit unverminderter Intensität zurück. Nicht nur, dass er offenbar älter wurde und eines Tages tatsächlich sterben würde wie jeder andere auch. Nein, nun griff auch noch der Wahnsinn nach seinem Geist.

Wieder und wieder lässt er sich in diesem Frühling von Beauvoir das Versprechen abnehmen, ihn auf dem offenbar unwiderruflich eingeschlagenen Weg in die Umnachtung nicht allein zu lassen. Die Ärzte sprechen von Überspannung und verordnen Ruhe und Schreibpausen. Beauvoir indes, mit Sartres Hypochondrie über die Jahre bestens vertraut, kommt für sich zu einer anderen Diagnose: Was Sartre in dieser Krise braucht, ist ein neues Objekt der Begierde. Und zwar am besten eines, das komplex und eigensinnig genug ist, ihn sowohl körperlich wie geistig dauerhaft zu beschäftigen. Ablenkung als Überlebensstrategie: »Mir war es lieber, Sartre belauerte die Gefühle Olgas als das Wiederaufleben seiner Wahnpsychose.«[13]

So kommt es, dass die eine, einheitliche und einzige notwendige Beziehung, der dyadische Pakt ihres Lebens, im Verlauf des Jahres 1935 durch »Joker« Olga ganz offiziell zu einer Triade erweitert wird. Die junge Frau fand in dem von ihr grenzenlos bewunderten Denkerpaar Halt und Anerkennung und übernahm ihrerseits die insbesondere von Sartre dringend benötigte Funktion eines Vitalitätsschubes. Oder, als blumigere Beschreibung desselben Sachverhalts: »In dem magischen Dreieck, das unsere sich kreuzenden Blicke bildeten, fühlte sich jeder zugleich als Zauberer und als Verzauberter.«[14]

ROLLENVERSTÄNDNIS

Da es ganz ohne Plan doch nicht geht, wird unter Beauvoirs Führung ein System von Zweiertreffen und Vollversammlungen ausgearbeitet, das jeden zu seinem Recht kommen lassen sollte. Vor allem zu Beginn des Experiments fühlt Beauvoir sich heilsam befreit vom destruktiven Dauerdruck, der durch Sartres Sinnkrise viele Monate auf ihr gelastet hatte. In Wahrheit nämlich ist deren Welt- und Selbstempfinden in dieser Phase durchaus unterschiedlich gelagert.

Wo das Lehrerdasein dem stets umhegten und von zu Hause aus finanziell bestens abgesicherten Sartre als unwürdige Sackgasse erscheinen musste, in der er »seine Freiheit versanden sah«, wies dieser Beruf für Beauvoir trotz aller Zumutungen einen Weg in die genuine Selbstbestimmung – zumal in einer Zeit, da Frauen in Frankreich noch nicht einmal das Wahlrecht besaßen. Während Sartre in der Provinz sich als jemand empfand, der fremdbestimmt in eine Rolle geworfen wurde, konnte Beauvoir mit allem Stolz empfinden, ihr dortiges Schicksal eigens gewählt und erkämpft zu haben.[15] Noch immer war das Wohlergehen ihres »lieben kleinen Geschöpfes«[16] für Beauvoir ein Sinnzentrum auch der eigenen Existenz. Während Sartres Beziehungsgenie sich gerade dadurch auszeichnete, letztlich vollkommen auf sich selbst und die Entwicklung eigener Gedanken und Schriften fixiert zu bleiben. Zumindest in diesem Sinne blieb Beauvoir in einer klassischen Beziehungsdynamik gefangen: Er zuerst!

Doch fühlte sich Sartre nur dann wirklich wohl, wenn auch Beauvoir geistig sprudelnd blieb. Das mit dem vorangegangenen Jahr einhergehende Austrocknen ihres Schreibflusses war deshalb auch ihm Anlass ernster Sorge. Immer wieder erkundigt er sich nach dem Fortgang ihrer literarischen Versuche; mal besorgt, dann fordernd, gern auch neckisch: »Aber früher, Biber, haben Sie sich doch allerhand Sächelchen gedacht.«[17]

Doch gerade hier, im vermeintlichen Zentrum ihrer Existenz,

also dem Schreiben, offenbarte sich ein weiterer kategorialer Unterschied, der weniger auf Intelligenz, Talent oder Verständigkeit beruhte als vielmehr dem eigentlichen Ziel der Gedankenbewegung. Beauvoir beschreibt ihn folgendermaßen:

> Wenn eine Theorie mich überzeugte, baute ich sie in mein Leben ein, sie veränderte mein Verhältnis zur Welt, sie färbte meine Erfahrung. Kurz, ich besaß solide Assimilationsfähigkeit und einen entwickelten kritischen Sinn, und die Philosophie war für mich eine lebendige Realität, eine unerschöpfliche Quelle.
> Ich hielt mich jedoch nicht für einen Philosophen; ich wußte sehr wohl, daß die Mühelosigkeit, mit der ich in einen Text eindrang, auf meinem Mangel an produktiver Phantasie zurückging. Auf diesem Gebiet sind die wirklich schöpferischen Geister so selten, daß die Frage müßig ist, warum ich nicht versuchte, mich unter sie zu reihen. Man sollte vielmehr ergründen, was gewisse Individuen befähigt, dieses planvolle Delirium, aus dem ein System besteht, durchzuhalten, und woraus ihnen die Beharrlichkeit erwächst, die aus ihren Ideen Schlüssel zum Universum macht. Ich habe bereits gesagt, daß diese Art konsequenten Starrsinns der weiblichen Veranlagung fremd ist.[18]

Diese, in jeder Hinsicht bemerkenswerte Erinnerung wurde von Beauvoir Ende der fünfziger Jahre zu Papier gebracht und damit in einer Zeit, in der ihr für die spätere feministische Bewegung fundamentales Werk »Das andere Geschlecht« (1949) bereits zehn Jahre zurücklag. Die Passage steht beispielhaft für Beauvoirs in der Tat lebenslange Überzeugung, dass die geistigen Veranlagungen von Mann und Frau generisch anders gelagert sind. Und zwar in einer Art, die Beauvoir entlang der Achsen »Plastizität versus Starrheit« und »Realitätsbezug versus Delirium« deutet. Eine Kategorisierung, die, sieht man genau hin, keineswegs zugunsten der vermeintlich grundmännlichen Systematiker ausfällt. Selbst ein *planvolles* Delirium bleibt schließlich genau das, was es ist:

ein Delirium – und damit eine Form des eminenten Realitätsverlusts.

Beauvoirs Weise des Philosophierens hingegen war eine des plastischen Alltags- und Lebensbezugs, um in der Folge eben jene Dinge, die bereits jeder zu kennen und zu wissen glaubt, mit den Mitteln der Neubeschreibung in einem Licht zu sehen, das sie klarer, lebendiger und letztlich freier hervortreten ließ. Als Ausgangspunkt dieser Kunst der Neubeschreibung dienen in erster Linie eigene Erfahrungen und Ereignisse, die erzählend aufgearbeitet werden. Philosophie als biographisch grundierte Halbfiktion.

Nach mannigfachen Versuchen und auch Fehlstarts wagt Beauvoir im Frühjahr 1935 als Autorin einen neuen Anlauf. Dieses Mal nicht in Form eines weiteren Romans, sondern verschiedener, lose miteinander verschränkter Kurzgeschichten, die das Ziel verfolgen, die »Flut kleinster oder ungeheuerlicher Verbrechen (zu zeigen), die von den spiritualistischen Mystifikationen«[19] der Religion erzeugt und gedeckt werden.

In ihrer tief prägenden Abneigung, ja ihrem Abscheu gegen das bürgerlich-katholische Milieu der gehobenen französischen Mittelschicht, aus dem sie stammt, haben Beauvoirs Erzählungen folgendes Ziel: Sie wollen religiöse Ideale – und, daran gebunden, religiös fundierte Alltagsnormen – als Hauptschuldigen einer Selbstverfehlung sichtbar machen, die besonders junge Frauen in anhaltende Uneigentlichkeit, Unfreiheit und nicht zuletzt sexuelle Frustration zwingt. »Ich würde mich auf die Dinge, auf die Leute beschränken, die ich kannte; ich würde versuchen, eine Wahrheit spürbar zu machen, die ich selbst erfahren hatte. Sie würde die Einheit des Buches bestimmen, dessen Thema ich durch einen Titel andeutete, den ich ironisch von Maritain entlehnt hatte: »Primauté du Sprituel«.[20]

BLÜTEN DER SPIRITUALITÄT

Es ist nun leicht zu erahnen, unter welchen Gesichtspunkten Olga – als Wille und Vorstellung – in dieser auch philosophisch extrem dynamischen Gemengelage ein besonders inspirierendes Studienobjekt bilden musste. Denn zum einen schien die herrlich planfreie Olga die erwünschte Direktheit und damit auch Vitalität eines ganz und gar unverstellten Weltzugangs in Reinkultur zu verkörpern. Insbesondere in den Augen Sartres, der mit und durch Olga »das Schwindelgefühl jenes nackten und augenblicklichen Bewusstseins (erlebte), das nur zu fühlen schien, heftig und rein. Ich habe es so hoch gestellt, daß ich mich zum ersten Mal in meinem Leben vor jemand demütig und entwaffnet fühlte und lernen wollte.«[21]

Auch Beauvoir gesteht die Tendenz ein, Olga, »ihre Revolten, ihre Freiheit, ihre Kompromisslosigkeit« zu einem »Mythos«[22] zu verklären – eben den Mythos des reinen, gänzlich unverstellt aufblühenden Jetzt-Bewusstseins. Andererseits zeigt sie sich bald ernsthaft besorgt über Olgas extrem starken Einfluss auf Sartres Welt: »Durch seine Verbissenheit, sie zu erobern, steigerte Sartre Olgas Wert ins Unendliche. Plötzlich durfte ich ihre Ansichten, ihre Neigungen, ihre Abneigungen nicht mehr auf die leichte Schulter nehmen.«[23]

Beauvoirs wachsende Distanz mag mit ihrem beruflich wie literarisch geschärften Gespür dafür zusammenhängen, wie leicht gerade im Fall junger Frauen diese herrliche direkte Unverstelltheit in Wahrheit nichts anderes als tiefste Selbstverwirrung und der beständigen Verzweiflung nahe Haltlosigkeit war: eine Verlorenheit, so profund und vollkommen, dass sie als Oberflächeneffekt von direkter Authentizität praktisch ununterscheidbar wurde. Olga erschien ihr bald wie ein Kippbild, das, je nachdem, welchen der beiden Pole der Triade sie gerade bespielte (oder fühlte bespielen zu müssen), mal den einen und mal den anderen Aspekt ihres flirrenden Wesens freigab. Noch allerdings war Sartre nicht stabil genug für entschiedenen Widerstand: »In Wort und Tat trug ich eifrig zum reibungslosen Funktionieren des Trios bei. Aber ich war nicht zufrieden, weder mit mir noch den anderen, und ich hatte Angst vor der Zukunft.«[24]

Wenigstens literarisch ging es voran. Bereits im Frühjahr 1935 schließt Beauvoir eine erste Erzählung mit dem Titel »Lisa« ab. Sie handelt von einer philosophisch interessierten Schülerin in einem Mädcheninternat. Schmächtig und ausgezehrt, hat sie die dort erhaltene Bildung »in Unfruchtbarkeit erstarren lassen«[25] – anstatt deren Lebensgeister erst eigentlich zu wecken.

Durch eine kleine Lüge erhält Lisa Erlaubnis, nach Paris in die Nationalbibliothek zu fahren, mit dem einzigen Ziel, dort wie zufällig auf ihren Schwarm zu treffen, den Bruder ihrer besten und einzigen Freundin, der freilich keinerlei Interesse an ihr zeigt. Stattdessen wird sie an einer Bushaltestelle von einer älteren Frau beschuldigt, die Mätresse ihres Ehemanns zu sein. Nicht ohne öffnende Wirkung auf ihr Selbstbild: »Sie, die ihr spitzes Gesicht, ihre magere Gestalt – eine richtige Heuschrecke – gewöhnlich hasst, hat plötzlich den Eindruck, dass sich ihr Fleisch sanft, zart und blühend anfühlt. Kann man mich wirklich für die Mätresse eines reifen Herren halten?«[26] Bei einem anschließenden Zahnarztbesuch macht der behandelnde Arzt vage erotische Andeutungen, bis Lisas Tag damit endet, dass sie sich bei der Vorstellung, ein Erzengel sowie ihr Bibliotheksschwarm seien zu einer Person verschmolzen, in ihrem Einzelzimmer im Internat Saint Agnes selbst befriedigt.

Blüten der Spiritualität. Blumen des Bösen. Mag der Rest der Welt sich auch weiterhin im freien Fall befinden. Immer deutlicher spürt Beauvoir, als Autorin einer Spur zu folgen, die zum Ziel führt.

GANZ UNTEN

Ob es die Depressionen waren, die zu den wochenlangen Migräneanfällen führten, oder ob vielmehr die Kopfschmerzen zielsicher in eine erneute Depression mündeten – es war im Verlauf dieses Jahres kaum mehr zu unterscheiden. Schon lange verfehlten die Medikamente jede lindernde Wirkung. Kaum, dass sie das Unterrichtsjahr geordnet hatte beenden können. Im Sommer 1934 lässt Simone Weil sich für ein Jahr vom Schuldienst befreien, um, wie sie es selbst ausdrückt, ihr »philosophisches Testament« zu Papier zu bringen. Sie ist 25 Jahre alt.

An der Unausweichlichkeit eines weiteren Weltkriegs besteht für sie zu diesem Zeitpunkt ebenso wenig Zweifel wie daran, dass auch Nationen wie Frankreich, Spanien und die USA unweigerlich in den Mahlstrom totalitärer Gesellschaftslogik hineingezogen würden:

> … die Menschheit (geht) jetzt fast überall einer totalitären Form gesellschaftlicher Organisation – nach einem von den Nationalsozialisten häufig benutzten Ausdruck – entgegen, d.h. einem Regime, wo die Staatsmacht in allen Bereichen souverän herrscht, sogar und ganz besonders im Bereich des Denkens. Rußland bietet, zum Unglück für sein Volk, ein fast vollkommenes Beispiel eines solchen Regimes. … Aber es scheint unvermeidlich, daß (die anderen Länder) sich alle in den kommenden Jahren diesem Modell mehr oder weniger angleichen werden.[27]

In den Monaten von September bis November 1934 schwillt der ursprünglich als Artikel konzipierte Text auf Buchlänge. Unter dem an Jean-Jacques Rousseau gemahnenden Titel »Reflexionen über die Ursachen der Freiheit und der sozialen Unterdrückung« strebt er die Grundlegung einer wahrhaft freien Arbeitsgesellschaft von selbstbestimmten Individuen an. Als »Testament« ist der Text insofern zu verstehen, als er sich explizit an eine Generation *nach* der Katastrophe wendet. Die Verworfenheit der eigenen Epoche scheint Weil so tief, dass es nicht darum gehen kann, den drohenden Weltenbrand noch zu verhindern.

Mochte also im eigentlich politischen Sinne auch nichts mehr zu retten sein, so bestand doch die Option, erlangte Einsichten ins Leben zu integrieren und in der konkreten Praxis zu testen und zu verfeinern. Folgerichtig erfüllt sich Weil im Dezember 1934 – kurz nach Fertigstellung ihres »Testaments« – einen seit Studententagen gehegten Traum und nimmt als ungelernte Hilfskraft die Akkordarbeit in einer Pariser Metallfabrik des Unternehmens Alsthom auf.

Sie will am eigenen Leibe jene Unterdrückung erfahren, die sie als Denkerin zu beheben strebt. Raus aus dem Turm der Theorie, hinein ins allzu alltägliche Leidenslos der Werktätigen! Weder Marx noch Engels, Lenin, Trotzki oder Stalin hatten je eine Fabrik wirklich von innen erlebt. Was man, so Weils Kritik, deren jeweiligen Analysen und Maßnahmen auch deutlich anmerkte.

Und war es nicht, einmal auf diese Spur gesetzt, vor allem auch der Mangel an konkreter Erfahrung, der in den luftdichten Echokammern des bürgerlichen wie des proletarischen Lagers dazu führte, dass die Unkenntnis der jeweils anderen Daseinsform wahre Monsterwelten an Fehlzuschreibungen und verschwörerischen Unterstellungen hervorbrachte? Ging es nach den Phantasien der Proletarier, walteten im Reiche des bürgerlichen Unternehmers die dämonischen Kräfte der »Finanz«, der »Industrie«, der »Börsen« oder »Banken« (und natürlich, auch in Frankreich, immer häufiger »der Juden«). Und die besitzende Klasse vermeinte wiederum unter den proletarischen Aktivisten nichts als »Provokateure«, »bezahlte Störenfriede« oder schlichtweg »Plünderer« auszumachen.[28]

AM FLIESSBAND

Im Winter 1934 wagt Weil also den definitiven Realitätscheck, ja, spricht in ihrem Fabriktagebuch gar von dem Ziel, endlich »direkten Kontakt mit der Wirklichkeit«[29] zu erlangen. Wobei es bei näherer Überlegung keine so leichte Sache sein mag anzugeben, weshalb nun der Alltag eines Menschen, der für einen kaum existenzsichernden Mindestlohn zehn Stunden am Tag mit einer einzigen Handbewegung Metallformen ausstanzt, in irgendeiner Weise »wirklicher« zu nennen wäre als der einer Philosophielehrerin in der französischen Provinz oder einer im Filmgeschäft tätigen Exilrussin in New York.

In jedem Fall steht Weils Wille zur Fabrik in einer ehrwürdigen Tradition von philosophischen Ausbruchsexperimenten, deren formuliertes Ziel darin besteht, einer mutmaßlich entfremdeten Welt den Rücken zu kehren und durch den Eintritt in eine vermeintlich wirklichkeitsnähere Lebensform oder Umwelt zu größerer gedanklicher Klarheit zu finden. So wie Buddha durch seine Palastflucht, Diogenes durch seine Tonnenexistenz oder natürlich auch Thoreau mit seinem Hüttenbau am Walden Pond.

Zwar zieht Weil zur Authentifizierung ihrer Erfahrung aus der elterlichen Wohnung beim Jardin du Luxembourg eigens in ein Mietzimmer in der Nähe der Vorstadtfabrik, doch ist der sichernde Hafen von Mime und Biri nah und einfahrbereit. Gerne auch zum gemeinsamen Abendessen. Ein Angebot, das Simone freilich nur unter der Bedingung annimmt, der Mutter nach der Mahlzeit den exakten Gegenwert für einen vergleichbaren Restaurantbesuch auf den Esstisch zu legen. Eine Scharade, die Weils Mutter auf ihre Weise zu kontern versteht. Im Verlauf ihrer gar nicht einmal seltenen Besuche in Simones chronisch unaufgeräumter Arbeiterinnenbude versteckt sie kleinere Geldbeträge in Kleidungsstücken und Schubladen, damit die Tochter die Tage darauf das Gefühl eines glücklichen Zufallsfunds erleben darf.[30]

Das Projekt ist zudem zeitlich klar eingegrenzt (faktisch wird sie nicht einmal 24 Wochen arbeiten), ja in Wahrheit gelingt selbst die Annahme in der Fabrik nur durch Vermittlung von Weils altem Gewerkschaftskameraden. Er ist mit dem relevanten Entscheider in der Alsthom-Fabrik persönlich bekannt und setzt diesen von Weils Erkenntnisprojekt vorab ebenso in Kenntnis wie von deren faktisch totalem Unvermögen, eine auch nur annähernd produktive Rolle im Arbeitsprozess einzunehmen. Überdies nimmt er ihm das Versprechen ab, für die absehbar kurze Dauer ihres dortigen Verbleibs ein schützendes Auge auf die Edelelevin mit den zwei linken Händen zu werfen.

Als Weil am Montag des 17. Dezember 1934 – nur zwei Wochen nach Arbeitsaufnahme – mit ölverschmierter Bluse in der elterlichen Rue Auguste Comte zum Abendessen eintrifft, ist ihr Zustand dennoch bereits besorgniserregend. Simone spricht noch weniger als sie isst. Bei ihr immer ein letztes Alarmsignal. Kaum, dass sie die Kraft findet, sich aufrecht auf dem Stuhl zu halten. Vor allem damit hatte sie nicht gerechnet: mit dieser tiefen Müdigkeit, die durch alle Glieder dringt und ihr nicht einmal genug Energie lässt, das täglich Erlebte, wie eigentlich geplant, sorgfältig in ihrem Fabriktagebuch zu protokollieren und zu reflektieren. Der Eintrag für den 17. Dezember – er wird wohl in der Metro zu Papier gebracht worden sein – liest sich wie folgt:

> Nachmittag – Presse: schwierig einzulegende Stücke, zu 0,56 % (600 von 2.30 Uhr bis 5.15 Uhr; rund ½ Std., um die Maschine wieder herzurichten, die verstellt war, weil ich ein Stück darin liegen gelassen hatte). Ermüdet und angewidert. Gefühl, 24 Stunden (am Sonntag) ein freier Mensch gewesen zu sein und mich jetzt wieder einem sklavischen Reglement anpassen zu müssen. Ekel wegen dieser 56 Centimes, die einen zur Anspannung und Erschöpfung zwingen, dabei stets die Angst, gerügt zu werden, weil man zu langsam war oder etwas verdorben hat … Gefühl der Versklavung.

> Geschwindigkeitswahn. (Besonders wenn man, um sich hineinzustürzen, Müdigkeit, Kopfschmerzen, Ekel bezwingen muß.)[31]

Ein ganz und gar typischer Tag im Leben der Fabrikarbeiterin Simone Weil. Nicht ein einziges Mal wird es ihr in diesen sechs Monaten gelingen, die vorgegebenen Mindeststückzahlen zu erreichen. Stattdessen erzeugt sie in trister Regelmäßigkeit Ausschussware; Maschinen sperren sich ihrem Willen; Teile fallen einfach aus oder versagen; wesentliche Werkstücke werden von ihr verwechselt, übersehen, verkehrt eingelegt und, besonders häufig, einmal gefertigt, einfach in der Maschine vergessen.

Wieder und wieder führt sie die Monotonie der Aufgabenstellung in eine fehleraffine Geistesabwesenheit, die aufgrund der konstanten Übermüdung schließlich gedankenfrei bleibt: eine Art innerer Tod, der sich bereits nach wenigen Tagen auf ihre gesamte Existenz ausweitet. Die Angst vor dem Versagen kriecht in die unruhigen Träume, Weinkrämpfe bleiben als letzte Entlastung. Von den mörderischen Kopfschmerzen, die alles grundieren, befreien auch diese nicht.

ERKENNTNIS UND INTERESSE

Dass Weil für diese Form des Daseins nicht geschaffen war, mochte nicht einmal ihr selbst als Überraschung oder Einsicht gelten. Aber welcher Mensch war oder wäre es? Gab es überhaupt denkbefähigte Wesen, die unter solchen Bedingungen ihre Selbstachtung und Würde dauerhaft erhalten konnten?

Genau diese Fragestellungen behandelte ihr nunmehr fertiggestelltes philosophisches »Testament«. Es waren nicht zuletzt auch die Leitfragen der Analysen von Karl Marx gewesen. Nur eben waren sie von diesem, wie Weil in ihren »Reflexionen« beschreibt, auf letztlich mythischem Fundament beantwortet worden – mit fatalen Folgen für die Proletarier aller Länder, die im Zuge einer Revolution zu befreien waren.

Bei aller zugestandenen Klarsicht und erstrebten Wissenschaftlichkeit, so Weil, blieb gerade die marxsche Analyse von einer quasireligiösen Geschichtsphilosophie belastet. Der zentrale Fehler lag in der von Marx selbst weder eigens begründeten noch hinterfragten Annahme, dass jeder Fortschritt der Produktivkräfte die Menschheit auf dem Wege der Befreiung voranschreiten lässt. Der Prozess hin zur kommunistischen Gesellschaft wahrer individueller Freiheit wird von Marx demnach als Geschichte der technologisch-maschinell bewirkten Steigerung der Produktivkräfte rekonstruiert. Mochte der Bogen des proletarischen Leides auch lang und entbehrungsreich gespannt sein, letztlich neige er sich unabwendbar zu dessen Befreiung hin. Dank der »Steigerung der Produktivkräfte« war die Geschichte der Menschheit von einem inneren Zweck beseelt, der schlechthin nicht verfehlt werden konnte.

Es lohnt, Simone Weils Kritik an diesem Dogma in voller Länge zu zitieren. Nicht zuletzt, da diese Passage in der marxschen Fetischisierung des Wachstums der Produktivkräfte die gemeinsame, gleichwohl verdeckte Wurzel eines kapitalistischen sowie kommunistischen Geschichtsbilds freilegt. Beide Ideologien, so Weil, träumten unter dem Dach des Mythos vom unendlichen Wachstum das Ende der Geschichte herbei. Beide von einem globalen Systemsieg auf letztlich ökonomischer Basis. Beide von einer Befreiung des Menschen nicht nur vom Joch der Arbeit, sondern vom Joch einer sich unseren Wünschen widersetzenden Wirklichkeit überhaupt. Mit anderen Worten: Beide zeigten sich unter dem Deckmantel der Wissenschaftlichkeit letztlich von krass unwissenschaftlichen, ja offenbar widersinnigen Grundannahmen befangen.

> Die Marxisten … glauben, daß jeder Fortschritt der Produktivkräfte die Menschheit auf dem Wege der Befreiung, selbst um

den Preis einer zeitweiligen Unterdrückung, voranschreiten läßt. Es ist nur natürlich, daß die Bolschewiken, mit einer solchen moralischen Gewißheit ausgerüstet, die Welt durch ihre Gewalttätigkeit in Erstaunen versetzen.

Doch ist es selten, daß beruhigende Glaubenssätze zugleich auch vernünftig sind. Bevor wir die marxistische Konzeption der Produktivkräfte untersuchen, fällt ihr mythologischer Charakter in der gesamten sozialistischen Literatur auf ... Nie erklärt Marx, weshalb die Produktivkräfte wachsen müssen. ... Der Aufstieg der Großindustrie hat die Produktivkräfte in die Gottheit einer Art Religion verwandelt ... Diese Religion der Produktivkräfte, in deren Namen etliche Unternehmergenerationen, ohne jedes moralische Bedenken, die Arbeitermassen niederhielten, bildet auch innerhalb der sozialistischen Bewegung ein Unterdrückungsinstrument; alle Religionen machen aus den Menschen ein einfaches Mittel der Vorsehung, auch der Sozialismus stellt die Menschen in den Dienst des historischen Fortschritts, d.h. des Produktionsfortschritts. Welches auch immer die Schmach sein mag, die der Kult der Unterdrücker Rußlands dem Namen von Marx zufügt: sie ist nicht ganz unverdient.[32]

GRENZEN DES WACHSTUMS

Weils Kritik an den Mythen des Marxismus geht direkt in eine Kritik des modernen Wachstumsglaubens über. Dieser wiederum geht notwendig Hand in Hand mit dem Dogma der alles heilenden Steigerung der Produktionskräfte. Offenbar basierte das nachhaltige Heilsversprechen sowohl der Kapitalisten wie der Sozialisten auf der Annahme, dass die unglaubliche Steigerung der Produktionskräfte der vorangegangenen 300 Jahre sich in gleicher Weise und Intensität auch in Zukunft fortsetzen, ja, noch weiter beschleunigen ließe.[33] Diese Erwartung führt, nimmt man sie ernst, unmittelbar zur Frage nach der benötigten Energie und damit den Energiequellen in einer endlichen Welt.

Denn auch wenn schwer abzusehen war, welche Energiequellen dereinst zur Verfügung stünden, bliebe es doch eine Tatsache, »dass die Natur uns, in welcher Form auch immer, keine Energie (schenkt): tierische Kraft, Kohle, Erdöl – man muß sie ihr entreißen und durch unsere Arbeit entreißen mit der Absicht, sie unseren Zwecken anzupassen«. Folgerichtig schärft Weil ihre Beobachtungen des Jahres 1934 zu dem Paradox eines unendlichen Wachstumsglaubens in einer Welt endlicher Ressourcen. Dessen phantasierter Fluchtpunkt glich einem Perpetuum mobile, etwas, dass es nicht gibt und nicht geben kann.

Die Entwicklung zur kommunistischen Endidylle nach Marx, in welcher der zukünftige Mensch weitestgehend selbst bestimmt, »heute dies, morgen jenes zu tun, morgens zu jagen, nachmittags zu fischen, abends Viehzucht zu treiben, nach dem Essen zu kritisieren, (…) ohne je Jäger, Fischer, Hirt oder Kritiker zu werden«[34], ist mithin phantasmatisch. Als ungleich plausibler zeichnet sich eine Situation ab, in der die Erschließung und Verwendung natürlicher Energiequellen aufgrund verschärfter Knappheit und geologischer Unzugänglichkeit »eine größere Arbeit erfordert als die menschliche Anstrengung, die man zu ersetzen sucht«.[35] Das Joch der Arbeiter würde sich unter dieser Perspektive in Zukunft eher weiter zuspitzen.

Für Weil kann es im Namen einer (proletarischen) Revolution, die diesen Namen auch verdient, daher nur eine relevante Fragestellung geben:

> Ist eine Organisation der Produktion denkbar, die zwar unfähig wäre, die natürlichen Notwendigkeiten und den daraus resultierenden gesellschaftlichen Zwang abzuschaffen, es aber erlaubte, ohne die vernichtende Unterdrückung von Geist und Körper auszukommen?[36]

Diese Frage aber lässt sich nicht vom Lehnstuhl aus erkunden und beantworten. Sie benötigt die Erfahrung des Produktionsprozesses selbst. Sie muss von innen heraus verstanden und begriffen werden. Sosehr Weils Fabrikabenteuer von dem ethischen Impuls einer tätigen Solidarisierung mit den Arbeitenden motiviert gewesen sein mag, das leitende Erkenntnisinteresse bleibt ein theoretisches: Sie will vor Ort Anschauungsmaterial zur Lösung der einzigen Frage einholen, die ihr unter der Zielvorgabe einer progressiven Befreiung des arbeitenden Menschen relevant erscheint.

VERKEHRTE WELT

Unter dem Imperativ ständiger Produktionssteigerung wird der Arbeitsprozess einer Logik der maschinenzentrierten und damit denkbefreiten »Rationalisierung« unterworfen: Nicht selbst denken, sondern gedankenlos bedienen. Nicht hinterfragen, sondern proaktiv gehorchen. Nicht kreativ schöpfen, sondern monoton schuften. Und das alles nicht etwa für einen selbst – was angesichts der kaum subsistenzsichernden Minimalentlohnung auch zu sinnlos wäre –, sondern zum Wohl des großen Kollektivs (Volk, Nation, Klasse et cetera), das sich im konkurrenzgetriebenen Überlebenskampf von äußeren Feinden permanent bedroht fühlt. Unter der Perspektive dieses millionenstarken Kollektivs wird der einzelne Mensch so unendlich klein und unbedeutend, dass er jede Ahnung für die potentielle Unendlichkeit seines eigenen Denkens verliert – wie auch jedes Gefühl für die konkreten Folgen und den Sinn seines Handelns. Weit entfernt davon, Ausdruck eines wahren Emanzipationsstrebens zu sein, empfindet Weil die Rhetorik des Kollektivs und der Kollektivierung deshalb als deutlichsten Ausdruck eines ideologisch verbrämten Unterdrückungsbemühens:

> Nie war der einzelne dem blinden Kollektiv so uneingeschränkt ausgeliefert, und nie waren die Menschen unfähiger, ihre Aktionen dem Denken zu unterwerfen, ja überhaupt zu denken … als in der gegenwärtigen Form der Zivilisation. … Wir leben in einer Welt, in der nichts menschlichen Maßstäben entspricht.[37]

Weils Skizze des sozialen Lebens ihrer Gegenwart kulminiert in der Verfallsdiagnose einer Welt, die hinsichtlich ihrer einstmals leitenden Ziele völlig auf dem Kopf steht und deshalb immer schneller und zerstörerischer um ihren eigenen, zweckfrei gewordenen Machthunger rotieren muss: »Der Forscher wendet sich der Wissenschaft nicht mehr zu, um sein eigenes Denken zu klären, er will Ergebnisse finden, die sich der bestehenden Wissenschaft einfügen. Die Maschinen funktionieren nicht, um das Leben der Menschen zu ermöglichen; man findet sich damit ab, die Menschen zu ernähren, damit sie die Maschinen bedienen. Das Geld ist kein bequemes Mittel für den Warenaustausch, der Warenabsatz ist ein Mittel für die Geldzirkulation. Schließlich ist die Organisation kein Mittel für die Ausübung einer kollektiven Aktion, sondern die Aktivität irgendeiner Gruppe ist ein Mittel zur Verstärkung der Organisation … Die Enteignung des Individuums zugunsten der Kollektivität ist übrigens nicht total, sie kann es nicht sein; aber es ist kaum denkbar, daß sie noch viel weiter als gegenwärtig gehen könnte.«[38]

MODERN TIMES

Zur wahren Befreiung des Menschen aus diesem planetarischen Alptraum wäre eine kulturell umfassende Umkehr gefordert. Bezogen auf die Organisation der Produktivkräfte bräuchte es Wege, die Rationalisierung der Arbeit nicht als Kollektivierung zu denken, sondern als einen Prozess der Individualisierung. Das hätte nach Weil unweigerlich einherzugehen mit kleineren Betrieben sowie einer »progressiven Dezentralisierung«[39] von Planung und Steuerung des gesamten Produktionsprozesses. Ein menschliches Maß könnte durch lokal verankerte und als genossenschaftliche Kooperationen organisierte Betriebe wiedergewonnen werden, deren Größe die Urteilskraft eines einzelnen Individuums nicht notwendig überfordert.[40] Der idealtypische Arbeitende solch eines Betriebs wäre ein Mensch, der durch seine Erfahrungen einen vollständigen Überblick hinsichtlich aller im Betrieb relevanten Handlungsabläufe behält und sein eigenes Interesse als so eng mit dem seiner Gemeinschaft verbunden empfindet, »daß alle Rivalitäten verschwänden, ... da jeder einzelne imstande wäre, die Gesamtheit des kollektiven Lebens zu kontrollieren, entspräche dies immer mehr dem Allgemeinwillen.«[41]

Weil ist sich nur zu bewusst, dass sie mit dieser neuen Zielbeschreibung eines globalen Netzwerks mittelgroßer Genossenschaften von intellektuell, handwerklich wie empathisch besonders talentierten Facharbeitern ein Ideal fern jeder faktischen Realisierbarkeit präsentiert: Dennoch »muß man sich bemühen, die vollkommene Freiheit klar zu entwerfen, nicht in der Hoffnung, sie zu erreichen, aber um eine weniger unvollkommene Freiheit zu erlangen, als sie unser gegenwärtiger Zustand gewährt.«

Die Erfahrungen ihres Fabrikaufenthalts verfestigen diese Überzeugung. Zur offenbaren Denkferne und Monotonie der geforderten Tätigkeit tritt dort ein hierarchiegestütztes Angstregime aus Zwang und Kontrolle – ohne dass irgendeine subjektiv erbrachte Leistung der eingesetzten Mühe wirklich entspräche. Alles eigentlich Lebenstragende ist dort nicht möglich: Aufmerksamkeit, Maßgefühl, eigenständiges Denken, offene Zuwendung. Die *Modern Times* sind ein wahr gewordener Alptraum.

AUSLÖSCHUNG

Jeden Fabriktag aufs Neue fühlt sich Weil »erniedrigt bis in den Kern ihres Wesens«. Bei »Alsthom rebellierte ich fast nur am Sonntag«, schließt sie ihr Fabriktagebuch. Dennoch gab es etwas Entscheidendes, das sie bei diesem Experiment gewann, und zwar die am eigenen Leib gemachte Erfahrung der absoluten Unterdrückung selbst, das Gefühl umfassender Entrechtung und Ausgesetztheit. Sie erlebt das Entsetzen, als denkendes Wesen so vollkommen von äußeren Umständen abhängig zu sein, dass es genügen würde, ihr »eines Tages eine Arbeit ohne wöchentlichen Ruhetag auf(zu)zwingen – was schließlich immer möglich ist –, und ich würde zu einem Lasttier, gehorsam und ergeben (wenigstens in meinen Augen).«[42]

Womit Weil während ihres »Fabrikjahres« eigentlich und erstmals in direkten Kontakt kam, war damit weniger »die Wirklichkeit« als vielmehr eine konkrete Möglichkeit ihrer eigenen und jeder Existenz: die Erfahrung einer dauerhaften Auslöschbarkeit als denkendes Wesen bei lebendigen Leibe, begleitet von dem Gefühl, »kein Recht zu besitzen, welches es auch immer sein und worauf es auch immer sich beziehen mag«.

Das eigentlich Entscheidende aber ist die am eigenen Leibe verspürte Erkenntnis, diese totale Entrechtung nicht nur ertragen und erdulden zu können, sondern sie ihrerseits als eine Art paradoxen Befreiungsschub höherer Stufe zu begreifen. Sie empfindet sie als Tor in ein anderes Selbstverständnis. Als Stufe in einen Bereich, der das rein menschliche Wollen und Bestimmen wesensgemäß übersteigt und transzendiert.

Wenn Weil davon spricht, dass die »Enteignung des Individuums« keine totale sein könne, so liegt der Grund dieser Unmöglichkeit mit den Fabrikerfahrungen des Jahres 1934/1935 in der Erfahrung einer Quelle jenseits des rein Sozialen, deren heilsames Wirken sich erst am gefühlten Nullpunkt des eigenen Wertes offenbart und befreiend zeigt. In ihren eigenen Worten: »Das Gefühl persönlicher Würde, so wie es die Gesellschaft hervorgebracht hat, wurde *gebrochen.* Man muss sich ein anderes schaffen, obwohl die Erschöpfung die eigene Denkfähigkeit auslöscht. Ich muss mich bemühen, jenes andere Gefühl zu bewahren.«[43]

Es war exakt diese Erfahrung jenes »anderen Gefühls«, einer Würde hinter aller zugestandenen Würde, die für Weil eine tief wandelnde Erfahrung bedeutete und fortan ihren Weg auch als Denkerin prägt und begleitet. Körperlich in einem kritischen Zustand der Entkräftung, beendet sie ihr »Fabrikjahr« im Sommer 1935 auch geistig als gebrochene Frau. Doch nie hatte sie sich freier gefühlt, nie ihrer selbst, ihrer Mission gewisser.

VOR DEM GESETZ

Weitgehend ohne eigenes Zutun erfährt sich auch Hannah Arendt mit den Jahren 1934/1935 um die Erfahrung eines Daseins jenseits herrschender Vorstellungen von Recht und Menschenwürde bereichert. Denn wie die Mehrzahl ihrer insbesondere deutsch-jüdischen Mitgeflüchteten droht ihr im Pariser Exil bald eine Situation, die von bestehenden nationalen Gesetzgebungen so nicht vorgesehen war. Auf Basis der in Hitlers Deutschland ab 1933 erlassenen, sich stetig verschärfenden Rassengesetze sowie dem Gesetz »über die Aberkennung der deutschen Staatsbürgerschaft« vom Sommer 1933 konnte geflüchteten Juden und Regimekritikern die deutsche Staatsbürgerschaft ohne Veto entzogen werden, was faktisch auch zunehmend geschah. Arendt und die Ihren drohten damit in Frankreich zu *staatenlosen* Flüchtlingen zu werden und also zu Menschen, die in diesem eigenartigen Zwischenstatus durch sämtliche rechtliche Raster fielen. Selbst die von französischer Seite bestehende Behelfslösung einer carte d'identité – als letztes identitätstragendes Dokument von staatlich anerkannter Gültigkeit – war mit den steigenden Flüchtlingszahlen immer komplizierter zu erlangen. Was umso schwerer wog, als der Besitz einer solchen bald die formal notwendige Bedingung zur Erlangung eines Arbeitsverhältnisses darstellte (die Gewährung dieser Karte in der Regel aber von einem bereits bestehenden Arbeitsverhältnis abhängig gemacht wurde).

So lebte ein Großteil der deutschen und insbesondere deutsch-jüdischen Flüchtlinge, gleichsam als traurige Avantgarde sich bereits ankündigender Millionenströme, in einem sich ständig beschleunigenden Duldungsstrudel, dessen Drift und Dynamik sich im Wochenrhythmus ändern mochten. Er ließ die Betroffenen nicht selten in geradezu tragikomischer Weise darüber im Unklaren, ob und gegebenenfalls welcher Nationalität sie nun noch angehörten, ob und gegebenenfalls in welcher Weise sie sich legal oder illegal in Frankreich aufhielten, oder gar ob oder mit wem sie gegebenenfalls nicht mehr oder mittlerweile verheiratet waren.

Wie im alten Kinderlied vom Hut mit den drei Ecken wanderten in diesen ersten Jahren nach Hitlers Machtübernahme deshalb Abertausende deutschsprachige Flüchtlinge auf der Suche nach Dokumenten, Arbeit und Wohnung durch die Hauptstadt der Grande Nation. Nicht ohne dunkles Amüsement wird man in Arendts damaligen Kreisen vermerkt haben, dass ausgerechnet in diesem Jahr die ersten französischen Übersetzungen der Werke Franz Kafkas in die Buchläden kamen.

Nicht etwa aus existentialistischer Lebensart, sondern existentieller Bedrohung werden die Cafés der Stadt, zwischen Montparnasse und Quartier Latin, für die deutsche Denkdiaspora zur eigentlichen Wohnstube. Dies geschieht mit allen Schönheiten und Spannungen, die sich erdenken lassen, wenn sich einstmals wohlgestellte und höchst angesehene Autoren und Denker – die sich schon in den Berliner Cafés nicht unbedingt grün gewesen sein mochten – in einem neuartigen Kontext aus sozialer Deklassierung und erfahrener Sprachlosigkeit täglich über den Weg laufen. Die Sprachbarriere war für diese Menschen des Wortes die eigentlich begrenzende und wirkte sich auch auf deren Aufnahme in französischen Intellektuellenkreisen aus. Selbst wer, wie beispielsweise Walter Benjamin, flüssig Französisch sprach, blieb im Pariser Milieu bestenfalls ein Außenseiter, den man hier und da, mehr aus Mitleid denn genuinem Interesse, für Soireen und Empfänge mit einlud. Hätte man deutsche Doktortitel direkt in Francs umtauschen können, ja, was wären das für Feste geworden! So aber fehlte, neben allem anderen, vor allem auch: Geld für das Nötigste.

Selbstverständlich waren auch im französischen Exil nicht alle Statusunterschiede aufgehoben. Gestalten vom Rang und der Solvenz eines Thomas Mann oder Lion Feuchtwanger, dem gemeinsam mit Heinrich Mann bereits im August 1933 die Staatbürgerschaft entzogen worden war, bezogen Villen an der Côte d'Azur. Vor allem der Ort Sanary-sur-Mer sollte sich fortan als ein Zentrum des exilierten deutschen Dichterfürstentums etablieren. Im Sommer 1933 beziehen die Manns samt Hausangestellten die Villa La Tranquille mit sechs Schlafzimmern. Von dort besuchte Thomas Mann jeden Nachmittag seinen Nachbar Lion Feuchtwanger zum »Trauertee«[44] – kritisch beäugt von dem dort ebenfalls ansässigen Aldous Huxley, der die sich durchaus hochnäsig gebenden Neuankömmlinge als »ziemlich traurigen Verein« beschreibt, »der schon die fatalen Auswirkungen des Exils erkennen lässt«.[45] Als gleich erfuhr man sich also auch im französischen Exil nur vor dem Gesetz. Man war ein Niemand im rechtlichen Niemandsland.

HEIMSTÄTTEN

Wohl denen, die gleich zu Beginn Anschluss an bereits vor Ort etablierte Netzwerke und Kontaktpersonen fanden. Frisch in Paris angekommen und ohnehin fest entschlossen, »nie mehr irgendeine intellektuelle Geschichte«[46] anzufassen, sagt sich die damals 26-jährige Hannah Arendt entschieden von ihrer Gelehrtenexistenz los und wirft sich in die praktische Arbeit, die für sie in dieser Situation nur die »jüdische Arbeit« sein kann.[47]

Ihre erste Stelle erhält sie, noch ohne carte d'identité[48], als Sekretärin einer zionistischen Organisation namens Agriculture et Artisanat, deren Aufgabe unter Leitung des Senators Justin Godart darin besteht, junge Menschen »landwirtschaftlich und handwerklich auszubilden und so auf ihre Zukunft als Neusiedler in Palästina vorzubereiten«.[49]

Die Ankunft der jüdischen Flüchtlinge aus Deutschland sowie dem Osten Europas sorgte nicht zuletzt innerhalb der in Paris lang verankerten jüdischen Gemeinde für erhebliche Spannungen. Neben der Befürchtung einer politischen Unterwanderung durch die oft distinkt links stehenden Neuankömmlinge erweist sich auch die Sorge leitend, die deutschsprachigen Juden könnten den Antisemitismus im eigenen Land weiter befeuern und verschärfen, da sie für die im Zuge von Hitlers und Mussolinis Erfolgen ebenfalls wiedererstarkenden französischen Faschisten das perfekte Feindbild abgeben. Walter Benjamin bringt die diesbezügliche Stimmungslage auf den Punkt: »Die Emigranten sind noch verhasster als die Deutschen.«[50]

Das bedeutete nun keineswegs, dass unter den Neuankömmlingen selbst hehres Einvernehmen geherrscht hätte, sahen doch die deutschen Emigranten – in der Regel Teil einer einstmaligen Bildungselite – oftmals mit der gleichen Verächtlichkeit auf die habituell eher ländlich und weniger liberal geprägten Juden aus Osteuropa herab wie die französischen Juden auf die Deutschen. Und nicht nur das. Wie Arendt sich erinnern sollte, war »die französische Judenheit … fest davon überzeugt, daß alle Juden, die von der anderen Seite des Rheins kamen, sogenannte *Polaken* waren – von der deutschen Judenheit »Ostjuden« genannt. Aber die Juden, die wirklich aus Osteuropa stammten, konnten ihren französischen Brüdern nicht zustimmen und nannten uns Jaeckes.«[51] Ganz gewöhnliche Menschen eben. Mit ihren jeweils eigenen, lokal verankerten Identitäten, Eigenheiten, Vorlieben und nicht zuletzt Vorurteilen.

Weitaus dringlicher als die Frage, »woher man eigentlich kam«, war für diese Flüchtlinge die Frage, wohin man unter den gegebenen Konstellationen wohl gehen könne. Genau dies war auch die eigentliche Geburtsfrage der zionistischen Bewegung gewesen. Bereits auf dem zionistischen Weltkongress 1897, an dem 204 Delegierte aus aller Welt teilnahmen, war unter der Leitung des Wiener Journalisten Theodor Herzl folgende, fortan handlungsleitende Charta verabschiedet worden:

> Der Zionismus erstrebt für das jüdische Volk die Schaffung einer öffentlich-rechtlich gesicherten Heimatstätte in Palästina. Um dieses Ziel zu erreichen, empfiehlt der Kongreß folgende Maßnahmen:
> - Das systematische Vorantreiben der Kolonisation Palästinas durch die Ansiedlung von jüdischen Bauern, Handwerkern und Arbeitern.
> - Die Organisation und verbandsmäßige Zusammenfassung des ganzen Judentums mit Hilfe lokaler Vereinigungen und Dachorganisationen, im Rahmen der gesetzlichen Möglichkeiten der Länder, in denen sie gegründet werden.
> - Die Stärkung des jüdischen Zusammengehörigkeits- und Nationalgefühls.
> - Vorbereitende Schritte, um die Zustimmung der Regierungen, zur Erreichung des zionistischen Zieles, zu erreichen.[52]

Hatte man, wie Arendt mit Beginn der dreißiger Jahre, als Jude oder Jüdin erst einmal Ja zu sich gesagt und hatte man, wie Arendt, die Strategie der Assimilation als eine Scheinlösung der »jüdischen Frage« und damit auch des Antisemitismus erkannt, musste der Zionismus gerade vor dem Hintergrund jüngerer Entwicklungen in der Tat als einzig gangbarer Weg erscheinen. Was die geflüchteten deutschen Juden tiefer und grausamer als alle anderen, etwa russischen oder auch ukrainischen Flüchtlinge des Zeitraums, in den Abgrund der Staatenlosigkeit starren ließ, war schließlich die Tatsache, dass deren einziges »Vergehen« gegen die

Gesetze des Landes, in dem sie geboren wurden und aufgewachsen waren, darin bestand, Juden »zu sein«. Und zwar ohne dass diese ausgrenzende Kennzeichnung auf die Möglichkeit einer anderen Staatsbürgerschaft verwiesen hätte. Das Problem war damit, so begriff es auch Arendt, ein vorrangig politisches. Und zwar eines, das nur praktisch gelöst werden konnte.

WIDERSPRÜCHE

Arendts in dieser Zeit erlangtes Credo lautet: »›Wenn man als Jude angegriffen wird, muß man sich als Jude verteidigen‹. Nicht als Deutscher oder als Bürger der Welt oder der Menschenrechte oder so.«[53] Seine eigentliche Brisanz verleiht dieser Feststellung der nachgeschobene Satz: »Nicht als Deutscher oder als Bürger der Welt oder der Menschenrechte oder so.« Schließlich besteht die prägende Erfahrung bereits der frühen Pariser Jahre darin, als deutsche Jüdin durch sämtliche Raster zu rutschen, die einen Erhalt der eigenen Menschenrechte zu sichern versprachen.

Erst mehr als ein Jahrzehnt später wird sie in aller Klarheit formulieren, was sie im Paris der frühen dreißiger Jahre am eigenen Leib erfasste: dass Begriff und Konzeption der Menschenrechte seit der Französischen Revolution einen entscheidenden Geburtsfehler in sich trugen. Er zeigte sich darin, dass …

> … in dem Augenblick, in dem Menschen sich nicht mehr des Schutzes einer Regierung erfreuen, keine Staatsbürgerschaft mehr genießen und daher auf das Minimum an Recht verwiesen sind, das ihnen angeblich eingeboren ist, es niemanden gab, der ihnen dieses Recht garantieren konnte, und keine staatliche oder zwischenstaatliche Autorität bereit war, es zu beschützen.[54]

Dieser in sich widersprüchliche Charakter eines unbedingten Schutzrechts, das für exakt die Fälle gedacht und konzipiert worden war, in denen es dann faktisch gerade *nicht* zur Geltung gebracht werden konnte, musste nun nirgendwo augenfälliger werden als ausgerechnet in Frankreich. Schließlich war es dort als Folge der Französischen Revolution von 1789 (wie kurz zuvor auch der Amerikanischen Revolution) im Rahmen einer Verfassung zu einer ersten verbindlichen Erklärung der allgemeinen Menschenrechte gekommen – also Rechten, die für überhaupt jeden Menschen galten, ganz unabhängig von seiner oder ihrer Herkunft und Art.[55]

Der Mensch als solcher war ihre Quelle wie ihr eigentliches Ziel.[56] Die lang verdeckte Paradoxie dieses Ansatzes liegt nun mit Arendt darin,

> daß dieses Recht mit einem »Menschen überhaupt« rechnete, den es nirgends gab, da ja selbst die Wilden in irgendeiner Form menschlicher Gemeinschaft leben, ja, daß dieses Recht der Natur selbst förmlich zu widersprechen schien, da wir ja »Menschen« nur in der Form von »Männern« und »Frauen« kennen, also der Begriff des Menschen, wenn er politisch brauchbar gefaßt sein soll, die Pluralität des Menschen stets in sich einschließen muss. Diese Pluralität konnte nur wieder aufgeholt werden im Sinne der politischen Gegebenheiten des 18. Jahrhunderts, indem man den »Menschen überhaupt« mit dem Glied eines Volks identifizierte. … Insofern die Französische Revolution die Menschheit als eine Familie von Nationen begriff, richtete sich der Begriff des Menschen, der den Menschenrechten zugrunde lag, nach dem Volk und nicht mehr dem Individuum.[57]

Der erste Widerspruch dieser natürlichen, »angeborenen Rechte« besteht nach Arendt demnach darin, dass sie in ihrer ausdrücklichen Adressierung (Mensch an sich) gerade mit der Natur des

Menschen als eines gemeinschaftsgebundenen Wesens – das nur lokal und geschichtlich verankert und nur im Plural (Menschen!) überhaupt *als* Mensch zu fassen ist – aufs Offensichtlichste unvereinbar sind. Dieser Widerspruch konnte wiederum nur dadurch verstellt werden, dass ein von diesen Rechten *unbedingt* zu schützendes Individuum stillschweigend als Mitglied eines »Volkes« – und also im Laufe des 19. Jahrhunderts als einer souverän über ihre eigenen Gesetze entscheidenden »Nation« – gedacht war. Inwiefern auch diese zweite Lösung aus dem Geist der Menschrechte selbst einen notwendigen Widerspruch darstellen musste, trat in den frühen dreißiger Jahren mit dem vor allem auch französischen Massenphänomen des »staatenlosen Menschen« zutage.

GESTALT GEWORDENE FRAGE

Keineswegs wird Arendt bereits 1934/1935 entgangen sein, dass die Gestalt einer aus Nazideutschland vertriebenen Jüdin die beispielhafte Verkörperung sämtlicher impliziter Widersprüche darstellt, von der die Konzeption der Menschenrechte als solche befangen war: nämlich als ein eingeborener Teil eines *Volkes*, das seit Jahrtausenden schon über keinen eigenen *Nationalstaat* mehr verfügte, aber aufgrund seiner Zugehörigkeit zu diesem Volk als verfolgtes *Individuum* unbedingt schutzbedürftig war.

Arendts eigener biographischer Fall bildete in diesem Zusammenhang eine letzte Verschärfung, handelte es sich bei ihr doch um eine Jüdin, die erst aufgrund des faktischen Ausschlusses aus eben jener Gemeinschaft, mit der sie sich als kulturelle Existenz zunächst und vor allem identifizierten wollte (»der Tradition deutschsprachigen Dichtens und Denkens«), explizit Ja zu ihrem Jüdischsein sagte. Hatte Arendt ihrem Doktorvater Karl Jaspers zur Erläuterung ihres Varnhagen-Projekts noch 1930 brieflich erklärt, es scheine ihr so, als »seien bestimmte Personen in ihrem eigenen Leben derart exponiert, dass sie gleichsam Knotenpunkte und konkrete Objektivationen ›des Lebens‹ werden«,[58] war sie nun selbst zu einer solchen »konkreten Objektivation« geworden: die Gestalt gewordene Frage nach der eigentlichen Fundierung der Menschenrechte.

Die eingetretene Verstörung war entsprechend. Sie sollte Arendt lebenslang beschäftigen, und zwar vornehmlich in der Rolle einer beharrlich Fragenden, »die nicht weiß, was die Menschenrechte eigentlich sind«, und ferner weiß, »dass es auch sonst niemand recht zu wissen scheint.«[59]

Getreu dem Auftrag, den Sokrates einst vom delphischen Orakel erhielt – Erkenne dich selbst! –, lässt sich Arendts Denkweg davon ausgehend als das Bemühen deuten, sich stellvertretend für alle anderen als einen Menschen zu erkennen, dessen schlichtes Geflüchtetendasein die politische Theorie ihres Zeit- und Kulturraums sprengte und fundamental infrage stellte: Wie ließe sich das grundlegendste aller Rechte – also das Recht, überhaupt Rechte zu haben – innerhalb eines begrifflichen Rahmens denken, der auf die Abstraktion des »Menschen an sich« Verzicht leistet, ebenso wie er der Verführung widersteht, den jeweils Einzelnen unter der Hand als notwendigen Teil eines Kollektivs zu vereinnahmen (also im Sinne eines Volkes, einer Nation, einer Klasse …)? Konnte es gar sein, dass der gesamten Tradition des Philosophierens die schlichte Existenz dieser Fragestellung bisher entgangen war?

NEULAND

Mit der Plastizität eines Schwammes saugt Arendt in den Pariser Jahren die sichtbar werdenden Ursprungswidersprüche klassischer Konzeptionen in sich auf. Das gilt nicht zuletzt für ihre praktischen Erfahrungen in der zionistischen Bewegung und in Hilfswerken. Noch 1934 wechselt sie zu einer Wohlfahrtsorganisation für jüdische Kinderheime, die von der Baronne Germaine de Rothschild unterhalten und finanziert wird. Ein klassisch humanitäres Mäzenatentum also, ins Werk gesetzt von einem einflussreichen Mitglied der mächtigsten religiösen Vereinigung der Pariser Juden, dem Consistoire de Paris. Arendts Auftrag als persönliche Assistentin der Baronin besteht vor allem darin, die Spendenströme an die verschiedenen Heime und Hilfswerke zu koordinieren und zu überwachen.[60]

Eine gewiss überaus wertvolle und konkret hilfreiche Arbeit für die »jüdische Sache«, die in ihrem letztlich rein privat gewährten Wohlwollen aber kaum Arendts innere Zustimmung gefunden haben dürfte. Sache und Schutz der Juden in die Hände potenter Gönner zu legen, und mochten sie noch so wohlwollend und umsichtig sein, blieb ihrer Überzeugung nach eine letztlich hoffnungslose, womöglich sogar kontraproduktive Strategie. Schließlich lag es im Wesen politischer Probleme, keiner privaten Lösung zugänglich zu sein.

Recht eigentlich am richtigen Ort fühlte Arendt sich deshalb erst bei ihrer Arbeit im Büro der zionistischen Jugend-Aliyah, die sie zu Beginn des Jahres 1935 aufnahm. Der Name der von Recha Freier, einer deutschen Dichterin und Rabbinergattin, gegründeten Organisation war dabei auch schon deren eigentliches Programm: Aliya (auch Alija) bedeutet auf Hebräisch wörtlich »Aufstieg«, bezeichnet gemäß der Bibel aber auch die Heimkehr der Juden aus dem babylonischen Exil nach Eretz Israel. Es ging also darum, geflüchtete jüdische Jugendliche für ein Siedlerleben in Palästina mit den dafür nötigen Kenntnissen zu versorgen sowie die konkrete Auswanderung ins Gelobte Land auch logistisch umzusetzen. Als Generalsekretärin dieses erst zwei Jahre zuvor ins Leben gerufenen Hilfswerks ergab sich für Arendt im Sommer 1935 die Möglichkeit, als Begleitperson in das damals noch unter britischem Protektorat stehende Palästina zu reisen und sich somit vor Ort ein Bild von dem Fortgang des zionistischen Projekts zu machen.

AUSSCHLÜSSE

Seit 1933 waren dort an die zehntausend Emigranten allein aus Deutschland angekommen – für die damals noch im Aufbau befindliche jüdische Gemeinschaft eine erhebliche Herausforderung. Und der Strom der Ankommenden versiegte nicht. In dieser Situation wird der Berliner Religionsgelehrte und Judaist Gershom Scholem, der bereits 1923 nach Jerusalem ausgewandert war, zum Chronisten der sich ins Gelobte Land rettenden deutsch-jüdischen Geisteselite.

Wie die Zugvögel, deren Netz die ganze Welt umspannte, blieben auch diese kleinen Kreise durch Verwandtschaft, Gerüchte, vor allem aber alte Gewohnheiten über die Kontinente hinweg eng miteinander verbunden. In einem Brief an Walter Benjamin vom 25. August 1935 lässt Scholem seinen in Paris weilenden besten Freund aus Berliner Tagen wissen: »Vor wenigen Wochen sah ich hier die Frau Deines Cousins Hannah Stern, die jetzt in Paris die Kinder für Palästina vorbereitet, ich hatte aber nicht die Empfindung, daß sie in näherer Verbindung mit Dir sein könnte, sonst hätte sie ja wohl auch einen Gruß von Dir gebracht, und so unterließ ich es, nach Dir zu fragen. Das war mal eine Glanzschülerin Heideggers.«[61]

Tatsächlich war Günther Stern (alias Günther Anders) der Sohn eines Onkels von Benjamin, nämlich William Stern, der als Entwicklungspsychologe in Hamburg gelehrt hatte. Da Arendt in Paris bereits 1934 mit Benjamin engere Freundschaft schloss, dürften die wahren Gründe für ihre Schmallippigkeit gegenüber Scholem in dem endgültig brüchig gewordenen Eheverhältnis mit ihrem Gatten Günther gelegen haben. Und womöglich auch in den absehbar divergierenden Einschätzungen und Empfindungen gegenüber dem Fortgang der zionistischen Siedlungsprojekte, die Arendt nun in Gestalt der Arbeitsdörfer und vor allem auch Kibbuzim mit eigenen Augen hatte sehen können.

Gerade die Kibbuzim stellten ein soziales Experiment dar, in dem mit Blick auf die wahren Gründe der Unterdrückung und Unfreiheit der jüdischen Menschen in der Welt die Analysen von Simone Weil und Hannah Arendt ineinanderzufließen schienen. Denn sie waren als weitgehend hierarchiefreie, landwirtschaftliche Genossenschaften mittlerer Größe angelegt, in denen dem Ideal nach jeder Mitarbeitende jede anfallende Aufgabe würde übernehmen können. Mit Weil gesprochen, übten diese Gemeinschaften im Kleinen also schon einmal jene Organisations- und Kooperationsformen ein, die ein global-lokales sozialistisches Arbeiten ohne Unterdrückung zumindest in Aussicht stellen mochten. Bezogen auf das Projekt der Etablierung eines zionistischen Staates aber bildet das ständig expandierende Netzwerk dieser Kibbuzim ein wesentliches Element der Siedlungs- und Aneignungspolitik der jüdischen Minderheit gegenüber der noch immer überwältigenden Mehrheit der arabischen Bevölkerung Palästinas.

In dieser Weise sind wohl auch Arendts später niedergelegte Eindrücke von diesem ersten Besuch zu begreifen, wenn sie schreibt: »Ich erinnere mich noch sehr gut an meine erste Reaktion auf die Kibbuzim. Ich dachte: eine neue Aristokratie. Ich wusste schon damals … daß man dort nicht leben konnte. ›Herrsche über deine Nachbarn‹, darauf läuft es letzten Endes hinaus. Dennoch, wenn man ehrlich an Gleichheit glaubt, ist Israel eindrucksvoll.«[62]

Welche Formen der Kollektivierung widerstehen der Nivellierung und Gleichmacherei? Und welche, wenn überhaupt, wären ohne das Konstrukt einer Gruppe von anderen, die das Überleben der eigenen Gemeinschaft konkret bedroht, überhaupt sozial umsetzbar?

Mit diesen Fragen kehrte sie im Herbst 1935, ebenso angeregt wie partiell wohl auch desillusioniert, von Palästina nach Paris zurück. Als sie im September dort ankommt, werden in Deutschland die Nürnberger Gesetze verabschiedet. Neben dem »Blutschutzgesetz«, das fortan jede Eheschließung wie auch den Geschlechtsverkehr zwischen »Juden« und »Nichtjuden« untersagt, führen die neuen Gesetze auch eine Unterscheidung zwischen

»Reichsbürgern« und bloßen »Staatsangehörigen« ein, womit Juden fortan auch innerhalb des Reichsgebiets ganz offiziell zu Bürgern zweiter Klasse degradiert werden. Ein weiterer Schritt in die Entmenschlichung, auch von Arendts Existenz. Noch lange nicht der letzte.

IV.
NÄCHSTE

1936/1937

Rand liebt einen Übermenschen, Arendt einen Paria, Weil die Republik und Beauvoir ihre neue Familie

WIR, DIE LEBENDEN

»Die einzige Entschuldigung für mein langes Schweigen liegt darin, erst kürzlich aus der Hölle emporgeklommen zu sein. Das vergangene Jahr war mit all seinen konstanten Enttäuschungen, unendlichem Warten und ständigem Kampf so fürchterlich, dass ich lieber nichts von mir hören lassen wollte, denn alles, was ich hätte mitteilen können, wären Klagen gewesen.«[1]

Die Sätze, mit denen Ayn Rand von New York aus einen Brief an ihren kalifornischen Drehbuchkollegen Gouverneur Morris beginnt, hätten an jenem 29. November des Jahres 1935 mit gleicher Berechtigung auch Simone Weil, Simone de Beauvoir und Hannah Arendt in Paris zu Papier bringen können. Knapp vor dem 30. Lebensjahr stehend, sind sie im vorangegangenen Jahr beruflich wie privat allesamt in Zusammenhänge geraten, die sie eher in der Rolle der Erleidenden als Gestaltenden sahen. Gar nicht zu reden von der mahlstromartigen Dynamik der Weltpolitik, die tatsächlich jede einzelne Existenz des Zeitraums immer spürbarer und tiefer in ihren Sog zu ziehen droht.

»Erst jetzt beginne ich – mehr oder weniger – den Kopf zu heben«, fährt Rand fort, »nicht etwa wegen meines Theaterstücks – obwohl dieses ziemlich gut läuft –, sondern meines Buches wegen. Es endlich verkauft zu haben, war der bisher größte Erfolg meines Lebens. Das wäre jetzt geschafft. Ob es nun scheitert oder erfolgreich sein wird, zumindest wird es veröffentlicht werden.«[2]

Nur eine Woche zuvor war das Manuskript von »Airtight« bei einem Verlag untergekommen. Der Vorschuss für das Werk betrug 250 Dollar. Bereits zum Frühjahr würde das renommierte New Yorker Haus Macmillan es unter dem Titel »We the Living« (dt. »Vom Leben unbesiegt«) auf den Markt bringen. Derweil entwickelte sich die »Nacht des 16. Januar« am Broadway seit der Premiere im August zu einem beachtlichen Erfolg. Allein für Rand wirft es im Verlauf des Spätherbsts 1935 an Tantiemen bis zu 1200 Dollar pro

Woche ab. Die Summe entspricht damals einem durchschnittlichen amerikanischen Jahreseinkommen.[3] Rands Groll gegen die vom Regisseur vorgenommene Verschandelung ihres Werkes zu einer »schrecklichen Burleske« schmälerte das zwar keineswegs, aber zumindest finanziell würde sie vorerst nicht mehr zu klagen haben.

Bereits im Dezember sitzt sie, nunmehr in neuer, geräumigerer Wohnung, wieder an ihrem als einziges Möbelstück aus Los Angeles eingeschifften Walnussholz-Schreibtisch und fertigt Skizzen für das nächste Projekt: ein Roman, der an Umfang und Komplexität, vor allem aber philosophischer Wucht alles Bisherige übertreffen soll. Im Schatten der Freiheitsstatue sowie des frisch erbauten Empire State Building schwebt Rand unter dem Arbeitstitel »Second-Hand Lives« als eigentlicher Zweck des Buches *»eine Verteidigung des Egoismus in der wahren Bedeutung dieses Wortes«* vor.[4]

RÜCKEROBERUNG DES ICH

Rand geht es insbesondere darum, anschaulich zu machen, welche untergründig stets geteilten Prämissen von Christentum und Kommunismus in den hoffnungslos selbstverneinenden Zynismus des modernen Konsumkapitalismus geführt hatten. Ohne Zweifel nämlich war der wahre Krisengrund dieser »Modern Times« – hier fand sich Rand mit ihren philosophischen Primärquellen Friedrich Nietzsche, Oswald Spengler und Ortega y Gasset einig – nicht etwa ein materieller, sondern geistiger:

> Oh ja, es gab eine technische Weiterentwicklung, aber geistig stehen wir weiter hinter Renaissance-Italien zurück. In Wahrheit gibt es derzeit überhaupt *kein* geistiges Leben, das diesen großen Namen noch verdiente. Sind die Maschinen daran schuld? … *Oder* – wäre es am Ende nur das kleine Wort »Ich«,

> das nach zweitausend Jahren christlichen Wirkens aus dem menschlichen Bewusstsein ausgelöscht wurde, und mit ihm all das, was menschliches Bewusstsein *war*?[5]

In der haltlosen Ausrichtung am einfachen Habenwollen dessen, was andere bereits besitzen, vermögen oder hoch schätzen, zeigt sich der vorgebliche Individualismus zeitgenössischer kapitalistischer Gesellschaften moralisch ebenso tief korrumpiert wie kollektivistische Gesellschaftsansätze. Weder in dem einen noch anderen System bestehe eine Ahnung davon, was ein menschliches Individuum wahrhaft auszeichnet und in seinen Entscheidungen leiten mochte. In einer Zeit, in der sich Menschen in ihren Werturteilen und Lebensprämissen maßgeblich nach anderen Menschen richten, hat das heilige Wort »Ich« jede tragende Funktion eingebüßt: ästhetisch, moralisch, politisch. Vor diesem Hintergrund führt nur ein Weg aus der Höhle: Die Rückeroberung des »Ich« muss sich mittels einer radikalen Negation der Relevanz anderer, aller anderen Menschen vollziehen!

Wie aber mochte sich die Existenz eines Individuums gestalten, das auf der Basis eines unbedingten Jas zu seiner eigenen Urteils- und Schaffenskraft konsequent diesen Weg einschlägt? Würde solch ein Mensch unter gegenwärtig herrschenden Bedingungen bestehen, gar reüssieren können? Oder müsste er notwendig scheitern und dem Ressentiment der »viel zu vielen« zum Opfer fallen?

Offene Fragen, von denen es in dieser frühen Planungsphase mehr als genug gibt. Was Rand jedoch bereits im Winter 1935/1936 mit geradezu gleißender Klarheit vor Augen steht, ist ihr tragender Romanheld. Dessen einzigartige Schöpferkraft würde genau in jener Kunstform Verwirklichung anstreben, die als eigentlich sozial bedingte sowie zukunftsweisende des 20. Jahrhunderts galt: der Architektur. Bereits am 9. Februar 1936 ist es so weit, Rand fixiert das Profil ihres neuen Übermenschen bis ins letzte Detail.

HOWARD ROARK

»Einstellung zum Leben: ... zwei Dinge bestimmen seine gesamte Haltung zum Leben: seine eigene Überlegenheit und die völlige Wertlosigkeit der Welt. Er weiß, was er will, und weiß, was er denkt. Er benötigt keine weiteren Gründe, Standards oder Erwägungen. Seine vollendete Selbstbezogenheit (selfishness) ist ihm so natürlich wie das Atmen. Er hat sie weder erworben noch ist sie für ihn ein Ergebnis logischer Deduktion. Er wurde mit ihr geboren. Er stellt diese nie infrage, weil ihm nicht einmal die Möglichkeit in den Sinn kommt, diese infrage zu stellen.«[6]

Rands Held Roark hat die ihn prägenden Dispositionen also weder erworben noch entwickelt, sondern lediglich vor der drohenden Verunreinigung anderer bewahrt. Tatsächlich wird er später im Roman als Waise ohne jede benennbare Vergangenheit eingeführt. Das damit verbundene Problem bleibt dennoch bestehen: Für menschliche Wesen ist der Weg zur Gewinnung eben jener wahren Autonomie, die Rand am Beispiel Roarks als allgemein gültiges Existenzideal vorschwebt, unhintergehbar sozial bedingt. Weitgehend instinktfrei und zunächst völlig hilflos ins Dasein geworfen, lernen wir – jeder und jede von uns – die Welt und uns selbst zunächst auf dem Schoß und an der Hand anderer Menschen kennen. Es sind die Stimmen anderer, die uns als denkende Wesen überhaupt erst ins Leben rufen. Insofern ließe sich das Ideal, das Rand vorschwebt, also überhaupt nur als das Erklimmen einer Leiter vorstellen, die es, ist die Höhe eigener Autonomie einmal erreicht, klaren Sinnes von sich zu stoßen gilt. Auf eben dieser einsamen Höhe siedelt Rand ihren Helden gleich zu Beginn an:

> Indifferenz und eine unendliche, gelassene Missachtung ist alles, was er für die Welt und die Menschen empfindet, die nicht so sind wie er. Er versteht Menschen vollkommen. Und weil er sie versteht, schiebt er das ganze Thema beiseite. Als jemand, der

> vollkommen in sich selbst ruht und gründet, sehnt er sich nicht nach anderen seiner Art, nicht nach Beisammensein oder deren Verständnis.[7]

Roark bestreitet also keineswegs die *Existenz* anderer Menschen, sondern lediglich deren *Relevanz* für die Ausrichtung und Gestaltung seines eigenen Lebens. Gerade weil er versteht, wie (überaus defizient!) die meisten anderen denken und leben, schiebt er sie von höherer Warte aus beiseite. Es ist nur folgerichtig, sich diese neue, vollends a-soziale Heilsgestalt als durchweg heiteren und tatfreudigen Menschen vorzustellen. Anstatt anderen deren Sünden zu vergeben, lebt Idealmensch Roark in einer tätigen Geistesgegenwart, in der die einzig für ihn überhaupt mögliche Sünde darin besteht, sich an seinen eigenen schöpferischen Zielen zu vergehen. Als klarer Antipode zum christlichen Erlöser Jesus Christus (ein Schreiner von Beruf) strebt Architekt Roark zudem nicht etwa danach, alle anderen durch seine Leiden dauerhaft zu erlösen, sondern allein sich selbst vermittels ureigener Taten:

> Er leidet nicht, weil er nicht an das Leiden glaubt. Niederlage und Enttäuschungen sind für ihn lediglich Teil des Kampfes. … Sein Gefühlszustand ist eine beständig andauernde Lebensfreude im Wissen um seine Fähigkeiten; eine Freude, die ihm nicht einmal bewusst ist, weil sie so konstant, unveränderbar und natürlich ist. … Die Welt ist ihm nur ein Ort des Handelns, nicht des Fühlens. … Seine Gefühle unterliegen vollständig der Kontrolle seiner Logik. Besser gesagt, beide sind untrennbar eins, wobei die Gefühle der Logik folgen.[8]

Roarks Frustrationsresistenz ist also eine direkte Folge der Fähigkeit, sein gesamtes Gefühlsleben der Steuerung durch das Denken zu unterwerfen. Genauso wenig, wie Roark seinen Leib als mögliche Quelle von Eigensinn und Widerständigkeit erfährt, stellt sich ihm sein Gefühlsleben in den Weg. Der konsequente

Ausschluss von Andersheit, die sein gesamtes Dasein durchdringt, beginnt somit nicht erst bei der Existenz anderer Menschen, sondern bereits in Bezug auf die eigenen leiblichen Gegebenheiten, Gestimmtheiten und Triebe.

SINNLICHE EGOZENTRIK

Die kontinuierliche Heiterkeit und Freude, die Rands Idealmensch im Dasein empfindet, speist sich dabei aus der Gewissheit, dass diese Welt der Verwirklichung eigener Wünsche und Ziele – und zwar mit den Mitteln des Denkens und der Logik – vollkommen zugänglich ist (Rand spricht schon bald von der Idee eines »wohlwollenden Universums«). Es ist eben diese Freude oder Heiterkeit, die Held Roark in allen Dingen auszeichnet: Leben als fortwährend glückendes Problemlösen zur Realisierung selbst gesetzter Ziele.

Die gesamte Sphäre der Natur erscheint hier nur als Mittel zum Zweck. Ein Stein interessiert Architekt Roark also nur als Material, ein Berghang als Bauplatz, die Sonne als Licht- und Schattenspender. Die Natur hat für ihn mit anderen Worten keinen Wert an sich – sondern nur einen Wert für ihn und seine Projekte. Als einzige Hindernisse, die im Sinne einer so beschriebenen »pursuit of happiness« im Wege stehen, verbleiben damit: andere Menschen. Roark hat das begriffen. Und zieht daraus nur logische Konsequenzen.

> Sein Interesse an Politik besteht darin, nicht an Politik interessiert zu sein. Die Gesellschaft als solche existiert für ihn nicht. Andere Menschen interessieren ihn nicht. … Leitend für sein Vorgehen ist die vollkommene und kompromisslose Weigerung, sich den Gedanken oder Wünschen anderer zu unterwerfen. … Gängige Belohnungen für Erfolg – Geld, Ruhm und sonstige Privilegien – sind für ihn von keinerlei Bedeutung;

> sein Leben soll wirklich sein, sein Leben ist seine Arbeit, er wird diese so leisten, wie er es will, die einzige Weise, in der er sie genießen kann – oder eben nicht und stattdessen im Kampf untergehen.[9]

Selbst ein Mensch wie Roark vermag zu scheitern. Aber, stellt er es richtig an: weder an sich selbst noch der Welt der Dinge, weshalb er sich selbst in diesem Scheitern niemals seiner Würde und seines Wertes beraubt finden kann. Und diese Würde – als ungebrochener Sinn für den eigenen Wert und Stand in der Welt – ist ihm wichtiger als alles andere, wichtiger selbst als die faktische Verwirklichung schöpferischer Pläne. Schließlich ist dieser Selbstwert das eigentliche Fundament oder vielmehr die Quelle, die es überhaupt erlaubt, das Wort »Ich« selbstbewusst auszusprechen.

Es gilt deshalb, diese Quelle unbedingt von aller Verunreinigung durch andere frei und klar zu halten. Ein Verdikt, das selbst noch für eben jene allzu menschlichen Zustände höchster Ekstase und Freude zutrifft, denen sich auch Roark als ganz und gar diesseitiger Mensch aus Fleisch und Blut nicht entziehen will:

> *Sex:* sinnlich in der Weise eines gesunden Tieres. Jedoch kein größeres Interesse an dem Bereich. Kann sich in der Liebe niemals ganz hingeben. Seine Einstellung lautet nicht: »Ich liebe dich, ich bin ganz dein.« Sondern: »Ich liebe dich, du gehörst mir.« Der bestimmende Zugang ist das Gefühl, jemanden zu wollen, ohne größere Bedenken hinsichtlich der Frage, auch gewollt zu werden.[10]

Nach gängigem Verständnis weiß und erfährt ein Mensch wie Roark also nicht, was Liebe ist. Seine Liebe zum Selbst, als einzig unbedingte, steht dem bleibend im Weg. Sofern er feste Beziehungen erleben und eingehen kann, muss die bindende Kraft deshalb von Menschen ausgehen, die zur unbedingten Hingabe an ihn bereit sind – was nach Rand nur im Modus des permanenten Bewunderns sowie einer nicht zuletzt sexuellen Unterwerfung denkbar ist. Diesem Moment lustvoller Unterwerfung eignet dabei immer auch eine sadomasochistische Note. Im Roman wird dies durch Roarks Verhältnis mit Dominique verdeutlicht (wie in Rands Werken stets der Fall, ist der Name auch hier ein sprechender). Und tatsächlich wird der erste Sex zwischen Roark und Dominique im Roman von einer (paradoxerweise als konsensuell gerahmten) Vergewaltigung ununterscheidbar sein. Ein in Rands Werk wiederkehrendes Motiv mit durchaus kalkuliertem Skandalpotential.

Idealmensch Roark war also in seinen Grundzügen fixiert. Für den Roman selbst galt das noch lange nicht. Vor allem Plot und Aufbau liegen im Frühjahr 1936 noch im Dunkeln. Allein die Anlage als klassischer Bildungsroman schied von vorneherein aus. Vielmehr würde der Handlungsverlauf seine Spannung absehbar durch die Hindernisse zu gewinnen haben, die sich Roark in der Form von anderen, zweitklassigen Menschen – eben den second-handers – in den Weg stellten. Da ihr Held konsequent jede Form von »Speichelleckerei« (boot-licking) ablehnt, schließt Rand ihre erste ausführliche Skizze, wird er »jahrelang niedrigste Jobs annehmen müssen« sowie »jede ökonomische Erniedrigung, die eine Gesellschaft jemandem anzutun vermag«.[11]

EHE IN CONNECTICUT

Roark war für Rand die Verkörperung ihres ureigenen Existenzideals – und sollte es sein. Keine ganz unkomplizierte Ausrichtung. Weder für sie – noch für ihren Gatten. Schon gar nicht im geteilten Alltag. Spätestens mit dem Jahr 1936 nämlich hat Rand auch in ihrer Ehe endgültig die klassisch »männliche Position« eingenommen. Sie ist der *Male-Breadwinner*, bringt das Geld nach Hause, erhält äußere Anerkennung, schöpft und kreiert, bestimmt und bewertet. Zwar stellt das Erscheinen von »We the Living« im April 1936 aus kommerzieller Sicht eine herbe Enttäuschung dar (der Überraschungsbestseller dieses Frühlings trägt den Titel »Vom Winde verweht« und stammt von einer gewissen Margaret Mitchell), jedoch wird das Buch durchaus anerkennend rezensiert. Nicht zuletzt hievt dessen Sowjet-Schwerpunkt Rand in die Rolle einer medial gefragten Politkommentatorin – eine Funktion, der sie in zahlreichen Radiointerviews und auch meinungsstarken Abendvorträgen mit zunehmender Freude und Souveränität nachgeht. Gatte Frank unterstützt sie dabei nach Kräften – vor allem in der Rolle des umsichtigen Hausmanns und emotionalen Rückhalts. Mit dem Umzug nach New York ist das Ziel einer großen Filmkarriere für ihn endgültig zur Schimäre geworden. Anstatt sich in Form von weiteren Absagen weiter entwürdigen zu lassen, spricht er nun nicht einmal mehr für Rollen vor. Ein Entschluss, für den Rand, nicht zuletzt mit Blick auf Erfahrungen mit ihrem Vater, durchaus Verständnis aufbringt. Schließlich gibt es Umstände und Zeiten, in denen die einzige Alternative eines Menschen, seine Würde zu wahren, nicht im Kampf gegen die herrschenden Verhältnisse besteht, sondern im aktiven Boykott, an ihnen teilzunehmen. Zu den Themen, die Rand geistig umtreiben, hat Frank bestenfalls in der Rolle des geduldigen Zuhörers etwas beizutragen sowie hin und wieder als bissiger Kommentator, dessen trockener Witz unmittelbar Eingang in Rands ansonsten weitgehend humorfreies Schaffen findet.

Ein soziales Leben, das diesen Namen verdient, haben die beiden Neuankömmlinge nach sieben Jahren Ehe in New York ebenso wenig wie einen festen Freundes- oder auch nur Bekanntenkreis. Was nicht zuletzt an Rand liegt, die von keinerlei sozialen Sehnsüchten geplagt ist und sich zudem nirgendwo deplatzierter fühlt als auf amerikanischen Smalltalk-Partys. Einzig Franks ebenso lebens- wie ideenfroher Bruder Nick bringt hin und wieder Entlastung in die sich auch sinnlich-erotisch zunehmend abstumpfende Dyade.

Auf Jahre hinaus werden Franks einzige Engagements, mehr als Hobby denn Beruf, darin bestehen, in Provinzaufführungen – sogenannten Sommer-Stocks – männliche Rollen in Rands Theaterstück über die »Nacht des 16. Januar« zu spielen. Als er im Sommer 1936 für ein solches Engagement Richtung Connecticut aufbricht, geschieht es, dass sich die beiden zum ersten Mal seit vielen Jahren für länger als wenige Stunden voneinander getrennt finden. Kaum, dass Franks Zug den Bahnhof verlassen hat, setzt sich Rand an den Schreibtisch:

19. August 1936

Cubby, Sweet!

Nun, hier ist er, der erste Liebesbrief, den ich zu schreiben Gelegenheit habe. Und ich habe eigentlich gar nichts zu sagen, außer, dass ich dich schrecklich vermisse. Tatsächlich vermisse ich dich nicht wirklich, es ist das lustigste Gefühl von allen: Einerseits könnte ich auf der Stelle losheulen, so sehr fehlst du mir, andererseits fühle ich mich sehr stolz und tugendhaft, dass ich es tatsächlich getan habe: dich gehen zu lassen und hierzubleiben, um »meine Pflicht« zu tun.
Das Schlimmste war, vom Bahnhof nach Hause zurückzukehren. Es war schrecklich und gleichzeitig etwas, das ich genoss, denn es war ein völlig neues Gefühl, etwas, das ich niemals zuvor erfahren habe: Die ganze Stadt schien leer, und das ist keineswegs so klischeehaft, wie es klingt, denn es war die Gewissheit, dass niemand, nirgendwo, auf keiner der Straßen, mir wirklich irgendetwas bedeutete. Ich fühlte mich frei und bitter und mir war danach zu weinen. Ich habe mich nicht einmal nach deinem Zug umgedreht. Wie hast du es empfunden?
Eines daran aber ist auf jeden Fall gut: das Fehlen »meiner Inspiration« inspiriert mich mehr als alles andere. Ich habe wirklich gut gearbeitet und habe Lust zu arbeiten.
...

Muss ich dir wirklich sagen, dass ich dich liebe?
Gute Nacht, Tweet!
XXXXXXX
Deine Fluff[12]

Ein Howard Roark, so viel lässt sich mit Gewissheit sagen, würde dergleichen nie zu Papier gebracht haben. Wie man auch nicht eigens ein paartherapeutisch geschultes Auge benötigt, um vor allem zwischen diesen Zeilen erhebliche Spannungspotentiale auszumachen. Das Rollenspiel ist gerade noch intakt, die faktischen Rollen indes längst verrutscht.

Welchen Part – abgesehen von Frank – andere Menschen in Rands Welt überhaupt einnehmen, es wird in ihrem Leben wie Denken eine spannungsgeladene Frage bleiben. Denken jedenfalls, davon ist Rand überzeugt, kann ein Mensch nur allein. Und Gleiches gilt für die höchste Form des Denkens: das kreative Schöpfen und Entwerfen von Welten, in denen es sich zu leben, ja zu lieben lohnt.

FRONTAL

Hannah Arendt muss im August 1936 gleichfalls mit sich kämpfen, den Satz »Ich liebe dich« ohne jeden Vorbehalt zu Papier zu bringen. Von Genf aus, wo sie dem Treffen zur Gründung des jüdischen Weltkongresses als Beobachterin beiwohnt, schreibt sie am 24. August 1936 an den neuen Mann in ihrem Leben: »Daß ich Dich liebe – das hast Du schon in Paris gewusst, wie ich es wusste. Wenn ich es nicht sagte, so weil ich Angst hatte vor den Konsequenzen. Und was ich heute dazu sagen kann, ist nur: Wir wollen es versuchen – um unserer Liebe willen. Ob ich Deine Frau werden kann, sein werde, weiß ich nicht. Meine Zweifel sind nicht weggepustet. Auch nicht die Tatsache, dass ich verheiratet bin.«[13]

Die Angst, von der Arendt spricht, ist die Angst vor dem Verlust der Unabhängigkeit, der für sie notwendig mit der Erfahrung der Liebe einhergeht. Bereits als junge Studentin in Marburg hatte Arendt dies in einer Wucht erfahren, die sie beinahe um ihren Stand in der Welt gebracht hätte. Die Schatten dieser Jahre begleiten sie noch immer. Von diesem Liebesereignis mit ihrem damaligen Philosophieprofessor Martin Heidegger, Autor von »Sein und Zeit«, der im Frühjahr 1933 der NSDAP beitrat, weiß Heinrich Blücher noch nichts. Wie auch Hannah Stern – deren De-facto-Gatte Günther im Frühjahr 1936 in die USA ausgewandert war – nichts von Blüchers noch immer bestehender Ehe mit der ebenfalls in Paris lebenden Russin Natascha Jefroikyn weiß. Man kennt einander schließlich erst wenige Monate. Und ein bisschen Geheimniskrämerei hat noch keiner Liebe geschadet. Vor allem keiner ganz frischen. Bedenken also blieben. Zumal die politischen Entwicklungen weltweit einen immer dunkleren Gang nehmen.

Wie auf ein geheimes Signal hin verschärfen sich die Spannungen im Verlauf des Jahres 1936 weltweit zu gewaltsamen Frontbildungen und kriegerischen Konflikten. So schreibt Gershom Scholem am 26. August 1936 von Palästina aus an seinen alten Philosophenfreund Walter Benjamin nach Paris: »Seit drei Monaten leben wir in Jerusalem unter Belagerungszustand, jeden Abend hört man mehr oder weniger wilde Schießerei ... Dabei gewöhnt man sich seine Portion Fatalismus an, denn da niemand weiß, ob nicht an der nächsten Ecke eine Bombe auf ihn geworfen wird, andererseits sich aber herausgestellt hat, daß die allerwenigsten Bomben explodieren, oder doch schaden, so wird man schließlich relativ gelassen. Hier finden richtige Schlachten statt, teils zwischen dem Heer und arabischen Partisanengruppen, teils zwischen diesen Gruppen und den von ihnen dauernd angegriffenen jüdischen Kolonien.«[14] Während in dem unter britischem Protektorat stehenden Palästina also die erste große Widerstandsbewegung der dort ansässigen Araber ausbricht, zeigt sich – wie

Benjamin in längst von allen Illusionen befreiter Trockenheit berichtet – auch »die europäische Lage … ihrer latenten Struktur nach, nicht zuversichtlicher als die palästinensische«.[15] Und das nicht nur aus Sicht eines nach Paris emigrierten deutschen Juden.

DUNKLE PROZESSE

1936 wird die deutsche Industrie von Hitler unter den Imperativ der Kriegsvorbereitung gestellt. Unter dem Schlagwort »Rüstungsfreiheit« sollen Wirtschaft und Wehrmacht binnen vier Jahren wieder kriegsfähig sein. Eine massive Aufrüstung setzt ein, deren erstes offensichtliches Zeichen der im März 1936 vollzogene Einmarsch deutscher Truppen in das entmilitarisierte Rheinland ist. Ein eklatanter Verstoß gegen die Verträge von Locarno wie Versailles, der vonseiten der Siegermächte des Ersten Weltkriegs jedoch ohne Sanktion bleibt. Mit Blick auf das politisch nun vollständig gleichgeschaltete Nazideutschland lautet deren Leitlinie: alles, nur kein weiterer Krieg. Die linke Opposition in Deutschland ist derweil so geschwächt und zerschlagen, dass die Zahl der in den Konzentrationslagern inhaftierten politischen Gefangenen mit nicht einmal mehr 3000 Insassen ihren Tiefststand erreicht.[16] Aus der Logik des Regimes heraus müssen neue innere wie äußere Feinde ersonnen und verfolgt werden. Noch intensiver als zuvor rücken damit die Juden ins Zentrum der nationalsozialistischen Hasspropaganda.

Nach sechs Monaten Verteidigungskrieg und mehr als einer Viertelmillion gefallener Soldaten kapitulieren im Mai 1936 in Addis Abeba die äthiopischen Truppen gegen die Streitkräfte Mussolinis. Der »Duce« ruft darauf ein wiedererwecktes italienisches »Imperium« aus.[17] In Moskau verschärft Stalin derweil abermals den Kampf gegen hochrangige innerparteiliche Gegner, darunter zahlreiche ehemalige Vertraute Trotzkis. Zum Sommer 1936 sind die ersten großen Schauprozesse anberaumt. Sämtliche Angeklagte – wie in der Regel auch deren nähere Verwandte – werden exekutiert. Die Zahl der in Gulags internierten politischen Gefangenen ist zu diesem Zeitpunkt auf 180 000 angestiegen.[18] Gezielt als Auftakt zu umfangreichen »Säuberungen« im ganzen Sowjetreich geplant, führen die Prozesse in Mitteleuropa unter linken Intellektuellen zu einer ersten Distanzierung von Stalins Reich und dessen Idealen.

Wobei 1936 nicht zuletzt das Wiederauferstehungsjahr einer zu sogenannten »Volksfronten« vereinten europäischen Linken ist. Als Folge eines bereits 1934 in Moskau vollzogenen Strategiewechsels[19] wurden die Sozialdemokraten in Ländern wie Frankreich oder Spanien von der kommunistischen Internationalen nicht länger als »Sozialfaschisten« diskriminiert. Vielmehr ermuntert Stalin die dortigen kommunistischen Parteien, sich mit den Sozialdemokraten zu vereinen, um so in demokratischer Weise an die Macht zu gelangen.

Die neue Strategie zeitigt zunächst in Spanien Erfolg, wo im Februar 1936 eine von (meist aus der bürgerlichen Mittelschicht stammenden) »Republikanern«, Kommunisten, Separatisten sowie Gewerkschaftern gebildete »Volksfront« die Wahlen gegen die rechtskatholische Regierungskoalition knapp gewinnt. Bei einer Gesamtzahl von gut neun Millionen abgegebenen Voten beträgt der Vorsprung der linken »Volksfront« lediglich 150 000 Stimmen.[20]

Drei Monate darauf triumphiert eine linke »Volksfront« auch in Frankreich. Die politisch eigentlich trennende Linie ist dabei weniger die zwischen Nationalismus und Internationalismus als vielmehr die zwischen national geprägtem Katholizismus und Volkskommunismus. Für eine politische liberale Mitte – ja überhaupt für den Gedanken an demokratische Gegnerschaft anstatt Feindschaft – ist in diesen Wahlkämpfen kein Platz mehr. Genau wie von Simone Weil vorausgesagt, geraten also auch die verbliebenen europäischen Demokratien – mit Ausnahme Großbritanniens – in den Sog sich unversöhnlich gegenüberstehender Überzeugungskollektive.

Unter dem neuen Ministerpräsidenten Léon Blum, der erste Sozialist und auch erste Jude an Frankreichs Regierungsspitze, wird ein umfangreiches Reformpaket in Aussicht gestellt, zu dem Altersrenten und die Verkürzung der Wochenarbeitszeit ebenso zählen wie eine Arbeitslosenversicherung (nicht aber, wie ebenfalls versprochen: Frauenwahlrecht, bezahlter Urlaub oder betriebliches Mitbestimmungsrecht).

Kaum, dass die Maßnahmen beschlossen sind, wird Frankreich im Juni und Juli von der größten Streikwelle seiner Geschichte erfasst.[21] Aufgrund Tausender spontaner, durchweg friedlicher Aktionen, die vom Bummelstreik bis zu Sit-ins und Fabrikbesetzungen reichen, kommt das öffentliche Leben praktisch zum Erliegen. Revolution liegt in der Luft, eine Drohkulisse, die von Blum genutzt wird, weitere Forderungen gegen die verängstigte Privatwirtschaft durchzusetzen. Besser jetzt einknicken, als dereinst ganz enteignet zu werden. Wirtschaftlich freilich befindet sich Frankreich noch immer in einer tiefen Krise, deren deutlichstes Zeichen ein Heer von zwei Millionen Arbeitslosen sowie ein durch staatliche Eingriffe massiv gestützter Franc sind. So populär die Maßnahmen wirken, volkswirtschaftlich gesehen sind sie, wie sich offenbaren wird, kaum zu verantworten.

Als am 14. Juli, Frankreichs Nationalfeiertag, die euphorisierten Massen feiernd durch Paris ziehen, herrschen in Spanien bereits bürgerkriegsähnliche Zustände. Nur drei Tage später, am 17. Juli 1936, beginnt unter der Führung von General Francisco Franco ein militärischer Aufstand mit dem Ziel, die neue Regierung zu stürzen. Aus den beiden Fronten werden damit Bürgerkriegsparteien. Der ideologische Riss in der Gesellschaft wird zu einem Frontverlauf, der durch jede Stadt und jedes Dorf geht. Binnen weniger Tage eskalieren die Spannungen in ein gegenseitiges Morden, Plündern, Brandschatzen, Vergewaltigen und Exekutieren, das bereits zu diesem frühen Zeitpunkt Zehntausende Spanier und Spanierinnen das Leben kostet.

Als beim Einlauf der Nationen am 1. August 1936 im neu errichteten Berliner Olympiastadion die italienische wie deutsche Mannschaft Adolf Hitler mit dem Faschistengruß geschlossen die Ehre erweisen, werden die Truppen Francos logistisch bereits massiv von Mussolinis wie Hitlers Streitkräften unterstützt. Aus dem Spanischen Bürgerkrieg droht damit ein Stellvertreterkrieg der beiden großen totalitären Blöcke zu werden.

Der Aufschrei der Linken ist europaweit gewaltig. Doch weder die junge Regierung Blum noch Großbritannien, ja zunächst nicht einmal Stalin haben Interesse, ebenfalls direkt in diesem Konflikt zu intervenieren. Gerade in Paris wird dies als »Verrat« an den sozialistischen Brüdern angeprangert. Ab Ende August 1936 melden sich Zehntausende freiwillig, um in Form einer Internationalen Brigade die spanische Republik im Kampf gegen Francos Falange zu unterstützen. Der Bürgerkrieg wird damit nicht zuletzt zu einem Krieg der Intellektuellen und Literaten.

STAMM UND STUPS

In Arendts Pariser Freundeskreis wird die spanische Lage intensiv erörtert. Kaum anzunehmen indes, dass dessen Mitglieder ernsthaft mit dem Gedanken spielten, sich ebenfalls den Internationalen Brigaden anzuschließen, um vor Ort mitzukämpfen. Denn was diese Menschen aus verschiedensten Hintergründen und Professionen, die ab 1935 immer häufiger zu gemeinsamen Diskussionsabenden zusammenkommen, neben ihrem Gestrandetsein in Paris miteinander verbindet, ist vor allem deren Skepsis gegenüber jeder Form einer unreflektierten Übernahme politischer Ideologien oder Bewegungen – sei es des Kommunismus, Anarchismus oder Zionismus. Bestimmend für die Haltung dieses Pariser »Stammes«, wie er sich bald ironisch nannte, war vielmehr der Wille zur Bewahrung des letzten und kostbarsten Freiraums, der ihnen in ihrem neuen Pariadasein geblieben war: eben der Wille, selbst zu denken!

Das galt für den aus Berlin geflüchteten Philosophen und Kritiker Walter Benjamin ebenso wie den aus Frankfurt stammenden Rechtsanwalt Erich Cohn-Bendit, für den aus Polen stammenden Dichter Chanan Klenbort, für Käthe Hirsch, für Lotte Sempell, den Maler Karl Heidenreich. In besonderem Maße aber auch für den 1899 in Berlin geborenen Heinrich Blücher – und damit einem Mann, der sich in Paris damals so illegal aufhielt, dass er »nicht wusste, wo er wohnte«.[22]

Als junger Mann in der Arbeiterbewegung und zu Beginn der zwanziger Jahre auch in der kommunistischen Partei aktiv, besteht Blüchers Überlebenstrick in Paris darin, mit Spazierstock, bester Kleidung und Manieren tagsüber als Tourist getarnt ins Straßenbild einzutauchen, um gen Abend entweder in Hotels oder auch bei Gönnerinnen eine provisorische Schlafstatt zu finden. Auf die Frage, was er beruflich tue, pflegte er schlicht »Drahtzieher« zu antworten. Einstmals auch sein Deckname in der Partei, von deren ideologischen Drähten er sich im Verlauf der dreißiger Jahre indes immer stärker gelöst hatte.[23]

Blücher, vaterlos im Berliner Wedding aufgewachsen, ist Autodidakt. Neben den virilen Gewohnheiten und dem Akzent seines Ursprungsmilieus hatte er sich über die Jahre auch seine Berliner-Schnauzen-Skepsis gegen allzu hochtrabenden Intellektualismus bewahrt. Ein klassischer Selfmademan, der ohne Netz und Geländer fest auf seinen eigenen zwei Beinen steht und dessen geistige Unabhängigkeit nur von seiner Mittellosigkeit übertroffen wurde. Mit anderen Worten: ein Paria par excellence und damit ganz nach Arendts vom Leben verfeinerten Geschmack.

Aufgrund seines stets eleganten Auftretens wie mäßiger Französischkenntnisse nennt Arendt ihn ironisch »Monsieur« – in besonders intimen Kontexten auch liebevoll »Stups«. Mochten die beiden einander im Sturm genommen haben, so war Arendt, ihr Brief vom August 1936 bezeugt es, durchaus nicht geneigt, sich von diesem Ereignis ganz und gar »wegpusten« zu lassen. Was ihren Vorbehalt insbesondere nährt, ist der Zweifel, wie und ob es für sie möglich sein sollte, die Erfahrung der Liebe mit der Bewahrung der eigenen Identität und Integrität zu vereinen. Ein Bedenken, das sie umso ernster nahm, als es das eigentliche Fragezentrum ihrer von Karl Jaspers betreuten Heidelberger Doktorarbeit zum »Liebesbegriff bei Augustinus«[24] aus dem Jahr 1928 darstellte – und damit einer Lebensphase entstammte, in der sie sich noch immer im Geheimen mit Martin Heidegger traf.

TOTALE NÄCHSTENLIEBE

Am Beispiel des Liebesbegriffs von Kirchenvater Augustinus (354–430 n.Chr.) geht Arendt in ihrer ersten eigenständigen Arbeit der Frage nach der »Relevanz des Anderen« für den je eigenen Welt- und Selbstbezug nach. Nirgendwo aber zeigt sich diese Frage dringlicher gestellt – und mutmaßlich klarer beantwortet – als in der Liebe. Handelt es sich, in den Worten eines Briefes von Heidegger an Arendt aus dem Jahr 1925, bei der Liebe doch um ein Ereignis, »in dem die Gegenwart des Anderen in unser Leben hereinbricht«.[25] Wer liebt, ist nicht allein auf der Welt. Und erfährt auch den Sinn dieser Welt und seiner selbst nicht mehr aus einer Vereinzelung heraus.

Umso überraschender deshalb, dass in Augustinus' Begriff von der Liebe die Instanz eines anderen Menschen – als eines in seiner Individualität unersetzlichen Gegenübers – keine tragende Rolle spielt. Der Grund hierfür liegt darin, dass die Liebe in Augustinus' stark christlich geprägter Philosophie von Gott her seinen Ursprung nimmt – wie auch in Gott ihr eigentliches Ziel findet. Und Gleiches gilt auch für jede Form eines tragenden Lebenssinns sowie einer etwaigen Geborgenheit in dieser Welt.

Was in Gestalt des konkret anderen als Nächstem in Wahrheit geliebt wird und geliebt werden soll, ist nach Augustinus allein dessen Ursprünglichkeit in Gott sowie seine Zugehörigkeit zur

Gemeinschaft aller von der Ursünde befallenen und damit sterblichen Wesen. Vor Gott, als eigentlichem Quell und Ziel der Liebe, aber sind letztlich alle gleich. Weshalb seine Liebe auch unter den Menschen gerade nicht deren jeweiliger Individualität zu gelten hat, sondern ihrer grundsätzlichen Gleichheit.

Gesichert wird diese Gleichheit bei Augustinus durch den Sündenfall Adams und Evas, als irdischem Ursprung unserer Endlichkeit und unaufhebbaren Verworfenheit. Im Abschlusskapitel ihrer Dissertation von 1928, das bezeichnenderweise den Titel »Vita Socialis« (gemeinschaftliches Leben) trägt, hält Arendt deshalb fest:

> Diese Ausdrücklichkeit der Gleichheit ist enthalten in dem Gebot der Nächstenliebe. Weil der Andere im Grunde dir gleich ist, d.h. die gleiche sündige Vergangenheit hat wie du, deshalb sollst du ihn lieben.[26]

> Der Nächste ist nie um seiner selbst willen geliebt, sondern um der gratia Dei willen. Diese Indirektheit ... hebt in einem noch radikaleren Sinne die Selbstverständlichkeit des Miteinander auf. Sie läßt jeden Bezug zu einem bloßen Durchgang werden für die direkte Beziehung zu Gott selbst. Nicht der Andere als solcher kann erretten, sondern nur, weil in ihm die Gnade Gottes wirksam wird.[27]

Die Frage, ob und wie die eigene Individualität sich liebend bewahren oder gar erst gewinnen lässt, stellt sich vor dem Hintergrund der augustinischen Philosophie also gar nicht und kann sich nicht stellen. Als veritablen Skandal des abendländischen Denkens stellt Arendt dies bereits 1928 insofern heraus, als es sich bei der Frage nach der Liebe ja lediglich um eine existentielle Verschärfung der Frage handelt, ob und inwiefern es überhaupt *andere* Menschen gibt (und nicht etwa nur artgemäß absolut gleichgeschaltete). Und vor allem auch, worin der Beitrag deren

Andersheit für das eigene Dasein liegen könnte. Selbst die Frau als Frau ist gemäß der Ursprungsfiktion des Alten Testaments ja nicht als wirklich andere, sondern lediglich als benennbar insuffiziente Version des ursprünglichen Mannes gedacht. Konsequenterweise wird sie gemäß Erzählung aus einem Körperteil geformt, dessen der Mensch zum nackten Überleben eigentlich nicht bedarf – eben der Rippe.

Sofern es rein irdische Verhältnisse betrifft, ist die Gleichheit der Menschen in der Philosophie des Augustinus (und damit auch seinem Liebesbegriff) durch einen gemeinsamen, verwandtschaftlichen Ursprung gesichert, nämlich der »gemeinsam(en) Abstammung von Adam«, der sich kein Mensch je entziehen kann:

> Diese Verwandtschaft schafft die Äqualität … der *Situation*. Alle haben das gleiche Schicksal. Der Einzelne ist nicht allein in der Welt, sondern er hat Schicksalsgenossen (consortes), und dies nicht nur in dieser oder jener Lage, sondern während seines ganzen Lebens. Das ganze Leben ist als eine bestimmte schicksalhafte Situation gesehen, als die Situation der Sterblichkeit. In ihr beruht die Verwandtschaft der Menschen und zugleich ihre Bundesgenossenschaft (societas).[28]

Der einzelne Mensch als Teil einer ursprünglich gleichgestellten Menschheit im Sinne einer totalen Schicksalsgemeinschaft der Sterblichen beziehungsweise Todgeweihten, das ist nach der Interpretation der Heidegger- und Jaspers-Schülerin Hannah Arendt der eigentliche und durchaus kritikwürdige Fluchtpunkt des Liebes- und nicht zuletzt auch Politikverständnisses von Kirchenvater Augustinus. Keineswegs zufällig ist er auch der Autor des Werkes »Über den Gottesstaat«.

ARENDTS KEHRE

So weit die Interpretation der späteren Autorin des Werkes »Elemente und Ursprünge totaler Herrschaft«, die bereits 1936 mit aller Klarheit gesehen haben dürfte, inwiefern die scheinbar längst verwirkten Motive des augustinischen Denkens in einer geradezu unheimlichen Kontinuität – gleichsam hinter dem Rücken der weltpolitischen Akteure – ihre totalisierende und alles gleichschaltende Wirkung im Namen ihrer jeweiligen Kollektive weiter entfalteten und ausspielten.

Eigentlich musste Arendt in der Deutung der politischen Gegenwart einfach von der Jenseitigkeit des allmächtigen Gottes auf die Diesseitigkeit des allmächtigen Führers umstellen, schon stand das Prinzip der Abwertung des einzelnen Individuums als eines in Bezug auf diesen Führer »rein zufällig und isoliert in die Welt hineingekommenen«[29] klar vor Augen. Dem Einzelnen als Einzelnen kam für und in dieser totalitären Weltsicht keine wesentliche Bedeutung zu. Sie oder er mochte existieren, musste es aber nicht. Sein Opfer bedeutete nun wirklich keinen Weltuntergang.

Soweit es aber die mythische Ursprungserzählung der menschlichen Bundesgenossenschaft als einer Genossenschaft der aus dem Paradies Vertriebenen betraf, fand sich diese in Arendts politischer Gegenwart – etwa bei Hitler – konsequent durch mutmaßlich historisch verbürgte Ursprungserzählungen der jeweiligen Völker und gegebenenfalls Nationen ersetzt. Und schon war auch hier die gewünschte Totalgleichstellung (Äqualisierung) im Sinne einer jeweiligen völkischen Kollektivzugehörigkeit vollzogen: Liebe deinen Volksgenossen wie dich selbst! Und wenn nötig, opfere dein Leben für seines im Namen eben dieser Volksgenossenschaft. Nur konsequent, dass unter einem solchen Arrangement die Liebe zum jeweiligen Vertreter des Volkskörpers mit der Liebe zu deren Führer in gleicher Weise zur Deckung kommen soll wie bei Augustinus die Liebe zum Nächsten mit der Liebe zu Gott.

Auf die Frage nach der weltverbürgenden und damit unbedingt

zu wahrenden »Relevanz des Anderen« als diesem einen und einzigen Menschen wird es auch im Rahmen dieses Denkgestells keine plausible Antwort mehr geben. Extremer noch: Sie ist als Frage nicht einmal verständlich zu machen. Plausibilität gewann sie allenfalls noch im Rahmen von sogenannt rein zwischenmenschlichen Beziehungen des privaten Bereichs und damit Beziehungen, die nach dem Ideal eines total gewordenen Staates gerade nicht mehr existieren sollten. Die private Zweisamkeit der Liebenden als letztes und erstes Widerstandsnest gegen eine von der totalen öffentlichen Gleichstellung bedrohten Gesellschaft ... wie hatte Arendt ihrem Heinrich so schön von Genf aus geschrieben: »Wir wollen es versuchen – um unserer Liebe willen.« Um keiner anderen Liebe willen. Auch nicht der eines Gottes. Oder mit anderen Worten: Rein um unser selbst willen, unseres jeweiligen Glücks und Stands in dieser Welt, und vor allem auch um der liebestypischen Angstfreiheit vor der eigenen Endlichkeit willen.

Rein philosophisch betrachtet, war die Frage, wie eine Liebe denkbar sein sollte, die den anderen als anderen mit voller Wucht in das eigene Dasein eindringen lässt, ohne sich dabei gleichsam enthaust und permanent belagert zu finden, für Arendt keineswegs gelöst. Doch zumindest in der Erfahrung eines liebend geteilten Alltags ergeben sich schon bald konkrete Anhaltspunkte, wie Hannah ihrem »Stups« nur ein Jahr später abermals von Genf aus ohne jeden Rückhalt eröffnet. Sogar ein bisschen berlinern tut sie:

18. 9. 37

Mein lieber Geliebtester, Einziger, Liebster –

ich bin sehr stolz und sehr glücklich, daß ich nachts (im Traum) bei Dir war. Sieh, Liebster, ich habe immer gewußt – schon als Gör – daß ich wirklich nur existieren kann in der Liebe. Und hatte gerade darum solche Angst, daß ich einfach verloren gehen könnte. Und nahm mir meine Unabhängigkeit. Und bei der

> Liebe der andern, die mich für kalt erklärten, dachte ich immer: habt ihr 'ne Ahnung, wie gefährlich das ist und für mich wäre. Und als ich Dich dann traf, da hatte ich endlich keine Angst mehr – nach jenem ersten Schreck, der eigentlich noch ein Kinderschreck war und sich nur erwachsen aufspielte. Immer noch scheint es mir unglaubhaft, daß ich beides habe kriegen können, die »große Liebe« und die Identität mit der eigenen Person. Und habe doch das eine erst, seit ich auch das andere habe. Weiß aber nun endlich auch, was Glück eigentlich ist … Heute kam mein Scheidungsurteil an. Damit werde ich viel Laufereien haben. Bin aber gewissermaßen froh – lach, ich bin kindisch –, meinen alten Namen wieder zu haben. –«[30]

Mit der Anerkennung der Scheidung ging Arendt ebenfalls die Aberkennung der deutschen Staatsbürgerschaft zu. Mochte diese Welt auch vor aller Augen in Richtung Hölle fahren: Mit »Monsieur« an ihrer Seite fühlt sich die staatenlose Hannah erstmals wieder geborgen – wie ein Wrack. Heinrich erfährt es nicht anders. Bereits im Herbst 1936 sind sie zusammengezogen – was konkret bedeutete, dass sie in einem Hotel in der Rue Servandoni ein Zimmer teilen, dessen wichtigste Möbel zwei Spirituskocher, ein Grammophon und Platten sind: als wahres Bild des irdischen und damit endlichen Glücks in finsterer Zeit.

PARIS IS FOR LOVERS

Zwei Menschen in einem schäbigen Pariser Hotelzimmer, in dem das Bücherregal und der Plattenspieler die einzigen persönlichen Möbelstücke bilden. Im Herbst des Jahres 1936 ist damit Simone de Beauvoirs Lebenssituation hinreichend präzis beschrieben. Wie als Tatantwort auf die zeitgeistbestimmende Frage, ob es »denn keine Stelle auf Erden mehr (gebe), an die die Hoffnung sich klammern konnte«,[31] klammern sich Beauvoir und Sartre vor allem aneinander. Allerdings sind die beiden nicht aus Berlin nach Paris geflohen, sondern aus der leidigen Provinz des Nordens in ihre Heimatstadt zurückgekehrt. Auch ist ihre Lebensform des Hotels keineswegs finanziellen Zwängen oder fehlender Legitimation geschuldet, sondern dem frei gewählten Nonkonformismus zweier verbeamteter Gymnasiallehrer. Gleiches gilt für die Wahl der Cafés in Montparnasse und dem Quartier Latin als ihren eigentlichen Wohn- und Arbeitszimmern. Was Beauvoir an dem vielsprachigen Gemurmel der Flüchtlinge am Nebentisch besonders schätzt, ist nicht dessen etwaiger Nachrichten- und damit auch Überlebenswert, sondern der narrative Spielraum, den ihr die Präsenz von Menschen gibt, die »mir so nah und doch sehr fern waren und sich unbeholfen durchs Leben tasteten«.[32]

In noch ausgeprägterem Maße gilt dies für die Prostituierten, Drop-outs, Drogenkuriere sowie die sich jeden Abend aufs Neue in die Besinnungslosigkeit trinkenden Amerikaner und Amerikanerinnen, die das Wimmelbild der verrauchten Cafés zur Nacht hin komplettieren. Als Folge der den Staatshaushalt weit über Gebühr belastenden Reformen der »Volksfront«-Regierung Blums ist der Wert des Franc gegenüber dem Dollar abermals stark gefallen. Dem bereits durch Flapperikonen wie F. Scott Fitzgerald, Ernest Hemingway und Gertrude Stein in den zwanziger Jahren fest verankerten Mythos von Paris als Partyhauptstadt Europas gab dies einen weiteren touristischen Schub.

Als Beauvoir das alljährliche Entsendungsschreiben des Ministeriums im August 1936 öffnet, kann sie ihr Glück jedenfalls kaum fassen: eine Stelle am Lycée Molière im 16. Arrondissement. Mit der Métro bequem vom Zentrum aus zu erreichen. Auch Sartres Versetzung ins nur 150 Kilometer entfernte Laon ermöglicht es ihm, nun wesentlich mehr Zeit in Paris zu verbringen. »Zweimal die Woche holte ich Sartre an der Gare du Nord ab ... Dann stiegen wir zum Montmartre hinauf. Unser Hauptquartier hatten wir im ›Dôme‹ aufgeschlagen: Wenn ich nicht in die Schule mußte, frühstückte ich dort. Ich arbeitete nie in meinem Zimmer, sondern in einer Nische im rückwärtigen Teil des Cafés. Um mich herum lasen deutsche Flüchtlinge die Zeitung oder spielten Schach.«[33]

Bereits zum November ist Olga, ohne Erlaubnis ihrer Eltern, dem Paar nachgetürmt und lebt jetzt nur eine Etage unter Beauvoir. Von Studium oder auch nur Studien ist bei ihr mittlerweile keine Rede mehr. Des Tags jobbt sie unregelmäßig in einer Teestube, des Nachts geht es je nach Zuordnung und Verfügbarkeit als Duo oder Trio auf die Piste. Was sich seit Rouen geändert hatte, war für Beauvoir damit allenfalls der Radius, nicht aber die Gestalt ihres privaten Höllenrades.

Sartre ist mittlerweile 31, Beauvoir 28. Fast alle ihre Freunde und einstigen Studienkollegen, wie etwa Maurice Merleau-Ponty, Paul Nizan oder auch Raymond Aron, sind mittlerweile fest liiert oder verheiratet und wissen sich im bürgerlichen Sinne gefestigt. Nicht ohne Irritation beobachtet man von deren Seite Sartres und Beauvoirs offenbaren Willen zur Chaotisierung ihrer Existenz. Auch im Elternhaus sorgt der Lebenswandel für Verstörung. Aus Angst, sich mit einer Krankheit zu infizieren, weigert sich die Mutter, auch nur einen Fuß in Simones Hotelzimmer zu setzen, während der Vater bei den immer seltener werdenden Sonntagsessen keinen Hehl daraus macht, was er von seiner ältesten Tochter hält und erwartet: »Du bist zu alt, um noch denken, geschweige denn ein anständiges Buch schreiben zu können. Aus dir wird nie mehr werden als die Hure dieses Wurms.«[34] Und damit des väterlichen Ärgers nicht genug. Denn auch Simones jüngere Schwester Hélène, die sich als Malerin versucht, zeigt sich von dem Vorbild ihrer Schwester immer deutlicher angezogen.

ZWEIFEL AM PAKT

Was Beauvoirs Lebensgefühl indes mehr als alles andere trübt, ist die permanente Herausforderung, die Olga für ihre Bindung mit Sartre verkörpert. Es geht dabei nicht vorrangig um erotische Vormacht oder leibliche Eifersucht. Als Paar sind Sartre und Beauvoir im siebten Jahr ihres Paktes lang über das Stadium hinaus, in dem geteilter Sex für sie noch eine fundierende Funktion spielt. Zumal Sartre in dieser frühen Phase der Rückkehr nach Paris erst beginnt, das ganze Ausmaß seines in der Tat gigantischen sexuellen Appetits zu erschließen – und zu stillen. Die mannigfachen Stelldicheins fressen sich tief und tiefer in sein Pariser Zeitbudget. Kaum, dass er noch Raum findet, Beauvoir auf einen Kaffee im Dôme oder auch nur auf dem Bahnhof zu treffen, um ihr dort neue Manuskriptseiten seines werdenden Romans »Melancholia« in die Hand zu drücken.

Nein, wofür Olga Kosakiewicz, mehr als Chiffre denn als reale Person, in Beauvoirs Welt steht, ist vielmehr die Frage nach der Natur und Art ihrer Bindung mit Sartre – nach der eigentlichen Essenz ihres Paktes. Inwieweit handelte es sich, vor allem auch aus Sartres Sicht, tatsächlich um die einzig »notwendige Beziehung« in deren Leben? Und was genau gab dieser Notwendigkeit Halt und Beständigkeit?

Aus Beauvoirs Sicht besteht der tragende Kern einer dauerhaften menschlichen Bindung in dem Entwurf einer geteilten Zukunft, die in ihrer Gestalt und ihren Zielen auf einer bejahten Vergangenheit beruht.[35] Mit Olgas Erscheinen als Dritter im Bunde aber trat ein Prinzip totaler Unmittelbarkeit auf, das jede Erwartung an Verbindlichkeit unterlief: »Olga verachtete alle voluntaristischen Konstruktionen aus tiefster Seele. Das konnte mich nicht weiter erschüttern, aber Sartre überließ sich ihr gegenüber den Wirren seiner Emotionen. Er hatte Anwandlungen von Unruhe, Wut und Freude, wie er sie mit mir nicht kannte. Mein Unbehagen ging über Eifersucht hinaus. Es gab Augenblicke, in denen ich mich fragte, ob mein Glück nicht allein auf einer ungeheuren Lüge beruhte.«[36]

Beauvoirs Verdacht, statt einer notwendigen Bindung mittlerweile (oder gar schon die ganze Zeit) eine ungeheure Lüge zu leben, speist sich aus der Frage, mit welchem Freiheitsverständnis

Sartre auf deren Beziehung blickte. Empfand er die durch Beauvoir gewährte Konstanz und Stabilität als freiheitsgewährend oder freiheitsbeschränkend?

Sollte das »Prinzip Olga« bei ihm die Oberhand gewinnen, würde Beauvoir damit letztlich nur eine weitere unter vielen gewesen sein – ihr privilegierter Status sich als reiner Schein erweisen. Ein Schein, der allein darin seine Permanenz bewahrte, dass Beauvoirs Handeln sich weiterhin nach einem anderen Freiheitsverständnis ausrichtete. Das Tauziehen zwischen Olga und ihr hatte damit rein gar nichts mit dem Kampf zweier Frauen um das erotische Primat im Leben eines Mannes zu tun. Und zwar allein schon deshalb nicht, weil Olga, die Sartre zwar geistig anregend, jedoch körperlich als widerwärtig empfand, am anderen Ende gar nicht zog und ziehen wollte. Vielmehr ging es um eine am offenen Herzen zu vollziehende Durchdringung des Liebesbegriffs bei Sartre und Beauvoir. Es ging um die Frage nach den Bedingungen einer Liebesbeziehung im Zeichen sich wechselseitig zugestandener, auch sexueller Freiheit.

FREIES LIEBEN

Verglichen mit Hannah Arendt sind Beauvoirs philosophische Liebessorgen geradezu entgegengesetzt. Denn wenn für Arendt das eigentlich zu lösende Paradox darin besteht, wie es gelingen kann, »beides auf einmal zu kriegen«, also in den Worten ihres Briefes an Blücher »große Liebe und die Identität der eigenen Person«, so lag das wunderbare Geheimnis der Liebe zu Sartre dem Empfinden Beauvoirs nach von Anfang an gerade darin, dass sie in ihrer Zweisamkeit eine einzige, bruchfreie Identität des »Wir« gewonnen hatten. Während Arendt die eigentliche Herausforderung also darin sieht, in eine liebende Dyade einzutreten, ohne damit die Identität der eigenen Person aufzugeben, besteht sie für Beauvoir im Jahr 1936 darin, die offenbaren Brüche innerhalb ihrer einen, einheitlichen und einzig notwendigen Liebesbindung anzuerkennen, ohne dabei die mit der Existenz dieser Dyade mittlerweile essentiell verbundene Identität ihrer eigenen Person aufs Spiel zu setzen oder gar einzubüßen. Auf die Frage, wer sie als Person ohne Sartre war, hätte sie jedenfalls keine tragende Antwort zu präsentieren gewusst. Und wollte dies nach ihrem festen Willen auch zukünftig nicht können. Schließlich liebte sie Sartre. Beauvoir fasst ihre Lage im Winter 1936/1937 folgendermaßen zusammen:

> Was mir noch mehr zu schaffen machte (als die Differenzen mit Olga), waren die Meinungsverschiedenheiten, die mich manchmal mit Sartre entzweiten. Er gab sich immer größere Mühe, nichts zu sagen oder zu tun, was unsere Beziehung hätte ändern können. Unsere Diskussionen wurden immer äußerst lebhaft, aber ohne jede Schärfe geführt. Trotzdem mußte ich mich dazu bequemen, einige Postulate zu revidieren, die ich bis dato als garantiert betrachtet hatte: Ich gestand mir ein, daß es falsch war, einen anderen und mich selbst unter die Zweideutigkeit dieses bequemen Wortes »wir« zu zwingen. Es gab Erfahrungen, die sich jeder selbst erleben mußte. Ich hatte immer angenommen, daß es den Worten nicht gelingt, die Dinge wirklich präsent zu machen; ich mußte die Konsequenzen daraus ziehen. Ich schwindelte, wenn ich sagte: »Wir sind eins.« Die Harmonie zwischen zwei Individuen ist niemals gegeben, sie muß immer wieder neu erobert werden. Das sah ich nun ein.[37]

Gegen ihren eigenen Willen muss sich Beauvoir die Irreduzibilität jeweils eigener Erfahrung eingestehen. Nichts auf der Welt – kein Wort, kein Schwur, kein noch so inniges Beisammensein – vermag die Getrenntheit des einen Daseins vom anderen ganz zu überbücken. Da bleibt immer ein Spalt, wenn nicht ein Abgrund. Eine Einsicht, so fundamental und dezentrierend, dass Beauvoir sie in besagter Reflexion gar auf eine Stufe mit dem in ihrer Jugend erfahrenen Verlust ihres Glaubens an Gott gesetzt hatte. Wie die Existenz Gottes nach Kant ein *Postulat* der praktischen Vernunft war und dem Glauben an seine Existenz eine in dieser Welt moralisch stützende Funktion zukam, so war es für Beauvoir der Glaube an die Einheitsstiftung des liebenden Wortes »Wir« mit Sartre gewesen, der ihr Halt und Stand gewährte. Von eben diesem Glauben war sie als Folge der Erfahrung »Olga« abgefallen.

Was also mochte es in Wahrheit bedeuten, einander frei zu lieben? Wäre selbst die tiefste aller denkbaren Bindungen als ein fortwährend offenes Projekt zu begreifen, das sich immer wieder im gemeinsam geteilten Dasein erneuern und bewähren musste? Und falls ja: Wäre dies bei klarer Sicht wirklich zu bedauern?

WAHLVERWANDTSCHAFTEN

Neben dem befreienden Klären eben jener Fehlannahmen, auf denen die je eigene Existenz fußen mochte, erschließen Beauvoir und Sartre in der Winterkrise des Jahres 1936/1937 einmal mehr neue Weisen, ihre Beziehung zu stabilisieren. Was schließlich sprach dagegen, neben Olga weitere Menschen einzubeziehen? Wie etwa den ebenso aufgeweckten wie selbstbewussten Jacques-Laurent Bost, ein ehemaliger Schüler Sartres, der bereits im Jahr zuvor hin und wieder von Le Havre nach Rouen mitgekommen war? Oder Olgas nur zwei Jahre jüngere Schwester Wanda Kosakiewicz, die sich ebenfalls nach Auswegen aus der Dröge der Provinz sehnte und ihrer Schwester in Sachen erfahrungshungriger Offenheit in nichts nachstand. Bost, der jüngere Bruder des in Paris lebenden Schriftstellers Jean Bost, zog es zum Herbst als Student an die Sorbonne. Auch Wanda folgte ihrer Schwester nach Paris. Die Kosenamen vergibt selbstverständlich Sartre: Bost ist schlicht »der kleine Bost«, und weil Olga schon die »kleine Russin« getauft war, konnte Wanda nur »die ganz kleine Russin« sein.

Wie im Scherz sprechen Sartre und Beauvoir schon bald von der »Familie« und kreieren eine Lebensform alltäglich geteilter

Vertrautheit, die voll und ganz im Einklang mit ihren sich immer konkreter entwickelnden Philosophemen steht. Schließlich spielt sich, was diese »Familie« aneinander bindet, jenseits angeborener Eigenschaften oder lang geteilter Vergangenheit ab. Die füreinander übernommene Verantwortung verdankt sich hier vielmehr eben jenem Akt, der nach Beauvoirs und Sartres Überzeugung den eigentlichen Kern jedes menschlichen Daseins bildet: der radikal freien Wahl für oder gegen etwas, für oder gegen einen Wert, für oder gegen ein Projekt, eine bestehende Norm, einen Lebensweg oder die Mitgliedschaft in einer Gemeinschaft! Wobei die Entscheidung für diese Freiheit der Wahl – gleichsam als die Entscheidung, überhaupt selbst entscheiden zu wollen – in der gegebenen Situation gerade für die jüngeren Mitglieder der Familie der Entscheidung zum Ausbruch aus den Lebensmodellen gleichkommt, die deren Familien für sie als faktisch vorgegeben ansahen.

Selbst wenn also, wie Olga sich erinnern wird, die Jüngeren von der schieren Präsenz Beauvoirs und Sartres »hypnotisiert wie die Schlangen« waren und »taten, was (diese) wollten, weil wir uns durch ihre Freundschaft so privilegiert fühlten«[38], waren die so gewonnenen Spielräume damit doch unermesslich viel größer als alles, was in deren Ursprungsmilieu auch nur denkbar schien. Sartres und Beauvoirs »Familie« entwickelt sich fortan als ein Freiheitsexperiment auf philosophischer Basis, in dem Theorie und Praxis, ganz wie vom Denkerpaar angestrebt, einander täglich befruchten und dynamisieren. Eben als offenes Existenzexperiment.

MELANCHOLIA

Ganz unabhängig davon, wie man das Konstrukt moralisch bewerten mochte, eines war es in jeden Fall: extrem kräftezehrend. Das galt insbesondere für die Person, bei der sämtliche Fäden zusammenliefen und die sich nach wohlwollender Verknüpfung sehnten, also Simone de Beauvoir. »Mit Olga, mit Sartre, mit beiden zusammen blieb ich lange auf. Sartre ruhte sich in Laon aus, Olga tagsüber, ich niemals. ... Wenn ich in einem Café an der Gare du Nord auf Sartre wartete, fielen mir manchmal die Augen zu – und ich war minutenlang bewußtlos«.[39]

Vor allem Sartre benötigte mit Beginn des Frühjahrs 1937 wieder intensive Zuwendung, und das nicht nur wegen des zu verschmerzenden Teilverlusts von Olga an den jungen Bost. Trotz Fürsprache seines als Schriftsteller bereits etablierten Studienfreundes Paul Nizan war sein Roman »Melancholia« (später: »Der Ekel«), an dem er mehr als vier Jahre intensiv gearbeitet hatte, vom Verlag Gallimard abgelehnt worden. Schwer zu verdauen, auch für Beauvoir, die den Schaffensprozess als erste Leserin wie Lektorin von Beginn an begleitet hatte.

Als Paar haben sie einen Großteil ihrer kreativen wie philosophischen Energie in dieses Projekt gesteckt. Beide halten das Werk für einen gelungenen literarischen Ausdruck ihrer Studien und Ideen zum menschlichen Dasein. Nun prallten sie bereits im Ansatz ab. Als Grund der Ablehnung wird von Gallimard weniger die konkrete Umsetzung als vielmehr die Anlage des Werkes als eines offenbar metaphysischen Romans angeführt.

Beauvoirs tiefe Sorge um das psychische Gleichgewicht ihres »Poupette« – immerhin, die menschengroßen Krustentiere sind bis auf weiteres aus Sartres Wahrnehmungswelt verschwunden – hängt maßgeblich mit den Inhalt des nun abgelehnten Werkes zusammen. Besteht die eigentliche Handlung des Romans doch darin, anhand von tagebuchartigen Aufzeichnungen den Weg des rothaarigen, immer leicht verwuschelt durch die Welt spazierenden Helden Antoine Roquentin in den totalen Sinn- wie auch Selbstverlust nachzuzeichnen.

Roquentin erscheint wie der zweieiige Zwilling von Ayn Rands übermenschlichem Rotschopf Howard Roark – nur eben aus dem anderen, mutmaßlich deutlich weniger frohgemutem Ei entsprungen. Sämtliche Fragen und Zweifel, für die Rands Held Roark heilig blind bleibt, bedrängen Roquentin auf Schritt und Tritt. Nichts ist ihm selbstverständlich, am wenigsten seine Existenz. Nichts spürt er schmerzhafter als den Blick der anderen auf sich. Anstatt wie Roark in New York tatkräftig zukunftsweisende Wolkenkratzer in die Welt zu stellen, verbringt Roquentin seine Tage in der französischen Provinz damit, eine Biographie über einen nicht einmal sonderlich einflussreichen französischen Diplomaten des vorangehenden Jahrhunderts zu verfertigen. Ein Projekt, das er indes schon bald als völlig sinnlos erkennt und einstellt. Wie ihm im Verlauf auch sonst jede Form von Plan und Zielsetzung abhandenkommt. Sein Leben geht unter in einem äußerlich untätigen Zweifelsstrudel. Nichts hält stand. Alles löst sich in ein abgründiges, formloses Nichts auf, auch und gerade sein sogenanntes »Ich«.

Sogar die Existenz mutmaßlich bewusstseinsbefreiter Steine oder Pflanzen wird am Ende in Roquentins Sinnlosigkeitsstrudel hineingezogen:

> Also, ich war gerade im Park. Die Wurzel des Kastanienbaums bohrte sich in die Erde, genau unter meiner Bank. Ich erinnerte mich nicht mehr, daß das eine Wurzel war. Die Wörter waren verschwunden und mit ihnen die Bedeutung der Dinge, ihre Verwendungsweisen, die schwachen Markierungen, die die Menschen auf ihrer Oberfläche eingezeichnet haben …
> Aber das alles spielte sich auf der Oberfläche ab. Wenn man mich gefragt hätte, was die Existenz sei, hätte ich in gutem Glauben geantwortet, daß das nichts sei, nichts weiter als eine leere Form, die von außen zu den Dingen hinzuträte, ohne etwas an ihrer Natur zu ändern. Und dann, plötzlich: auf einmal war es da, es war klar wie das Licht: die Existenz hatte sich plötzlich enthüllt. Sie hatte ihre Harmlosigkeit einer abstrakten Kategorie verloren: sie war der eigentliche Teig der Dinge, diese Wurzel war in Existenz eingeknetet. Oder vielmehr, die Wurzel, das Gitter des Parks, die Bank, das spärlichste Gras des Rasens, das alles

> war entschwunden; die Vielfalt der Dinge, ihre Individualität waren nur Schein, Firnis. Dieser Firnis war geschmolzen, zurück blieben monströse und wabbelige Massen, ungeordnet – nackt, von einer schrecklichen und obszönen Nacktheit.[40]

Der so beschriebene Durchbruch zum wahren Wesen der Dinge basiert auf einem Erlebnis, das Sartre auf dem Höhepunkt seiner depressiven Phase in Le Havre, zum Jahreswechsel 1934/1935, selbst erfahren und in Form seines Denktagebucheintrags niedergelegt hatte: Nichts von dem, was existierte, war demnach aus sich selbst heraus irgendetwas oder notwendig da. Und deshalb, so ein jedenfalls möglicher Schluss aus dem Ganzen, alles letztlich nichtig. Das ist er, der Abgrund, der sich in Sartres / Roquentins Parkerlebnis gleichsam erleuchtungsartig auftut, um ihn aus übermüdeter Melancholie schließlich in die Gestimmtheit eines tiefen Weltekels vor der »wabbeligen Masse« des Seins zu stürzen. Ein Ekel, der von Roquentin umso tiefer und verzweifelter empfunden wird, als sein Bewusstsein – ganz einfach deswegen, weil es ein menschliches Bewusstsein ist – auch wider bessere Einsicht nicht davon lassen kann, ihn weiterhin mit den Scheinerfahrungen von Ichfestigkeit, Weltgegenständen und sogenanntem Sinn zu belästigen.

Fundamental unentschieden pendelt Roquentin für den Rest des Romans zwischen dem geradezu euphorischen Gefühl einer unbedingten Befreiung und dem ausweglosen Gefangensein in den Scheinsinnschlaufen seines Bewusstseinsstroms:

> Luzide, reglos, verlassen ist das Bewußtsein zwischen Mauern gesetzt; es dauert. Niemand bewohnt es mehr. Eben noch sagte jemand *ich*, sagte *mein* Bewußtsein. Wer? Draußen gab es sprechende Straßen, mit bekannten Farben und Gerüchen. Zurück bleiben anonyme Mauern, ein anonymes Bewußtsein.[41]

> Ich bin frei: ich habe keinen einzigen Grund mehr zu leben, alle, die ich ausprobiert habe, haben versagt, und ich kann mir

> keine mehr ausdenken. Ich bin noch ziemlich jung … Aber was soll man neu anfangen?[42]

Dieser Roman war also als genau das abgelehnt worden, was er war und sein wollte: das Experiment, neue metaphysische Wahrheiten und Gefühle in literarischer Form auszudrücken. Am eigentlichen Grund der Enttäuschung steht damit einmal mehr ein fundamentales Befremden. In Beauvoirs Worten: »Wie konnte unser Standpunkt derart von dem anderer abweichen?«[43]

Spätestens mit dem Frühling des Jahres 1937 lässt sich diese Verstörung bruchlos auf den Fortgang der politischen Entwicklungen übertragen. Die »Volksfront«-Regierung unter Blum steht kurz vor dem inneren Kollaps. Und gegen alle Hoffnung und Anfangseuphorie scheint sich mit dem Fall Malagas auch der Spanische Bürgerkrieg endgültig zu Francos Gunsten zu entwickeln. Alles konnte anders sein, aber sie konnten nichts ändern.

Sartre hatte, wenn er ehrlich war, nicht einmal gewählt. Um wie viel abwegiger musste da die Idee erscheinen, es jetzt noch so vielen anderen aus ihrem Milieu nachzutun und nach Spanien zu gehen, um dort mit letztem Einsatz für die Freiheit einer anderen Republik zu kämpfen: »Unser Leben war nicht auf eine so impulsive Tat angelegt. Im übrigen«, erinnert sich Beauvoir, »lief man nur Gefahr, als Wichtigtuer zu gelten, wenn man keine entsprechenden technischen oder politischen Fähigkeiten mitbrachte. Simone Weil war über die Grenze gegangen, um sich zur Miliz zu melden. Sie verlangte ein Gewehr, man steckte sie in die Küche, und sie schüttete sich einen Kessel kochenden Öls über die Füße.«[44] Das jedenfalls war die Geschichte, die man sich 1937 im Kreise der »Familie« über Simone Weil erzählte. Sie entsprach sogar fast der Wahrheit.

KOPFZERBRECHEN

Das Glück dieser Tage, auch für Simone Weil ist dies vor allem ein Grammophon. Während ihres Aufenthalts in einem Schweizer Sanatorium im Frühjahr 1937 erweist sich die Plattensammlung eines dort hospitierenden Medizinstudenten als einzig wirksame Therapie. Ihre Leiden haben sich in einer Weise verschärft, die sie auf den Höhepunkten der wellenartigen Attacken gar erwägen lässt, ob nun nicht der Moment des Sterbens gekommen ist. Allein Musik vermag momenthaft von der Pein zu befreien. Besonders Aufnahmen von Bachs »Brandenburgischen Konzerten«.[45]

Neben »starken Kopfschmerzen« sowie einer Anämie vermerkte das von ihrem Vater am 15. Dezember 1936 zur abermaligen Freistellung vom Lehramt angefertigte Attest, dass Simones »linkes Bein, an dem sie starke Verbrennungen erlitten hat ... noch immer stark schmerzt«.[46]

Die Verletzung stammt aus ihrem Einsatz im Spanischen Bürgerkrieg. Allerdings nicht, wie man sich in den Cafés von Paris hämisch zuflüstert, als Folge eines Missgeschicks im Küchendienst. Vielmehr geschah es direkt an der Front, als Simone mit ihrem gut 20 Mann starken Trupp in den Wäldern von Aragon campiert und zu später Abendstunde in einen Topf siedend heißen Öls tritt, den ihre Kameraden zur Rauchvermeidung in eine Mulde eingelassen und mit Blättern bedeckt haben.[47] In losen Fetzen blättert die verbrannte Haut und führt zu Entzündungen, die nach erfolgtem Rücktransport gar eine Amputation notwendig erscheinen lassen. Ihre Kampfgenossen und Kampfgenossinnen sind trotz allem eher erleichtert. Noch bevor man sich auf den Weg entlang des Ebros macht, haben sie in Barcelona geschlossen dagegen votiert, Kameradin Weil ein Gewehr auszuhändigen, geschweige denn, es auch laden zu lassen. Schließlich vermag diese in ihrer extremen Kurzsichtigkeit nicht einmal den nächstgelegenen Baum trennscharf zu fokussieren. Weil beharrt dennoch auf einer Aushändigung. Als Einzige wird sie es nicht benutzen müssen.

Nur knapp einen Monat nach ihrem Unfall wird ihr Trupp von feindlichen Kräften zersprengt und die Mehrzahl seiner Mitglieder im Dorf Perdiguera hingerichtet werden. Zu diesem Zeitpunkt befindet sich Weil bereits wieder in Paris. Wie auf Verdacht waren die Eltern ihr nach Barcelona nachgereist und machten die verletzte Kämpferin in einem Militärkrankenhaus ausfindig. Alles in allem währte Simones spanisches Abenteuer – vom Grenzübertritt in Portbou am 8. August 1936 bis zur Rückkehr nach Frankreich am 25. September – damit gerade einmal sechs Wochen.

Als Journalistin getarnt, reiste sie nach Spanien ein, meldete sich in Barcelona unmittelbar bei den Truppen der POUM[48] und bat um die Erlaubnis für einen Solosondereinsatz. Auf eigene Faust will sie in Galizien nach dem Verbleib des spurlos verschwundenen Gründers dieser Gruppe (einem Schwager ihres französischen Gewerkschaftskameraden Boris Souvarine) in geheimer Mission fahnden und diesen gegebenenfalls befreien. Ein Himmelfahrtskommando ohne jede Erfolgs- oder auch nur Überlebensaussicht, wie ihr der zuständige Kommandant in stundenlanger Argumentation klarmachen muss.

Noch immer zu allem entschlossen, heuert Weil darauf bei besagten Milizen einer anarchistisch ausgerichteten Gewerkschaftsgruppe an. Ihren vor Sorge fast vergehenden Eltern sendet sie derweil Postkarten, die von einer überaus entspannten Gesamtlage, fehlenden Kampfhandlungen sowie feinstem Wetter fabulieren. Nicht ein Wort von den durch kein Brigadengewehr zu belangenden Flugzeugen, die direkt über ihr Bomben abwerfen. Kein Ton von der Todesangst, die sie mit jedem neu zu sichernden Hügel verspürt. Jedes Haus ein mögliches Feindesnest, jeder Holzverschlag ein letzter Hinterhalt. Gefangennahme kommt der Hinrichtung gleich. Dies gilt für beide Lager.

Bereits kurz nach ihrer Ankunft in Katalonien wird Weil Zeuge, wie ihre Kameraden einen katholischen Priester zur Exekution führen wollen. In ihrem Kriegstagebuch berichtet sie von dem

Seelenkampf dieser Minuten. Ist sie bereit, im kritischen Moment einzuschreiten, sich schützend vor den Glaubensmann zu stellen und damit ihre eigene Hinrichtung zu provozieren? Wird ihr der Mut dazu geschenkt werden? Aus einem nicht näher genannten Grund wird die Erschießung ausgesetzt. Doch was wäre am folgenden Tag? Ist man nur deshalb weniger schuldig an einem Verbrechen, weil man ihm nicht direkt beiwohnt? Ihre Kriegserfahrungen beschäftigen und belasten Weil im Winter des Jahres 1936/1937 noch immer schwer, was sie allerdings nicht davon abhält, ihre Brigadeuniform voller Stolz über die Boulevards von Paris spazieren zu führen. Nein, sie bereut nichts. Spricht gar mehrfach davon, so bald wie möglich an die Front zurückzukehren.

Für viele, auch ihre besten Freunde und Bekannten verwirrend, plädiert sie in ihren Artikeln und Essays indes energisch *gegen* jede militärische Unterstützung der republikanischen Kräfte durch die französische Regierung. Eine überzeugte Pazifistin in der Freiwilligenuniform der Internationalen Brigaden – was sollte das?

MORALISCHES HINTERLAND

In einem späteren Brief an den katholisch-konservativen Schriftsteller Georges Bernanos, Autor des einflussreichen Antikriegsbuchs »Die großen Friedhöfe unter dem Mond«[49], rechtfertigt Weil ihre Haltung wie folgt: »Ich mag den Krieg nicht, aber was ich im Krieg immer am schrecklichsten fand, ist die Situation derer im Hinterland. Als ich begriffen habe, dass ich trotz aller Anstrengungen nicht umhin konnte, mich innerlich an diesem Krieg zu beteiligen, das heißt Tag für Tag, von Stunde zu Stunde den Sieg der einen und die Niederlage der anderen zu wünschen, habe ich mir gesagt, dass Paris für mich das Hinterland ist«.[50]

Damit existierte, jedenfalls für sie, ein gangbarer Ausweg aus der Situation! Zumal die Internationalen Brigaden auf ganz anderer Basis agierten als eine nationale Armee. Letztere beruht, gerade im

Kriegsfall, auf staatlich erzwungener Mobilmachung. Erstere war eine Armee von Freiwilligen!

Weils Überzeugung nach bleiben die Kriterien für einen wie auch immer gearteten Kriegseintritt einer Nation ungleich andere und schärfere als für frei entscheidende Individuen. Als Französin lehnt Weil deshalb eine Kriegsbeteiligung und schon gar einen Einsatz der Armee in Spanien aus voller Überzeugung ab. Als das moralische Wesen, das sie ist, besteht für sie indes keine andere Alternative als mitzukämpfen. Genauso nämlich wie es Menschen gibt, die ihren Kriegsdienst aus Gewissens- oder Glaubensgründen verweigern und dafür bereit sind, jede Sanktion und jedes Opfer in Kauf zu nehmen, ist es für Simone Weil im Sommer 1936 aus moralischen Gründen unabdingbar, als Soldatin in Spanien für die Republik zu kämpfen und dafür ebenfalls jedes Opfer in Kauf zu nehmen.

Es lohnt, dieses Rechtfertigungsmuster mit Simone de Beauvoirs zeitgleichen Reflexionen zu kontrastieren. So schreibt Beauvoir mit Blick auf die spanische Situation des Winters 1936/1937:

> Die Komödie der »Nichteinmischung« erschien uns von Tag zu Tag krimineller. Da uns das Schicksal Spaniens tief bewegte, konnte die Empörung allein uns zum erstenmal in unserem Leben nicht mehr als Ventil genügen. Unsere politische Ohnmacht lieferte uns kein Alibi, im Gegenteil, sie ließ uns verzweifeln. Wir waren absolut machtlos. Wir waren isoliert, wir waren niemand. Nichts, was wir zugunsten einer Intervention sagen oder schreiben konnten, hätte das geringste Gewicht. Nach Spanien gehen, davon konnte keine Rede sein.[51]

Beide empfinden also überdeutlich, dass es in dieser Situation keine moralischen Alibis mehr gibt, sondern allenfalls verschiedene Weisen, die eigene Ohnmacht zu gestalten. Und auch Weil ist sich der von Beauvoir markierten Machtlosigkeit als Individuum gewiss nur zu bewusst, wie ohne Zweifel auch ihrer weitgehenden Unzulänglichkeit als Kämpferin. Indes ist ihr Entschluss, nach Spanien zu gehen, alles andere als rein impulsiv, sondern vielmehr wohlbedacht. Was ihn trägt, hat nichts mit der Illusion zu tun, durch die eigene Anwesenheit irgendeinen kriegsentscheidenden Unterschied zu bewirken. Es ist schlicht und einfach so, dass Simone Weil im Angesicht der Frage, worin eine ethisch gebotene Reaktion auf das Gefühl der eigenen Ohnmacht und Isoliertheit in dieser Situation bestehen mag, meint, grundlegend anders reagieren zu müssen.

Von Beauvoirs Warte aus besteht die einzige adäquate Reaktion darin, als Bürgerin einen staatlich verfügten Eingriff ihres Landes zu fordern. Für Weil hingegen, sich solidarisch freiwillig zu melden. Handelt es sich bei der von ihr empfundenen Ohnmacht und Isolation doch um eine Gestimmtheit, von der sie annehmen muss, dass sie in gleicher Weise auch von den Menschen in Spanien geteilt und erfahren wurde. Und zwar vor allem von denjenigen, die sich ohne jedes eigene Verschulden inmitten dieses Konflikts vorfinden. Gerade diesen Menschen will Weil im Namen einer vollständigen Opferidentifikation aktiv beistehen. Derart eng ist ihre Selbstachtung an die Bereitschaft zum unbedingten Einsatz für andere Leidende gebunden. Als Alternative verbliebe für Weil nur das Aufgehen in eben jenem Zynismus der Ohnmacht, den auch Beauvoir in dieser Situation für sich als innere Bedrohung verspürt.

Simone Weil folgt in ihrer Selbstbestimmung nicht zuletzt einem distinkt christlichen Liebesverständnis, das im leidenden anderen den jeweils Nächsten sieht und dazu auffordert, diesen wie sich selbst zu lieben. Liebe als Wille zur Passion im Namen der schuldlos Erniedrigten. Bruchlos ins Bild fügt sich hierbei, soweit bekannt, der für Weils gesamtes Dasein bestimmende Verzicht auf jedwede Form romantischer Liebe oder gar körperlicher Intimität. Schließlich ist eine romantische Liebe ihrem Wesen nach vor allem eines: manifest ungerecht und moralisch völlig beliebig. Sie pickt ein Individuum aus allen anderen als »Ein und Alles« heraus – und dann noch nicht einmal im Modus der bewussten Wahl. Für Weils tief moralisch fundierte Identität ist das keine lebendige Option.

Als gewiss nur ein zufälliges Detail dieser beiden wie an unsichtbaren Fäden miteinander verbundenen Lebenswege erfahren sich sowohl Weil wie auch Beauvoir im April 1937 aus gesundheitlichen Gründen vorerst »außer Gefecht« gesetzt. Mochte es bei Weil ihr unbedingter Altruismus sein, der sie über die Grenzen der Belastbarkeit hinausgetragen hatte, so war es im Fall Beauvoirs deren erfahrungshungriger Hedonismus. Im März 1937 bricht sie in ihrem Pariser Hotelzimmer zusammen und muss unter akuter Lebensgefahr in ein Krankenhaus eingeliefert werden. Ein Lungenflügel hat die Funktion bereits eingestellt, der andere ist entzündet. Unbedingte Ruhe ist gefordert und, wie auch bei Weil, lange Monate der Kur.

SPIRALE DER ENTMENSCHLICHUNG

Spätestens mit dem Frühjahr 1937 ist die Grenze zwischen Bürgerkrieg und Stellvertreterkrieg in Spanien endgültig verschwommen. Wer sich jetzt noch aktiv beteiligte – auch Weil wird es nicht müde zu betonen –, tat es für Ziele, die mit den ursprünglichen Kriegsgründen kaum noch etwas zu tun hatten. Genauer, er oder sie machte sich also zum Mitschuldigen eines inhaltsentleerten Mordens. Was Weil wie auch andere Beobachter am spanischen Fall darüber hinaus tief und tiefer verstörte, war die ungebremste, noch elementarste Schutznormen verletzende Brutalität und Gleichgültigkeit des Vorgehens. Worin bestanden deren Gründe und Auslöser? War es wirklich nur die Angst vor dem jeweils eigenen Tod, die auf beiden Seiten eine derart blinde und umfassende Grausamkeit hervorrief?

Weil glaubt dies nicht. Vielmehr hatte ihrer Überzeugung nach ein Abschlachten dieses Ausmaßes die propagandistisch betriebene Blockierung der menschlichen Vorstellungskraft zur notwendigen Voraussetzung. Und zwar genauer gesagt eine Blockierung in Bezug auf die Frage, wer überhaupt noch zum Lager der Menschen gehöre:

> Ich hatte, ganz persönlich, das Gefühl, dass es für den Menschen nichts Natürlicheres gibt als zu töten, wenn die weltlichen und geistlichen Mächte eine bestimmte Kategorie menschlicher Wesen außerhalb von denen angesiedelt haben, deren Leben einen Wert hat. Wenn man weiß, dass man töten kann, ohne eine Strafe oder einen Vorwurf zu riskieren, tötet man, oder man lächelt zumindest denen, die töten, aufmunternd zu. … In einer solchen Atmosphäre geht das Ziel des Kriegs selbst schnell verloren. Denn das Ziel lässt sich nur formulieren, wenn man es auf das Allgemeinwohl, auf das Wohl der Menschen bezieht – und die Menschen haben keinen Wert.[52]

Bürgerkriege sind für diese Spirale der Entmenschlichung und damit Gewalt noch empfänglicher als klassische Konflikte zwischen Nationen. Schließlich bekriegen darin einander Menschen, die noch vor wenigen Wochen Haus an Haus nebeneinander wohnten – womit die zu erbringende Verdrängungsleistung eine besonders große und kompromisslose zu sein hat. Gerade auch mit Blick auf die Frage, wie man nach einer etwaigen Beendigung des Krieges überhaupt noch miteinander zusammenleben sollte. Der Wille zur Auslöschung siegt vor diesem Hintergrund leicht über den zu einer als unmöglich vermuteten Versöhnung.

Hinzu tritt die Tatsache, dass die spanische Front deutschen wie italienischen Militärs immer sichtbarer als Versuchsfeld neuer Technologien und Taktiken diente. Als Land, dem mit Blick auf die anderen, sich ebenfalls abzeichnenden Kriege keine größere strategische Bedeutung zukam, diente ihnen Spanien als ein Laboratorium zukünftiger Grausamkeit. Auch im Kriegswesen lassen sich die Grenzen des Machbaren nur austesten, indem man sie überschreitet.

Mit dieser bitteren Bilanz, nicht zuletzt ihres eigenen Einsatzes, wendet sich Weil im Verlauf des Jahres 1937 zunehmend dem Thema eines drohenden Waffengangs zwischen Deutschland und Frankreich zu. Statt der Frage nach Intervention, Beihilfe oder freiwilliger Meldung ist für die Schülerin von Alain – als des publizistisch noch immer bestimmenden Pazifisten Frankreichs – nun die Frage nach der etwaigen Legitimität eines Krieges zur Verteidigung des eigenen Landes bestimmend. Gab es überhaupt so etwas wie einen gerechten Krieg und also gerechte Kriegsziele?

LEERE MACHTWORTE

Ausgehend von der These, dass die grausamsten Konflikte der Geschichte sich allesamt dadurch auszeichneten, kein präzise bestimmbares Ziel verfolgt zu haben (und dass es eben die faktische Leere der Zielbestimmung war, die ihre Grausamkeit immer weiter befeuerte), konzentriert sich Weil in einem Essay vom April 1937 auf die Schlagworte und Begriffe, die im gesamteuropäischen Kontext zur Legitimierung eines Krieges mobilisiert werden. Philosophische Sprachkritik als konkreter Friedensdienst. Denn:

> So merkwürdig es auch erscheinen mag: Die Begriffe zu erhellen, die ursprünglich leeren Worte zu diskreditieren, den Gebrauch der anderen Worte durch präzise Untersuchungen festzulegen, ist eine Arbeit, die Menschenleben erhalten könnte.[53]

Als abendländisches Paradebeispiel für einen denkbar blutigen und opferreichen Krieg, der um ein reines Phantasma geführt wurde, wählt Weil den Trojanischen Krieg. Daher auch der Titel des Textes »Lasst uns den Trojanischen Krieg nicht von Neuem beginnen«[54]:

> Zehn Jahre lang metzelten sich Griechen und Trojaner wegen Helena gegenseitig nieder. Keiner von ihnen, außer der Amateurkrieger Paris, hing auch nur im Geringsten an Helena. … Für jemanden, der zu sehen vermag, gibt es heute kein beängstigenderes Syndrom als den irrealen Charakter der meisten ausbrechenden Konflikte. Sie besitzen noch weniger Wirklichkeit als der Konflikt zwischen den Griechen und den Trojanern. Im Zentrum des Trojanischen Krieges stand zumindest eine Frau, zudem noch eine außerordentlich schöne Frau. Für unseren Zeitraum sind es mit Großbuchstaben dekorierte Worte, die Helenas Rolle einnehmen. Wenn wir eines dieser von Blut und Tränen aufgedunsenen Worte greifen und versuchen, es festzuhalten, stellen wir fest, dass es keinen Inhalt hat … alle Begriffe des politischen und gesellschaftlichen Vokabulars könnten hierfür als Beispiel dienen: Nation, Sicherheit, Kapitalismus, Kommunismus, Faschismus …[55]

Nach Weils Analyse werden diese Begriffe insbesondere durch den verabsolutierenden Gebrauch, der im politischen Sprechen von ihnen gemacht wird, jedes benennbaren Bezugs beraubt und in ihren Sinnpotentialen damit bis zur Unkenntlichkeit entgrenzt: »Jedes dieser Worte scheint eine absolute Realität darzustellen, unabhängig von jeder Bedingung, ein absolutes Ziel, unabhängig von allen Wirkungsweisen, oder ein absolutes Übel; und zugleich schieben wir jedem dieser Worte nach und nach oder gar in einem Zug beliebig irgendetwas unter.«[56] Wörter und Menschen erziehen (und entstellen) einander. Die eigentlichen Bedingungen völlig entgrenzter Gewalt, wie sie etwa den Spanischen Bürgerkrieg auszeichnet, liegen für Weil deshalb in Formen entgrenzenden Sprechens, in denen handlungsleitende Worte ihren einst angestammten Verwendungskontexten erst entzogen und dann in einer Weise verabsolutiert werden, die sie zu reinen Bedeutungsphantasmen verkommen lässt. In dieser Art Sprache auf kriegerischem Urlaub steht keiner der propagandistisch entstellten Begriffe mehr unter der Zumutung, sich an eben jener Realität zu messen, deren differenzierte Wahrnehmung zu ermöglichen er einst angetreten war.

Das Geheimnis, das hinter den Gewaltorgien der Gegenwart und Vergangenheit steckt, ist mit anderen Worten das Geheimnis eines Sprechens, das sich sämtlicher Kriterien der Anwendung entledigt hat und damit zu einer totalen Form des Sprechens wird. Es ist eben jene Form des Sprechens, in der Adolf Hitler und die Seinen es im Verlauf der dreißiger Jahre zu neuer diabolischer Meisterschaft bringen. Es ist gleichfalls jene Form des Sprechens, mit der ein sowjetischer Delegierter zu Beginn des Jahres 1937 auf einem Kongress der französischen Gewerkschaften Stalins Schauprozesse und die landesweit einsetzenden großen Säuberungen als notwendige Schläge gegen die »Avantgarde des Faschismus« rechtfertigt. Jene Form des Sprechens auch, der gemäß eine Gewerkschaftsanarchistin namens Simone Weil – die in Aragon auf der Seite der Republik kämpfte – in den Augen ihres behandelnden Militärarztes in Barcelona – der es mit der KP hält – auch nichts anderes als eine weitere »Faschistin« ist. Und jene Art des Sprechens, in der die Überwindung oder aber Verteidigung »des Kapitalismus« gleichbedeutend wird mit der Errettung der gesamten Menschheit – wobei, wie Weil anlässlich des letztgenannten Beispiels in ihrem Text ausführt, in Wahrheit dann niemand mehr anzugeben wüsste, worin diese Rettung konkret bestehen mag, noch, was unter einem mit solcher Mission aufgeladenen »Kapitalismus« oder seines »Systems« als Wurzel allen Übels konkret gemeint sein könnte:

> Offensichtlich ist es leichter, zu töten und sogar zu sterben, als sich einige recht einfache Fragen zu stellen, wie diese hier: Bilden die Gesetze, die Konventionen, die gegenwärtig das ökonomische Leben regieren, ein System?[57]

Worum es Weil in dieser ebenso tief sarkastisch wie appellhaften Analyse vom April des Jahres 1937 geht, ist nicht nur das Ermöglichungsverhältnis von Sprechen und kriegerischem Handeln. Mindestens genauso gravierend ist, dass es sich bei den Konflikten und auch Kriegen, die unter den Bedingungen eines derart entgrenzten Sprechens entstehen, in Wahrheit nur um Scheinkonflikte und Scheinalternativen handeln kann.

»Ein anderes wunderbares Beispiel von blutiger Absurdität ist der Gegensatz zwischen Faschismus und Kommunismus. Die Tatsache, dass dieser Gegensatz für uns heutzutage eine doppelte Bedrohung von Bürgerkrieg und Weltkrieg mit sich bringt, ist unter all den Symptomen intellektuellen Versagens, die wir um uns herum feststellen können, vielleicht das gravierendste. Denn untersucht man die Bedeutung, die diese beiden Begriffe heutzutage haben, trifft man auf zwei beinahe identische politische und gesellschaftliche Konzepte. Auf beiden Seiten dieselbe staatliche Vereinnahmung fast aller Formen individuellen und gesellschaftlichen Lebens; dieselbe wahnhafte Militarisierung, dieselbe künstliche, durch Zwang erzielte Einstimmigkeit zum Vorteil einer einzigen Partei, die mit dem Staat verschmilzt und sich in dieser Verschmelzung bestimmt; dasselbe Regime der Knechtschaft, das den arbeitenden Massen anstelle eines klassischen Arbeitnehmerstatus aufoktroyiert wird. Keine zwei Nationen sind sich in ihrer Struktur ähnlicher als Deutschland und Russland, die sich gegenseitig mit einem internationalen Kreuzzug drohen und so tun, als hielten sie sich gegenseitig für das Tier der Apokalypse … Es versteht sich, dass unter diesen Bedingungen der Antifaschismus und der Antikommunismus ebenfalls unsinnig sind.«[58]

SCHEINOPPOSITIONEN

Es mag Weils politischer Prägung im Gewerkschaftsmilieu geschuldet sein, dass ihre Analysen des Sowjetregimes auch hier wesentlich triftiger erscheinen als der eingenommene Blick auf das Deutsche Reich. Bemerkenswert jedenfalls bleibt, dass in diesem

Text weder der Name Hitler noch der Begriff Nationalsozialismus auch nur Erwähnung findet. Wie viel Trennschärfe aber darf man einer Analyse zusprechen, die keinen wesentlichen Unterschied zwischen Mussolinis Italien und Hitlerdeutschland ausmachen will? Eine Leerstelle der Analyse, die nur zu stimmig zu der vollkommenen Absenz der für Hitlers System zentralen Forcierung des Antisemitismus passt. Dabei hätte sich die fortwährende Ausweitung des Begriffs »Jude« – bei gleichzeitiger Verschärfung der gegen diese Gruppe gesetzlich erlassenen Maßnahmen – als weiteres Paradebeispiel für die von Weil diagnostizierte diabolische Entgrenzung von Wort und Sprache im Namen der Gewalt geeignet. Die vermeintliche Differenziertheit des Vokabulars von Juden ersten, zweiten oder dritten Grades etwa verdeckte ja nur die durch keine wissenschaftliche Theorie oder lebensweltliche Faktizität einholbare Sinnentleerung dieser Begriffsanwendung durch die Nazis. Was übrig blieb, war ein zunehmend synonym genutzter Begriff für alle, die sich gegen die »geschichtliche Mission« des deutschen Volkes und seines Führers stellten oder eben »verschworen« hatten. Diese Entwicklung im öffentlichen Sprechen zeichnete sich auch bei den von antisemitischen Stereotypen durchdrungenen Schauprozessen in Moskau in der Sowjetunion der großen »Säuberungsjahre« 1937 und 1938 ab.

In jedem Fall beruhte die vermeintliche Basis aller kriegerischen Konflikte der dreißiger Jahre nach Weils Überzeugung auf einer reinen Scheinopposition, verglichen mit der – so die Autorin scharfzüngig – sich selbst der Trojanische Krieg wie ein »Musterbeispiel des gesunden Menschenverstandes«[59] ausnahm. Gerade weil das vermeintliche Ziel des Krieges sich bei näherer Betrachtung als leer und sinnfrei erweist, kann an seine Stelle nur das Ziel einer vollständigen Auslöschung der zum Feind erklärten Gruppe dienen. Die Maßlosigkeit der Gewalt wird so als eine Funktion derjenigen Begriffe sichtbar, die zur Anstachelung des Krieges bestens geeignet sind, gerade weil sie jeden Sinn verloren haben. Das führt bis zu dem Punkt, an dem sich beide Kriegsparteien durch die Dynamik des Krieges selbst in ihren Handlungs- und Lebensformen so weit aneinander angleichen, dass kein Unterschied zwischen beiden mehr zu erkennen ist. Der Konflikt wird in diesem Endstadium zum reinen Scheinkonflikt.

Das Ziel des Krieges kann dann nur noch das Morden selbst sein, bis zur totalen Auslöschung. Das Einzige, was die Orgie der Gewalt in diesem Stadium noch zum Stoppen bringen kann, ist die Erschöpfung der zum Morden notwendigen Ressourcen, Rohstoffe, Fabriken, Strukturen – oder eben, in letzter Konsequenz, der zum Rohstoff des Mordens gewordenen Menschen selbst.

PROPHETISCH

Düsterer kann eine Zeitdiagnose nicht ausfallen. In einem zeitgleichen Brief an den Chefredakteur einer Gewerkschaftszeitung formt Weil ihre Analyse zu einer Prognose oder vielmehr Prophezeiung unmittelbar bevorstehenden Unheils:

> Ich sage es Ihnen voraus, lassen Sie uns ruhig das Datum festhalten: Wir stehen am Anfang einer Phase, wo man in allen Ländern die unglaublichsten Dummheiten begehen wird – und sie werden dabei ganz natürlich erscheinen. Es wird immer weniger von dem geben, was man ein ziviles Verhalten und Leben nennt. Militärische Vorgehensweisen werden mehr und mehr jedes Detail der Existenz dominieren. Der Kapitalismus wird zerstört werden, aber nicht durch die Arbeiterklasse. Sondern was ihn zerstört, wird die Entwicklung der nationalen Verteidigung in jedem Land sein – er wird durch einen totalitären Staat ersetzt werden. Das ist es, was uns tatsächlich als Revolution bevorsteht.[60]

Derart stellt sich für Simone Weil im Frühjahr 1937 also die politische Weltlage dar. Wobei es keinen Zweifel geben kann, für wen und auf welcher Seite sie in diesem Kampf unbedingt eintreten wird: nämlich für die Unterdrücktesten der Unterdrückten. Also für die, die unter Kriegen immer schon am stärksten gelitten haben. Das sind ihre Nächsten, die sie so lieben will wie sich selbst – im Namen der eigenen Würde und jener der anderen. Das ist ihre *Passion*. Fern aller Analysen und gewonnenen Thesen hat Weil bereits in diesem Frühjahr tiefere Gründe zu glauben, dieser Weg der Passion habe für sie erst eigentlich begonnen.

V.
EREIGNISSE

1938/1939

Weil findet Gott, Rand die Lösung,
Arendt ihren Stamm und Beauvoir ihre Stimme

IN DER SACKGASSE

Das Einzige, was sich nach knapp zehn Jahren mit Gewissheit über Simone Weils Kopfschmerzerkrankung sagen ließ, war, dass deren Symptome in einem geradezu unheimlichen Resonanzverhältnis zu den politischen Entwicklungen dieses Zeitraums standen. Im Spätherbst des Jahres 1938 hat ihr gesundheitlicher Zustand einen neuen Tiefpunkt erreicht. An Unterricht ist nicht mehr zu denken. Als sie im November gemeinsam mit ihren Eltern einen Tumorchirurgen aufsucht, kommt es im Wartezimmer zum Eklat: »Falls er zu einer Operation rät, will ich, dass es so schnell wie möglich geschieht.«[1] Die Mutter mahnt, eine derartige Entscheidung lieber in aller Ruhe zu bedenken. Doch Simones Geduld ist endgültig erschöpft: »Dann ist dir also lieber, dass ich geistig nach und nach verfalle!« Tatsächlich fürchtet Weil aufgrund der unablässigen Schmerzen mittlerweile um ihren Verstand. Eine Perspektive, die sie in dieser Zeit konkret einen Suizid erwägen lässt.

In einem der wenigen Artikelentwürfe, zu denen sie noch Kraft findet, fasst sie die politische Gesamtlage unter dem Titel »Die Unordnung unserer Zeit«[2] zusammen: »Der vollkommene Mangel an Sicherheit ist der seelischen Gesundheit auch nicht gerade zuträglich – vor allem, wenn die drohenden Katastrophen eine Dimension erreicht haben, die in keinem Verhältnis mehr zu den verfügbaren intellektuellen Ressourcen wie Intelligenz, Aktivität und Mut stehen.«[3]

Kein Ausweg scheint mehr offen, vielmehr wurde die Sackgasse zum Krieg im Verlauf des Jahres 1938 Monat um Monat enger. Dem sogenannten »Anschluss« Österreichs an Nazideutschland im März folgt in Frankreich das endgültige Scheitern der »Volksfront« unter Léon Blum. Im Mai werden die »Fremdengesetze« von der neuen Regierung unter Édouard Daladier nochmals verschärft. Zum September geben die Internationalen Brigaden in Spanien, fast nur noch als Formalität, ihre Auflösung bekannt. Rund die

Hälfte ihrer insgesamt 40 000 Kämpfer ist zu diesem Zeitpunkt ums Leben gekommen. Mit der Ebro-Schlacht des Sommers ist Franco endgültig auf der Siegesstraße. Hitler greift derweil nach dem Sudetenland und riskiert per Bündnisfall einen weiteren Krieg der europäischen Großmächte. In letzter Minute kann dessen Ausbruch Ende September durch das Münchner Abkommen zwischen Deutschland, Frankreich, dem Vereinigten Königreich und Italien noch einmal verhindert werden.

In der Nacht des 9. auf den 10. November 1938 schließlich kommt es in ganz Deutschland zu staatlich gedeckten Pogromen gegen die jüdische Bevölkerung, der Reichspogromnacht. Nur fünf Tage später wird die rechtliche Lage für nach Frankreich geflüchtete Deutsche ein weiteres Mal verschärft. Hitlers Truppen schicken sich derweil an, bis nach Prag zu marschieren und damit, entgegen jüngsten Vereinbarungen, einmal mehr vollendete Tatsachen zu schaffen.[4]

Die Zeit der Konferenzen, auch Weil hält es in ihrem Entwurf fest, sie ist endgültig vorbei. Fraglich allein noch, auf welchem Weg und in welcher Intensität es zum Kriegsfall kommen mag. »Die Erwartung der großen Katastrophe prägt«, schreibt sie, »mehr und mehr das Gefühl, das jeder Einzelne von der Zukunft hat. Die tägliche Arbeit, in ihren verschiedensten Formen, ist kaum noch ein Gegenstand wirklichen Interesses.«[5]

GNADENTÖNE

Weils Gestimmtheit einer umfassenden Resignation und geistigen Einkehr lässt sich an den Titeln ihrer wenigen Essays aus dieser Phase ablesen. Anstatt durch gewitzte Anspielungen oder beziehungsreiche Imperative werden die Texte nun als »Reflexionen« oder gar »Meditationen« vorgestellt.[6] Doch ist an geistige Arbeit ohnehin kaum noch zu denken. Die Suche nach den physischen Ursachen ihres Leidens bleibt auch im Kabinett des Dr. Clovis

Vincent ohne Ergebnis. Ein Tumor ist es jedenfalls nicht. Und was eine lindernde Therapie angeht, so hat Weil schon seit längerer Zeit eigene Wege erschlossen.

Aus Krankheitsgründen von ihrer Lehrtätigkeit freigestellt, unternimmt Simone Weil in den Sommern der Jahre 1937 und 1938 umfangreiche Italienreisen, in deren Zentrum vor allem die Erfahrung sakraler Musik steht. Bis zu drei Messen und Konzerte täglich besucht sie während ihrer Reisen nach Florenz, Bologna oder Rom. Wo immer in einer Kirche liturgischer Gesang oder Orgelspiel erklingt, treten die Schmerzen in den Hintergrund und ermöglichen ihr in tiefster Hingabe gar das Gefühl einer Erhebung aus dem Reich des körperlich bedingten Hier und Jetzt. Als ob da, hinter der hiesigen des absoluten Schmerzes, noch eine andere Welt heilsam auf sie wartete.

Das Sehnen nach dieser Erfahrung führt Weil im April 1938 in die für ihre gregorianischen Gesänge berühmte Benediktinerabtei nach Solesmes an der Loire. Gemeinsam mit ihrer Mutter will sie dort die Ostermessen besuchen. Simone lässt während des zehntägigen Aufenthalts keinen der zahlreichen Gottesdienste aus. In der Rückschau des Jahres 1942 wird sie, was dort während einer der Feierlichkeiten mit ihr geschieht, als entscheidenden Einschnitt ihres Daseins erinnern: »Ich hatte starke Kopfschmerzen, jeder Ton war wie ein Schlag; ein extremes Bemühen, aufmerksam zu bleiben, erlaubte es mir, diesen leidenden Leib hinter mir zu lassen, ihn alleine zu lassen, gefangen in seinem Sarg, und in der Schönheit der Gesänge und deren Worte reine Freude zu erfahren. Diese Erfahrung erlaubte mir, gleich einer Analogie, ein besseres Verständnis der Möglichkeit, die göttliche Liebe auf dem Wege des Leids lieben zu lernen. Unmittelbar einher damit ging, dass der Gedanke der Passion Christi ein für alle Mal in mir Aufnahme fand.«[7]

DAS REICH GOTTES

Bereits im September 1935, geschwächt von den Erfahrungen ihres »Fabrikjahres«, war sie während eines Urlaubs mit ihren Eltern in ähnlicher Weise vom »Glauben berührt« worden. Als sie eines Abends durch die Gassen des portugiesischen Fischerdorfs Viana do Castelo schlendert, gerät sie zufällig in eine Prozession. Bei vollem Mond tragen die Frauen der Fischer die Madonna zu den Booten in die Bucht. Unter dem Eindruck der »gewiss uralten Gesänge«, so Weil, habe sie dort zum ersten Mal mit aller Klarheit begriffen, dass »das Christentum in ausgezeichneter Weise eine Religion für die Sklaven ist, dass Sklaven gar nicht anders können, als ihr zuzugehören – und ich als eine unter ihnen.«[8]

Noch einmal weitaus wuchtiger ist die Erfahrung, die Weil im Sommer 1937 nahe Assisi in der Kirche Santa Maria degli Angeli erfasst; eben jener Kirche aus dem 12. Jahrhundert, in die sich bereits der Heilige Franziskus zum Gebet zurückgezogen hatte. Als einzige Besucherin dieses »unvergleichlichen Wunders an Reinheit« wird sie dort, anfallsgleich, »von etwas, das stärker war als ich, dazu gezwungen, zum ersten Mal in meinem Leben niederzuknien«.[9]

Es gab also Vorläufer. Dennoch, soweit es die Frage nach der Existenz Gottes betraf, hatte sie bis zum November 1938 niemals die Möglichkeit eines »wirklichen Kontakts … hier unten, zwischen einem menschlichen Wesen und Gott, in Betracht gezogen. Ich mochte ein vages Verständnis von dergleichen gehabt, aber niemals wirklich daran geglaubt haben.«[10]

Neben dem Abtauchen in Musik hat sich Weil über die Jahre eine weitere, lindernde Aufmerksamkeitstechnik angeeignet. Sie besteht darin, in Phasen größten Schmerzes Gedichte gleich einem Mantra zu rezitieren (»Das Gedicht lehrt, Gedanken zu betrachten, anstatt sie zu verändern«).[11] In Solesmes war sie von einem englischen Novizen, dem sie später den Namen »Angel Boy« geben wird, auf die Werke des englischen Poeten George Herbert (1593–

1633) aufmerksam gemacht worden. Insbesondere von dessen religiös-metaphysisch aufgeladenem Gedicht »Love« fühlte sich Weil geradezu magisch angesprochen. Es endet mit den Worten: »You must sit down, says Love, and taste my meat. / So I did sit and eat.« (Du musst dich niedersetzen, spricht die Liebe, und mein Fleisch kosten / So setzte ich mich denn und aß).[12]

Nur wenige Tage nach ihrem Arztbesuch im November 1938, als Weil, von Schmerzen gepeinigt, einmal mehr niedersitzt und dieses Gedicht aufsagt, erlebt sie etwas ihr bis dahin Unbekanntes. Sie erfährt sich, in Gestalt von Jesus Christus, ganz und gar von göttlicher Liebe durchdrungen. Und zwar in der Form einer unmittelbaren Präsenz, bei der, in ihren eigenen Worten, »weder die Vorstellungskraft noch die Sinne eine Rolle spielten; allein durch das Leiden habe ich die Gegenwart einer Liebe gespürt, vergleichbar der, die man im Lächeln eines geliebten Antlitzes vernimmt«.[13]

Es ist, als seien ihr die Augen erstmalig geöffnet – oder eben geschlossen – worden. Jedenfalls handelt es sich von ihrer Warte um eine Erfahrung, die für Zweifel oder Skepsis keinen Raum mehr ließ. Gemäß ihrer Deutung war sie im November 1938 von der Präsenz göttlicher Liebe durchdrungen worden und damit einer Form der Anwesenheit, die »wirklicher war als die einer realen Person«.[14] Hinter der Gewissheit des von »Angesicht zu Angesicht« gab es also, gemäß dieser Erfahrung, eine weitere Ebene – eben das Reich Gottes und seiner unbegrenzten Liebe. Hinter dem Reich der Immanenz eines der Transzendenz. Hinter den Sprachen der Menschen eine andere Form der Ansprache. Hinter der Vollkommenheit des menschlichen Wissens eine andere Wahrheit. Weil erfährt sich als gewandelt, als »von Gott berührt«.

UNZURECHNUNGSFÄHIG

Es war und ist nie leicht, eine Sprache für die Erfahrung dieses Unbedingten zu finden. Schließlich sprengt sie, darin liegt ihr Wesen, die Grenzen der menschlichen Vernunft und fordert die Anerkennung eines Reiches jenseits von Gründen und Ursachen, jenseits von Kommunikation und Methode, von Raum und Zeit als dem eigentlichen, sinnspendenden Ursprung unser aller Existenz. Dass Simone Weil, anders als viele andere, mit ihrem erfahrenen Durchbruch nicht sogleich euphorisch hausieren ging, um aller Welt missionarisch von ihrer Gotteserfahrung zu künden, mag neben ihrem stark geschwächten physischen Zustand nicht zuletzt ihrer vorherigen Lebenspraxis geschuldet sein. Für ihr konkretes Handeln änderte sich für sie nichts und musste sich auch nichts ändern. Vielmehr hatte sie, als linke Gewerkschaftsaktivistin, bereits all die Jahre zuvor nach den Imperativen des Reiches Gottes gelebt.

Die erfahrene Wandlung betraf in ihrem Fall deshalb nicht das eigene Handeln, sondern allein dessen Grundierung und werthafte Quelle. Was sich verändert hatte, war der Ort, die heiße Stelle in ihrem Bewusstsein, war das Selbstverständnis ihrer Mission. Von nun an ruhte es nicht mehr im rein Zwischenmenschlichen und Immanenten, sondern eben Göttlichen und Transzendenten. Es nährte sich nicht mehr allein aus konstruierten Argumenten, sondern vorrangig aus gnadenvoll gewährten Erfahrungen. Folgte damit nicht mehr allgemeinen Kalkülen und Abwägungen, sondern unbedingten Bekenntnissen.

Wollte man es in ihren eigenen Worten und Ängsten sagen, war Simone Weil als Mensch wie Philosophin mit dem November des Jahres 1938 also tatsächlich endgültig »un-zurechnungs-fähig« geworden. Denn getreu dem paulinischen Hohelied zählte ihre Vernunft nun nicht mehr im Hier und Jetzt, sondern liebte im Namen eines Höheren, Jenseitigen.

Hannah Arendt während ihrer Promotionszeit in Heidelberg, 1927

Die russisch-amerikanische Philosophin und Schriftstellerin Ayn Rand

Simone Weil in der Kampfuniform der Internationalen Brigaden, 1936

Simone de Beauvoir in ihrem Hotelzimmer, Paris 1945

DAS BLINDE LICHT

Was nun aber war *wirklich* geschehen? Liegt es nicht gerade im Falle Weils nahe, dieses Erlebnis zunächst eher als psychologisches oder psychiatrisches Phänomen zu beschreiben? Eine Halluzination am Rande der schmerzbedingten Bewusstlosigkeit, ein mildernder Trick des Unterbewussten, eine gängige Wahnfolge starker Medikamente … die Möglichkeiten, Weils Erfahrung in deutlich profanere Kontexte zu stellen, sind vielfältig. Nichts plausibler als das. Wer schließlich glaubt schon an Gespenster? Oder, extremer noch, die liebende Realpräsenz des Gottessohns im Medium eines gepeinigten Leibes?

Dass andere Rahmungen des Ereignisses möglich sind, steht außer Frage. Genauso wie es im Wesen besagter Erfahrungen liegt, dass derartige Rationalisierungen für eben jenes Bewusstsein, um das es geht, keinerlei einschränkende Relevanz oder auch nur Plausibilität besitzen. Schließlich ist nichts auf dieser Welt wirklicher als eine konkrete Erfahrung. Und für das erfahrende Bewusstsein wiederum ist keine klarer und in ihrem Gehalt gewisser als eine Erfahrung der beschriebenen Art.

Was mit anderen Worten jedes Bestreben, derartige mystische Wandlungs- oder auch Durchbruchserfahrungen rein wissenschaftlich zu prüfen und zu hinterfragen, nicht zuletzt auch aus erkenntnistheoretischer Sicht eingrenzt, ist die Tatsache, dass sie für denjenigen, der sie gemacht hat, fortan den unhintergehbaren Standard dessen bilden, was Evidenz, Klarheit, Gewissheit und selbst Vernunft überhaupt bedeuten mögen. Der Drang, sie in ihrem Gehalt wissenschaftlich zu bestätigen, erscheint aus Sicht der oder des »Erleuchteten« damit ebenso sinnvoll (oder vielmehr sinnlos) wie etwa der Versuch, mit neuesten verfügbaren Verfahren nachzuprüfen, ob der sogenannte Urmeter bei Paris auch wirklich einen Meter lang ist. Wer, wie Weil im November 1938, das »Licht« einmal gesehen hat, braucht keinen Physiker, um zu bestätigen, dass es wirklich ist und wärmende Kraft besitzt. Vielmehr leben solche Individuen fortan, wie man auch sagt, »in ihrer eigenen Welt«, die darüber hinaus in für andere Menschen durchaus irritierender Weise beansprucht, die eigentlich wirkliche und wegweisende zu sein.

Der gängige christliche Begriff für diese Existenzweise ist die Heiligkeit. Doch weiß natürlich auch die im engeren Sinne philosophische Tradition von der wirklichkeitsöffnenden Wucht besagter Erfahrungen zu berichten: etwa in Form des grellen Lichts, das am Ende des platonischen Höhlenaufstiegs steht, der blitzartigen Meditationseinsichten René Descartes oder des von Ludwig Wittgenstein in seinem »Tractatus logico-philosophicus« metaphorisch umschriebenen Weges eines leiterhaften Erkenntnisaufstiegs. Von dessen letzter Sprosse muss man springen – ohne Netz und argumentativen Boden –, damit die Welt erst eigentlich »richtig gesehen« werden kann. Ja, hatte nicht auch Sartre beziehungsweise Roquentin in einem Zustand höchster ambivalenter Selbstauflösung den unabweisbaren Eindruck, mit dem kontingenten »Teig der Existenz« erst eigentlich zum Wesen der Dinge vorgestoßen zu sein?

Wenn Simone Pétrement als Weils enge Freundin und spätere Biographin festhält, die einzig denkbar äußere Gewähr solch eines mystischen Evidenzerlebnisses bestehe in dem Leben, das auf es folgte[15], so gibt es zumindest für den Fall Simone Weils keine benennbaren Gründe, die Wahrhaftigkeit ihrer Gotteserfahrung in Zweifel zu ziehen.

Nicht, dass sich ihr Verhalten von da ab in irgendeiner Weise anders gezeigt oder gestaltet hätte. Dennoch nimmt es nun eine andere Färbung an, versteht sich ganz und gar im Zeichen der christlichen Liebe und leidbereiten Passion: Die Kopfschmerzen werden fortan ebenso als mögliche Tore in die Transzendenz bejaht und gepriesen wie auch die sich vollendende Finsternis der politischen Verhältnisse. Weil notiert in ihrem Denktagebuch: »Du könntest dir nicht wünschen, in einer besseren Zeit geboren zu sein als dieser, in der man alles verloren hat.«[16] So schreibt nur ein Mensch, der sich des eigentlich Unverlierbaren auf neue Weise vergewissert hat. Und es fortan auf eigene Weise zu retten auf sich nimmt.

ZURÜCK ZU DEN QUELLEN

Nicht zu leugnen jedenfalls ist im November 1938, »dass die Menschheit auf diesem kleinen Flecken Europa, der seit so langer Zeit die Welt beherrscht, eine tiefe und schwere Krise durchmacht. Die großen Hoffnungen der vorangegangenen drei Jahrhunderte, vor allem des letzten, die Hoffnung auf die Verbreitung der aufklärerischen Ideale, Hoffnung auf ein für alle gutes, erträgliches Leben, Hoffnung auf Demokratie, Hoffnung auf Frieden, sind im Begriff, sich vor unseren Augen in Luft aufzulösen.«[17]

Als Philosophin und Publizistin sieht Weil im Angesicht dieser denkbar umfassenden zivilisatorischen Krise nur einen wahrhaft kulturheilenden Ausweg: Anstatt zu den »Sachen selbst« gilt es, ihrer Überzeugung nach, zu den »Quellen selbst« zurückzukehren. Also über engagierte Lektüren und Relektüren der großen Ursprungstexte der Menschheit, einem Archäologen gleich, Schicht für Schicht eben jene Werte und Urimpulse freizulegen, die von der europäischen Kultur mittlerweile so unabweisbar verschüttet und verdrängt worden sind.

Aufbauend auf ihre eigene Transzendenzerfahrung, ist für Simone Weil der ungleiche Kampf gegen die politischen Realitäten ihres eigenen Zeitraums nur über eine Wiedergewinnung der göttlich inspirierten Wertfundamente zu bestreiten, die in den ältesten Zeugnissen und Epen der antiken Hochkulturen niedergelegt sind. Dies sind insbesondere die Werke Platons und Homers, die »Upanischaden« und die »Bhagawadgita« sowie die Texte der Stoiker und der Evangelisten. Sie alle sind nach Weils Überzeugung letztlich vom gleichen Licht beseelt, das sich je nach Zeitraum und kultureller Prägung nur verschieden im jeweiligen

Bewusstsein brach und spektral auffächerte. Wie der von Weil konsequent ignorierte Martin Heidegger oder auch der ihr gänzlich unbekannte Walter Benjamin deutet Weil das abendländische Traditionsgeschehen in seiner Gesamtheit als einen Prozess der langen, fortlaufenden Verdunkelung und Wesensentfernung.

Seine eigentliche Würde und Unantastbarkeit gewinnt der Mensch bei ihr aus der Offenheit für das Licht der Liebe selbst: und damit einer Quelle, die letztlich nicht nur menschlichen Ursprungs ist und nicht nur menschlich gewahrt werden kann. Die wahren Quellen unseres Daseinssinns sind für sie transzendent – und bleiben als solche vor rein menschlichem Zugriff sicher. Insbesondere vor dem Zugriff des allgemeinen Verstands oder der reinen Vernunft (beziehungsweile dem, was man in einem gewissen Zeitraum politisch dafür erklären mochte).

Vollkommen schlüssig tritt deshalb die Nächstenliebe an die Stelle der Solidarität, die Feindesliebe an die Stelle des Klassenkampfs, die vollständig erniedrigte Daseinsform des »Sklaven« an die Stelle des »Proletariers«. Wie hatte Weil bereits zum Abschluss ihres Fabriktagebuchs geschrieben: Letztlich gehe es immer um »die Klasse derjenigen, die *nicht zählen* – in keiner Situation – in den Augen anderer … und die nicht zählen werden, niemals, was auch geschehen mag, trotz der letzten Verse der ersten Strophe der *Internationale*[18] … Man benötigt für sich selbst stets *äußere* Zeichen seines eigenen Werts«.[19]

Was aber, wenn diese äußeren Zeichen in Zeiten größter Finsternis ganz und gar ausbleiben? Wer rettet, was sichert dann noch das Menschenrecht? Den eigenen Wert? Wären dies wirklich noch andere Menschen? War auf diese Verlass? Und falls ja, aus welchen Quellen und auf welche Weise? Dies sind exakt die Fragen, die andernorts Ayn Rand in den Jahren 1937 und 1938 fast um den Verstand bringen.

BLOCKIERT

»Bekommen keine Erlaubnis.«[20] Per Telegramm erfährt Ayn Rand im Mai 1937 von dem endgültigen Scheitern ihres Versuchs, die Eltern aus Leningrad zu sich nach New York zu holen. Obwohl sämtliche Dokumente vorliegen und sogar die Schiffspassage von Rand im Voraus bezahlt wird, verweigern die Behörden die Ausreise ohne Angabe von Gründen. An sich keine Überraschung. Schon gar nicht zu einem Zeitpunkt, da die Willkür des Stalin-Regimes auf einen weiteren Höhepunkt zusteuert. Den Schauprozessen des Vorjahres folgend, werden Partei und Bevölkerung ab dem Frühjahr 1937 von »feindlichen Elementen« gesäubert. Konkret bedeutet dies, dass Woche um Woche Tausende Menschen in den frühen Morgenstunden von der Geheimpolizei aus ihren Wohnungen geholt, in die Keller des NKWD geschleppt, dort verhört sowie gegebenenfalls gefoltert, zum Geständnis oder zur Denunziation gezwungen und danach entweder direkt exekutiert oder aber zu jahrelanger Zwangsarbeit im Gulag verurteilt werden. Gemäß einem ebenfalls 1937 erlassenen Sonderdekret können dabei auch Ehepartner sowie Kinder »als Ehefrau eines Volksfeindes« und »Familienmitglied eines Revolutionsfeindes« mitverurteilt werden.[21] 20 Jahre danach frisst die Revolution buchstäblich ihre eigenen Kinder.

Bis heute wird die Phase zwischen 1937 und 1938 in Russland als Zeit des »Großen Terrors« erinnert, war der damalige Alltag doch von einem Klima bestimmt, in dem, wie es eine Zeitzeugin formuliert, »niemand wusste, was der nächste Tag bringen würde. Die Menschen hatten Angst, miteinander zu sprechen oder sich zu treffen, vor allem Familien, in denen der Vater oder die Mutter bereits ›isoliert‹ worden waren«.[22] In besonders ausgeprägter Weise dürfte dies für Familien gegolten haben, deren in die USA ausgewanderte Tochter als Schriftstellerin und Publizistin immer lautstärker Partei gegen das »russische Experiment« ergriff. Allein Ayns Existenz, sie begriff es nur zu gut, stellt für ihre Familie ein konkretes Überlebensrisiko dar. Mit der für sie kennzeichnenden Kompromisslosigkeit stellt sie nach Eintreffen der Nachricht jeden weiteren Kontakt ein. Nicht einmal den Erhalt des Telegramms wird sie noch bestätigen.

Die familiäre Krise geht mit einer kreativen einher. Zum ersten Mal in ihrem Leben macht Rand die Erfahrung einer Schreibblockade.[23] Schon seit Monaten bestehen ihre Schreibtischtage aus nichts als Gedankenstrudeln, die ins Leere laufen, abgebrochenen Versuchen und verworfenen Skizzen. Zwar sind Thema, Hauptpersonen sowie wesentliche Entwicklungslinien des neuen Romans klar fixiert. Solange Rand indes nicht weiß, welches Ereignis die verschiedenen Stränge am Ende dramatisch miteinander verknüpft, kann sie nicht weiterarbeiten, ja nicht einmal eigentlich anfangen. Sie ist, in ihren eigenen Worten, im Begriff, »den Verstand zu verlieren«.[24]

Das Problem ist ohne Zweifel sie selbst, ihre eigene kreative Quelle und Kraft. Alles hängt an der einen zündenden Idee. Doch mit unbedingtem Wollen allein, Rand wäre die Erste gewesen, es zu bezeugen, bleibt in diesem Bereich nichts zu bewirken. Im Gegenteil.

HYMNE

Zum Sommer 1937 ist ihr Gatte Frank wieder in der Rolle des Gangsters Guts Regan für Aufführungen von die »Die Nacht des 16. Januar« in Connecticut engagiert. Die beiden mieten ein Häuschen am Atlantik. Während Frank probt und spielt, will Rand am Strand von Long Island auf endlich andere Gedanken und vor allem Einfälle kommen.

Zunächst mehr, um sich abzulenken und der Phantasie freien Lauf zu lassen, aktiviert sie einen Plan früher Studententage. Auf der Luftmatratze mit Blick aufs Meer versucht sie sich an einer dystopischen Science-Fiction-Novelle[25]. Als Ausgangspunkt dient eine Gesellschaft im Endzustand der totalen Kollektivierung. Nicht einmal das Gefühl für ihre jeweilige Einzigartigkeit ist den Menschen dort geblieben oder gestattet. Von frühester Kindheit an gebetsgleich indoktriniert (»Wir sind nichts. Die Menschheit ist alles. Allein der Gnade unserer Brüder verdankt sich unser Dasein. Wir existieren mit, für und durch unsere Brüder, die der Staat sind. Amen«[26]), spricht und denkt dort jeder Einwohner stets in der ersten Person Plural des »Wir«. Sogar, wenn es um eigene Gefühle, Wünsche oder Ängste geht. Denn: »Alle Menschen sind eins, und es gibt keinen Willen außer dem Willen aller Menschen gemeinsam«[27] – so jedenfalls verkündet es der »Große Rat«, der für alle spricht und deshalb notwendig recht hat.

Bis in letzte Details lehnt sich Rands Entwurf an dem zu Leningrader Studientagen unter der Hand kursierenden Science-Fiction-Roman »Wir« ihres Landsmannes Jewgeni Samjatin aus dem Jahr 1920 an. Anstatt Namen tragen die Menschen auch bei Rand robotergleiche Nummern, das Kollektiv ist in Form des Staates allmächtig und gottgleich, jede individuelle Abweichung wird hart bestraft.

Es ist, als ob sich ein Ventil geöffnet hätte. In weniger als drei Wochen bringt sie die 100 Seiten starke Novelle am Strand von Long Island zu Papier. Zunächst entdeckt Rands Held Equity 7-2521 zufällig einen Tunnel aus der fernen Zeit vor der »Großen Revolution«, wo er beginnt, Gedanken auf gestohlenem Pergament zu fixieren (»Es ist eine Sünde, dies zu schreiben«[28]). Bald führt er auch wissenschaftliche Experimente an Fröschen und anderem Getier durch, die ihn das Wunder Elektrizität neu entdecken und gar eine Glühbirne erfinden lassen.

Während seiner Tagesarbeit als Straßenfeger kreuzen sich seine Blicke wiederholt mit denen der Feldarbeiterin Liberty 5300. Zum befreienden Licht der Erkenntnis tritt damit schon bald das der Liebe hinzu (»Wir sahen einander in die Augen und wir wussten, dass der Hauch eines Wunders uns berührt hatte«[29]). Beiden gelingt die Flucht in den verbotenen Wald der Vorfahren. Dort vereint, beginnt man in paradiesischer Wildnis ein neues Leben, wobei der Weg in die geteilte Freiheit mit der Wiederentdeckung des ersten, wichtigsten und eigentlich freiheitsverbürgenden Wortes der menschlichen Sprache seinen eigentlichen Abschluss und Höhepunkt findet: »Meine Hände ... Mein Geist ... Mein Himmel ... Mein Wald ... Diese Erde ist mein ... Viele Worte waren mir geschenkt worden, und manche sind weise, und manche falsch, aber allein diese drei sind heilig: ›Ich will es.‹«[30]

Die revolutionäre Wiedergeburt des selbstbestimmten Vernunftmenschen unter den Bedingungen des totalen Kollektivismus, sie endet wie die Novelle selbst mit »dem Wort, das auf dieser Erde niemals sterben kann, denn es ist deren eigentliches Herz und die Bedeutung ihres Ruhmes. Das heilige Word: EGO.«[31]

ARBEIT AM MYTHOS

Die menschliche Selbstermächtigung auf der Basis des »Ich« wird zum eigentlichen Heilsereignis, zum Einzug in den Paradiesgarten Erde ... wie Rands gesamte Erzählung von alttestamentarischen Motiven sowie solchen der griechischen Mythologie durchdrungen ist: Durch den Höhlentunnel gelingt der Durchstieg ins Licht der anderen Welt; der frevelhafte Raub des göttliches Feuers vollzieht sich in Form der Entdeckung von Elektrizität; in einem stillen Teich erblickt Equity 7-2521 zum ersten Mal befreiend sein eigenes Antlitz. Nur konsequent, dass die Geretteten sich zum Ende auf die Namen Prometheus und Gaia neu taufen.

Getreu dem Leitmotiv der unbedingten Selbstbejahung flicht Rand Motive ihrer ureigenen Fluchtbiographie in die Erzählung ein: Wie Held Equity 7-2521 war auch Rand zum Zeitpunkt ihrer Flucht aus der Sowjetunion Anfang 20; und in ihrem Fall bestand ihr erster Akt nach erfolgreichem Entkommen in einer erneuernden Selbstbenennung. Noch auf dem Schiff von Estland nach England tauft sich Alissa Rosenbaum auf den Namen »Ayn Rand«.

Die Wahl des Vornamens dürfte dabei von ihrer Bewunderung für die damals populäre estnisch-finnische Schriftstellerin Aino Kallas motiviert worden sein[32], die in ihren Romanen politisch aufgeladene Freiheitserzählungen mit mythischen Motiven der nordischen Sagenwelt verband. Von einem Fan nach dem Hintergrund ihres seltsamen Vornamens befragt, antwortet Rand im Januar 1937: »Ich muss zugeben, dass Ayn sowohl ein existierender wie ein erfundener Name ist. Das Original ist ein finnischer Vorname, der auf Russisch so geschrieben wird: Аина (Aina). Seine Aussprache, phonetisch buchstabiert, wäre auf Englisch: I-na. Wie er Englisch korrekt geschrieben würde, weiß ich nicht, aber ich entschied mich, daraus ›Ayn‹ zu machen, also das -a- am Ende zu streichen. Ich spreche ihn wie den englischen Buchstaben »I« aus, mit einem angefügten -n.«[33]

»I« – »Ich«, mathematisch n-fach bekräftigt: eine Selbsttaufe als Lebenscredo. Rands Arbeit am eigenen Freiheitsmythos, sie begann am Tag eins nach der Flucht und hat mit der Novelle »Anthem« nun einen Ausdruck gefunden, der »das Leitmotiv, den Zielpunkt und die einzige Bestimmung meines Schreibens« zum Ausdruck bringt.[34]

Bündig in die biographischen Überlagerungen von »Anthem« fügt sich überdies, dass Frank O'Connor und Ayn just zu dem Zeitpunkt heirateten, als ihr mehrfach verlängertes Visum für die USA 1931 endgültig abzulaufen drohte. Eine klassische Green-Card-Entscheidung aus Liebe, die es Rand erlaubte, auch weiterhin im Paradiesgarten der Freien zu leben.

WOLKENKRATZER

Mit abgeschlossener Novelle geht es zurück nach Manhattan, wo das Ehepaar samt zweier Katzen mittlerweile ein von Frank liebevoll dekoriertes Drei-Zimmer-Apartment an der Upper East Side bezogen hat. Zu Rands großer Enttäuschung gelingt es indes nicht, einen Abnehmer für »Anthem« zu finden. Auch weitere Theaterprojekte sowie eine geplante Dramatisierung von »We the Living« zerschlagen sich. Zudem muss sie erfahren, dass ihr Verlag Macmillan die Druckmuster für ihren ersten Roman nach der Erstauflage versehentlich zerstört hat und nun nicht nachliefern kann, obwohl die Verkäufe gut anderthalb Jahre nach der Erstveröffentlichung mirakulös anziehen. Rand kann kaum anders, als hinter all dem eine weitere Verschwörung der »pinken« New Yorker Verlagsszene zu wittern. Immerhin sorgte der Verkauf der Filmrechte für »Die Nacht des 16. Januar« für finanzielle Entlastung (5000 Dollar, entspricht heute circa 75 000 Euro).[35]

Noch immer ist sie in Sachen Plotlösung keinen Schritt weiter. Derweil beginnt die Beziehung zu ihrem »Cubbyhole« Frank sich trotz aller Anhänglichkeit immer spürbarer von Rands Idealvorstellungen zu entfernen. Rein lebenspraktisch bedeutet Franks New Yorker Existenz für sie zwar eine enorme Erleichterung, lebensästhetisch indes eine schwere Enttäuschung. Es war, als ob das Orchester seiner Träume einfach nicht mehr spielte. Ohne offenen Widerspruch oder auch nur Widerwillen fügt er sich in die Rolle des sorgenden, ansonsten aber durchaus initiativarmen Hausmanns, der sich zudem keineswegs geneigt zeigt, Rands immer klarer ausgebildete Phantasien nach »Besitzergreifung … in der Weise eines wilden Tieres«[36] spontan zu bedienen. Vielmehr erfuhr man sich mittlerweile aus allzu alltäglichen Gründen aufeinander verwiesen.

Wer oder was auch immer sie aus der tiefen Missstimmung des Herbstes befreien mochte, von ihrem Gatten jedenfalls war besagter Zugriff nicht zu erwarten. Was Frank ganz offenbar fehlte, war ein leitender Impuls, ein einendes Thema seines Lebens, ein letztes, alles fundierendes und ganz und gar autonomes »Ich will« am Grunde der eigenen Existenz. Für Rand eine an sich inakzeptable Situation. Ja, die menschliche Urverfehlung schlechthin.

Sie jedenfalls wusste von früher Jugend an nur zu genau, weshalb sie auf der Welt war: als Schmiedin ihres Lebensglücks und

Schöpferin von Erzählungen, welche die Welt so zeigten, wie sie sein sollte – und nicht, wie sie leider war. Und Vergleichbares galt auch für ihren Überhelden Howard Roark, nur dass er als Architekt sein Glück im Errichten von Gebäuden fand, in denen Menschen wirklich wohnen und sich auf dieser ihrer Erde im wahrsten Sinne zu Hause fühlen sollten. Göttern gleich, mit höchster Ausrichtung, sollten Funktion und Form in ihnen vollkommen eins werden: der Mensch als Wolkenkratzer.

ZÜNDENDE IDEE

Also zurück ans Drawing Board. Immerhin, der den Roman bestimmende Grundkonflikt lag Rand klar vor Augen. Am Beispiel des Falles und Aufstiegs von Howard Roark sollte der Kampf zwischen Individualismus und Kollektivismus in einer menschlichen Seele[37] exemplarisch zur Darstellung kommen. Was eine Plotlösung im Jahre 1937/1938 noch einmal deutlich verkomplizierte, waren die weltpolitischen Entwicklungen. Es war nun schlicht nicht mehr möglich, das Thema allein auf seine psychologischen Aspekte hin zu begrenzen. Wollte Übermensch Roark wirklich als einer für alle stehen können, musste der Kampf um seiner Schöpfung willen ein mehr als nur ästhetisch und privat motivierter sein.

Rand brütet weiter. Zu Recherchezwecken beginnt sie im Spätherbst 1937 als Sekretärin im Architekturbüro Ely Jacques Kahn Architects zu arbeiten, das insbesondere auf Wolkenkratzer spezialisiert ist. Allein Ely Kahn, dem Rand über Bekannte aus dem konservativen Milieu vorgestellt worden war, weiß dabei von ihrer wahren Mission. Im März 1938, es ist kurz vor Mittag, fragt Rand ihren Chef mehr nebenbei, welche Aufträge derzeit die größten Herausforderungen mit sich brächten, worauf Kahn ohne zu zögern antwortet: sozialer Wohnungsbau (*public housing*). »Auf einmal machte es in meinem Kopf klick, denn ich dachte, hier wäre es, ein politisches Thema, das gleichzeitig eines der Architektur ist – und damit perfekt für meine Zwecke«[38]. Roark im sozialen Wohnungsbau, das war es!

Noch in der Mittagspause fixiert Rand den Gesamtplot: Am Ende des Romans würde sich ihr Held als Angeklagter vor Gericht verantworten müssen, weil er eine nach seinen Plänen entworfene Mustersiedlung des sozialen Wohnungsbaus kurz vor deren Fertigstellung eigenhändig wieder in die Luft jagte. Und zwar, um damit gegen planerische Eingriffe am Projekt zu protestieren, die in der Endphase von einem öffentlichen Ausschuss erzwungen worden waren.

Cortlandt sollte ganz nach seinem Willen existieren – oder gar nicht! Er hatte es erdacht! Er hatte es entworfen – niemand sonst! Weshalb es auch an ihm und niemanden sonst war, über Sein oder Nichtsein der Siedlung zu entscheiden. Keine Form der Enteignung konnte geduldet werden, vor allem nicht, soweit es Eingriffe in die schöpferische Integrität des Werkes betraf. Hier stritt der geniale Egomane gegen die Komitees der »viel zu vielen«. Perfektionismus gegen die Logik des Kompromisses. Prime-mover gegen second-hander. Roark against the people. Wessen Rechte gilt es unbedingt zu wahren? In wessen Namen? Und auf welche Weise?

ECCE HOMO

Bis in den innersten Kern der Plotlösung folgt Rand der von Nietzsche ausgelegten metaphorischen Spur. Die beispielhafte Umwertung des altruistischen Wertekanons, der Christentum und Kommunismus in Wahrheit eng miteinander verband, kann nur durch eine Sprengung gelingen. Wie stand es doch in »Ecce Homo« unter der Überschrift »Warum ich ein Schicksal bin« nachzulesen:

> Ich kenne mein Los. Es wird sich einmal an meinen Namen die Erinnerung an etwas Ungeheures anknüpfen, – an eine Krisis, wie es keine auf Erden gab, an die tiefste Gewissens-Collision, an eine Entscheidung, heraufbeschworen *gegen* alles, was bis dahin geglaubt, gefordert, geheiligt worden war. Ich bin kein Mensch, ich bin Dynamit. …
> Ich widerspreche, wie nie widersprochen worden ist, und bin trotzdem der Gegensatz eines neinsagenden Geistes. Ich bin ein *froher Botschafter*, wie es keinen gab ich kenne Aufgaben von einer Höhe, dass der Begriff dafür bisher gefehlt hat; erst von mir an giebt es wieder Hoffnungen. Mit alledem bin ich nothwendig auch der Mensch des Verhängnisses. Denn wenn die Wahrheit mit der Lüge von Jahrtausenden in Kampf tritt, werden wir Erschütterungen haben, einen Krampf von Erdbeben, eine Versetzung von Berg und Tal, wie dergleichen nie geträumt worden ist. Der Begriff Politik ist dann gänzlich in einen Geisterkrieg aufgegangen, alle Machtgebilde der alten Gesellschaft sind in die Luft gesprengt – sie ruhen allesamt auf der Lüge: es wird Kriege geben, wie es noch keine auf Erden gegeben hat. Erst von mir an giebt es auf Erden *große Politik*.[39]

Nietzsche war Rands Dynamit. Roark ihr amerikanischer Sprengmeister. Doch was wäre das alles, wenn es nicht gelänge, die große Politik auch in einer Psychologie wahrer individueller Größe zu fundieren? Eine Psychologie, die der angestrebten Idealbeschreibung von Autonomie auch von innen heraus gerecht wird? Für diesbezügliche Recherchen musste Rand nicht eigens die Wohnung verlassen. Vielmehr reichte ihr hierzu ein einziges, absolut beispielhaftes Studienobjekt: sie selbst: »Das Vorbild für Roarks Psyche war meine eigene.«[40]

GIFT DER ANERKENNUNG

Rand konzipiert Roarks heroische Unbeirrbarkeit nach ihrem eigenen psychischen Bilde. Und ist sich deswegen auch ganz gewiss, worin die wahre Bedingung für das Gelingen von Selbstbestimmung liegt. Als Eintrag in ihr Denktagebuch:

> 10. November 1938
>
> Es ist furchtbar schlecht, sich dessen bewusst zu sein, wie andere einen sehen (egal, ob gut oder schlecht). Nimm dich als selbstverständlich an (Take yourself for granted). Das Bewusstsein, das sich alleine spürt – ohne die Last des Gewichts anderer Augen –, ist das einzig gesunde Bewusstsein.[41]

Was dem sogenannt gesunden Menschenverstand als schwere Deformation, wenn nicht offen narzisstische Störung gilt, stellt in Rands Welt den eigentlich zu erstrebenden Sollzustand jedes Egos dar. Wahrhaft frei sein heißt zunächst und vor allem, frei von der immer auch normativ aufgeladenen Präsenz anderer, die nirgends deutlicher vernommen wird als durch deren Augen, deren Blick. Rand spricht in diesem Sinne auch, mit den Worten ihres Lieblingsautors Victor Hugo, von der stillen, universalen Omnipräsenz des »Biests anderer Menschen«.[42]

Ein Ideologem mit ungeheuer breiten, nicht zuletzt sozialphilosophischen Konsequenzen. Folgt man Rand, hat ein Mensch, der seine Autonomie oder auch nur sein Selbstbild über den Kampf um Anerkennung zu gewinnen sucht, diesen bereits dadurch verloren, dass er ihn aufnimmt. Es gibt, mit anderen Worten, kein glückliches Bewusstsein im und durch das Angesicht der anderen – nicht einmal im Sinne der Freundschaft oder der Liebe. Denn:

> Freundschaft: Roark ist als Einziger zu wahrer Freundschaft fähig, weil er in der Lage ist, Menschen einfach als solche zu sehen, ohne selbstische Motive (*un*selfishly), weil er zu selbstbezogen ist, weil sie in keiner Weise ein Teil von ihm sind. Er bedarf ihrer im Grunde nicht, nicht ihrer Meinung von ihm, und kann sie deshalb als solche schätzen, im Sinne einer Beziehung unter Gleichen. Roark will andere nicht von sich beeindrucken oder für sich gewinnen, weil er das nicht braucht.[43]

Mit anderen Worten: Nur ein Mensch wie Roark kann andere – und sich selbst – wirklich unbedingt als »Zwecke an sich« ehren, da nur ein Mensch seines Schlages keinerlei Bedürfnis verspürt, andere zu eigenen Zwecken zu benutzen oder zu instrumentalisieren. Er braucht sie psychisch nicht. Weder für seinen Selbstwert noch seinen Stand in der Welt. Wenn es eine eigentlich psychologische Ursünde gibt, die den Fall in die Hölle der anderen und damit der notwendigen Selbstverfehlung bedeutet, so besteht sie für Rand in der Frage: Was denkst du von mir?

MORGENRÖTE

Genau wie zeitgleich Simone Weil treibt Ayn Rand die Frage um, was wohl aus der je eigenen Menschenwürde in Zeiten wie der ihren zu werden drohte, würde man sie vollends in gewährter oder eben entzogener sozialer Anerkennung fundieren. Weils Erfahrung führt dazu, die eigentliche Fundierung der Würde in einer Sphäre göttlicher, liebender Transzendenz zu verorten, die das jeweilig erfasste Bewusstsein im Namen eines liebenden Gottes von der Illusion des Ego befreit beziehungsweise heilt: Ich bin vor Dir, wie jeder andere auch, im Idealfall nichts als ein ewig offenes Gefäß tätiger Nächstenliebe. Rands Erfahrungen hingegen neigen dazu, die Unbedingtheit der Würde dadurch zu sichern, das wollende Ich selbst mit geradezu gottgleicher Souveränität und Unantastbarkeit auszustatten. Ich bin, wie jeder andere frei Geborene auch, im Idealfall eine ganze Welt und ein ewig quellender Ursprung vernünftiger Selbstliebe. Das eigentlich metaphysische Höllenszenario aber besteht für beide mit gleicher Bestimmtheit darin, besagte Ursprünge und Sicherungen ganz und gar der Sphäre anderer Menschen, gar aller anderen Menschen zu überantworten.

Ein wahrhaft weltliebendes Bewusstsein ruht also in etwas anderem als dem Blick anderer Menschen. Bei Weil in Gottes Liebe. Bei Rand hingegen in gottgleicher Selbstliebe. Wobei dieses Bewusstsein für Rand, im roarkschen Idealfall, stets vollkommen auf das Erreichen selbst gesetzter, konkreter Handlungsziele fokussiert ist. Es denkt also in Wahrheit genauso wenig an sich wie an andere Menschen, sondern allein an das, was es im jeweiligen Moment vernünftig erreichen will. Heiter geht es im Idealfall ungestört in reinem Handeln auf. Es ist ein Bewusstsein rein genossener Daseinsfreude – und beschreibt damit einen Zustand, den zu erreichen und zu stabilisieren das explizite Ziel so gut wie jeder bekannten Weisheitslehre der Menschheit ist. Die gängigsten Darstellungen dieses Zustands zeigen dabei Menschen mit einem sanften, selbstvergessenen Lächeln auf dem Mund.

Nur konsequent, dass Rand als Nietzscheanerin einen Schritt weiter geht, indem sie dieses Lächeln in ein volles, selbstbewusstes Lachen transformiert und direkt an den Anfang ihres Romans stellt – verknüpft mit der anhand eines Sees veranschaulichten Schilderung eines vollständig geklärten Bewusstseinszustands, der dieses Lachen eigentlich trägt. Die ersten Sätze von »The Fountainhead« lauten:

> HOWARD ROARK lachte.
> Er stand nackt am Rand einer Klippe. Der See lag tief unter ihm. Eine gefrorene Explosion aus Granit schoss über dem spiegelglatten Wasser zum Himmel auf. Das Wasser schien unbeweglich, der Stein schien zu fließen. Der Stein strahlte die Ruhe des

> kurzen Moments in einer Schlacht aus, in dem ein Stoß den anderen trifft und die Bewegung innehält in einer Pause, die dynamischer ist als Bewegung. Der Stein glühte, überströmt von Sonnenstrahlen.
>
> Der See war nur ein dünner Stahlring, der die Felsen in zwei Hälften teilte. Die Felsen liefen unverändert in die Tiefe. Sie begannen und endeten im Himmel, als würde die Welt im Raum hängen – eine über dem Nichts schwebende Insel, die an den Füßen des Mannes auf der Klippe verankert war.[44]

Die Welt als Ego-Insel – gehalten von Nichts als einem Menschen, der auf der Klippe, bereit zum Absprung in ein neues Leben steht. Einmal so angesetzt, gab es, selbst mit Beginn des Jahres 1939, keine Aufgabe mehr, der sich Ayn Rand nicht gewachsen gefühlt hätte.

EINBAHNSTRASSE

Take yourself for granted … zumindest Walter Benjamin hasste die für ihn neue Sprache vom ersten Tage an. Aber es half nichts. Auch in seiner winzigen Wohnung in der Rue Dombasle 10, als inoffiziellem Hauptquartier des Pariser »Stammes«, saß man nun Abend um Abend beisammen, trank Tee, spielte Schach und ja, brachte sich Englisch bei. Als gelte es, ein Berliner Skript der Jahre 1932 und 1933 möglichst werkgetreu zu adaptieren, verengten sich die Verhältnisse in der französischen Hauptstadt Monat für Monat. Mit dem entscheidenden Unterschied, dass flüchtenden Juden nun kein einziges Land auf dem europäischen Kontinent mehr als sicher gelten konnte.

Vor allem aus Österreich war es nach dem »Anschluss« an Hitlers Reich im März 1938 zu einem erneuten Schub gekommen. Indem man 20 000 Juden in Abwesenheit ihre Staatbürgerschaft aberkannte, suchte die Regierung in Warschau deren Rückkehr nach Polen zu verhindern. Auch in Frankreich galt die im Mai vollzogene Verschärfung der Aufenthaltsgesetze unverhohlen den neuen Flüchtlingsbewegungen. Ein Zehntel der gut vier Millionen Einwohner von Paris sind 1938 Ausländer – davon rund 40 000 geflüchtete Juden. Publizistisch gezielt von deutscher Seite bei der Diffamierung unterstützt, wurde gerade diese Gruppe in den französischen Medien für die wachsenden innen- und außenpolitischen Spannungen der Grande Nation verantwortlich gemacht. Bereits im Verlauf des Frühlings 1938 kam es in Paris unter den Geflüchteten zu ersten Verhaftungswellen und Ausweisungen – wie auch Selbsttötungen aus Verzweiflung. Zur gleichen Zeit baute Adolf Eichmann im angeschlossenen Österreich eine »Zentralstelle für Auswanderungsfragen« auf, deren Ziele und Praktiken nach dem Willen der Nazis sukzessive auch auf andere Gebiete ausgeweitet werden sollten.[45]

Wenn Arendt, in einem der nun neu geschriebenen Kapitel des Varnhagen-Buches, die Heldin mit den Worten zitiert: »Was ist es garstig, sich immer erst legitimieren zu müssen«, beschreibt sie zugleich den dunklen Kern ihrer eigenen Lebenssituation: psychologisch wie administrativ. Nichts abgründiger, abwegiger jedenfalls als der Gedanke, sich im Paris des Jahres 1938 als deutsche Jüdin einfach »for granted« zu nehmen.

Von Benjamin zur Wiederaufnahme an dem unvollendet gebliebenen Werk ermuntert, kreisen Arendts Gedanken zu Rahel in den beiden Pariser Abschlusskapiteln des Buches um die Gewinnung einer tragfähigen Identität unter den Bedingungen einer nichtjüdischen, strukturell klar antisemitischen Mehrheitsgesellschaft. Und sie zeigen sich im Vergleich zu den frühen Berliner Passagen tonal noch einmal merklich bissiger, ja geradezu kampfeslustig.

ELEMENTARSTE LÜGEN

Arendt wendet darin die von dem französischen Soziologen Bernard Lazare (1865–1903) etablierte Unterscheidung zwischen *Paria* und *Parvenu* auf die Analyse des Falles Varnhagen an. Aus Gründen einer angeborenen Zugehörigkeit zu einer verfemten Gruppe nimmt der Paria eine gesellschaftliche Außenseiterposition ein, wohingegen der Typus des Parvenu als sozialer Aufsteiger sich dadurch auszeichnet, ihm in die Wiege gelegte Schranken und Ausgrenzungen im Verlauf seiner Biographie erfolgreich überwunden zu haben. So auch Rahel, die als Tochter eines jüdischen Bankiers zu Zeiten der deutschen Romantik durch die späte Heirat mit dem in den preußischen Adelsstand erhobenen Diplomaten Karl August Varnhagen von Ense in höfische Kreise aufsteigt. Mit der Konvertierung zum Christentum schließlich sagt sie sich ganz von ihren jüdischen Wurzeln los.

Nach Arendt ist dies letztlich eine unmögliche Tilgung eigener Paria-Ursprünge, die zudem nur um den Preis einer dauerhaften Verstellung und Betäubung angestrebt werden kann. Bestehe der psychologische Preis einer derart vollkommenen »Assimilation an die deutsche Wirtskultur« doch darin, seinen »Geschmack, sein Leben, seine Wünsche vollständig und in einer Art alles verleugnenden Wahl vor aller Wahl« anderen anzupassen. In Arendts Worten stellt dies eine »viel elementarere Lüge als die der einfachen Heuchelei«[46] dar.

Ähnlich dem Phänomen des »second-handers«, das Ayn Rand am Beispiel ihrer Nachbarin Marcella Bannett zum Schlüssel ihrer von Nietzsche befeuerten Entfremdungskritik dient, wird für Arendt der Typus des äußerlich erfolgreichen (jüdischen) Assimilanten zum Paradebeispiel einer durch und durch fremdbestimmten Fremdbestimmtheit, die im Extremfall so tief ins eigene Innere vordringt, dass sie von der betroffenen Person gar nicht mehr als solche empfunden werden mag. So fest ist die Maske angewachsen, so weit die Blindheit für die wahren Quellen des eigenen Selbst vorangeschritten. Arendt spricht mit Blick auf das Parvenu-Dasein deshalb auch von der »großen Vergiftung aller Einsicht und Aussicht«.[47]

Ist jedoch auch nur ein Funken Wachheit für den – mit Rand gesprochen – je eigenen »sense of life« verblieben, wird der Parvenu ahnen oder sich gar anhand einzelner Schlüsselerlebnisse schockhaft gewahr, »daß er, was er nun geworden ist, im Grunde gar nicht gewünscht hat, nämlich gar nicht wünschen konnte«.[48]

GERETTETES VERMÖGEN

Was Rahel letztlich vor der völligen, parvenuhaften Verdunklung des Blickes für sich selbst und die Welt rettete, war nun eine speziell gelagerte Empfänglichkeit, die Rahel selbst als ihren »größten und unaussprechlichen Fehler« bezeichnete. Sie bestand in Folgendem: »Eher kann ich nach dem eigenen Herzen mit der Hand fassen und es verletzen, als ein Angesicht kränken und ein gekränktes sehen.«[49]

Für Arendt benennt diese instinktartige, in jedem Fall aber vorreflexive Sensibilität für die Ansprüche des unmittelbaren Gegenübers nicht nur das eigentliche Wesenszentrum des Parias. Vielmehr ist »die Menschenwürde, die Achtung vor dem menschlichen Angesicht, die der Paria instinktartig entdeckt, … die einzig natürliche Vorstufe für das gesamte moralische Weltgebäude der Vernunft …«[50]

Wie in einem offenen Dialog mit der Moralphilosophie Immanuel Kants, legt Arendt hier die Grundlage zu einer eigenen Ethik der wahren Selbstbestimmung im Angesicht des anderen. Denn nicht mehr die kantische »Achtung vor dem Gesetz in mir« dient nun als eigentlicher Ursprung von Autonomie und Menschenwürde, sondern die bewahrte Spontaneität, sich vom leidenden Antlitz eines Nächsten in der Ausrichtung des eigenen Willens berühren zu lassen. *Dankbarkeit* für die Existenz anderer Menschen in der Welt und aktive *Rücksicht* auf deren stets gegebene Verletzlichkeit, das sind nach Arendt die beiden wahren Quellen unseres moralischen Daseins. Und es ist im konkreten Zusammenhang kein Zufall der gewählten Darstellung, wie auch kein Zufall der philosophisch-systematischen Ausrichtung, dass es sich dabei um genau jene beiden Dispositionen handelt, die Ayn Rands übermenschlicher Idealgestalt Howard Roark ursprünglich wesensfremd sind.

In Arendts Welt verkörpert ein Wesen wie Roark in beispielhafter Weise die Werte des Parvenus. Als Passage aus dem Pariser Varnhagen-Kapitel: »Er (der Parvenu) darf nicht dankbar sein, weil er alles seinen eigenen Kräften schuldet; er darf keine Rücksicht für ›menschlich Angesicht‹ kennen, weil er sich selbst als eine Art Übermensch der Tüchtigkeit, als ein besonders gutes und starkes und intelligentes Exemplar, als Leitbild seiner armen Pariabrüder einschätzen muss.«[51]

Bei Arendts Heldin Rahel hingegen ist nichts wirklich eins, sondern im Verlauf ihres biographischen Werdens alles zusehends unbündig, verstellt, »dazwischen«, scheinbar inkonsequent und im heilsamsten Sinne hoffnungslos (»Ich kann Gott dem Allmächtigen schwören, daß ich in meinem Leben noch nie eine Schwäche bemeistert habe.«)[52]. Gerade darin besteht ihre Rettung als »Mensch« in finsterster Situation und Zeit, ihre anhaltende Offenheit für den Pfad der Selbsterkenntnis und Weltliebe. Ein letztlich philosophischer Weg, der dem Paria in besonderer Weise offensteht. Denn Rahels Ausblick ist »der gleiche Ausblick, durch den der Paria, weil er ausgestoßen ist, das Leben als Ganzes erblicken kann, der gleiche Weg, auf dem er zu der ›*großen* Liebe zu freiem Sein‹ gelangt. Wenn er nämlich aus der Unfähigkeit, als einzelner gegen das Ganze zu revoltieren, den Ausweg des Parvenus verschmäht und für die ›unseligen Lagen‹ mit der ›Betrachtung des Ganzen‹ entlohnt wird, seine einzig würdige Hoffnung, ›weil alles Zusammenhang hat: und es ist wahrlich auch jedes gut genug. Dies ist aus dem *großen* Bankrott des Lebens das gerettete Vermögen.‹«[53]

STAMMES-ETHIK

Was Arendt in ihren Pariser Rahel-Kapiteln gedanklich niederlegt, geht weit über die (gewiss hervorzuhebende) Trivialität hinaus, gerade dem sozialen Außenseiter öffneten sich besonders interessante Perspektiven auf die Dynamiken im vermeintlichen Zentrum. Vielmehr formuliert sie hier unter der Hand ein tief politisch getränktes Daseins- und auch Forschungsideal, das für den gesamten »Pariser Stamm« leitend war: aus einer Position der vollkommenen Verschattung und Unzugehörigkeit (psychologisch, politisch, sozial, beruflich) heraus das Vermögen zu wahren, sich von dieser Welt und anderen in ihr berühren, betreffen und erkennen zu lassen. Was in der schriftstellerischen Praxis dazu führte, in einer Art von »Lumpensammlern« und »Maulwürfen« (Benjamin) all jene Paria-Zeugnisse zu sammeln, die zumindest insofern einen Weg aus der Finsternis anzeigen, als sie den Gegenwärtigen verständlich werden lassen, wie es überhaupt zu der offenbar eingetretenen Verdunkelung des Menschlichen hatte kommen können. Da nämlich, wie Benjamin an seinen 1938 zu Forschungszwecken in New York weilenden Denkfreund Gershom Scholem formuliert, gerade »diese Epoche, die so vieles unmöglich macht, dies ganz gewiß nicht ausschließt: daß im historischen Sonnenlauf eben auf diese Dinge ein rechtes Licht fällt.«[54]

Viele, fast alle Spuren führen dabei zunächst ins 19. Jahrhundert; diese Ursprünge galt es zu sichten und ans Licht zu bringen.[55] Und zwar nicht im Sinne eines akademischen Forschungsinteresses, sondern viel eher einer geteilten Mission. Benjamin arbeitet während dieser dunklen Monate intensiv an Essays zu Kafka und Baudelaire und dem Werk über die Entstehung der Pariser Einkaufspassagen; Drahtzieher Blücher im Gespräch mit den Seinen an der Rettung der von Parvenus Gekidnappten, Marx und Engels; Arendt an ihrer Rahel und der mannigfach verstellten Geschichte der jüdischen Assimilation – und damit nicht zuletzt an einer Art Vorgeschichte des Zionismus als politischer Bewegung.

Auch für die gelebte Alltagspraxis gebar dieses geteilte »Stammes«-Ethos hinreichend präzise Handlungsmaximen, wie etwa diese: Unbedingt Partei ergreifen, aber keiner Partei ganz zugehören – sei es nun die kommunistische oder selbst zionistische. Unter keinen Umständen durfte die anerkannte Unmöglichkeit, als »Einzelner gegen das Ganze zu revoltieren«, zu der Bereitschaft führen, die eigene Mündigkeit des Denkens dem Diktat einer notwendig entmündigenden »Parteilogik« zu unterwerfen.

Kein Zweck rechtfertigt ein Mittel, sofern dieses Mittel als Tat den Zweck selbst verraten muss. Und was schließlich war das Ziel politischen Handelns, wenn nicht die Bewahrung der mündigen Spontaneität des eigenen Denkens? Statt als Partei oder eigene Gruppierung entwarf sich der »Pariser Stamm« deshalb als Freundschaftsverband im kleinen Kreis, dessen Mitglieder ihre zunehmende Marginalisierung eher kultivierten als beklagten. Als ein Kreis zudem, dessen tragende Bindungskräfte nicht etwa auf eingeborenen Zugehörigkeiten, sondern gegebenen Versprechen beruhte. Primär das Versprechen – als gerade in finstersten Zeiten einziger Weise –, Zukunft selbst zu gestalten.

An rein äußeren Daseinszwängen bestand ja kein Mangel. Wie es auch keinen Anlass zur romantischen Aufladung der zunehmenden Fragmentarisierung des eigenen Daseins gab. »Schließlich ist die gerühmte Freiheit des Ausgestoßenen gegen die Gesellschaft selten mehr als das völlig freie Recht auf Verzweiflung.«[56] Ohne einen Rest an sichernder Kulisse jedenfalls kann kein Mensch frei leben oder auch nur denken. Und diese Kulisse wurde im Jahr 1938 nun auch in Frankreich Stück für Stück abgetragen. Da die Jugend-Aliyah ihr Hauptquartier von Paris nach London verlegt hat, droht selbst Arendt der Verlust ihres Arbeitsplatzes. Das nackte Überlebensdreieck aus Arbeits-, Aufenthalts- und Ausweispapieren zeigt sich mit jedem neuen Gesetz enger geschnitten. Wer sich mit abgelaufenen Papieren freiwillig meldete, riskierte die Ausweisung. Wer es unterließ und aufgegriffen wurde, ebenfalls. Vor allem für weithin frei flottierende Existenzen wie Blücher und

Benjamin mit ihren regelmäßig zu erneuernden, speziellen Legitimationspapieren der »réfugiés provenants d'Allemagne« ist dies eine bald tägliche Sorge.

Kaum, dass man es noch wagen konnte, das Land zu verlassen. Benjamin tut es im Sommer 1938 dennoch und folgt einer Einladung Bertolt Brechts, diesen im dänischen Exil mit seinen an Arendt neu geschärften Schachfertigkeiten zu erfreuen. Arendt wagte sich hin und wieder nach Genf zu Besuchen bei der alten Familienfreundin Martha Mundt, nicht zuletzt für Vorbereitungen, ihre Mutter, die sich in Königsberg nun ebenfalls keineswegs mehr sicher fühlte, nach Paris zu holen.

Zudem hatte sich mit dem Scheitern einer von den Briten vorgeschlagen Zwei-Staaten-Lösung (wobei Jerusalem unter britischem Protektorat verbleiben sollte) auch die Lage in Palästina deutlich verschärft und steuerte direkt auf eine Art Bürgerkrieg zwischen Juden und Arabern zu. »Was die Juden angeht«, schreibt Arendt ihrem »Stups« am 22. Oktober 1938 aus Genf nach Paris, »so bin ich wegen Jerusalem und auch sonst in größter Sorge. Es kann einem sooo mies werden, daß man fast schon wieder fröhlich werden könnte«.[57] Rahels Stimme, Arendts Naturell. In seiner fundamentalen Lebensbejahung durch nichts und niemanden unterzukriegen. Ein Glücksfall natürlicher Spontaneität.

ANORMALE ABHÄNGIGKEIT

Anders gelagerte Naturen wie etwa Hausfreund »Benji« hielten sich derweil nicht ganz so gerade. Am 4. Februar 1939 berichtet er Freund Scholem nach Jerusalem: »Den Eingang des Winters begleitete eine Periode nachhaltiger Depression, von welcher letzteren ich sagen kann, je ne l'ai pas volé (ich habe sie nicht gestohlen). Es kam Mehreres zusammen. Zunächst sah ich mich der Tatsache gegenüber, daß mein Zimmer im Winter zum Arbeiten nahezu unbrauchbar ist; im Sommer habe ich die Möglichkeit, bei geöffnetem Fenster die Geräusche des Fahrstuhls durch die pariser Straße in Schach zu halten; an den kalten Wintertagen nicht …«[58]

Hinzu kamen atmosphärische Verstimmungen mit Adorno und Horkheimer vom Institut für Sozialforschung im fernen New York, seinen letzten zahlenden Auftraggebern. Dennoch, die Arbeit müsse weitergehen, was nicht leichtfalle, »da die Isolierung, in der ich hier lebe, zumal arbeite, … eine anormale Abhängigkeit von der Aufnahme (schafft), die das, was ich mache, findet.«[59]

Zum Juni 1939 verbleibt schließlich auch Scholem aus Jerusalem nicht anders, als dem Freund gegenüber von einer »hemmungslosen Verdüsterung und Lähmung« der Gemütslage zu berichten: »Es ist ja doch unmöglich *nicht* nachzudenken über unsere Lage, wobei ich ›unsere‹ nicht nur auf uns Palästinenser beziehe. Die grauenhafte, ja wohl in ihren Dimensionen niemand so recht faßbare Katastrophe des Judentums in diesem letzten halben Jahr, diese vollständige Ausweglosigkeit in einer Situation, in der Auswege nur noch erfunden werden um uns zu verhöhnen (wie das schmachvolle ›Projekt‹, die Juden nach British Guayana zur ›Kolonisation‹ zu schicken), all das befällt einen eines Tages einmal und dann ist es mit Heiterkeit des Gemüts aus … Für mich ist die Entwürdigung Palästinas zum Schauplatz eines Bürgerkriegs ja schließlich mehr als eine verlorene Chance unter vielen … Die Chance, eine lebensfähige palästinensische[60] Siedlung durch die Welt des nächsten Weltkriegs zu retten, wird von uns selbst nicht weniger als von Engländern und Arabern gefährdet. Auch bei uns kommt Greuliches herauf, und mich schaudert, wenn ich daran zu denken versuche, was allein die Folge sein kann. Wir leben im Terror; die Kapitulation der Engländer vor ihm bringt die Narren unter uns zu der Meinung, daß dies also auch die einzige Waffe sei, mit der wir, unbeschadet unserer besonderen Bedingungen, etwas erreichen können.«[61]

Als einzigen Lichtblick dieser Monate hebt Scholem das ihm von Hannah Arendt zugesandte Buch »über die Rahel« heraus. Es habe »*sehr* gefallen« und erscheint ihm als »eine ausgezeichnete

Analyse dessen, was sich damals abgespielt hat, und zeigt, daß eine Verbindung, die auf Schwindel aufgebaut war wie diese von Seiten der deutschen Juden mit dem ›Deutschtum‹, nicht ohne Unglück ausgehen konnte. ... Schade, dass ich nicht sehe, wie das Buch je erscheinen soll.«[62]

Wenn schon nicht das eigene Leben, so wollte man doch die eigenen Schriften in Sicherheit wissen. Benjamins langjährigem Beispiel folgend, hatte deshalb auch Arendt ihr Rahel-Manuskript[63] zu Archivar Scholem gesandt – und im Stillen wohl auch darauf gehofft, dieser könnte von Palästina aus eine etwaige Publikation in die Wege leiten. Keine Chance. Reine Überlebensfragen dominieren auch dort Alltag und Denken.

Mit dem Blick auf ein zukünftig »freies Sein« konnte die Maxime in diesem, wie Benjamin klagt, auch meteorologisch »besonders kühlen Frühling« nur heißen, nach Möglichkeit so viel Salzwasser wie irgend möglich zwischen sich und das alte Europa zu bringen. Doch auch diesbezüglich schienen bis auf weiteres alle Auswege in die Zukunft verstopft. Wurde man von einer Universität oder vergleichbaren Institution nicht eigens nach Amerika berufen, belief sich die Wartezeit für ein Visum in die USA auf »vier bis fünf Jahre«. Eine irreal lange Spanne für Menschen, die in Wahrheit nicht absehen konnten, was die kommenden vier Monate oder auch nur vier Wochen für sie bereithalten würden.

Immerhin haben Blücher und Arendt in diesem Frühjahr endlich eine gemeinsame Wohnung gefunden – in die zum April 1939 auch Arendts aus Königsberg geflüchtete Mutter Martha Beerwald miteinzieht. Gewiss nicht zu Blüchers, ja nicht einmal Arendts spontanem Wohlgefallen. Was blieb übrig? Es gibt eben moralische Pflichten, die weit über die reine Freiwilligkeit des Versprechens hinausreichen. Und die gegenüber der eigenen Mutter gehörten, zumindest für Arendt, unbedingt dazu.

OHNE ZUKUNFT

»Das ganze Jahr«, erinnert sich Simone de Beauvoir, »hatte ich versucht, mich in der Gegenwart einzuschließen, jeden Augenblick zu genießen.«[64] Doch mit dem Frühjahr 1939 gerät diese Haltung endgültig an ihren Grenzen. Zumal Sartres und Beauvoirs Beziehungsleben zu diesem Zeitpunkt eine Gestalt aufweist, die es an Komplexität ohne weiteres mit der weltpolitischen Gesamtlage aufnehmen kann. Nach drei gemeinsamen Jahren in Paris sind aus der Dreieckskonstellation Sartre – Beauvoir – Olga nunmehr sich erotisch mehrfach überlagernde Vielecke geworden. Nach fein austarierten Zeitplänen bewirtschaftet Beauvoir neben ihrer Beziehung zu Sartre auch Verhältnisse mit Olga (zu dieser Zeit fest mit dem »kleinen Bost« liiert), dem »kleinen Bost« (ohne dass Olga davon erfahren durfte) sowie einer Schülerin aus der Pariser Abschlussklasse des Vorjahres, der 18-jährigen Bianca Bienenfeld (mit der Sartre seit Beginn 1939 ebenfalls ein Verhältnis pflegt). Sartre ist zudem fest an Olgas jüngere Schwester Wanda gebunden (die von Sartre hinsichtlich aller anderen Verhältnisse konsequent belogen wird). Dazu bahnt sich bei Beauvoir (sowie Sartre) eine weitere Beziehung mit einer ehemaligen Schülerin namens Natalie Sorokin an. Und dies sind nur die fest gepflegten Liaisons.

Ganz wie es ihrem mittlerweile zehn Jahre andauernden Pakt entspricht, sparen Beauvoir und Sartre in ihren Briefen aneinander kein noch so entwürdigendes Detail hinsichtlich ihrer Liebschaften aus. Beauvoirs seit Jahren lebensbestimmender Drang, im Angesicht einer düsteren Zukunft »jeden Augenblick zu genießen«, ohne sich dabei als Mensch im eigentlichen Sinne aufs Spiel zu setzen, hatte mit anderen Worten ein alltägliches Geflecht von allesamt asymmetrischen Verhältnissen und auch Abhängigkeiten erzeugt, das keine wohlwollende Beschreibung offenlässt.[65]

Womöglich läge in dieser Situation das, was den wahren Literaten – oder die wahre Literatin – zunächst von der größeren Masse der Schreibenden abhebt: der um alle ethischen Dimensionen bereinigte Wille, jede Erfahrung, jede Beziehung, jedes Erlebnis in den Dienst einer möglichen Fiktionalisierung zu stellen. Sie zu reinen Mitteln des eigentlichen Daseinszwecks zu instrumentalisieren.

Sartre ist es nicht in die Wiege gelegt, die eigene Existenz zu moralisieren. Bei Beauvoir verhält sich dies ein wenig anders. Vor allem das Lügendreieck mit Olga und dem kleinen Bost belastet sie zunehmend.[66] Das hat zunächst allerdings weniger mit rein ethischen Bedenken gegenüber Olga zu tun als vielmehr mit Beauvoirs tiefer, insbesondere sexueller Leidenschaft für den kleinen Bost, dem sie zu dieser Zeit Brief um Brief versichert: »Ich habe nur *ein* sinnliches Leben, und zwar mit dir.«[67] Mit Sartre, fährt sie fort, habe sie zwar ebenfalls noch physische Beziehungen, »aber nur sehr selten, und mehr aus Zärtlichkeit füreinander – ich bin nicht sicher, wie ich es sagen soll – aber ich gebe mich da nicht voll hin, weil auch er es nicht tut«.[68]

Bereits seit Frühjahr 1939 ist Bost zum Militärdienst eingezogen. Sartre würde bei Kriegsausbruch ebenfalls umgehend mobilgemacht werden. Denkt Beauvoir an den nunmehr unausweichlich scheinenden Krieg, drohte sie dieser sowohl des intellektuellen wie sinnlichen Zentrums ihrer Existenz zu berauben. Wer würde sie dann noch sein? Wer oder was sie in der Welt halten?

Als sie am 6. Juli 1939 in den Zug nach Amiens steigt, um den dort stationierten Bost zu besuchen, schreibt sie Sartre eine Reihe von Briefen, die ein repräsentatives Bild ihrer damaligen Lebenslage vermitteln:

6. Juli 1939

Ganz liebes kleines Geschöpf,

… Im *Flore* traf ich eine sehr nervöse Kos. (= Olga, W. E.), die gerade Wanda weggebracht hatte; wir haben eine Runde gedreht … und … wir haben über unsere Beziehung geredet, von der sie kolossal entzückt ist; dann waren wir bei *Capoulade*, und sie hat über Bost geredet; ... Im großen und ganzen, wenn sie sich wie jetzt in ihrem besten Licht zeigt, heiter und zutraulich und gutwillig, scheint sie äußerst interessant und sogar anziehend, aber nicht sympathisch. Wir haben uns zärtlich auf der Treppe der Métro Saint-Michel verabschiedet, und wahrscheinlich werden wir im nächsten Jahr (Schuljahr, W. E.) eine idyllische Beziehung haben ...[69]

... Ich bin trübsinnig, ich habe in diesen Tagen zuwenig geschlafen, ich bin müde; ich habe eine erste kostenlose Mahnung wegen der Steuern bekommen, die sich wohl auf 2400 Francs belaufen, und Kos. hat mich gestern um 300 Francs für Schulden und Miete gebeten, auf die ich nicht gefaßt war ... Kos. hat lange über Bost geredet, und ihretwegen habe ich keine Gewissensbisse, aber ein Gefühl von Unlauterkeit und Vergeblichkeit, das schwinden wird, wenn ich Bost sehen werde, aber das mir jede Reiselust nimmt ...[70]

Und zwei Tage darauf, aus Amiens:

8. Juli 1939

... Um 11 Uhr musste Bost seine Uniform wieder anziehen, ich habe ihn zur Kaserne begleitet und bin nach Hause gegangen. Er war sehr nett, aber tief geknickt, und auch ich war es ein bisschen; das kommt einem unheimlich zerhackt vor, man kann weder reden noch wirklich mit der Person zusammensein, und zugleich sind es die letzten Stunden des Besuchs, alles ist ohne Zukunft, und das macht auf düstere Weise gleichgütig.[71]

ANGRIFFSLUSTIG

Zerhacktes Leben, letzte Stunden, düstere Gleichgültigkeit – die Gestimmtheit einer ganzen Nation. Für Beauvoir indes, ihre Briefe zeigen es deutlich, birgt der Blick in den Abgrund dieses Sommers auch Rettendes. Nie hatte sie so gut gearbeitet, sich nie zuvor so nah am Ideal ihres eigenen Schreibens bewegt. Seit Monaten schreibt sie wie besessen an einem Roman, der die philosophische Summa ihres bisherigen Denkwegs bedeuten soll. Auf Sartres Anregung hält er sich eng an eigene Lebenserfahrungen. Als philosophischer Kern des Werkes aber dient eben jene Spannung, die Beauvoir ihrem Tagebuch bereits mit 19 Jahren als eigentliche Schlüsselfrage ihres Denkens anvertraut hatte: »der Gegensatz zwischen Selbst und anderen«.[72]

Alles an ihrer Lebenssituation verweist darauf zurück. Nicht nur, dass Sartre und sie gerade auch im eigenen Beziehungsleben mit der Spannung zwischen vollendeter Vereinnahmung und kalter Abstoßung experimentierten. Auch in der amorphen Figur eines drohenden Krieges konzentrierten sich die beiden nach Beauvoir zentralen Kränkungen jedes werdenden Bewusstseins in einzigartig klarer Weise: also zum einen das Wissen um die je eigene Endlichkeit und zum anderen das Wissen um die Existenz anderer Bewusstseine: »Wie der Tod, von dem man spricht, ohne ihn von Angesicht zu Angesicht zu kennen«, erinnert Beauvoir den für sie entscheidenden gedanklichen Durchbruch dieser Lebensphase, »blieb das Bewußtsein anderer für mich ein ›on dit‹ (dt. man sagt/vom Hörensagen). Musste ich seine Existenz als gegeben hinnehmen, dann war sie mir ein Ärgernis, so groß und unannehmbar wie der Tod. Absurderweise konnte ein Ärgernis das andere ausgleichen: ich nehme dem ›anderen‹ das Leben, und er verliert alle Macht über die Welt und über mich.«[73]

Die Auslöschung des anderen zur Rettung des mutmaßlich Ureigenen. Politisch bedeutete dies den Willen zum Krieg. In privatem Kontext aber den Willen zum Mord. Damit war er fixiert, der Handlungsstrang eines philosophischen Bildungsromans ganz eigener Art. Seit Oktober 1938 schrieb Beauvoir mit ungekanntem inneren Feuer daran: »Endlich hatte ich bei einem Buch, das ich in Angriff nahm, die Gewißheit, daß ich es beenden, daß es veröffentlicht würde.«[74]

EBENBILDER

Ursprünglich sollte eine literarisierte Version von Simone Weil als Opfer des perfekten Mordes dienen – in Beauvoirs Gedankenwelt bis dato stets die »große Andere«. »Die Anziehung, die Simone Weil aus der Ferne auf mich ausübte, brachte mich auf den Gedanken, mir eine Gegenspielerin zu schaffen, die ihr glich.«[75] Doch auch hier gab Sartre einen entscheidenden Wink. Olga, argumentierte er, sei als das intolerabel andere Bewusstsein im Rahmen der Handlung viel besser geeignet, ja typologisch geradezu perfekt: jünger, verschlossener, launischer, eigensinniger, egozentrischer.[76]

Entlang der nun schon einige Jahre ebenso intensiv genossenen wie ertragenen Dreieckskonstellation um Olga würde Beauvoir den Kampf ihres Bewusstseins um Eigentlichkeit darstellen und damit ihr philosophisches Lebensthema in die Form eines Romans gießen. Und genau so, wie Ayn Rand zeitgleich voller Stolz behaupten kann, das psychologische Forschungsobjekt für ihren Helden Howard Roark sei schlicht sie selbst gewesen, ist auch Beauvoirs Titelheldin, die Theaterdramaturgin und angehende Autorin Françoise, ganz nach dem eigenen psychischen Ebenbild entworfen. Olga wird im Roman zur Schauspielschülerin Xavière, Sartre zu dem genialischen Theaterregisseur Pierre, die Szene schließlich von Rouen ins Pariser Kneipen- und Künstlermilieu des Jahres 1938 verlegt. Das leitende Schema war also ein denkbar abstraktes, die konkrete Ausschmückung hingegen unüberbietbar lebensnah. An sich beste Voraussetzungen. Insbesondere die philosophischen Aspekte der zu entwickelnden Spannungskonstellation stehen Beauvoir klar vor Augen. Es würde eine Typologie dreier verschiedener Weisen sein, in denen ein Bewusstsein sich der offensichtlichen Gegebenheit anderer Bewusstseine stellte.

Heldin Françoise (Beauvoir) verkörperte in diesem Schema den Typus eines geradezu unbefleckten Bewusstseins: »Françoise ... hielt sich für das reine Bewußtsein, das einzige. Sie hat Pierre in ihre Souveränität einbezogen: sie standen zusammen im Mittelpunkt der Welt, die zu enthüllen ihr aufgegeben war.«[77]

Als absolut rein begreift sich dieses Bewusstsein in philosophisch gleich dreierlei Hinsicht: Erstens zeigt es sich nicht durch den Einfluss anderer Bewusstseine verschmutzt, verklärt oder verunsichert. Zweitens ist es rein in seinem Streben, die Welt so zu enthüllen, wie sie sich gibt und zeigt. Drittens rein auch in dem Sinne, dass dieses Bewusstsein in seiner angestrebten Neutralität nicht primär wertend, sondern beschreibend vorgeht – vor allem unter bewusstem Verzicht auf all das, was gemeinhin Subjektivität genannt wird: »Da sie (Françoise) völlig in der Umwelt aufging, besaß die eigene Person für sie keine festen Konturen.«[78] Vor dem Hintergrund ihrer langjährigen Husserl-Studien präsentiert Beauvoir ihre Françoise mit anderen Worten als beispielhafte Verkörperung eines rein phänomenologisch gestimmten und damit im besten Sinne erfahrungsoffenen Bewusstseins, das sein eigentliches Sinnzentrum nicht etwa in sich selbst, sondern in der Welt sucht und findet. Aus Phänomenologie wird hier Psychologie, aus abstrakter Erkenntnistheorie unter der Hand konkrete Charakterstudie.

Als direkter Antipode zu Françoise ist Xavières (Olgas) Bewusstsein konzipiert. Anstatt weltoffen und neutral, bleibt es in sich geschlossen und egozentrisch. Anstatt konstant freudig und daseinsgenießend, zeigt es sich ausgesprochen launisch und schwankend. Anstatt fokussiert und wahrheitsliebend, libellenhaft und vorurteilsbehaftet: »In Xavière verkörperte sich die Undurchsichtigkeit eines in sich geschlossenen Bewußtseins.«[79] Wobei mit dieser eigensinnigen Verschlossenheit im Falle von Xavière auch eine klare Konturierung und schwer zu bezwingende Widerständigkeit als Person einhergeht. Philosophisch gesprochen verkörpert ihr Bewusstsein die Haltung einer angstgetriebenen Skepsis, die keinen Weltzugang als den ureigenen kennen und vor allem anerkennen will.

Als Dritte im Tableau schließlich nimmt Elisabeth die Positionsstelle eines sich tief fremdbestimmt erahnenden Bewusstseins ein – sie wird im Buch als Pierres Schwester und dilettierende Malerin[80] vorgestellt. Elisabeth ist in ihrem Weltzugang weder neutral wahrheitsliebend noch spontan eigensinnig, sondern kontrolliert zynisch und weltverachtend. Nicht unähnlich der parvenuhaft nach Anerkennung lechzenden Rahel Varnhagen bei Hannah Arendt macht Elisabeth, in den Worten ihrer Schöpferin, »Jagd auf Emotionen und Überzeugungen, von denen sie nicht den Eindruck hatte, sie je wirklich zu empfinden; sie warf sich diese Unfähigkeit vor, und die Selbstverachtung verleidete ihr vollends die Welt … Die Wahrheit der Welt und ihres eigenen Wesens besaßen andere: Pierre, Françoise.«[81] Elisabeth weiß, dass sie sich selbst in Wahrheit viel zu fremd ist, um sich jemals voll erkennen und anerkennen zu können. Diese Leistung können nur andere für sie erbringen. In eben diesem Wissen besteht ihr eigentliches Unglück.

Wie drei Kugeln auf einem Billardtisch ohne Löcher lässt Beauvoir ihre drei Charaktere ein ums andere Mal aufeinanderprallen – mit Pierre (Sartre), gleichsam die unberührbare schwarze Acht im Spiel, als eigentlichem Auslöser und Preis der Karambolagen.

KRIEG DER WELTEN

Auf 450 Seiten entfaltet sich der Roman »Sie kam und blieb« als fortlaufende Dialogvariation auf ein einziges Thema: die Frage nach den Bedingungen für die Möglichkeit wahrer Selbstfindung im Angesicht des anderen. Ein repräsentativer Auszug:

…

– Bekomme ich dein Buch eines Tages zu lesen?, fragte Xavière. Sie schob dabei den Mund in kokettem Schmollen vor.

– Aber sicher, sagte Françoise. Ich zeige dir gern die ersten Kapitel, sobald du einmal magst.

– Wovon handelt es?, fragte Xavière …

– Es handelt von meiner Jugend, sagte Françoise; ich möchte darin zeigen, weshalb man sich so oft als junges Mädchen so schwertut.

– Findest du, man tut sich schwer?, fragte Xavière.

– Du nicht, antwortete Françoise. Du bist halt gut geraten. Sie dachte einen Augenblick nach.

– Siehst du, solange man ein Kind ist, findet man sich ganz leicht damit ab, dass man nicht besonders beachtet wird; aber das wird anders, wenn man siebzehn ist. Man möchte wirklich ernstlich existieren, und da man sich innerlich immer als das gleiche Wesen fühlt, versucht man es dummerweise mit Garantien von außen her.

– Wie meinst du das?, fragte Xavière.

– Man trachtet nach Anerkennung, man schreibt seine Gedanken nieder, man vergleicht sie mit bewährten Modellen. Sieh dir zum Beispiel einmal Elisabeth an. In gewisser Hinsicht hat sie dieses Stadium niemals überwunden. Sie ist eine ewige Jugendliche geblieben. … Elisabeth macht uns ungeduldig, Pierre und mich, weil sie uns so gefügig lauscht und weil sie sich immer irgendwie unnatürlich gibt. Versucht man aber, ihr etwas mehr Verständnis entgegenzubringen, so erkennt man in dem allen einen ungeschickten Versuch, ihrem Leben und ihrer Person einen Wert zu geben, den ihr niemand nehmen kann. Selbst noch ihre Hochachtung vor den von der Gesellschaft geschaffenen Formen, wie Ehe, öffentliches Ansehen, ist eine Form dieses Strebens.

– Über Xavières Gesicht legte sich ein leiser Schatten.

– Elisabeth ist eine arme eitle Pute, sagte sie. Das ist alles.

– Nein, sagte Françoise, das ist eben nicht alles. Man muß nur verstehen, weshalb sie so ist.
– Xavière zuckte mit den Achseln.
– Wozu soll man denn versuchen, Leute zu verstehen, bei denen es sich gar nicht lohnt.
– Françoise unterdrückte eine Regung von Ungeduld; Xavière fühlte sich immer gleich verletzt, wenn man von jemand anderem sprach als von ihr, und dazu noch mit Nachsicht oder auch nur ohne Voreingenommenheit.
– In gewisser Weise lohnt es sich bei jedem, sagte sie zu Xavière …[82]

Françoise als Bewusstsein des reinen, wohlwollenden Verstehens, Xavière als narzisstisch eingekapseltes Bewusstsein der proaktiven Selbstbehauptung, Elisabeth als das von falschen Anerkennungstrieben deformierte Bewusstsein der sich wissenden Uneigentlichkeit. Jeder beobachtet und bewacht den anderen, jeder wird dem jeweils anderen zur offenen Frage und zum kränkenden Ärgernis. Ein Höllendreieck von dramatischer Dichte, das keinen gütlichen Ausgang denkbar erscheinen lässt,[83] vor allem nicht aus Sicht von Françoise.

Von Xavières Begehren, Rivalität und fundamentaler Andersartigkeit tief irritiert, verliert sie im Verlauf der Handlung ihren Stand des reinen Bewusstseins, muss die faktische Leere ihres Selbst anerkennen und sieht sich bald einer Situation ausgesetzt, die Beauvoir als real existierende Autorin folgendermaßen beschreibt: »Nun lauerte eine Gefahr, die ich seit meinen Jungmädchenjahren zu bannen gesucht hatte: ein anderer konnte ihr nicht nur die Welt stehlen, sondern sich auch ihres Wesens bemächtigen und es verhexen. Durch ihren Hass, ihre Wutausbrüche verformte Xavière sie (Françoise).«[84]

Beispielhaft für jedes Bewusstsein auf dem Weg zu sich selbst, tragen die Heldinnen des Romans am Vorabend des Weltenbrands also ihren ganz eigenen »Krieg der Welten«[85] aus. Auch dies ein

Krieg, der seiner Anlage nach erst mit der totalen Auslöschung des anderen ein Ende finden mag.

DIE NEUE SITUATION

Dass Beauvoir sich im 30. Lebensjahr als Frau wie Intellektuelle hinreichend gefestigt begreift, bedeutete allerdings nicht, dass damit auch ihre persönlichen Anerkennungskämpfe einen Abschluss gefunden hätten. Im Gegenteil. Mit der Publikation von »Der Ekel« (vormals: »Melancholia«) im Frühling des Jahres 1938 war Sartre zum neuen Shootingstar der französischen Literatur aufgestiegen, dessen Werk und Stil von der begeisterten Kritik gar auf eine Stufe mit Kafka gestellt wurde. Zur gleichen Zeit wird Beauvoirs Erzählband von den Lektoren der Verlage Gallimard wie auch Grasset endgültig abgelehnt. Tief gekränkt untersagt sie Sartre, das Manuskript weiter anzubieten.

Während er nun das hat, was man einen Namen nennt, bleibt sie ein literarischer Niemand und droht damit in der Wahrnehmung der Literaturszene endgültig auf die Rolle »der Frau an seiner Seite« reduziert zu werden – die dazugehörige Schablone liegt lange ausgestanzt bereit. Wie nahe hätte es deshalb bereits zu diesem Zeitpunkt gelegen, den von Beauvoir bis in mikrologische Details verfolgten Kampf zwischen Selbst und anderem auch als bestimmende Spannung der beiden Geschlechterrollen zu thematisieren. War nicht die Ausgangsposition, mit der ein Mann sich auf das dialogische Spiel der Selbstfindung einließ, eine fundamental andere als die der Frau? Zog die Frau nicht von vorneherein als eine Art Paria in diesen Anerkennungskampf?

So wie Hannah Arendt in ihrer Rahel-Erkundung zeitgleich festhält, dass sich eine Jüdin unter den Bedingungen eines allzu realen gesellschaftlichen Antisemitismus nur dann wirklich »assimilieren kann, wenn man sich auch an deren Antisemitismus assimiliert«, mochte sich auch von Beauvoirs Warte vermelden lassen, dass jede bewusste Assimilation eines weiblichen Bewusstseins an Gesellschaftsrollen, die Frauen a priori abwerten, also nur bedeuten könne, auch deren Frauenfeindlichkeit mit zu verinnerlichen.

Statt dass »die Frau« und »der Mann« im Schematismus von »Ich« und »anderem« als Gleiche aufeinandertrafen, war die Situation schon immer durch die Position einer offen nachrangigen Andersheit festgelegt – eben der Rolle des deuxième sexe, des zweiten oder auch »anderen Geschlechts«. Für die Ausarbeitung dieses potentiell gesellschaftsentschlüsselnden Gedankens würde Beauvoir noch zehn Jahre sowie die Erfahrung eines weiteren Weltkriegs benötigen – um in der Folge als Denkerin endgültig aus dem Schatten Sartres zu treten.[86]

Das gedankliche Werkzeug zur Entschlüsselung der spezifisch weiblichen Situation besaß sie bereits in den Jahren 1938/1939. Doch lautete ihre leitende Frage in dieser Phase ausdrücklich noch nicht, was es heißen mochte und konnte, »eine Frau« zu sein, sondern lediglich, diese Frau, nämlich sie selbst zu sein.

IM ANGESICHT DER ANGST

Immerhin war es ihr in den vorangegangenen zehn Jahren ihres Erwachsenenlebens gelungen, sich gegen alle familiären Widerstände der Festlegung auf die weithin vorherrschende Rolle der sorgenden Gattin/Mutter zu entziehen. Ohne sich herrschenden Logiken des Begehrens zu unterwerfen, war sie in ihrem Lebensentwurf mehr oder weniger bewusst der Strategie eines ewig lustbereiten Dazwischen gefolgt. Die von einer Lebensform polyamouröser Bisexualität stabilisierte »einzig notwendige Beziehung« mit Sartre wirkte hierbei als Tatbeweis für die Möglichkeit eines radikal anderen Lebensentwurfs. Dabei bleibt festzuhalten, dass Beauvoirs Verhalten gegenüber ihren weiblichen Geliebten des Zeitraums in Haltung und Ansprache keinen merklichen Unterschied zum Rollenverständnis aufweist, das Sartre in seinen zahllosen Affären an den Tag legt. Auch Beauvoirs Zugang steht im Zeichen einer letztlich ebenso genussfernen wie empathiefreien Haltung manipulativer Dominanz. Lässliche Spielchen zur Labung des eigenen Egos – ohne tiefere Sorge um die Konsequenzen des eigenen Tuns im Bewusstsein der anderen.

Während Sartre sich in seinen Briefen an Beauvoir als »ausgemachter Fummler« preist und in dieser Rolle von den »tropfenförmigen Arschbacken« oder der erstaunlichen Bereitschaft zu »intimen Küssen« jüngster Eroberungen kündet, betont Beauvoir gerne, wie letztlich gleichgültig, lustarm, ja sogar störend sich ihre Stelldicheins mit ehemaligen Schülerinnen gestalten – bis hin zu allzu konkreten Klagen über den störenden Fäkalgeruch der Verführten beim Geschlechtsverkehr. Über ihre Geliebten spricht Beauvoir mit Sartre von »Mann zu Mann«, also als Subjekt über Objekte. Zumindest diese Form der Assimilation war von ihr innerlich vollzogen.

Der entscheidende ethische Schritt von der Sorge für das Selbst zur Sorge für den anderen, er fiel Beauvoirs Gemüt ohne Zweifel schwerer als anderen.

Dennoch, die konkrete Drohung des Krieges dynamisierte sie auch in dieser Hinsicht. Zumal zu dieser Zeit auch Beauvoirs fortlaufendes Projekt, »philosophische Ideen in das eigene Leben zu integrieren«, entscheidend neue Impulse erhält. Im Verlauf des Frühjahrs studiert sie gemeinsam mit Sartre intensiv die Schriften des Husserl-Schülers Martin Heidegger, insbesondere dessen Werk »Sein und Zeit«.

Den methodischen Anstößen seines Lehrers folgend, entwickelt Heidegger in diesem Werk eine umfassende Analyse der spezifisch menschlichen Existenzsituation. Vollends grund- und haltlos in die Welt geworfen, so Heidegger, bleibt es die Aufgabe eines jeden Daseins, sich im stets präsenten Vorwissen um das dräuende Nichts des Todes möglichst entschlossen selbst zu ergreifen. Ein philosophischer Ruf zur mutig gelebten Eigentlichkeit also, der bei Sartre und Beauvoir auf besonders fruchtbaren Boden trifft. Gegen das ewig uneigentliche Diktat des großen, anonymen »man« bringt Heidegger die vage Gestimmtheit der Angst – insbesondere der Todesangst – als Grundlage wahrer Selbstbestimmung in Stellung. Gerade die gespannte Ruhe vor dem Sturm, gerade die kaum erträgliche Langeweile scheinbar vollkommener Ereignislosigkeit taugen nach Heidegger als Auslöser existentieller Entschlossenheit.

Ein weiterer Brief Beauvoirs an Sartre, verfasst während ihrer Besuchstage bei dem einkasernierten Bost in Amiens, offenbart Heideggers Einfluss auf ihr Weltempfinden in aller Deutlichkeit:

7. Juli 1939

> … ich habe den ganzen Tag damit zugebracht, in einem traurigen Café vergeblich auf den kleinen Bost zu warten, der nicht auftauchte. Es war höchst nervenaufreibend; heute früh war ich verzweifelt und habe in der Kaserne nach ihm gefragt, und ich habe ihn, erdrückt von einem Helm, getroffen, er hatte gestern den ganzen Tag Wachdienst … Im übrigen gab dieses mehrstündige Warten gestern eine ausgezeichnete Gelegenheit ab, Heidegger zu lesen, mit dem ich fast fertig bin und den ich gut verstanden habe, zumindest oberflächlich, das heißt, ich weiß, was er sagen will, aber ich gehe nicht den Schwierigkeiten nach, obwohl ich davon eine Menge spüre. Im übrigen bin ich im Augenblick so besessen, daß ich einen in jeder Hinsicht unangenehmen Tag wie den gestrigen nicht bereue, denn das gibt einen typischen Tag ab, wie ich ihn sehr gut in einem Roman benutzen kann …[87]

Die Angst vor der Langeweile, die Angst vor dem Tod, die Angst vor der deformierenden Macht der anderen sowie der daraus entspringende Mut, die eigene Stimme zu finden und zu kultivieren. Das alles findet in diesem Sommer zusammen und will unter

Beauvoirs Händen nach langen Jahren des Tastens und Versuchens zum Werk werden.

Den August verbringen Sartre und Beauvoir mit Freunden in einem Strandhaus an der Côte d'Azur. Die Zeit selbst scheint den Atem anzuhalten. Sartre bringt Beauvoir das Schwimmen bei. Ende August gemeinsam zurück in einer wie menschenleeren Hauptstadt, fasst er seine Eindrücke folgendermaßen zusammen: »Paris war komisch. Alles war zu. Restaurants, Theater, Läden … und die Viertel hatten ihr individuelles Gesicht verloren. Es war nur noch eine Totalität übrig, die Paris war. Eine Totalität, die für mich schon *Vergangenheit* war und auch, wie Heidegger sagt, zusammengehalten und getragen wird vom Nichts.«[88]

Das Nichts konkret vor Augen, findet auch Sartre zu neuer Entschlossenheit. Bei einem Abendessen schlägt er Beauvoir vor, den vor zehn Jahren probeweise eingegangenen Pakt endgültig »auf Ewigkeit« zu stellen. Nie wieder würde man sich trennen, als Paar immer zusammen und also in der Wahrheit bleiben – eine philosophische Vermählung im Angesicht des Todes.

In der Nacht auf den 1. September 1939 greift die Wehrmacht Polen an. Zwei Tage später ist auch Frankreich im Krieg.

VI. GEWALT

1939/1940

Weil ohne Feinde, Beauvoir ohne Sartre, Arendt auf der Flucht und Rand im Widerstand

UNABLÄSSIG VOR AUGEN

Der Konflikt zweier Millionenarmeen bleibt zunächst ohne Gefechte – ohne Opfer. Verschanzt hinter ihren Schutzlinien, erwarten die Franzosen den Ansturm der Wehrmacht. Aus Tagen der Anspannung werden Wochen, bald Monate. Simone Weil verlebt diese »Sitzkrieg« (»drôle de guerre«) genannte Phase in der Pariser Wohnung ihrer Eltern. Ein Fachartikel bringt Vater »Biri« im November 1939 auf den Gedanken, die jahrelangen Leiden der Tochter könnten von einer verschleppten Sinusitis rühren. Sämtliche Symptome stimmen überein. Als Therapie wird empfohlen, die chronisch entzündete Stirnhöhle mit einer Kokainspülung zu behandeln. Ohne die Schmerzen ganz zu kurieren, schlägt die Maßnahme an.[1] Wenigstens eine positive Entwicklung.

Im Angesicht des zu erwartenden Gewaltexzesses will Weil sich gedanklich dessen Folgen für ihr Land versichern: Worin besteht das Wesen eines Krieges? Welche Dynamiken liegen ihm zugrunde? Und nicht zuletzt: Unter welchen Bedingungen dürfte er als gerecht geführt gelten? Zurate zieht sie hierfür das ihrer Überzeugung nach größte wie barmherzigste Kriegszeugnis der abendländischen Geschichte: Homers Epos vom Trojanischen Krieg. In den Monaten des Winters 1939/1940 entsteht so unter dem Titel »Die Ilias oder das Poem der Gewalt«[2] eine Meditation über das Wesen kriegerischer Gewalt, die zu den tiefsten philosophischen Dokumenten des Zeitraums zählt.

Zunächst, so Weil, bestehe das Besondere der Kriegssituation in deren entgrenztem Verhältnis zur Gewalt, das eine Verdinglichung des Menschen bewirkt, denn: »Die Gewalt macht jeden, der sie erleidet, zum Ding. Wird sie bis zur letzten Konsequenz ausgeübt, macht sie den Menschen zum Ding im wortwörtlichen Sinne, sie macht ihn zum Leichnam. Da war jemand, und mit einem Mal ist da niemand. Dieses Bild führt uns die Ilias unablässig vor Augen.«[3]

In Wahrheit aber greife, wie gerade die »Ilias« eindringlich vermittle, die Logik dieser Verdinglichung viel weiter und verheerender aus. Als wäre er ein philosophischer Tageskommentar zur Situation des Sitzkriegs zwischen Frankreich und Deutschland, legt Weils Essay den Akzent auf die übersehenen Wirkungen der Kriegssituation im Bewusstsein aller Betroffenen:

> Die Gewalt, die tötet, ist eine punktuelle, rohe Gewalt. Wie viel reicher in ihren Methoden, wie viel überraschender in ihren Wirkungen ist jene andere Gewalt, die nicht tötet, oder besser gesagt: noch nicht. Sie wird ganz gewiss töten, oder sie wird vielleicht töten, oder sie schwebt nur über den Menschen, den sie jederzeit töten kann; in jedem Fall aber versteinert sie ihn. Aus der Macht, einen Menschen zum Ding zu machen, geht eine andere, noch viel erstaunlichere Gewalt hervor, die, einen Menschen bei lebendigem Leibe zum Ding zu machen. Er lebt, hat eine Seele, ist aber ein Ding. Ein merkwürdiges Wesen, ein derart beseeltes Ding; ein merkwürdiger Zustand für die Seele.[4]

Die Situation des Krieges schafft also flächendeckend einen neuen Daseinszustand, der Menschen bei lebendigen Leibe dessen beraubt, was sie als Menschen im eigentlichen Sinne ausmacht und leitet: die Offenheit, Plastizität, Lebendigkeit ihrer Seele im Angesicht des anderen. Mit Blick auf die griechische Kriegswelt fasst Weil diesen »merkwürdigen Zustand«, in dem ein beseelter anderer nur noch als Ding wahrgenommen und behandelt wird, auch als Zustand der »Sklaverei«. War doch die gängige Folge eines verlorenen Krieges die Versklavung durch die Sieger – insbesondere auch derer, die nicht eigens am Kampfgeschehen teilgenommen hatten, wie Frauen und Kinder. Der Zustand der Versklavung gleiche »ein(em) Tod, der das ganze Leben durchzieht, ein(em) Leben, das der Tod, lange bevor er es ausgelöscht hat, erstarren lässt.«[5] Der Krieg als geteilte Situation »versklavt« faktisch alle, da er in jedem Einzelnen eine fundamentale Verschiebung hinsichtlich des Verhältnisses zum »anderen« als erklärtem »Feind« bedeutet.

ERKENNE DICH SELBST!

Als überzeugte Patriotin pocht Weil auf die Verpflichtung, ihr eigenes Land dürfe gerade in der Situation des nunmehr eingetretenen Verteidigungskriegs nicht blind für die sklavenähnlichen Unterdrückungsverhältnisse bleiben, die es als Kolonialmacht in aller Welt selbst geschaffen hat und noch immer aufrechterhält. Als der frisch zum »Generalkommissar für Information« ernannte Schriftsteller Jean Giraudoux am 26. November 1939 in der Zeitschrift »Le Temps« einen Artikel veröffentlicht, in dem er »von den 110 Millionen Menschen« in aller Welt spricht, »die sich der Metropole auch in anderer Weise verbunden wissen als der des Beherrscht-Werdens und der Ausbeutung«, kann Weil nicht länger an sich halten. Noch am selben Tag verfasst sie einen wütenden Protestbrief: »Ihre Einlassung enthielt eine Passage, die mir lebhaften Schmerz bereitete ... von ganzem Herzen würde ich gerne wissen, ob Sie wirklich glaubten, die Wahrheit gesprochen zu haben, als Sie bekräftigten, das Verhältnis der Kolonien zu dessen Metropole sei durch etwas anderes als Unterdrückung und Ausbeutung geprägt.«[6]

Gerade im Krieg gelte es dem philosophischen Imperativ des »Erkenne dich selbst« zu entsprechen. Denn was mit seiner »Versteinerung der Seelen« notwendig einhergeht, ist die Verdunklung des Blickes für die Folgen des eigenen Gewalthandelns. Den potentiell weltheilenden Wert der »Ilias« erkennt Weil in diesem Zusammenhang darin, dass deren gesamter Darstellungswille darauf abziele, die in den Krieg gefallenen Menschen von dieser spezifischen Blindheit zu heilen:

> So unerbittlich wie die Gewalt vernichtet, so unerbittlich berauscht sie den, der sie besitzt oder zu besitzen glaubt. Keiner besitzt sie wirklich. Die Ilias teilt die Menschen nicht in Besiegte, Sklaven oder Fliehende einerseits, Sieger und Herren andererseits ein; es gibt keinen, der sich der Gewalt nicht irgend-

> wann beugen müsste. Auch die Soldaten, die frei und bewaffnet sind, müssen Befehle und Schmähungen ertragen.[7]

> Wenn es allen von Geburt an beschieden ist, Gewalt zu erleiden, so ist dies eine Wahrheit, vor der die Macht der Umstände den Menschen die Augen verschließt. Der Starke ist nie ganz stark, der Schwache nie ganz und gar schwach, aber beide wissen es nicht.[8]

Das eigentliche Ziel einer diesbezüglichen »Aufklärung« kann somit nie darin liegen, Gewalt ganz aus der Welt zu schaffen. Nicht einmal als kriegerische Gewalt. Denn ein absolut gewaltfreies Zusammenleben könnte nur gelingen, wenn es keinerlei Machtunterschiede in den sozialen Beziehungen zwischen den Menschen mehr gäbe. Und dieser Zustand wäre wiederum einer, der sich, wenn überhaupt, nur mit höchster, ja geradezu totaler sozialer Gewalt herstellen und aufrechterhalten ließe. Nein, worum es im Sinne solch einer Beschreibung allein gehen kann und gehen muss, ist die Befreiung von der Blindheit für Bedingungen und Folgen des je eigenen Handelns im Krieg sowie für die letztlich durch nichts als historische Zufälle bedingten Umstände, in denen man sich als Gewaltbereiter oder Gewalterleidender jeweils vorfindet. Erst wenn dafür die Augen geöffnet sind, könne überhaupt ein Maß und Mitgefühl walten, das einen Weg aus der Spirale des Todes und Tötens weise, denn: »Nur wer die Herrschaft der Gewalt kennt und ihr nicht zu gehorchen versteht, kann lieben und Gerechtigkeit üben.«[9]

GEOMETRIE DES ZUFALLS

Mit dem Eintritt in den Kriegszustand schleicht sich ein Misstrauen ein, in dem jede noch so geringe Irritation, jede zufallsbedingte Störung zum Auslöser des letzten, eben mörderischen Mittels dienen mag. Gerade weil man in einer Situation »auf Leben und Tod« nichts und niemanden der Macht des Zufalls überlassen will, entfaltet er im Krieg höchste Machtfülle, ja steigt zum eigentlichen Herrscher des Geschehens auf. Während sie am Text feilt, weiß Weil bald auch aus eigener Erfahrung von dieser paradoxen Verstellung zu berichten.

Als nämlich die Sowjetunion am 30. November 1939 mit 1,2 Millionen Soldaten und 3000 Panzern Finnland überfällt, befindet sich ihr Bruder André, ein Mathematikprofessor der Universität Straßburg, mit seiner Frau noch immer zu einem Forschungsjahr in Helsinki. Als er beim Flanieren durch die Stadt seine Runden um ein Gebäude dreht, in dem sich die finnische Luftabwehr befindet, wird er auf offener Straße kontrolliert und aufgrund seiner Herkunft unter Spionageverdacht festgenommen. Eine Vermutung, die sich nach der Durchsuchung seiner Wohnung weiter zu erhärten scheint. Denn neben ausführlichen Korrespondenzen mit russischen Kollegen finden die finnischen Sicherheitskräfte dort auch Texte in seltsamer Codierung. Tatsächlich handelt es sich um Stenographieübungen seiner Frau, der André abends Passagen aus Balzacs Roman »La Cousine Bette« (dt.: »Tante Lisbeth«) zur Transkriptionsübung vorliest. In den Ohren der Finnen keine glaubwürdige Geschichte. Er hat Glück, nicht auf der Stelle exekutiert zu werden. Stattdessen wird er nach weiteren Ermittlungen in Begleitung zweier Polizisten auf ein Boot nach Schweden geleitet, wo man ihn gleich nach der Ankunft erneut festnimmt und interniert. Es ist der Beginn eines langwierigen Auslieferungsprozesses, den Simone von Paris aus – durch zahlreiche Briefe in einem von ihr und ihrem Bruder eigens ersonnenen Geheimcode – nach Kräften unterstützt.[10]

Zur gleichen Zeit verschiebt das deutsche Militär den Angriff auf Frankreich (Codename: »Fall Gelb«) Mal um Mal. Der Grund hierfür ist vor allem ein Missgeschick vom 10. Januar 1940, als sich eine deutsche Kuriermaschine auf dem Weg von Münster nach Köln im Nebel verfliegt und im belgischen Maasmechelen notlanden muss. Dem Piloten, Helmuth Reinberger mit Namen, gelingt es nicht mehr, die an Bord befindlichen Dokumente zu vernichten. Damit sind die deutschen Angriffspläne in Feindeshand und die Militärs zu einer vollständigen Neuausrichtung gezwungen. Im Verlauf der Beratungen entscheidet sich Hitler schließlich für ein von Stabschef Erich von Manstein entworfenes Szenario »Sichelschnitt«.

Rein aus dem Zufall geboren, wird es im Kriegsverlauf wesentlich zur Festigung von Hitlers propagandistisch befeuertem Ruf als »größtem Feldmarschall der Geschichte« beitragen. Nicht zuletzt auch in den Augen seiner engsten Berater.[11] War hier nicht ganz offensichtlich die vom Führer selbst so gern zitierte »Vorsehung« im Spiel gewesen? Wie einst beim mythisch »blinden Seher« Homer, als mutmaßlichem Schöpfer der »Ilias«, zeigt sich auch Simone Weils Blick zu Beginn des Jahres 1940 geradezu prophetisch geschärft, wenn sie erhellt, weshalb der Zufall gerade »größte« und dem Anspruch nach absolute Führer eines Krieges einholen wird:

> Wer die Macht hat, bewegt sich in einem Milieu, das ihm nicht widersteht, ohne dass in der Menschenmasse um ihn herum irgendetwas dazu geeignet wäre, zwischen Impuls und Handlung den kleinen Abstand zu schaffen, in dem Raum für Denken bleibt. Wo das Denken keinen Platz hat, kann es weder Umsicht noch Gerechtigkeit geben. … Da andere ihnen nicht den Einhalt gebieten, den die Rücksicht auf unsere Mitmenschen verlangt, kommen sie zu dem Schluss, dass ihnen das Schicksal alle Rechte verlieh und den ihnen Unterlegenen keine. So überschätzen sie ihre Kräfte. Sie müssen sie überschätzen, weil sie ihre Grenzen nicht kennen. Das liefert sie unwiderruflich dem Zufall aus, und sie sind nicht mehr Herr der Lage … Diese mit geometrischer Strenge erfolgende Bestrafung für den Missbrauch der Macht war der erste Gegenstand des griechischen Denkens. Sie ist die Seele des Epos …[12]

Einmal vom Feuer kriegerischer Gewalt ergriffen, führt der Verlust jedes Widerspruchs aufseiten des Siegreichen zum Verlust der Umsicht und schließlich zum Verlust des Gefühls für die faktische Ausgesetztheit auch des eigenen Handelns. Im Zeichen des Zufalls, der alle Dinge mitbedingt, bahnt sich ein totaler Führer so selbst den Weg in den Untergang. Wobei sich dieser Gang der Dinge nicht etwa irgendeines göttlichen Eingriffs verdankt, sondern bereits bei Homer dem Wesen der Gewalt selbst geschuldet ist. Mehr als alles andere verlangt sie nach Maß, mehr als jedes andere verleitet sie, gerade im Krieg, zu Maßlosigkeit. Je unbedingter sich ein Kriegsherr in seiner Macht- und Steuerungsfülle missversteht, desto gewisser ist ihm deshalb, dereinst selbst vom alles verzehrenden Wesen der Gewalt eingeholt und gestürzt zu werden.

Deshalb kann die eigentlich zu klärende Frage für Weil noch vor allem Kampfgeschehen nur lauten, wie und ob es die eigene Nation wohl vermöchte, sich im Verlauf des Krieges nicht selbst entseelt und damit im entscheidenden Sinne besiegt zu finden. Wer die »Ilias« richtig las, begriff, dass es dafür eines nicht Geringeren als eines wahren Wunders, zumindest aber einer übermenschlichen Anstrengung bedurfte: »Eine maßvolle Anwendung der Gewalt, die allein diesem Räderwerk entgehen könnte, würde eine übermenschliche Tugend verlangen, die so selten ist wie eine bewahrte Würde im Zustand der Schwäche. Zudem ist auch Mäßigung nicht ohne Gefahr, weil das Prestige, aus dem die Macht zu mehr als drei Vierteln besteht, vor allem aus der ungeheuren Gleichgültigkeit des Starken für die Schwachen entspringt, einer Gleichgültigkeit, die so ansteckend ist, dass sie sich auch auf jene überträgt, denen sie gilt. Doch ist es für gewöhnlich kein politisches Denken, das zur Maßlosigkeit rät. Die Versuchung, die in ihr liegt, ist fast unwiderstehlich.«[13]

TOD UND ZEIT

Im Angesicht des Todes offenbart sich die Fähigkeit zur Wahrung des Maßes als eigentlich übermenschliche Entschlossenheit. Wie in einer direkten Umkehrung der Gedanken Heideggers in »Sein und Zeit«, die zeitgleich nicht zuletzt Simone de Beauvoir und Jean-Paul Sartre zu einem neuen Verständnis von Freiheit und Authentizität anregen, sieht Weil die größte Verführung des Krieges und seiner Todesangst darin, in der Seele jedes Einzelnen eine Art Existentialismus der Gnadenlosigkeit zu entfachen. Das heißt, mit der konkreten Aussicht auf den eigenen Tod verliert sich auch jede Perspektive für die Gestaltung einer Zukunft, die über den Zeitraum des Krieges selbst hinausreichte. Während Heidegger das angstergriffene »Vorlaufen des Daseins zu seinem Vorbei«[14] als Bedingung wahrer Selbstergreifung nobilitiert, erkennt Weil darin den sicheren Pfad zu einer alles auslöschenden Selbstverfehlung. Dies ist beispielhaft verkörpert durch das Verhältnis, das sich im Bewusstsein eines Soldaten zum Phänomen der Zeit als Zukunft ausbreitet:

> Der Gedanke des Todes lässt sich nicht aushalten, nur blitzartig, sobald man seine Möglichkeit spürt. Es ist richtig, dass jeder Mensch sterben muss und dass ein Soldat in den Kämpfen alt werden kann, doch für die, deren Seele unter das Joch des Krieges gezwungen ist, hat sich das Verhältnis zwischen dem Tod und der Zukunft verändert. Für die anderen ist der Tod eine Grenze, die der Zukunft gesetzt ist; für sie ist er selbst die Zukunft, die Zukunft, die ihren Beruf bestimmt. Dass Menschen im Tod ihre Zukunft sehen, ist wider die Natur. … Das Bewusstsein ist dann in einer Form angespannt, die es nicht lange erträgt, doch jeder neue Tag setzt es derselben Notwendigkeit aus, und Tage werden zu Jahren. Die Seele leidet alle Tage Gewalt. Morgens ist sie unfähig, nach etwas zu streben, weil sich der Gedanke nicht auf den Weg machen kann, ohne dem Tod zu

> begegnen. So löscht der Krieg jede Vorstellung eines Ziels aus, auch die eines Kriegsziels.[15]

Gefangen in einer ewig dunklen Gegenwart der Todesweihe, ist das Bewusstsein für eine Zukunft jenseits des Krieges wie betäubt und trägt so zur gespenstischen Unwirklichkeit der Kriegserfahrung ebenso bei wie zur fortschreitenden Entmenschlichung derer, die im Namen sogenannter Kriegsziele Tag um Tag wieder getötet werden sollen – bis zu dem Punkt, an dem das Töten kein ihm äußeres Ziel mehr kennt und kennen kann. Nichts vermag diese Spirale dann noch zu stoppen, es sei denn der Tod selbst. »Die Seele, die das, was die Natur in sie hineingelegt hat, durch die Existenz des Feindes in sich abtöten musste, glaubt nur durch dessen Vernichtung Heilung zu finden. ... Der Mensch, der von diesem doppelten Todesdrang erfüllt ist, gehört, solange er kein anderer wird, einem anderen Geschlecht als dem der Lebenden an.«[16]

EINZIGARTIGE EMPFINDSAMKEIT

Es ist damit die sich aus dem Wesen der Gewalt selbst ergebende Wechselseitigkeit der Entmenschlichung, die dem Krieg ihren eigentlichen Schrecken wie auch seine bald ausweglos erscheinende Sinnlosigkeit verleiht. Keine der beteiligten Parteien kann von dieser Dynamik verschont bleiben – weder Sieger noch Besiegte, weder Täter noch Opfer, weder Helden noch schuldlos Unterworfene.

> Der eine wie der andere muss bei seinem Kontakt mit der Gewalt unweigerlich erfahren, dass sie alle, die mit ihr in Berührung kommen, entweder stumm oder taub macht.
> Das ist das Wesen der Gewalt. Ihre Macht, die Menschen zu Dingen zu machen, ist eine doppelte und vollzieht sich auf beiden

> Seiten; sie versteinert auf unterschiedliche Weise, aber in gleichem Maße die Seelen der sie Erleidenden und der sie Ausübenden.[17]

> ... diese doppelte Kraft der Versteinerung ist das Wesen der Gewalt, und die Seele, die mit ihr in Berührung kommt, kann ihr nur durch ein Wunder entgehen. Solche Wunder sind selten und kurz.[18]

Und doch, so Weil, fänden sich in der Geschichte der Menschheit immer wieder Bezeugungen dieses Wunders, des Sprungs auf eine höhere Ebene, des Ausbruchs aus der Dunkelheit ins Licht. Sei es in Form konkreter Individuen und Stifter – wie Buddha, Krishna, Sokrates oder Jesus – oder in Form kulturtragender Texte und Epen wie der »Bhagawadgita«, den Evangelien oder eben und vor allem der »Ilias«. Deren gesamten Blick auf das kriegerische Geschehen sieht Weil von einem Licht der Gnade für alle Wesen im Krieg beseelt: von der Liebe zu jedem Einzelnen von ihnen, dem Wunsch nach Gerechtigkeit und Frieden für ihre gequälten Seelen, der rachefreien Bereitschaft zur Freundschaft mit dem Feinde sowie der geteilten Trauer bezüglich des finsteren Zustands der Welt, in die sie geworfen wurden.

> Das macht die Illias so einzigartig, diese Bitterkeit, die aus der Empfindsamkeit hervorgeht und sich über alle Menschen erstreckt, gleichmäßig wie das Sonnenlicht. ... Liebe und Gerechtigkeit, die in dieser Schilderung extremer Gewalttaten kaum Platz finden können, durchtränken sie mit Licht, ohne je anders als im Ton spürbar zu sein.[19]

> ... alles, was im Innern der Seele und in den menschlichen Beziehungen der Herrschaft der Gewalt nicht erliegt, wird geliebt, aber schmerzlich geliebt, weil es ständig in der Gefahr seiner Vernichtung schwebt.[20]

Im Rückgriff auf das älteste Epos eben jenes Kulturkreises, der sich binnen weniger Jahrzehnte zum zweiten Mal ganz und gar der Dynamik des Krieges hingibt, formuliert Weil auch die Voraussetzungen eines zukünftigen Friedens, der mehr sein könnte als nur eine weitere, von Blindheit und Rache beförderte Vorstufe zu einem abermaligen Krieg.

Zu dem Zeitpunkt, da sie die Arbeit am Text abschließt, stehen sich an den Frontlinien noch immer jeweils gut fünf Millionen kampfbereite Soldaten gegenüber. Zumindest an der Entschlossenheit und den alles entmenschlichenden Endzielen der Wehrmacht besteht für sie kein Zweifel. Ein Sieg aber, der im gleichen Geiste bestritten und gegebenenfalls errungen würde, so Weils Mahnung an ihre Landsleute, wäre vor diesem Hintergrund fast noch entwürdigender als die Niederlage.

Vor solch einer Niederlage – der einzigen, die wirklich unverzeihlich wäre – vermöchte ihr Land letztlich nur das gnadenvolle Eintauchen in eben jenes Licht zu schützen, das die »Ilias« selbst beseelte. Für Weil ist es gleichbedeutend mit dem Licht der Evangelien und auch mit jenem Licht, von dem sie sich mittlerweile aus eigener, tiefster Erfahrung beseelt weiß. Weshalb sich die Art ihres Sprechens zum Ende des Textes in einer Weise wandelt, die auch den Ton für die kommenden Kriegsjahre ihres Denkens vorgibt: von der nüchternen Analyse zur prophetischen Mahnung, von der hiesigen Welt in eine andere, vom reinen Argument zum Appell des Erwachens: »Die Völker Europas ... werden den epischen Geist vielleicht wiederfinden, wenn sie dazu imstande sind, nichts von dem Schicksal für sicher zu halten, nie die Gewalt zu bewundern, nicht die Feinde zu hassen und nicht die Unglücklichen zu missachten. Vielleicht sind wir davon noch weit entfernt.«[21]

FALLSCHIRMSPRINGER

Wie ernst es Simone Weil mit ihrem Existentialismus der Gnade ist, beweist eine Alltagsepisode aus dem Mai 1940. Der Sitzkrieg erlebt seinen neunten Monat. Lang kann es nun nicht mehr dauern. Als sie zu Hause während eines Abendessens in die Runde fragt, wie wohl mit einem jungen deutschen Fallschirmspringer zu verfahren wäre, würde er just in diesem Moment auf dem Balkon der Wohnung landen, antwortet Vater »Biri«, diesen nach Möglichkeit sofort der Militärpolizei zu überantworten. Entrüstet erwidert Simone, mit einem Menschen, der solch eine Haltung an den Tag lege, wolle sie nicht weiter an einem Tisch essen.

Simone Pétrement, Weils gute Freundin und an diesem Abend zu Gast, glaubt zunächst an einen Scherz.[22] Doch Weil weigert sich nun tatsächlich, auch nur einen weiteren Bissen zu sich zu nehmen. Gewiss nicht das erste Mal, dass sie in ihrem struwwelpeterhaften Rigorismus gerade Essenverweigerung als Drohmittel einsetzt – und damit die ständige Sorge der Eltern um ihr physisches Wohlergehen selbst gewaltsam instrumentalisiert. Wie zu erwarten, korrigiert sich der Vater, um der lieben Seele Ruhe willen, noch bei Tisch und verspricht hoch und heilig, den Soldaten für den Fall der Fälle nicht den Behörden zu übergeben.

Am 10. Mai 1940 löst Hitler den »Fall Gelb« aus und setzt die Wehrmacht Richtung Frankreich in Bewegung. Am 13. Juni wird Paris von der französischen Regierung offiziell aufgegeben und für die Sieger zur »freien Stadt« erklärt. Einen Tag später erreichen die ersten deutschen Truppen die Stadt. Der Einsatz von Fallschirmspringern hat sich zu diesem Zeitpunkt bereits erübrigt.

EXODUS

Am 9. Juni 1940 erleidet Simone de Beauvoir den ersten Nervenzusammenbruch ihres Lebens. Aus höheren Militärkreisen hat der Vater Bianca Bienenfelds von dem unmittelbar bevorstehenden Einmarsch der Wehrmacht erfahren. Bereits am folgenden Tag würde die Familie mit dem Auto Richtung Westen flüchten. Mit letzter Kraft packt Beauvoir einen Koffer. Nur das Nötigste – darunter auch ihre nun zehn Jahre währende Korrespondenz mit Sartre. Als sie in den Abendstunden des 10. Juni in das Auto steigt, gehören die Bienenfelds und sie zur Vorhut dessen, was im Französischen bis heute »der Exodus« genannt wird. Binnen weniger Tage flüchten mehr als drei Millionen Einwohner vor den nahenden Deutschen, die von Norden auf das Zentrum von Paris vorrücken.

Das Chaos ist entsprechend: überfüllte Züge, verstopfte Straßen. Zuerst geht in den vom Ansturm überwältigten Provinzstädten das Benzin aus, bald auch das Essen. Einmal aus der direkten Schusslinie, will Beauvoir sich gen Westen nach La Pouëze durchschlagen, zum Landhaus einer alten Freundin und Gönnerin Sartres, Madame Morel. Als sie es nach zwei Tagen »in einem Zustand düsterer Angst« erreicht, verbringt sie dort »die schlimmsten Tage meines Lebens«.[23]

Keine Woche hat die Maginot-Linie dem Ansturm der Wehrmacht Hitlers standgehalten. Wie war das möglich: Verrat? Sabotage? Oder waren die Nazis am Ende tatsächlich so übermächtig, wie deren Propaganda behauptete?

Jacques-Laurent Bost, so viel weiß sie, kämpft in einem Lazarett mit einer Bauchwunde um sein Leben. Sartres letzter Brief datiert vom 8. Juni, »... ich kann nicht mehr *positiv* hoffen, daß wir den Krieg gewinnen (ich denke auch nicht, daß wir ihn verlieren: ich denke nichts, die Zukunft bleibt versperrt)«.[24]

War er noch an der Front oder bereits abgezogen? »Drei Tage lang«, schreibt Beauvoir, »las ich nur Kriminalromane und ließ meiner Verzweiflung freien Lauf. Das ganze Dorf war voll von Verwandten und Freunden. Fieberhaft hörte man Kriegsberichte ab … Eines Abends gegen neun Uhr klingelte es; es waren Fallschirmspringer gesichtet worden … am nächsten Morgen erfuhren wir, daß die Fallschirmspringer gewöhnliche Luftsäcke waren.«[25]

GRENZSITUATION

Aber was, wenn die Deutschen tatsächlich einträfen? An diesbezüglichen Greuelphantasien besteht im Dorf kein Mangel. Mit einer Mischung aus Unglauben, Verzweiflung und Hoffnung vernimmt Beauvoir am 22. Juni die Radiomeldung, der greise Marschall Pétain habe bei Compiègne einen Waffenstillstand unterzeichnet. »Die Sonne brannte. Ich hatte den Eindruck, einen Zukunftsroman zu erleben. Ich war in einem Augenblick gefangen, der nicht meinem Leben angehörte. Das war nicht mehr Frankreich, das war noch nicht Deutschland – ein Niemandsland.«[26]

Beauvoir wähnt sich in einem Alptraum ohne Erwachen. Keine sechs Wochen zuvor war ihr Romanprojekt vom Verlag Gallimard zur Veröffentlichung angenommen worden.[27] Wie Sartre und sie in diesem Frühling überhaupt die Gewissheit entscheidender Durchbrüche teilten. Gleich der Arbeit an einem unendlich komplexen Puzzle, an dem sie zehn Jahre gemeinsam gesessen hatten, schienen sich die Teile nun endlich aneinanderzufügen: Wie war die Beziehung zwischen Bewusstsein und Wirklichkeit zu fassen? Was folgte daraus für die eigene Freiheit? Was für ein authentisch zu führendes Leben? Und nicht zuletzt: Welche Rolle spielte dabei die Existenz anderer Menschen?

Nicht nur, dass Sartres 400-seitige Abhandlung »L'Imaginaire« (»Das Imaginäre. Phänomenologische Psychologie der Einbildungskraft«) im Februar 1940 als Buch erschienen war. Seit Beginn des Jahres arbeitete er – unterbrochen nur von den täglichen Ballonmessungen an der Front – wie beseelt an einem neuen großen Werk über das »Nichts«. Geradezu euphorisch berichtet er Beauvoir in einem Frontbrief vom 15. Januar 1940:

> Mein reizender Castor,
>
> wieder ein arbeitsamer Tag … Philosophie … es mußte sein. Ich habe heute morgen den Vortrag von Heidegger *Was ist Metaphysik?* wiedergelesen und habe mich tagsüber damit befaßt, in der Frage des Nichts zu ihm »Stellung zu nehmen«. Ich hatte eine Theorie des Nichts. Sie war noch nicht sehr gut formuliert, und jetzt ist sie es. … die Philosophie, die ich treibe, … (ist) eigennützig. Sie spielt in meinem Leben die Rolle, mich gegen die Melancholie, Verdrossenheit und Traurigkeit des Krieges zu schützen, und außerdem versuche ich jetzt weder, mein Leben nachträglich durch meine Philosophie zu schützen, was eine Schweinerei ist, noch mein Leben meiner Philosophie anzupassen, was pedantisch ist, sondern Leben und Philosophie sind wirklich eins. Diesbezüglich habe ich bei Heidegger einen schönen Satz gelesen, den man auf mich anwenden könnte: »Die Metaphysik des Daseins ist nicht nur Metaphysik über das Dasein; es ist die Metaphysik, die sich als Dasein hervorbringt«.[28]

Es sind die gleichen Tage, in denen auch Beauvoir ihrem »ganz lieben kleinen Geschöpf« davon berichten kann, wie rund der Roman nun laufe: »Ich glaube schon, daß Sie mich loben werden, wenn Sie meine 250 Seiten lesen (denn es werden mindestens 250 sein, Kleiner, der so lange auf sich warten lässt)«.[29] Wobei nicht zuletzt die Art, in der Beauvoir sich nur zwei Tage später in einem Brief äußert, deutlich vermittelt, wie tief die Eigentlichkeitsimpulse Heideggers mittlerweile auch ihr eigenes Denken prägen: Bienenfeld, beklagt sie sich darin bei Sartre, gehe ihr unsagbar auf die Nerven, weil diese »absolut nicht verstanden (hat), was ich ihr erklärt habe, daß nämlich Moral vor allem eine existentielle Haltung ist; und tatsächlich ist sie das Geschöpf auf der Welt, dem am meisten jeder existentielle Sinn abgeht ... sie lebt *ihre* Situation absolut nicht, sie ist ... ›das man‹ und sonst nichts.«[30]

NICHTS ALS FREIHEIT

So wie Beauvoir und Sartre Heidegger als Theoretiker des Nichts lesen, ist das Problem der Freiheit keines, das sich rein verstandesmäßig angehen, geschweige denn lösen ließe. Anstatt eines Faktums, dessen Gegebenheit objektiv feststellbar wäre, handelte es sich bei Freiheit vielmehr um etwas, das es in einer Situation handelnd zu ergreifen galt. Gerade weil sie auf nichts als dieser Entschlossenheit selbst beruhte, war sie unbedingt. Mit Heideggers eigenen Worten des Jahres 1929 galt, »daß Freiheit nur ist und sein kann in der Befreiung. Der einzige adäquate Bezug der Freiheit zum Menschen ist das Sich-Befreien der Freiheit im Menschen.«[31] Im Zeichen des Nichts war der Mensch also unwiderruflich der Situation der Freiheit ausgesetzt, ja geradezu zu ihr verurteilt. Schließlich war ja auch der von dem Sicherheitsbedürfnis des »man« geleitete Verzicht auf dieses Sich-Befreien eine Art der Entscheidung.

Noch bei Sartres letztem Fronturlaub, im April 1940, diskutieren Beauvoir und er diese Themen auf langen Spaziergängen entlang der Seine. »Vor allem«, wie Beauvoir sich erinnert, »das Verhältnis von Situation und Freiheit. Ich hielt dafür, daß hinsichtlich der Freiheit, wie Sartre sie definierte – nicht stoische Resignation, sondern aktives Überwinden des Gegebenen –, die Situationen einander nicht gleichwertig sind. Welche Möglichkeiten zur Überwindung hat die Frau, die in einen Harem gesperrt ist? Sogar diese Abgeschlossenheit könne man auf verschiedene Weise erleben, sagte Sartre. Ich blieb hartnäckig und gab schließlich nur halben Herzens nach.«[32]

War die aus der Quelle des Nichts entspringende Freiheit, wie Sartre behauptete, wirklich immer unbedingt? Oder musste, wie Beauvoir argumentierte, Freiheit nicht immer schon als Freiheit in einer Situation begriffen werden – und damit als wesensgemäß durch diese Situation bedingt? Das waren offengebliebene Fragen und Flanken, die nun klarer denn je auch Beauvoirs eigenen Ausnahmezustand in La Pouëze betrafen. Sie musste nur in den Spiegel oder aus dem Fenster schauen, isoliert von den ihr wichtigsten Menschen, von Angst wie versteinert, auf einem Landhaus im äußersten Westen einer geschlagenen Nation. Was mochte in einem von den Nazis besetzten Frankreich heißen, sich selbst zu ergreifen? Welche Möglichkeiten zur *Überwindung* der Situation standen jetzt offen?

»Dann explodierte (etwas) … die Scheiben des Restaurants gegenüber sprangen in Scherben, eine gutturale Stimme stieß unbekannte Worte aus, und da kamen sie, alle sehr groß, sehr blond, mit rosigen Gesichtern. Sie marschierten im Gleichschritt und schauten nicht rechts noch links. Es war ein langer Vorbeimarsch. Hinter ihnen kamen Pferde, Panzer, Lastwagen, Geschütze, Feldküchen. … Die Deutschen hackten den Kindern nicht die Hände ab; sie bezahlten, was sie verzehrten, und kauften die Eier auf den Höfen. Sie sprachen höflich; alle Geschäftsleute lächelten ihnen zu. Sie fingen sogleich mit ihrer Propaganda an.«[33]

AUF DEM VORMARSCH

Natürlich, wie jede Propaganda zielte auch die der Nazis zunächst drauf ab, das Verhältnis von Situation und Entscheidung nach eigenen Zwecken zu manipulieren. Dennoch gab es da einen entscheidenden Unterschied, und dieser lag in den offen formulierten Zielen der Nazis selbst begründet. Schließlich bestanden diese in der gewaltsamen Erzeugung von Menschen, die Freiheit nicht einmal mehr als Option erwägen oder auch nur verspüren würden. In der Schaffung von Menschen, die dauerhaft jenseits der Alternative von stiller Resignation oder aktiver Überwindung existierten. In dem totalitären Traum eines Daseinskollektivs blinder Gefolgschaft von absolut Gleichen und Gleichgeschalteten.

Die auch von Simone de Beauvoir zunächst erleichtert zur Kenntnis genommene »Höflichkeit« und »Korrektheit« der deutschen Besatzungstruppen in Frankreich widersprach dieser Deutung keineswegs. Im Gegenteil, es bestätigte sie in unheimlichster Weise. Denn was für den »Gleichschritt« der in das Dorf einmarschierenden Wehrmachtssoldaten galt, sollte den strengen Vorgaben nach auf deren Verhalten gegenüber der unterworfenen Bevölkerung gelten: »weder nach rechts noch links schauen, sondern sich strikt an befohlene Regeln halten«. Gemäß den die Regeln anleitenden, wahnhaften Rassenkategorien der Nazis handelte es sich bei »den Franzosen« ja nicht um sogenannte »Untermenschen«. Damit bestand das Ziel aufseiten der Besatzer auch nicht direkt in körperlicher Auslöschung oder leiblicher Versklavung, sondern zunächst in rein geistig-existentieller Unterwerfung. In anderen von Nazis eroberten Regionen verhielt »man« sich durchaus anders. So wäre es vor allem weiter hinein in die Kriegsgebiete schwer, vergleichbare Augenzeugenschilderungen polnischer oder ukrainischer Frauen und Männer hinsichtlich des Einmarschs der Wehrmacht in ihre Dörfer oder Städte zu finden[34] – also von Menschen, die im rassistischen Weltbild der Nazis als »Untermenschen« klassifiziert waren. Von dem Vorgehen gegen Juden, auch in Frankreich, gar nicht zu reden.

HEIMKEHR

Bereits Ende Juni 1940 herrscht zumindest in La Pouëze wieder so etwas wie Alltag. Die Bauern sind zurück auf ihren Höfen, die Cafés und Läden frisch geöffnet. Als Beauvoir Gerüchte erreichen, auch die ersten Kriegsgefangenen seien bereits wieder auf dem

Weg zu ihren Familien, fasst sie den Entschluss, sich per Anhalter nach Paris durchzuschlagen.

Doch das einzige Lebenszeichen von Sartre, das sie nach einer mehrtätigen Odyssee in ihrem Hotel vorfindet, besteht in einem kurzen Brief von eben jenem 9. Juni, an dem Beauvoir aus Paris geflohen war. Er habe »gut gearbeitet« und sei »voller kleiner Erlebnisse«.[35] Das konnte alles bedeuten. Oder auch nichts: »Nachdem ich mich gestern abend so elend wie noch nie in meinem ganzen Leben gefühlt habe«, notiert Beauvoir am Morgen des 30. Juni 1940 in ihr Pariser Kriegstagebuch, »gewinne ich heute früh plötzlich eine Art Fröhlichkeit zurück – es ist warm – ich habe meinen Stammplatz im *Dôme* eingenommen … Mit aller Kraft glaube ich plötzlich an ein ›Nachher‹ … in dem wir zusammen leben werden. … Heute ist der erste Tag, an dem ich aus meiner Isolation etwas hervorkrieche und aufhöre, eine ›zerquetschte Wanze‹ zu sein, um zu versuchen, wieder eine Person zu werden.«[36]

Neutral betrachtet konnte ihre Lage in der Tat schlimmer sein. Die Eltern sind wohlauf, die Schwestern Kosakiewicz auf dem Lande bei Rouen ebenfalls in Sicherheit, wie auch Natalie Sorokin per Fahrrad bereits auf dem Weg zurück nach Paris ist. Sogar der Unterricht an den Schulen soll bald wieder einsetzen. »Das Leben um mich nimmt wieder Gestalt an«, schreibt Beauvoir nur zwei Tage später, »es ist interessant, wie man eine solche Trennung erlebt. Zunächst ist da dieser Schwebezustand, dieses Einklammern der Welt, der ganzen Gegenwart, … kaum ein lebendiges Bild von Sartre, aber ein stereotypes, unbestimmtes Bild und sogar das Wort ›Sartre‹ tauchen unwillkürlich auf, sobald Handeln und Denken stillstehen … Im Grunde warte ich am stärksten auf einen Brief, wenn ich überhaupt eine zeitliche Orientierung habe.«[37] Ein Musterbeispiel phänomenologisch geschulter Selbstanalyse. Wer braucht schon ein Unterbewusstsein, wenn man ein Bewusstsein hat? Zweiteres war schließlich komplex genug.

PROJEKT HEGEL

Als Ergebnis der Analyse verordnet sich »der Biber« (franz. »Castor«), wie Beauvoir von Sartre zeitlebens genannt wurde, neue Projekte und strenge Routinen. Alles, nur nicht stillstehen. Denn mit der Stille kommt die Leere. Und mit der Leere die Angst. Zu diesen neuen Projekten gehört auch das Fahrradfahren. Natalie Sorokin bringt es ihr in diesen Tagen geduldig bei: »Sie werden lachen, wenn Sie mich sehen; es ist zauberhaft, wissen Sie, in Paris mit dem Fahrrad herumzufahren ... es gibt praktisch keine Kinos mehr«.[38]

Ob ihn die Briefe erreichen oder nicht, jeden Tag wird sie Sartre fortan wieder ausführlich von ihrem Leben berichten. Und mochten die Kinos und Theater auch geschlossen sein, die Bibliotheken sind es nicht. Ab dem 6. Juli setzt Beauvoir sich jeden Tag von 2 bis 5 Uhr stur in die Lesesäle der Bibliothèque Nationale – und studiert die Schriften Georg Wilhelm Friedrich Hegels. Hegel, ausgerechnet. Was dessen »Phänomenologie des Geistes« wohl mit der Husserls oder mit Heideggers »Phänomenologie« zu tun haben mochte?

Bis auf den gleichen Namen augenscheinlich gar nichts. Anstatt des situativ geborenen Mutes zur Eigentlichkeit regierte bei Hegels Denken vielmehr der Mut, im Begreifen ganz und gar von der eigenen Situation zu abstrahieren. Statt der Konzentration auf das je eigene Bewusstsein liegt der Fokus auf einem anonymen Weltgeist. Statt auf einer aus der Erfahrung des Nichts geborenen unbedingten Freiheit auf einer aus dem Begriff des Nichts geborenen Logik absoluter Folgerichtigkeit. Freiheit, mit Hegel bedeutete das allenfalls Einsicht in die Notwendigkeit von Dynamiken, die dem Tun oder Lassen konkreter geschichtlicher Akteure letztlich entzogen waren: »Hegel beruhigte mich ein wenig. Wie ich mit zwanzig Jahren, als mir um meinen Vetter das Herz blutete, Homer gelesen hatte, um die ›ganze Menschheit zwischen mich und meinen persönlichen Kummer zu rücken‹, so versuchte ich jetzt, den gegenwärtigen Augenblick im ›Lauf der Welt‹ aufgehen zu lassen.«[39]

In diesem ersten Sommer der Besatzung liest Beauvoir Hegels epische »Phänomenologie des Geistes« als Poem der erlösenden-den Selbstentmündigung im Namen einer höheren Logik: »Ich las weiterhin Hegel, den ich allmählich besser verstand. ... Das System als Ganzes verwirrte mich. Ja, es war verlockend, sich überwachsen zu lassen vom Universellen, sein eigenes Leben unter der Perspektive des Ziels der Geschichte zu betrachten, mit jener Unpersönlichkeit, die auch den Aspekt des Todes miteinbezieht. Wie lächerlich erschien dann dieser winzige Augenblick in der Weltzeit, ein Individuum, ich! Warum mich sorgen um das, was mir zustieß, was mich umgab, hier und jetzt?«[40]

So deutlich Beauvoir die Verführung eines Denkens spürt, das in ihren Worten jeden Einzelnen »nur als Ameise in einem Ameisenhaufen«[41] begreift, so tief bleibt auch ihr innerer Widerstand dagegen. Solange ein Ich sich wirklich spürte, würde es ihm nicht gleichgültig sein, welchen Platz und welche Rolle es in dieser Welt einnahm. Solch einer Haltung stand, wenn schon nicht die reine Vernunft, so doch die Spontaneität eigenen Fühlens und Empfindens lebendig entgegen.

Am 11. Juli dann, endlich, Nachricht von Sartre! Aus einem Lager in der Nähe von Nancy, nur zwei Wochen zuvor hastig mit einem Bleistift gekritzelt: »Mein reizender Castor, ich bin Gefangener und werde sehr gut behandelt, ich kann ein bisschen arbeiten und langweile mich nicht allzu sehr«.[42] Rührung, auch Freude, die erhoffte emotionale Befreiung indes bleibt aus. Sartre lebt, ist gefangen, so viel meinte sie ohnehin zu wissen. Die entscheidende Frage war, wie lange man ihn noch festhalten würde. Es konnten Jahre sein: »Wissen Sie, Hegel ist entsetzlich schwer, aber äußerst interessant, und Sie müssen ihn kennenlernen, das ist Ihrer eigenen Philosophie des Nichts verwandt.«[43] Wie genau, es würde dereinst gemeinsam zu klären sein. Bis dahin galt es, weiter an Dämmen gegen die innere Leere zu arbeiten.

DIE ENTSCHLOSSENE

Die Therapie des Bibers – »Briefe, Fahrrad, Hegel, Briefe …« – schlägt immer besser an. Am 14. Juli, dem Jahrestag des Sturmes auf die Bastille, berichtet Beauvoir ihrem Sartre von einem Erlebnisreigen, der sich für die kommenden Monate als entscheidend erweisen soll: »Einmal bin ich in einen Hund und ein anderes Mal in zwei Frauen hineingefahren, aber im großen und ganzen war es äußerst glorreich. Auf dem Boulevard Raspail bin ich gepanzerten Wagen voll Deutscher in Schwarz begegnet; das sind die Soldaten von den Panzern, glaube ich, mit ganz schwarzen Uniformen, großen Mützen und Totenkopf. Ich habe mich ins *Dôme* gesetzt, habe ausgewählte Stücke von Hegel gelesen; ich habe einen Satz gefunden, der wunderbar als Motto zu meinem Roman passen würde … Plötzlich hatte ich einen kurzen Augenblick intellektueller Inbrunst, ich bekam Lust, Philosophie zu machen, mit Ihnen zu reden, mir meinen Roman wieder vorzunehmen – aber ich bin zu unschlüssig, um mich wieder an den Roman zu setzen, ich werde nicht daran rühren können, ehe ich Sie nicht wiedergesehen habe.«[44]

Beauvoirs Genius, er meldet sich wieder. Der Roman ist in ihr Bewusstsein zurückgekehrt. Wie übrigens auch dessen wesentliche Bezugspersonen nach Paris: Olga, ihre Schwester Wanda, bald auch der genesene »kleine Bost«. So gut es geht, knüpft die »Familie« zum Herbst an ihr voriges Leben an. Höchst unregelmäßig treffen Sartres Briefe nun aus einem deutschen Strafgefangenenlager (Stalag XII) in der Nähe von Trier ein. Auch ohne ihn geht die Arbeit am Roman zügig voran. Das in Hegels »Phänomenologie des Geistes« gefundene Motto leitet sie durch das letzte Drittel. Es entstammt dem Kapitel über »Herrschaft und Knechtschaft« und lautet in Beauvoirs Transkription: »Ebenso muß jedes Bewußtsein auf den Tod des anderen gehen.«[45]

Zwischen dem Weltgeist und dem des eigenen Daseins gab es schließlich auch in Hegels Werk noch eine dritte Bewusstseinskategorie: das Bewusstsein des oder der anderen. An diesem, ihrem ureigenen Problem wird sie in Gestalt von Françoise und Xavière zuerst unbedingte Entschlossenheit beweisen. Zum Dezember 1940 liegt das Werk in einer Version vollständig vor. Seine letzten Passagen lauten:

> … Françoise legte die Hand auf den Hebel der Gasuhr … ein Druck auf diesen Hebel genügte, um sie (Xavière) zu vernichten. Ein Bewußtsein vernichten. Wie kann ich das?, dachte Françoise. Aber wie war es möglich, dass ein Bewußtsein existierte, das nicht ihr eigenes war? Dann existierte sie selbst eben nicht. Sie wiederholte: »Sie oder ich«, und drückte den Hebel herab. … Man würde es für einen Unfall halten oder an Selbstmord glauben. »Auf alle Fälle kann mir niemand etwas beweisen«, dachte sie. … Ihre Tat gehörte nur ihr. »Ich will es.« Ihr Wille vollzog sich in diesem Augenblick, nichts trennte sie mehr von sich selbst. Sie hatte endlich gewählt. Sie hatte sich gewählt.[46]

Ein Romanende, das in Wahrheit nur der Anfang ist. Denn auch Beauvoir spürt in diesem Winter, für sich selbst endlich die Wahl getroffen zu haben: hinaus aus der stillen Resignation in die aktive Überwindung der Situation.

ABSCHAUM DER ERDE

Zumindest waren sie den Lagern entkommen. Mehr war von dieser Welt im Sommer des Jahres 1940 einfach nicht zu erwarten. Genau wie Heinrich Blücher hatte Hannah Arendt das mit der Kapitulation eingetretene Chaos zur Flucht aus der Internierung genutzt. Gemeinsam mit gut 200 von insgesamt 6000 sogenannten prisonnières volontaires (»freiwillige Gefangene«) des Frauenlagers Gurs nahe den Pyrenäen war sie getürmt, mit nichts als ihrer Zahnbürste. Von Gurs aus wandert Arendt in Tagesmärschen zunächst Richtung Osten nach Lourdes, wo sie den seinerseits aus

Paris geflohenen Walter Benjamin trifft. »Es war im Moment der Niederlage, es gingen keine Züge mehr; kein Mensch wusste, wo Familien, Männer, Kinder, Freunde geblieben waren. Benji und ich spielten von morgens bis abends Schach und lasen in den Pariser Zeitungen, sofern es welche gab. Das ging alles ganz gut und schön bis zu dem Augenblick, wo der Waffenstillstandsvertrag mit der berühmten Auslieferungsklausel veröffentlicht wurde.«[47] Das war am 22. Juni 1940.

Neben der Aufhebung des Asylrechts enthielt dieser Vertrag auch die Verpflichtung, ehemalige deutsche Staatsbürger »auf Verlangen«[48] an die Nazis auszuliefern. Vor allem die jüdischen Flüchtlinge begriffen, worum es bei diesem Passus eigentlich ging. Es war damit nur noch eine Frage der Zeit, bis die Gestapo beginnen würde, auch in Frankreich längst erstelle Listen abzuarbeiten und Deportationen gen Osten zu initiieren.

Nur mit größtem Widerwillen lässt Arendt den so weit zwar sicheren, indes klar suizidalen Benjamin in Lourdes zurück und begibt sich auf die Suche nach Heinrich. Als plausibelster Treffpunkt kommt das gut 180 Kilometer nordöstlich gelegene Montauban infrage. Da dort ein sozialistischer Bürgermeister regiert, der Flüchtlinge gewähren lässt, hatte sich die Kleinstadt Anfang Juli zu einer Art Knotenpunkt der durchs Land irrenden Ex-Internierten entwickelt. Tatsächlich findet Arendt bei ihrer Ankunft dort zahlreiche Pariser Freunde und Mitglieder des »Stammes«, vor allem Lotte Klenbort und das Ehepaar Cohn-Bendit.[49] Und nur wenige Tage darauf, mehr per Zufall, auch ihren »Monsieur«. Wie Arendt hat er sich seit Ende Juni mit einigen ehemaligen Mitgefangenen in langen Tagesmärschen durchs Land geschlagen. Die beiden, seit Januar 1940 nun auch offiziell einander angetraut, beziehen in dem verlassenen Atelier eines Photographen Quartier.

Arendt und die Ihren begreifen wohl, es in Montauban noch vergleichsweise gut getroffen zu haben. In seinem Buch »Abschaum der Erde«[50] berichtet der Kriegsreporter und Schriftsteller Arthur Koestler, ebenfalls auf der Flucht durchs Land und in der

Rue Dombasle Benjamins Nachbar und Freund, von der Situation anderer »Gursiennes«. Geleitet von der Hoffnung, dort am ehesten von ihren Nächsten oder Ehemännern gefunden zu werden, halten sich viele noch Wochen nach der Flucht in der Nähe des Lagers auf. Während einige bei Bauern für Brot und Unterkunft auf dem Feld arbeiten, sind andere gezwungen, sich in den Bars und Bistros der Provinz zu prostituieren. In seinen Aufzeichnungen berichtet Koestler in diesem Zusammenhang am 13. Juli 1940 von einer »armseligen Orgie«, die ein Adjutant in dem Nebenraum des Bistros Sus mit drei Gursiennes veranstaltet, »zwei Polinnen und einer deutschen Jüdin. (Er) ließ ihnen Pernod mit Rum servieren … (Ich) traf auf der Toilette die Jüdin; ihr war übel, sie weinte und fragte: ›Ob er mir wohl eine Reiseerlaubnis gibt?‹ Als ich zurückkam, fragte mich Lefèbre, ob ich mit dem Mädchen geschlafen habe, gestern habe er mit einer Jüdin aus Gurs für zwanzig Franc geschlafen, und ihr Mann habe es gewußt. ›Netter alter Bursche, sah aus wie ein Arzt oder so was …‹«[51]

LEBENDIGE LEICHNAME

Immer öfter treffen Nachrichten von Selbstmorden ein. Sofern ein Mensch überhaupt noch über so etwas wie Entscheidungsfreiheit verfügt – auch Arendt ist dieser Überzeugung –, gab es Situationen, denen er sich nicht aussetzen sollte. Das Thema war bereits in Lourdes mit Benjamin mehrmals zur Sprache gekommen, der immer wieder mahnte, man könne nicht wissen, wann es selbst dafür zu spät sei. Auch in Gurs war es zu Suiziden gekommen, ja, unter den Internierten kurzzeitig gar ein kollektiver Selbstmord als Protest erörtert worden. Bei der Bemerkung aber, man sei ohnehin »zum Krepieren« hier, erinnert sich Arendt, habe die Stimmung urplötzlich ins Heitere umgeschlagen. Schließlich galt dort »allgemein die Auffassung, dass derjenige, der das ganze Unglück noch immer als persönliches Missgeschick anzusehen vermochte und dementsprechend seinem Leben persönlich ein Ende zu setzen, schon auf abnorme Weise asozial und an dem allgemeinen Ausgang der Dinge desinteressiert sein musste.«[52]

In dem Versuch, das sich entfaltende Unglück in seinem Gang und seinen Zielen zu verstehen, galt es nach Arendts Überzeugung von allen individuellen Noten zu abstrahieren. Das Universum meinte es nicht persönlich. Nicht einmal die Nazis taten dies. Genau darin bestand, recht begriffen, ihre eigentliche Bestialität. Es ging ihnen nicht um die Verfolgung oder Auslöschung dieses oder jenes Individuums, ja, in Wahrheit wohl nicht einmal nur um die Auslöschung der Juden in ihrer Gesamtheit. Vielmehr folgte ihr Vorgehen der wahnhaften Vision der Auslöschung aller Spontaneität des Verhaltens oder gar Empfindens, also dem Plan, jeden einzelnen »Menschen in ein Ding zu verwandeln, das unter gleichen Bedingungen sich immer gleich verhalten wird«.[53]

Arendt spricht in ihren späteren Analysen zur Logik der Konzentrationslager von diesem totalitären Ziel flächendeckender Verdinglichung – fast gleichlautend mit Simone Weil – als der »Präparierung lebendiger Leichname«.[54] Zunächst käme es bei der Analyse des Lagerwesens nämlich darauf an zu begreifen, »daß das, was man gemeinhin Seele nennt (oder Charakter), zerstört werden kann, ohne daß dabei der körperliche Mensch notwendig mit zerstört werden muß.«[55] ... »Der erste, entscheidende Schritt auf dem Weg zur totalen Herrschaft« aber besteht in »der Tötung der juristischen Person, die im Falle der Staatenlosigkeit automatisch dadurch erfolgt, daß der Staatenlose außerhalb des geltenden Rechtes zu stehen kommt.«[56]

Spätestens mit dem Jahr 1940 war dieses Ziel erreicht worden. Wie Arendt in ihrem 1943 veröffentlichten Essay »Wir Flüchtlinge« festhält, war mit den deutschen Juden in Frankreich sogar eine »ganz neue Gattung von Menschen« geschaffen, »die von ihren Feinden ins Konzentrationslager und von ihren Freunden ins Internierungslager gesteckt wurden«.[57] Zunächst sperrt man sie ein, »weil sie Deutsche waren, jetzt ließ man sie nicht frei, weil sie Juden waren.«[58] Ihr Verbrechen bestand also keineswegs in irgendeiner individuellen Tat oder Handlung, sondern vielmehr in ihrem schlichten Dasein, weshalb die Mehrzahl der Lagerinsassen sich aus Menschen rekrutierte, »die überhaupt nichts getan haben, was, sei es in ihrem eigenen Bewußtsein oder im Bewußtsein ihrer Peiniger, in irgendeinem rationalen Zusammenhang mit ihrer Haft steht«.[59] Sie standen, bezogen auf die Anerkennung ihrer selbst als Individuen, damit noch unter jedem Verbrecher, Vergewaltiger oder Mörder.

Wer in den Chaostagen des Juni nicht den Mut gefunden hatte, auf eigene Faust zu fliehen, steckte schon bald wieder in den bestens bewachten Lagern fest und konnte für sich selbst erwägen, wie lange es wohl noch dauern mochte, bis das französische Wachpersonal durch deutsche Kräfte ausgetauscht würde.

TRANSIT

War es eher illegal, zu gehen oder zu bleiben? Gefährlicher, offiziell einen Passierschein zu beantragen oder es lieber zu lassen? Das spezifische Regelwirrwarr der Situation in Montauban hatte nur begrenzt etwas Geplantes. Zu groß ist das Chaos auf französischer Seite – weder war ganz klar, wie die Regeln lauteten, noch, wer sie in wessen Namen erließ.

Einmal im Amt als Machthaber von Vichy-Frankreich, hatte Pétains erste Amtshandlung am 11. Juli 1940 darin bestanden, per Dekret die Verfassung außer Kraft zu setzen. Statt an das Motto »Freiheit, Gleichheit, Brüderlichkeit« würde sich der neue État français nun an die Leitbegriffe »Arbeit, Familie, Heimatland« lehnen. Für die Flüchtlinge ein besonders bitterer Hohn. Schließlich waren sie nun zum zweiten Mal binnen kaum zehn Jahren eben dieser Grundpfeiler beraubt worden: die Wohnung verlassen; den Beruf an den Nagel gehängt; die Familie verloren, zurückgelassen oder interniert. Bei aller angeborenen Heiterkeit des Gemüts und trotz der erfahrenen Solidarität und Freundschaft vor Ort: Auch Arendt kämpft in diesen Tagen und Wochen ihren ganz eigenen Kampf gegen die innere Versteinerung.

Seit Wochen geschwächt von einer Grippe, schreibt derweil der noch immer in Lourdes ausharrende Walter Benjamin am 2. August einen Brief an Theodor Adorno in New York, der die Lebenssituation fast aller deutschen Juden im neuen Frankreich eindrücklich dokumentiert:

»Die vollständige Unsicherheit über das, was der nächste Tag, was die nächste Stunde bringt, beherrscht seit vielen Wochen meine Existenz … Ich hoffe, daß ich Ihnen bisher den Eindruck gegeben habe, auch in schwierigen Augenblicken gefasst zu bleiben. Glauben Sie nicht, daß sich das geändert hat. Aber ich kann mich dem gefährlichen Charakter der Lage nicht verschließen. Ich fürchte, die, die sich aus ihr haben retten können, werden eines Tages zu zählen sein.«[60] Nur eine Woche später präzisiert er in einem Brief gegenüber Arendt in Montauban erneut seine Situation: »Alles, was ich im Moment weiß, ist, daß man in New York der Meinung ist, daß … ein Visum für mich im Konsulat in Marseille hinterlegt worden sein soll. Sie können sich denken, daß ich gern sofort dorthin gegangen wäre. Aber es scheint unmöglich, den Passierschein ohne Bestätigung aus Marseille zu erhalten. Vor mehreren Tagen habe ich ein Telegramm (mit RP)[61] dorthin geschickt, um die besagte Bestätigung zu bekommen. Noch habe ich keinerlei Antwort erhalten. Meine Ungewißheit dauert also an, und das um so mehr, als ich nicht weiß, ob mein Bemühen um Immigration dieses Bemühen um einen »Besuch« nicht scheitern lassen könnte. Eine heftige Schwüle begünstigt meine Neigung, das körperliche wie geistige Leben auf Sparflamme zu halten. … Die große Angst, die mich beim Gedanken an das Schicksal meiner Manuskripte befällt, schmerzt doppelt. Wenig Kontakt zu den Freunden; wenig Nachrichten.«[62]

So schreibt ein isolierter Mensch, dessen Lebensfeuer kurz vor dem Erlöschen steht. Nicht mehr um sich selbst ist er vorrangig besorgt, sondern um das verloren geahnte Werk seines Lebens. Schon Wochen zuvor hat Benjamin erfahren, dass die Gestapo seine Pariser Wohnung durchsucht und sämtliche Manuskripte darin konfisziert hat.

Auch für Arendt und Blücher führt jeder Weg in die Freiheit nun über Marseille, dem letzten freien Hafen des unbesetzten Frankreichs, der einzigen Stadt, in der noch Visa und/oder eine Passage übers Meer nach Nordafrika zu organisieren war. Von Montauban war es mit dem Fahrrad nur eine Zwei- oder Dreitagesreise entfernt. Im Vergleich zum Vorjahr haben die Vergabequoten sich noch einmal deutlich verschlechtert, doch konnte Arendt auf die Hilfe ihres Ex-Mannes Günther Stern hoffen, der mittlerweile in Kalifornien lebte. Ebenso auf Kontakte und die Unterstützung durch das Netzwerk der Jugend-Aliyah. Monsieur Heinrich würde als Gatte auch mitdürfen. Mit Arendts Mutter, nun ebenfalls aus Paris in Montauban angekommen, lagen die Dinge allerdings noch einmal komplizierter.

Abertausende Flüchtlinge in Marseille wollen nur eines: so schnell wie möglich raus aus Frankreich. Doch keiner weiß genau, wie das gelingen soll. Zumindest nicht legal. Denn neben einem Visum des Aufnahmelandes bedurfte es in der Regel auch noch einer Transiterlaubnis durch Spanien und Portugal, vor allem aber auch eines gültigen Dokuments zur Ausreise aus Frankreich (visa de sortie). Gerade Letzteres ist zunehmend ein Ding der Unmöglichkeit. Der Schwarzmarkt floriert entsprechend mit allerlei Dokumenten, manche davon sogar echt. Simone Weil, ebenfalls mit ihren Eltern in Marseille gestrandet, erhält beispielsweise den Geheimtipp, wer zunächst nach Casablanca wolle, für den sei das Zielland letztlich egal. So erwirbt sie in diesem August 1940 drei Visa auf dem Konsulat von Siam. Nur um danach festzustellen, dass diese allein für Schiffe Gültigkeit besitzen, die von Marseille aus direkt nach Siam fahren. Solche Schiffe aber gibt es nicht und hatte es nie gegeben.[63]

ENGEL DER GESCHICHTE

Als Arendt und ihr Blücher am 20. September 1940 mit Benjamin abermals in Marseille zusammentreffen, ist dieser endlich im Besitz sämtlicher Dokumente für eine Passage von Lissabon nach New York – sowie einer Dosis Morphium, die, wie er seinem ehemaligen Nachbar Arthur Koestler nur wenige Tage zuvor anvertraute, ausreichen würde, ein Pferd zu töten.

Arendt erinnert das Treffen genau: »Das spanische Visum war gerade noch 8 oder 10 Tage gültig, als ich ihn (Benjamin) wiedersah. Ein visa de sortie zu bekommen, war damals völlig aussichtslos. Er fragte mich verzweifelt, was er tun solle. … Ich sagte ihm …, dass es mir höchst fraglich sei, wie lange es diese (spanischen) Visen überhaupt noch geben würde und daß man es doch nicht riskieren könne, es verfallen zu lassen. Dass wir selbstverständlich am besten zu dritt zusammengehen würden, dass er dann zu uns nach Montauban kommen solle, aber dass kein Mensch dafür die Verantwortung übernehmen könne. Daraufhin entschloss er sich ziemlich Hals über Kopf doch abzufahren.«[64]

Das Ehepaar Arendt/Blücher kehrt derweil zurück nach Montauban, im Gepäck neben zwei USA-Visa nun auch ein Manuskript von Benjamin, das dieser ihnen zum Abschied anvertraut hatte. Es handelt sich um den Text »Der Begriff der Geschichte«[65], den Benjamin wohl in Lourdes zu Papier gebracht hatte. In diesem lose arrangierten Tableau aus zwölf philosophischen Skizzen verdichtet er sein gesamtes Denken über das Verhältnis von Zeit, Geschichtlichkeit und der Rolle des Individuums auf poetische Weise. Skizze VII enthält die Figur eines »Engels der Geschichte«:

> Seine Augen sind aufgerissen, sein Mund steht offen und seine Flügel sind ausgespannt. Der Engel der Geschichte muß so aussehen. Er hat das Antlitz der Vergangenheit zugewendet. Wo eine Kette von Begebenheiten vor uns erscheint, da sieht er eine einzige Katastrophe, die unablässig Trümmer auf Trümmer

> häuft und sie ihm vor die Füße schleudert. Er möchte wohl verweilen, die Toten wecken und das Zerschlagne zusammenfügen. Aber ein Sturm weht vom Paradiese her, der sich in seinen Flügeln verfangen hat und so stark ist, daß der Engel sie nicht mehr schließen kann. Dieser Sturm treibt ihn unaufhaltsam in die Zukunft, der er den Rücken kehrt, während der Trümmerhaufen vor ihm zum Himmel wächst. Das, was wir den Fortschritt nennen, ist dieser Sturm.[66]

Mit dem Rücken zur Zukunft vermag Benjamins Engel im Jahr 1940 in der Geschichte des sogenannten Fortschritts nichts als einen sich auftürmenden Trümmerhaufen und auch Leichenberg zu erkennen: ohne die Möglichkeit des Innehaltens, des Erinnerns, des Zusammenfügens im Gedenken. Nicht einmal Engelsflügel vermögen sich der Stärke des Sturmes zu widersetzen. Der Text endet dennoch mit einem eigentümlich erlösenden Ausblick, durch den Benjamin sich in eine Tradition einschreibt, die er trotz Scholems lebenslanger Zurede nie ganz als die eigene begreifen wollte:

> Den Juden wurde die Zukunft aber darum doch nicht zur homogenen Zeit und leeren Zeit. Denn in ihr war jede Sekunde die kleine Pforte, durch die der Messias treten konnte.[67]

Wieder und wieder gelesen und vorgelesen, werden diese Zeilen Arendt zu Belgleitern des täglichen Ausharrens und Erwägens in Montauban. Hitlers Flugzeuge fliegen ihre ersten Bombenangriffe auf England, die militärische Lage verdüstert sich damit abermals. In Gurs kommen derweil neue Gefangenentransporte an: Hunderte jüdische Frauen und Kinder aus Nordbaden und Karlsruhe, von der Gestapo zunächst nach Frankreich deportiert, wo noch Kapazitäten frei sind.[68] Die Pforten in die Freiheit beginnen sich zu schließen. Auch von Benjamins Passage über die Pyrenäen erfährt man lange nichts, dann Gerüchte, die Arendt zu glauben sich lange weigert. Am 21. Oktober 1940 besteht auch für Arendt Gewissheit. Sie greift zur Feder, um Scholem in Palästina von dem Schicksal des gemeinsamen Freundes zu unterrichten:

> Lieber Scholem –
> Walter Benjamin hat sich das Leben genommen, am 26. 9., an der spanischen Grenze, in Port Bou. Er hatte ein amerikanisches Visum, aber seit dem 23. lassen die Spanier nur noch Inhaber »nationaler« Pässe durch. Ich weiß nicht, ob diese Zeilen Sie erreichen. Ich habe Walter mehrmals in den letzten Wochen und Monaten gesehen, zuletzt am 20. in Marseille. – Diese Nachricht erreichte uns wie seine Schwester mit fast 4 wöchentlicher Verspätung.
> Juden sterben in Europa und man verscharrt sie wie Hunde.[69]

Es war höchste Zeit, sich zu bewegen. Auch für Heinrich und Arendt würde dabei alles vom richtigen Zeitpunkt abhängen. Zunächst ohne Arendts Mutter, machen sich die beiden Anfang Januar auf den Weg Richtung Pyrenäen. Die Route über die Berge, ein mehrstündiger Aufstieg über versteckte Pfade, war auch Benjamin gegangen. Wie auch die Fluchthelfer vom Emergency Rescue Committee bei Arendts Flucht dieselben sind. Unter ihnen eine ehemalige Mitgefangene aus Gurs, Lisa Fittko. Doch an diesem Tag gelingt die Passage. Mit gültigen Visa für die USA erreichen Hannah und Heinrich Ende Januar Lissabon. Nur ein Schiff trennt sie jetzt noch vom »Land der Freien«. »Wir haben«, wird Arendt später an Scholem berichten, »vergeblich sein (Benjamins) Grab gesucht: es war nicht zu finden, nirgends stand sein Name«.[70]

FEHLSCHLÄGE

»Wenn die Weltgeschichte nicht so beschissen wäre, wäre es eine Lust zu leben«[71], ein Leitsatz Hannah Arendts, mit dem auch Ayn Rand sich lebenslang hätte identifizieren können. Vor allem im Winter des Jahres 1940. Mit überdeutlicher Mehrheit hat das amerikanische Wahlvolk am 5. November 1940 dem Demokraten Franklin Delano Roosevelt zu seiner dritten Amtszeit verholfen. Für Rand ist das nicht nur eine politische Katastrophe, sondern auch eine ganz persönliche Niederlage. Einen langen Herbst hatte sie als Wahlkampfhelferin an Türen geklingelt, Zettel und Anstecker verteilt (»Wendell Willkie: America's Hope«), bald in Sälen und Kinos Lobreden auf ihren Kandidaten gehalten, ja sogar auf offener Straße das Streitgespräch mit ihren New Yorker Mitbürgern gesucht: »Was haben Sie mit Amerika zu schaffen? Sie sind doch eine Ausländerin!« – »Ich habe mich dafür *entschieden*, Amerikanerin zu sein. Was genau haben Sie dafür getan, außer hier geboren zu sein!«[72] Vergebens.

Letztlich hatte Wendell Willkie, ein Selfmademillionär aus Indiana nicht den Hauch einer Chance. Von den Republikanern erst ganz zu Ende als Überraschungskandidat aufs Podest gehoben, litt seine Kampagne unter der bald zutage geförderten Tatsache, dass Willkie noch bis 1939 Mitglied der Demokraten gewesen war. Ein schwerer Schlag für seine Glaubwürdigkeit, insbesondere in den einflussreichen rechten Kreisen der damals so genannten »Old Right«.

Auch Rands Begeisterung war bald verbraucht. Acht Jahre nach Beginn des New Deals lag die Arbeitslosigkeit bei noch immer über 15 Prozent. Anstatt seine Pro-Business-Agenda konsequent in den Vordergrund zu stellen, sprach Willkie zu den Wählern lieber langatmig von seinen »Wurzeln im ländlichen Indiana«. Nicht einmal zu einem klaren Bekenntnis gegen einen Kriegseintritt der USA im Sinne einer konservativen »Amerika-first-Politik« hatte er sich durchringen können. Rands Urteil nach der Niederlage fiel entsprechend aus: »Von allen Menschen, die im Begriff sind, Amerika zu zerstören, war Willkie der schuldigste. Viel schuldiger als Roosevelt, der ja nur ein Geschöpf seiner Zeit war.«[73]

Das Jahr 1940 endete damit genau so, wie es für Rand begonnen hatte: mit einem abermaligen Fiasko. In der Hoffnung auf einen weiteren Theatererfolg hatte sie im Vorjahr die Arbeiten am neuen Roman »The Fountainhead« unterbrochen, um eine Bühnenfassung ihres ersten Werkes »We the Living« zu erstellen. Die Umarbeitung des Romans fürs Theater erwies sich erwartungsgemäß als reine Quälerei. Doch war das Stück von namhaften Broadway-Produzenten in Auftrag gegeben, also potentiell hochlukrativ. Mit großer Fanfare feiert es am 13. Februar 1940 unter dem Titel »The Unconquered« in New York Premiere – und wird von der Kritik noch in derselben Nacht einhellig als einer »der großen Fehlschläge der Saison« bewertet.[74]

Rand schließt sich daraufhin für zwei Tage in ihr Zimmer ein. Nicht einmal Frank darf hereinkommen. Als sie es wieder verlässt, besteht ihre erste Handlung darin, einen Spendenbrief für den Fighting Funds for Finland zu schreiben, adressiert an General John F. O'Ryan: »Beigelegt finden Sie meine Spende für Ihren Hilfsfonds zum Erwerb von Waffen für Finnland. Erlauben Sie mir, meiner Bewunderung für Ihre Arbeit Ausdruck zu verleihen; sie dient einem großen Zweck.«[75] Im Angesicht eines übermächtigen sowjetischen Feindes hielt die nur 300 000 Mann starke finnische Armee nun schon im dritten Monat dieses »Winterkriegs« die Stellung. Ein strahlendes Beispiel an Widerstandswillen.

DAS PRINZIP TOOHEY

Am nächsten Morgen sitzt auch Rand wieder an ihrem Schreibtisch. Die Zeit drängt. Bereits im Vorjahr hatte sie die erste Deadline für den Roman gerissen. Gemäß Vertrag musste das Manuskript nun zum Oktober fertig vorliegen. In Wahrheit ein Ding der Unmöglichkeit, war bislang doch nicht einmal ein Drittel geschrieben. Die Sackgasse wurde mit jedem Tag enger. Doch was für die Finnen galt, will auch Ayn beherzigen: Aufgabe ist keine Option.

Vor allem, da ihr der Feind, dessen Methoden und Ziele nun immer klarer vor Augen stehen. Dem militärischen Weltenbrand, mit dem Hitler und Stalin den Erdkreis nun überzogen, war kulturell eine ganz andere Form der Kriegsführung vorangegangen – auch in den USA. Diese Formen geistiger Unterwanderung im Namen falsch verstandener Leitbegriffe galt es mit aller Klarheit zur Ansicht zu bringen – und in Romangestalten möglichst eindrücklich zu verkörpern.

Ein diesbezüglich entscheidendes Erweckungserlebnis reicht bis ins Jahr 1937 zurück, als Rand eine Veranstaltung des britischen Politologen und Publizisten Harold Laski an der linksgerichteten New School in New York besucht.[76] Seit Jahren hielt Laski, in den USA ein veritabler Starintellektueller, der sich offen damit brüstete, auch das Ohr Roosevelts zu besitzen, dort gefeierte Vorträge zu aktuellen Gesellschaftsfragen – besonders häufig, wie es dem Zeitgeist entsprach, zu dem Spannungsverhältnis von Demokratie und Kapitalismus.

Rand konnte ihr Glück kaum fassen. Das war er – der Anti-Roark par excellence! Rhetorisch extrem gewandt, die offenbare Arroganz seines Auftretens stets von leichter Ironie gedämpft, legte er mit all den richtigen Wörtern im Mund und all den richtigen Thesen seinem begeisterten New Yorker Kulturmilieu genau das zum Applaus vor, was dieses in langen Jahren stiller Unterwanderungspropaganda für richtig zu halten verinnerlicht hatte. Sie musste Laski nur beobachten, zuhören und mitschreiben.

Auch der passende Name für Laski ist schnell gefunden. Wie stets in Rands Romanuniversen soll es ein sprechender sein: Ellsworth M. Toohey (lies: »else worth«, dt. »anderer Wert«). Ihm, als großem, diabolisch verschlagenem Gegenspieler Roarks, würde sie von den vier Teilen des Romans den gesamten zweiten widmen. Im Verlauf des Frühlings 1940 fixiert Rand ihn als Romangestalt endgültig. Als einflussreichster Kunstkritiker der einflussreichsten Zeitung des Landes würde Toohey von New York aus sein alles nivellierendes Unwesen treiben.

> 22. Februar 1940
> Tooheys (Ziel) besteht in der Zerstörung der Starken, der Vereinzelten, der Originellen, der Gesunden, der Freudvollen – und zwar mit der Waffe der »anderen Menschen«, des Humanitarismus.[77]
>
> 22. April 1940
> Toohey ist zu einer gesellschaftlich extrem mächtigen Gestalt aufgestiegen. Er ist der inoffizielle Diktator des geistigen und kulturellen Lebens des Landes. Mit seinen zahlreichen »Organisationen« hat er die Künste »kollektiviert« – und lässt keine Form der Berühmtheit zu, bis auf die Mittelmäßigen seiner Wahl.[78]
>
> Toohey zerstört im Menschen jede Form von Unabhängigkeit und jede große Errungenschaft … Um jede große Errungenschaft zu diskreditieren, etabliert er Bewertungsstandards, die für jeden Schwachkopf leicht nachzuvollziehen sind.[79]

Soweit Rand es begriff, bestand die eigentliche kulturelle Voraussetzung des totalitären Vormarschs in der gezielten und medial flächendeckend betriebenen Vernebelung der Urteilskraft jedes Einzelnen. Und zwar als ein Effekt, der sich nirgendwo klarer zeigte und auswirkte als gerade im Bereich der ästhetischen Urteilskraft: im Urteil über Kunstwerke.

In seiner Rolle als Meister der Nivellierung verkörpert Kunstkritiker Toohey für Rand deshalb eine Banalität des mutmaßlich »Guten« (als des »Humanitären«, des »Sozialen« …), die in Wahrheit jedoch auf eben jene Fähigkeit zielt, die ein Individuum erst eigentlich als Individuum auszeichnet und handeln lässt: den Sinn für das wahrhaft Schöne, den Sinn für einen Zustand, wie die menschliche Existenz eigentlich sein sollte und auch sein könnte. Also in Rands Diktion eben jener »sense of life«, dem Held Roark in seinem Lebensentwurf als Architekt unbeirrt und geradezu übermenschlich kompromisslos nachgeht. Was Toohey nach allen Regeln der Publizistik zur Strecke bringen will, ist im Roman der von Roark verkörperte Mut sowie die Fähigkeit, eigenständig zu urteilen und Neues zu schöpfen. Oder anderes gesagt: ohne das Geländer anderer zu denken, zu entwerfen, zu handeln.

Im Sommer 1940 arbeitet Rand in einem neuen Gesamtexposé des Romans dann die im engeren Sinne sozialen wie auch politischen Aspekte des »Prinzips Toohey« heraus und schließt sie mit dem drohenden globalen Siegeszug des europäischen Totalitarismus kurz:

> Im Grund ist er (Toohey) steril; er hatte keine großen Leidenschaften für irgendetwas und keine eigenen Interessen – bis auf andere Menschen. Deshalb versucht er auch nicht, Überlegenheit zu erlangen, sondern noch viel besser: den Begriff der Überlegenheit selbst zu zerstören. Er kann nicht selbst aufsteigen. Er kann nur andere herunterziehen. Er kann nicht nach Größtem greifen. Er kann planieren. Gleichheit wird zu seiner größten Leidenschaft.[80]

> Der große Widerspruch, der Kampf der beiden großen Prinzipien in jedem menschlichen Bewusstsein, steht ihm klar vor Augen – das Individuelle gegen das Kollektive, der eine gegen die vielen, das »ich« und das »man« (they) … Er weiß, die Quelle alles Bösen und allen Leides, aller Frustrationen und aller Lügen ist der Kollektivsinn (collective sense); das Eindringen anderer in die grundlegenden Motive eines Menschen. Und da es ihm um die Zerstörung von wahrer Größe geht, wird er zum Feinde des Individuums und zum großen Meister des Kollektivismus.[81]

> Sein (Tooheys) Lebensprogramm ist einfach: Menschen dadurch zu zerstören, dass er sie an andere bindet; also das Predigen der Bereitschaft, sich selbst zu opfern, sich selbst zu verneinen, sich selbst herabzusetzen, das Predigen geistiger Skla-

verei jedes Einzelnen für alle anderen; um damit den großen Schöpfer und Befreier zu bekämpfen – das Ego des Menschen. Toohey ist bekannt als der »große Humanitäre«. ... Universelle Sklaverei – befreit selbst von der Würde eines Meisters. Sklaven zu Sklaven. Ein großer Kreis und völlige Gleichheit. Das ist Ellsworth M. Toohey.[82]

FALSCHE GLEICHHEIT

Auch Rand sieht die Welt im Jahr 1940 am Abgrund in den Totalitarismus. Und auch Rand entwickelt in dieser Situation eine Theorie des radikal Bösen, dessen leitenden politischen Fluchtpunkt sie in der totalen Versklavung und Entindividualisierung des Menschen von Menschenhand erkennt. Initial sieht sie diese ins Werk gesetzt durch eine von bekennenden Zynikern à la Toohey gefeierte, alles nivellierende Massenhochkultur im Namen der differenzlosen Gleichheit – und Nichtigkeit. An die Stelle des interesselosen Wohlgefallens tritt in Tooheys Welt wohlgefallende Interesselosigkeit; an die Stelle des Mutes, sich seines eigenen Verstands zu bedienen, der angesonnene Gratismut, stets für und wie alle zu urteilen; an die Stelle vormals kulturtragender Differenzierungsfähigkeit der Wille zur absoluten Gleich-Gültigkeit.

In einer zentralen Passage des Romans bringt Ellsworth M. Toohey dieses Credo – im Dialog mit dem von ihm »gefeierten«, in Wahrheit gänzlich talentfreien Stararchitekten Peter Keating – wie folgt zum Ausdruck: »Ich glaube nicht an Individualismus ... Ich glaube nicht, dass irgendwer irgendwas ist, was ein anderer nicht sein kann. Ich glaube, dass wir alle gleich und austauschbar sind.«[83]

In Rands Ohren ist dies das totalitäre Leitprinzip par excellence. Hörte man nur richtig hin, war es mittlerweile überall vorherrschend, ja, bildete selbst in Amerika das eigentliche Licht, in dem jede öffentliche Äußerung als gegebenenfalls vernünftig, moralisch begründbar und/oder auch schicklich beurteilt wurde.

Diese Vision totaler Gleichheit als totaler Austauschbarkeit und damit individueller Nichtigkeit, sie setzte also bei der Urteilskraft im Bereich der Kunst an und suchte ihren unmenschlichen Endpunkt im flächendeckenden Verlust des elementarsten aller Bewusstseinszustände, nämlich dem für die faktische Einzigkeit des jeweiligen menschlichen Selbst.

MANHATTAN TRANSFER

Militärisch wie kulturell war dieser Prozess offenbar voll im Gange – auch und gerade im öffentlichen Leben der USA. Für alle wiedererkennbar, würde Rand die zentralen Figuren ihres Romans, der Ende der dreißiger Jahre in New York spielt, deshalb real existierenden Personen des Zeitraums entlehnen. Psychisch ein Zwilling ihrer selbst, war Roarks professionelles Wirken als Architekt klar an der Karriere von Frank Lloyd Wright orientiert – den Rand tief verehrte und mit dem sie wiederholt (und vergeblich) versuchte, persönlichen Kontakt aufzunehmen. Toohey war Harold Laski als Prototyp des New Yorker Linksintellektuellen. Die Gestalt des Medienmoguls Gail Wynand schließlich, für dessen Publikationen Toohey im Roman leitend tätig ist, war in wesentlichen Zügen dem damals einflussreichsten wie auch verschlagensten Zeitungsverleger der USA nachempfunden, William Randolph Hearst.

Nach Rands nun überarbeitetem Grundkonzept würde das Werk damit mehr sein als nur eine zeitlose Allegorie auf den Kampf zwischen Individuum und Kollektiv in unserem Seelenleben, sondern vielmehr ein Schlüsselroman über Amerikas drohende Selbstaufgabe im Zeichen des weltweit siegenden Totalitarismus. Ein Schreckensszenario, für dessen anstehende Umsetzung, zumindest in Rands Welt, vor allem eine Person stand: der in der Tat mit einer nahezu diktatorischen Machtfülle ausgestattete Präsident Roosevelt.

Rands Entscheidung, trotz finanzieller Engpässe und drohender Deadlines im Herbst 1940 alles liegen und stehen zu lassen, um sich mit der sie kennzeichnenden Unbedingtheit als ehrenamtliche Wahlhelferin aufseiten der Republikaner zu engagieren, fiel vor diesem Hintergrund aus rein eigennützigen Gründen: Sie hatte bereits einmal am eigenen Leibe erlebt, was das »Prinzip Toohey« anzurichten imstande war. Soweit es in eigener Macht stand, wollte sie in ihrer neuen Heimat das politisch Schlimmste verhindern. Kein Zweifel zudem, dass Rand sich auch und vor allem als Künstlerin ganz persönlich von den beschriebenen Dynamiken, von all den Tooheys des New Yorker Kulturlebens, unterdrückt und verleumdet fühlte.

Für den Moment, im November 1940, musste sie sich an sämtlichen Fronten als geschlagen erkennen, beruflich wie politisch: das Theaterstück nach nur fünf Aufführungen abgesetzt, der Vertrag für den Roman vom Verlag endgültig aufgelöst, das Verhältnis mit ihrer Agentin Jean Wick tief zerrüttet.[84] Hitler und Stalin waren zudem in Europa schier unaufhaltsam auf dem Vormarsch und das Gros des eigenen Wahlvolks offenbar zu beschränkt, um auch nur eins und eins fehlerfrei zusammenzählen zu können. Nicht einmal das geräumige Apartment in der Park Avenue in Manhattan war zu halten gewesen. Mittlerweile wohnten Frank und sie nicht weit entfernt in einer Zwei-Zimmer-Souterrainwohnung nahe der Lexington Avenue.

RANDS VERFASSUNGSPATRIOTISMUS

Allerdings gab es auch ermunternde Zeitzeichen. Während ihrer zahlreichen Auftritte und vor allem durch Gespräche an der sogenannten »Basis« war sie nämlich mit einer alltagsbewährten Klarsicht und politischen Grundvernunft vertraut geworden, die ihre vormals deutlich elitäre Grundhaltung gegenüber diesen »viel zu vielen« wandelte. Woran es in Wahrheit fehlte, war keineswegs der

Freiheitssinn im Wahlvolk, sondern allein die richtige Ansprache, ihn politisch wirksam zu mobilisieren. So ernst die Lage also sein mochte, hoffnungslos war sie keineswegs. Vor allem nicht, wenn es gelänge, den Spieß einfach umzudrehen. Also den offenbar totalitär gestimmten Meinungsmächten in Kultur und Publizistik in bester leninistischer Manier eine Aktionselite der Freiheit entgegenzustellen. Um damit »von oben«, ebenfalls massenmedial gestützt, eben jene wahrhaft amerikanische Sehnsucht nach »life, liberty und happiness« neu zu entfachen, die Amerika so einzigartig machte.

Was Rand mit dem Jahreswechsel 1940/1941 immer konkreter vorschwebt, ist eine politische Konterrevolution, basierend auf dem klarsten und tiefsten politischen Dokument, das die Entscheidungsfreiheit jedes Individuums unbedingt zu schützen versprach: der amerikanischen Unabhängigkeitserklärung sowie der Verfassung. Anstatt auf einem ethnisch bestimmten Volk oder auch nur einer Nation, sollte diese Bewegung also ganz im Zeichen eines Dokuments und damit als reiner Verfassungspatriotismus mobilisieren.

Denn auch dies war eine wesentliche Erkenntnis der Wahlkampfmonate in den Straßen, Redaktionen und Polit-Clubs von New York gewesen. Rand war in ihren politischen Überzeugungen und intellektuellen Vorlieben keineswegs so allein und isoliert, wie es sich all die Jahre zuvor von ihrem Walnussholz-Schreibtisch aus angefühlt hatte. So nimmt sie im Verlauf dieses Herbstes Fühlung zu Autoren wie etwa dem Schriftsteller und Publizisten Albert Jay Nock auf, Autor des 1935 erschienenen Bestsellers »Our Enemy, The State«. Oder dem deutschstämmigen Journalisten und Nietzsche-Übersetzer Henry L. Mencken, der mit seinen sprachlich ebenso brillanten wie inhaltlich kontroversen Kolumnen seinerzeit zu den wirkmächtigsten Kritikern Roosevelts gehörte. Wie auch der Schriftstellerin und Literaturkritikerin Isabel Paterson, die in ihren Kolumnen für die »Herald Tribune« ebenfalls Positionen entwickelte, mit denen Rand sich weitgehend identifizieren konnte.[85]

Da es Roosevelt im Verlauf der dreißiger Jahre gar gelungen war, das Adjektiv »liberal«[86] für seine Form der Politik zu reklamieren, bekannten sie sich in bewusster begrifflicher Abgrenzung zu Roosevelts Vorgehen als »Libertäre«. Natürlich würde es kein Leichtes, derart radikale Individualisten für die Mitgliedschaft einer politischen Organisation oder gar Partei zu begeistern. Selbst wenn deren Ausrichtung in nichts anderem bestehen sollte als der, eine »Organisation gegen Organisationen« zu sein. Dennoch hat Rand genau diesen Zirkel im Blick, als sie sich im Januar 1941 daranmacht, ein erstes Gründungsdokument aufzusetzen. In bester russischer Revolutionsmanier wählt sie dafür die Form eines »offenen Briefes« an das amerikanische Wahlvolk.

I WANT YOU!

Um die Dramatik der Lage zu verdeutlichen, leitet Rand – psychologisch womöglich nicht ganz geschickt – ihren Brief mit einer Beschimpfung eben dieses Wahlvolks ein:

> Sie, der diese Zeilen liest, stellen die größte Gefahr für Amerika dar. Ganz egal wie der Krieg in Europa ausgehen mag, der Totalitarismus hat in den Köpfen vieler Amerikaner bereits vollständig gesiegt und das gesamte geistige Leben des Landes erobert. Sie haben dabei mitgeholfen … Geben Sie sich hinsichtlich der Gefährdung keinen Illusionen hin. Sie sehen ja, was in Europa geschieht … Welchen weiteren Beweis brauchen Sie: Sagen Sie nicht läppisch dahin, »hier kann das nicht passieren« (it can't happen here) … Könnte es in Frankreich passieren? Noch vor einem Jahr hätten Sie über diese Frage nur gelacht. Nun, *auch in Frankreich ist es passiert* – Frankreich, die Mutter der Freiheit und der Demokratie. Frankreich, die geistig unabhängigste Nation der Erde.[87]

Noch immer indes ist Rand strikt gegen einen Kriegseintritt der USA. Worum es ihr allein geht, ist der ideologische Kampf an der Heimatfront. Gerade in diesem Bereich aber sei jetzt entschlossener Widerstand gefragt, denn: »Die Totalitären wollen nicht Ihre aktive Unterstützung. Sie brauchen diese gar nicht.... Alles, was sie wollen, ist Ihre Gleichgültigkeit!«[88] Vor allem, da es sich, entgegen anders lautender Analysen, beim Totalitarismus nicht etwa um ein weltgeschichtlich Neues, sondern vielmehr uraltes Phänomen handle, nämlich – und hier fällt Rand in ihre alte nietzscheanische Elitendiktion zurück – »das Streben der Wertlosen und Kriminellen, die Gesellschaft zu kontrollieren. Dieses Element fehlt nie, in keinem Land. Aber eine gesunde Gesellschaft gibt dem keine Chance.«[89] Eng verzahnt mit besagtem Streben bestehe das zweite, allen totalitären Bewegungen gemeinsame Element – wie an den Beispielen Nazideutschlands und Stalins Sowjetunion besonders klar zu beobachten – darin,

> ... *dass der Staat dem Individuum überlegen ist.* Dass das Kollektiv alle Rechte erhält und das Individuum keine ... Das ist der entscheidende Punkt ... Der gegenwärtige Schrecken wurde von Menschen ermöglicht, die jeden Respekt für ein einzelnes, individuelles menschliches Wesen verloren haben und die Idee akzeptieren, dass Klassen, Rassen und Nationen etwas bedeuten, aber einzelne Personen nicht, dass die Mehrheit heilig ist, aber eine Minderheit nichts als Dreck, dass die Herde zählt, aber der Mensch nichts ist. Wie stehen Sie dazu? Es gibt hier kein Dazwischen.[90]

Um diese Entscheidung für jeden und jede zu bahnen, bestimmt Rand den ohne jeglichen Kompromiss zu verteidigenden Kern einer offenen Gesellschaft als »das Prinzip individueller Rechte, individueller Freiheit, individueller Werte. *Das* ist der Kern der Frage, die die Welt umtreibt. *Das* ist das einzige Gegenteil des Totalitarismus und unsere einzige Verteidigung gegen ihn.«[91]

Diesen Kampf gelte es nun zu führen und mit den gleichen versteckten wie offenen Mitteln anzunehmen, die auch die Gegenseite schon seit langem für sich nutzt: Propaganda, Publizistik sowie, nach Rand in ihren Tiefenwirkungen gemeinhin völlig unterschätzt, die großen Publikumskünste: Literatur und Film.

Gerade in Romanen und Kinofilmen werde Subjektivität erst eigentlich erschaffen und geprägt. Gerade wahrhaft tiefe und populäre Werke prägten das Bewusstsein eines Menschen viel weitreichender und beständiger als Oberflächenphänomene wie Journalismus oder Werbung. Auch und gerade auf dieser Ebene müsse der Kampf also bewusst geführt, ja, im amerikanischen Kontext überhaupt erst als solcher erkannt und angenommen werden. Schließlich war eines, wie Rand ihren Brief an die Nation schließt, zumindest ihr absolut gewiss: »Die Welt ist ein wunderschöner Ort und wert, dass für sie gekämpft wird. Aber nicht ohne Freiheit.«[92]

Ohne Buchvertrag, ohne weitere Einkünfte sowie ohne allzu konkrete Vorstellungen davon, wie sich das Jahr 1941 weiter entfalten mochte, sendet Rand ihren Brief zunächst an den Schriftsteller und Dramatiker Channing Pollock, als einem weiteren möglichen Mitglied des von ihr erhofften libertären Urzirkels. Rand hatte sich ganz für ihr Amerika entschieden. Und sie war einfach nicht die Frau, einmal gewonnene Überzeugungen zu ändern. Mit allem, was sie war und vermochte, würde sie sich dem kommenden Sturm entgegenstellen. Und zwar nicht etwa mit dem Rücken zur Zukunft, sondern dieser frontal zugewandt.

VII.
FREIHEIT

1941/1942

Beauvoir emanzipiert sich, Arendt isoliert sich,
Weil schreibt ihr Testament und Rand ihre Geburtsurkunde

WIE BEFREIT

Ein Jahr nach der Besetzung von Paris hat Simone de Beauvoir zu einem neuen Existenzgefühl gefunden. Aus Starre ist Entschlossenheit, aus Depression tätiger Lebensmut und aus Todesangst eine Sorglosigkeit geworden, »wie ich sie nie gekannt hatte. … Die Ereignisse hatten mich gewandelt … Ich gab endlich zu, daß mein Leben nicht eine Geschichte war, die ich mir erzählte, sondern ein Kompromiss zwischen der Welt und mir. Zugleich faßte ich Dinge, die mir gegen den Strich gingen, nicht mehr als Ungerechtigkeit auf. Es lag kein Grund vor, sich gegen sie aufzulehnen: man mußte sie umgehen oder erdulden. Ich wußte, daß ich vielleicht sehr schlimme Zeiten durchmachen müßte, daß ich womöglich sogar auf der Strecke bleiben könnte … Ich genoß den Frühling, den Sommer. Ich beendete meinen Roman«.[1]

Sartres Rückkehr aus der Kriegsgefangenschaft ist ein wesentlicher Faktor des Stimmungswandels. Soweit es allerdings Beauvoirs neu gefundene Haltung lebensfroher Geschmeidigkeit betraf, erwies sich seine Präsenz zunächst als eher störend: »Was mich aus der Fassung brachte, war die Starrheit seines Moralismus. Trieb ich Schwarzhandel? Ich kaufte dann und wann ein wenig Tee. Schon zuviel, sagte er. Ich hätte die Erklärung, daß ich weder Freimaurer noch Jüdin sei, nicht unterschreiben dürfen. … Wenn er nach Paris zurückgekommen war, so nicht, um die Süße der Freiheit zu genießen, sondern um zu handeln. Wie? fragte ich ihn verblüfft.«[2]

Durch politisches Engagement, Widerstand, *Résistance!* Bereits Ende März 1941, nur wenige Wochen nach seiner Rückkehr, beraumt er im Hotel Mistral eine erste Zusammenkunft an. Man trifft sich in Beauvoirs Zimmer. Ehemalige Schüler Sartres, Freunde von Bost sowie Studenten Merleau-Pontys, der mittlerweile an der Universität lehrte und zum Kommunisten konvertiert war. Alle bekennen sich unbedingt entschlossen. Nur weiß noch keiner so recht, wozu.

Die jungen Wilden der Gruppe plädieren für Einzelattentate. Doch mit wessen Bomben? Und welchem Know-how? Zumal Sartre den eigentlichen Handlungsbedarf zunächst im Denken sieht. »Im Falle eines Sieges der Demokratien«, legt er seine Agenda aus, »würde die Linke eine neue Doktrin brauchen.« Dieser sollte durch Diskussionen und Planungen ein solides Fundament bereitet werden. Der Kern des Programms ließ sich dabei »in zwei – schwer zu vereinbarende – Worte fassen, die der Bewegung den Namen gaben: Socialisme et Liberté«. Sollte Deutschland allerdings den Krieg gewinnen, »so müssen wir dafür Sorge tragen, dass es den Frieden verliert«.[3] Was im Frühsommer 1941 deutlich wahrscheinlicher schien.

Ob in Ägypten oder Norwegen, Griechenland oder Jugoslawien, überall verbuchte die Wehrmacht durchschlagende Erfolge. Berauscht von den eigenen Kräften, greift sie am 22. Juni 1941 die Sowjetunion an. Vertragswidrig, ohne Kriegserklärung und zu Stalins vollkommener Überraschung. Gleich dem Balkanfeldzug ist auch der »Fall Barbarossa« als Blitzkrieg geplant. Vier bis sechs Wochen maximal setzt die Heeresführung für den Durchmarsch an. Der von Hitler zum eigentlichen Hauptkrieg erklärte »Kampf der Germanen gegen das Slawentum«[4] soll dabei besonders unnachgiebig geführt werden. Nicht nur Sieg, sondern Auslöschung im Sinne einer »erbarmungslosen, völligen Vernichtung des Feindes« ist das erklärte Ziel. Die weiteren Schritte sind ebenfalls bereits fixiert: »Afghanistan, Indien, Iran, die Türken, Syrien, Irak, Nordafrika, Gibraltar, Malta und die atlantischen Inseln«.[5]

Die Auslösung des total entgrenzten Krieges fällt mit dem einsetzenden Genozid an den Juden Europas zusammen. Ebenfalls ab dem 22. Juni 1941 beginnen in den Gebieten des ehemaligen Polen etwa 3000 deutsche Soldaten einer Sondereinsatzgruppe damit, Juden zu erschießen. Zunächst ausschließlich Männer, bald auch Frauen und Kinder. (Die Gesamtzahl der so getöteten jüdischen Menschen wird bis zum April 1942 circa 560 000 betragen.[6] Im

Schnitt also mehr als 10 000 Exekutionen pro Woche.) Ein Zurück sollte es von nun an nicht mehr geben.

Die Folgen der Eskalation sind auch in Paris unmittelbar zu spüren. »Künftig war es Juden«, schreibt Beauvoir über den Frühsommer 1941, »verboten, ein Unternehmen zu besitzen, zu leiten, zu verwalten. Vichy befahl eine Judenzählung ... Tausende von ausländischen Juden wurden in Pithiviers in einem Lager interniert und schubweise nach Deutschland deportiert.«[7] Nicht zuletzt erhöht sich auch der Druck auf die zahlreichen, in Paris bereits aktiven Widerstandszellen. Was es Sartre erschwert, gewünschten Anschluss zu finden. Sein Leumund in diesen Kreisen ist ohnehin nicht der beste. Zum einen liegt das an seinem zelebrierten Lebenswandel als bourgeoiser Café-Libertin, zum anderen an der Geschichte, die er über die Gründe seiner Freilassung zirkulieren lässt. Wegen vorgetäuschter Gesundheitsprobleme (Gleichgewichtsstörungen) sowie seines schielenden Auges habe man ihn schließlich gehen lassen. Oder aber, für geschärfte Résistance-Ohren wesentlich plausibler, um von der Gestapo beschattet in Paris eben jene Kontakte zu knüpfen, die er nun tatsächlich suchte. Entweder war der Mann ein wohlmeinender Dilettant oder ein verkappter Spion. Womöglich auch beides in einem. Auf jeden Fall kein unbedingt vertrauenswürdiger Genosse. In den Worten Samuel Becketts, zu dessen Résistance-Gruppe »Gloria« Sartre damals ebenfalls Kontakt suchte: »Es gab immer solche, die keiner ernst nahm, weder die *résistants* noch die Gestapo. Viele Leute waren der Ansicht, daß Sartre auch zu denen gehörte.«[8]

So wie man in der Rolle eines Kellners nur dann voll aufgehen kann, wenn die Gäste Bestellungen aufgeben, erfährt sich auch Sartre in seiner Rolle als Widerstandsaktivist letztlich auf das Wohlwollen anderer angewiesen. Fürderhin bleibt es aus.

Selbst Beauvoir hegte Zweifel an seinem neuen Projekt. Wirklich unverzichtbar war er für sie allerdings weder als erotischer noch politischer Held, sondern allein als dialogisches Gegenüber und tief vertrauter Inspirationsspender: »Unmöglich, in seiner Gesellschaft Trübsal zu blasen ... seine Neugier, seine Leidenschaft brachten jede Parzelle zum Leben ... wieviel gab es noch zu betrachten, zu verstehen, zu lieben.«[9] Endlich war er wieder da, der einzige Mensch, mit dem sie über wirklich alles reden und auch streiten wollte: Sei es der neueste Flüchtlingsschick der Pariserinnen (Stoffturbane), die bizarren Miniskulpturen des Herrn Giacometti (einer Café-Eroberung Sorokins) oder aber der Begriff der Sympathie in der Phänomenologie Max Schelers: Wie konnte man, las man dessen Schriften, überhaupt je darauf verfallen, genau so fühlen und denken zu wollen wie das Gegenüber? Und wäre es noch so tief geliebt und bewundert? Was war das eigentlich für ein Drang?

ENDLICH EMANZIPIERT

Noch eine gute Frage. Für Beauvoir allerdings nicht die eigentlich zentrale. Das gesamte vorige Jahr über, da sie ihren ersten Roman zum Abschluss führte, hatte vor allem die Spannung zwischen Hegel und Heidegger in ihr gearbeitet. Genauer gefasst, war es das Problem, »wie das Universelle einen Sinn haben kann, wenn das Individuum keinen hat«.

Hegels System stand für eine anonyme Universalität des Weltgeists, die das konkrete Individuum noch weit umfassender zu entmündigen drohte als der soziale Konformitätsdruck eines gesichtslosen »man«. Heidegger hingegen für die radikale Entschlossenheit des vereinzelten Daseins, das zunächst und vor allem um die Gewinnung seiner (und keines anderen) Authentizität besorgt bleibt. Der für Beauvoir entscheidende philosophische Durchbruch lässt sich präzis auf den 9. Januar 1941 datieren – also gut zwei Monate vor Sartres Rückkehr nach Paris. Der Eintrag in ihr Kriegstagebuch lautet:

> Ein Gedanke, der mich bei Hegel so stark berührt hat: die Forderung der wechselseitigen *Anerkennung* der Bewußtseine – kann als Grundlage für ein soziales Weltbild dienen – einzig absolut ist dies menschliche Bewußtsein, das die *Freiheit* jedes Bewußtseins fordert, damit die Anerkennung gültig und frei ist: Anerkennung in der Liebe, im künstlerischen Ausdruck usw. Zugleich existentieller Gedanke, daß die menschliche Realität nichts anderes *ist* als das, wozu sie *sich macht*, als das, woraufhin sie sich überschreitet.[10]

Fern davon, eine schlichte Synthese aus Hegel und Heidegger anzustreben, eignet Beauvoir sich bestimmende Motive deren Denkens an und kreiert vor dem Hintergrund ihrer jahrelangen Lektüren und Diskussionen (mit Sartre) eine neuartige Freiheitsphilosophie wechselseitiger existentieller Anerkennung. Anstatt das Verhältnis von »Ich« und »anderem« als einen Kampf zu modellieren, der im Ergebnis immer nur abhängige Sieger (Herrschaft) und Verlierer (Knechtschaft) kennen kann, erklärt Beauvoir ihn zu einer Situation, die von jedem nur gemeinsam und auf gleicher Höhe gewonnen werden kann. Niemand ist eine Insel. Niemand kann nur für sich frei sein. Vielmehr liegt die wahre Voraussetzung meiner Freiheit in der Freiheit des anderen Bewusstseins – ja, konsequent weitergedacht, in der freien Anerkennung aller anderen Bewusstseine. Politisch folgt daraus die Forderung eines im Zeichen wechselseitiger existentieller Emanzipation stehenden Befreiungskampfs für alle – um der je eigenen Freiheit willen: Freiheit *und* Sozialismus.

Als wesentlich von Heidegger inspiriertes Element verbleibt in dieser neuen Philosophie Beauvoirs die Setzung, »daß die menschliche Realität nichts anderes *ist*, als wozu sie sich *macht*«. Also nicht zuletzt die explizite Zurückweisung jedweder Form einer die Welt der Menschen steuernden Hinterhand, List oder Gesetzlichkeit – sei sie hegelianischer, marxistischer oder religiöser Prägung: keine gesichtslose Dialektik im Rücken allen Seins, keine determinierenden Entwicklungsgesetze auf rein ökonomischer Basis, keine

Vorsehung, kein Endgericht, kein Schicksal. Als wahrer Schöpfer und eigentliches Maß verbleibt allein der in die Freiheit seines Daseins geworfene, handelnde Mensch – als einer unter anderen. Das Feuer individueller Freiheit und das Feuer politischer Freiheit waren also in Wahrheit ein und dasselbe. Und es loderte in jedem von uns – für jeden.

Nichts bezeugt Beauvoirs Bewusstsein von einem eigenständig erlangten Durchbruch klarer als ihr Gefühl, damit gar so etwas wie einen Verrat an dem für sie noch immer einzig notwendigen anderen ihres Lebens zu begehen:

> Ich habe mich von der Hegelschen Sicht weit entfernt, die mir im August so hilfreich war. Ich bin mir wieder meiner Individualität des metaphysischen Seins bewußt, das der historischen Unendlichkeit entgegengesetzt ist, in der Hegel alles optimistisch auflöst. Angst. Ich habe endlich begriffen, wonach ich letztes Jahr Sehnsucht hatte: Einsamkeit, eine so völlige Einsamkeit wie angesichts des Todes. Letztes Jahr war ich noch mit Sartre – jetzt lebe ich in einer Welt, in der Sartre abwesend ist – mundtot. Psychisch gesehen war ich manchmal idiotisch stolz darauf, so stabil zu sein und alles so gut zu überstehen. Aber heute helfen mir diese oberflächlichen Schutzmechanismen nicht mehr. Mir schwindelt. Ich finde, man hat nur einen zureichenden Grund, den Tod anzunehmen, die Hoffnung, sein *Sein* selbst zu bewahren. Es geht nicht um »Gründe zum Leben« – es geht nicht ums Leben. Sondern um mehr. Sich zur Ameise unter Ameisen zu machen oder freies Bewußtsein angesichts von Bewußtseinen. *Metaphysische* Solidarität, eine Neuentdeckung für mich, die ich Solipsistin war. Ich kann nicht Bewußtsein, Geist sein unter Ameisen. Ich begreife, wieso unser Antihumanismus kurzsichtig war … es gibt keine andere Realität als die menschliche Realität – alle Werte liegen in ihr begründet. Und das »woraufhin die menschliche sich überschreitet« hat uns immer bewegt und unseren Weg bestimmt. Seit dem 21. November bin ich nur ge-

> flohen – weil dieser einsame Wiederbeginn mir wie ein Verrat vorkam. Jetzt hat er sich von selbst eingestellt. Aber es kommt mir, als machte ich ihn ebenso für ihn wie für mich. Und mehr denn je spüre ich (inkonsequenterweise), daß ich mich umbringen würde, falls ich ihn nicht wiedersehen sollte.[11]

Nach mehr als zehn Jahren des philosophischen Aufstiegs erfährt Beauvoir sich im Januar 1941 ihrer Bewusstseinshöhle endgültig entkommen: Aus Solipsismus wird metaphysische Solidarität, aus genusssüchtigem Narzissmus das angstbefreite Bekenntnis, eine Geworfene und damit Sterbliche unter anderen zu sein. Tiefere Gründe oder letzte Beweisführungen gab es hier zwar nicht ins Feld zu führen. Dafür aber etwas viel Fundamentaleres: das klare Bewusstsein für die Möglichkeit, diese neu gefundene Freiheit handelnd zu ergreifen. Nicht als Ameise noch als Herrin, sondern als authentisch befreite Einzelne.

POSITIV BESETZT

Kaum ein Paar, das nach längerem Getrenntsein nicht eine Phase der Wiedergewöhnung zu meistern hätte. Vor allem, wenn die während dieser Zeit gemachten Erfahrungen so prägend sind. Im Fall von Beauvoir und Sartre und ihrem wechselseitig empfundenen Befremden im Frühling 1941 aber treten, wie gesehen, tiefe philosophische Divergenzen hinzu.

Bei der Rückkehr nach Paris steckt Sartre mitten in der Arbeit an seinem Opus magnum »Das Sein und das Nichts« – genauer gesagt, in den Kapiteln über »Die Zeitlichkeit«.[12] Als das mehr als tausend Seiten starke Werk im Juli 1943 erscheint, finden sich darin, ganz zu Ende der Abhandlung, gerade einmal fünf Seiten zu Fragen der Ethik. Unter der Überschrift »Moralische Perspektiven« bekennt Sartre, vor dem Hintergrund seiner Philosophie laufe es moralisch »auf dasselbe hinaus, ob man sich einsam betrinkt oder

Völker lenkt. Wenn eine dieser Tätigkeiten die andere übertrifft, so nicht wegen ihres realen Ziels, sondern wegen des Grades an Bewußtheit, das sie von ihrem idealen Ziel her hat«.[13]

Diese Position steht in ihrem inhaltsleeren Nihilismus in geradezu kümmerlichem Widerspruch zu der von Beauvoir gewonnenen Position. War es wirklich das, woran es Hitler und Stalin aus moralischer Sicht mangelte, woran es ihnen menschlich gebrach: ein unzureichender Grad an Bewusstheit, den sie von ihren Idealen hatten? Ein Mangel an Selbsttransparenz, Authentizität?

Als Mensch wie auch als Frau an seiner Seite sollte Beauvoir lebenslang höchste Sorge dafür tragen, ihr Denkverhältnis zu Sartre vor allem bezüglich seiner Genialität zu kuratieren. Insbesondere auch dessen philosophischer Originalität. Der inneren Dynamik eben jener Strömung, die unter Sartres durchaus egozentrischer Schirmherrschaft ab 1943 – und mit voller Wucht dann ab 1945 – unter dem Begriff »Existentialismus« die westliche Welt erobern sollte, entspricht dies indes nicht. Denn in Bezug auf die ab 1945 auch von Sartre als Schlüsselproblem herausgestellte Frage, inwiefern es sich bei diesem »Existentialismus wohl um einen Humanismus«[14] handle und also, worin dessen ethischer Kern liege, geht der entscheidende Durchbruch auf Beauvoir zurück.[15] Und zwar, ohne dass Sartre dies je ausreichend markiert hätte.

Für Beauvoir jedoch ist dies kein Grund zu tieferer Gram. Weder nach dem Krieg noch in ihm. Bereits zum Sommer 1941 ist die Zweisamkeit wieder alltagstauglich. Was zur Harmonie beiträgt, ist vor allem die Rückeroberung gemeinsam geliebter Routinen. Allen voran der sechswöchige Lehrerurlaub zu zweien. Einmal illegal über die grüne Grenze, radeln die beiden von Mitte August bis Ende September durch den »freien« Süden und genießen einander wie in frühesten Jahren. Biber Beauvoir erkundet Landschaft und Sehenswürdigkeiten der Côte d'Azur, während ihr »liebster Kleiner« – vom Naturell her merklich weniger bewegungsfreudig – die freien Stunden zum Schreiben unter Sonnenschirmen nutzt.

Dass Kamerad Sartre, per Gruppenbeschluss, eigentlich in geheimer Mission unterwegs ist, es tritt schon bald in den Hintergrund. Vor allem, da er sich auch außerhalb von Paris einen Korb nach dem anderen abholt. André Gide verweist ihn höflich an André Malraux. Der Empfang in dessen Sommervilla fällt zwar ebenso freundlich wie nahrhaft aus (»auf amerikanische Art gegrilltes Hühnchen«[16]), bleibt indes ebenfalls ohne Ergebnis. Nicht einmal Colette Audry öffnet sich ihm als kommunistische Mitstreiterin. Sartres Traum vom Résistance-Führer-Dasein, er platzt in diesem Sommer mit der Absehbarkeit von gebrauchten Fahrradschläuchen auf roher Schotterpiste. In ihren Memoiren bilanziert Beauvoir das Fiasko im Tonfall einer erleichterten Mutter: »Der Verzicht auf dieses Projekt fiel ihm nicht leicht. Widerstrebend gab er schließlich auf. … Wir arbeiteten viel«.[17]

Tatsächlich, zurück in Paris zeigt sich die Familienlage sogar in Sachen Sexualität im besten Sinne beruhigt. Geradezu mönchisch konzentriert Sartre sich nun auf Wanda, während Beauvoir strikt an ihrer im vorigen Herbst etablierten Übernachtungseinteilung festhält (zweimal pro Woche Sorokin, zweimal Olga, zweimal Bost …).[18] Techtelmechtel – wie etwa zwischen Sorokin und Sartre – fallen da kaum ins Gewicht. Nicht, dass jeder von jedem gewusst hätte, doch waren nun alle Familienmitglieder »darauf bedacht, die Eigenheiten dieser Beziehungen zu respektieren … (Es) herrschte Duobildung vor. Wenn ich mich im ›Flore‹ mit Olga oder Lise (Natalie Sorokin) traf, wenn Sartre mit Wanda ausging, wenn Lise und Wanda zusammen plauderten, wäre es keinem von uns eingefallen, sich an den Tisch der beiden anderen zu setzen. Die Leute fanden dieses Verhalten lächerlich, uns schien es selbstverständlich«.[19]

Mochte es in Sachen Unterkunft, Nahrung und Kleidung in diesem ungewöhnlich kalten und schneereichen Winter 1941/1942 auch eine »beträchtliche Anstrengung bedeuten, nicht völlig zu verkommen«[20], so gelang es dem Familienverband gemeinsam, die erzwungene Enge in neue Schaffensräume umzudeuten. Es beginnt die Zeit, über die Sartre nur wenige Jahre später scheinbar paradox urteilte: »Niemals waren wir freier als unter der deutschen Besatzung.«

Für Beauvoir als Philosophin und Autorin hatte diese neue Freiheit bereits im Januar 1941 begonnen. Der damit eingetretene Wandel im Weltverhältnis würde auch das Zentrum ihres neuen Romans bilden. War es in ihrem ersten Werk noch um die *psychologischen* Aspekte des Kampfes zwischen »Ich« und »anderem« gegangen, sollten es nun die *sozialen* und politischen sein: »Ich möchte, daß mein nächster Roman diese Beziehung zum Anderen in ihrer existentiellen Komplexität illustriert. Ein schönes Thema. Das Bewußtsein des Anderen *vernichten*, das ist etwas kindisch. Das Problem läuft auf das Soziale hinaus …«[21]

Wie sich zeigte, war dies eine Herausforderung der besonderen Art: »(Aber wie undankbar das ist, die Darstellung des Sozialen, und wie vermeiden, daß es erbaulich und moralisierend wirkt?) Man müßte in der Lage sein, den sozialen Stoff (Streik, Aufruhr, Aktion eines Anführers) zu gestalten, um die Beziehung zum Anderen hervorzuheben: Freiheit, Faktizität.«[22]

Einen Streik – eine Revolte – so inszenieren, dass er die wahre Bindung zum anderen hervorhob, ohne dabei platt erbaulich oder falsch moralisierend zu wirken. Das war mit das Schwerste, was es zu vollbringen gab. So wollte das auch Simone Weil im gleichen Zeitraum am eigenen Leib erfahren.

ERNTEDANK

Mochten die Einwohner von Saint-Marcel sich auch aus Angst oder gar Ekel von ihr abwenden, nie zuvor hatte Simone Weil sich beschenkter gefühlt als in den frühen Herbstwochen des Jahres 1941: »Bewundernswerte Landschaft, köstliche Luft, Rückzug, Ruhe, Einsamkeit, frisches Gemüse und Obst, Wasser aus dem Brunnen, Kaminfeuer – welch Schwelgerei«[23], schreibt sie in einem Brief aus ihrem »Haus der vier Winde« – in Wahrheit eine verfallene Holzhütte am Waldrand, über deren morschen Boden des Nachts die Ratten huschen.

Eine Mätresse des Bauern? Eine Jüdin auf der Flucht? Oder schlicht eine Geisteskranke, deren man sich auf dem Hofe der Thibons gnädig angenommen hatte? Ganz genau wusste niemand im Dorf zu sagen, was es mit dieser Frau im marineblauen Lodenmantel auf sich hatte. Abgemagert sah man sie jeden Morgen auf einer Steinbank nahe dem Brunnen sitzen und selbstvergessen fremde Verse rezitieren. Fehlte nur noch, dass sie beginnen würde, den Tieren zu predigen.

Über katholische Freunde in Marseille hat Weil als Erntehilfskraft auf dem Hof des Ardèche-Bauern und Schriftstellers Gustave Thibon angeheuert. Wie in ihren Briefen des Sommers nachzulesen, war es ihr brennender Wunsch, »unter einem Volk, das Hunger leiden wird, die Ermüdungen meines Leibes und meiner Seele ganz in Kartoffeln umzuwandeln.«[24] Kartoffeln, auf Französisch: Äpfel der Erde (pommes de terre) – die heimatliche Paradiesfrucht.

Sie hätte es also kaum besser antreffen können: »Sieht man einmal von den Schrecken und dem Leid ab, dem im Moment so viele Teile des Erdenballs ausgesetzt sind«, preist sie in einem weiteren Brief dieses Herbstes ihr neues Daseinsglück, »kommt mir meine eigene Situation derzeit sehr zupass. Die Regierung meines Landes hätte mir keinen größeren Gefallen tun können, als mir intellektuelle Berufe zu verbieten und das Denken für mich so zu einer kostenlosen Tätigkeit zu machen – was es ja ohnehin sein sollte. Schon von früher Jugend an träumte ich von der Vermählung des heiligen Franziskus mit der Armut, aber ich fühlte, dass ich diese nicht selbst anstreben müsste, weil sie mir eines Tages gewiss aufgezwungen würde, und dass es so besser wäre …«[25]

Als Jüdin nach dem Gesetz darf Weil nicht länger an den Schulen ihres Landes unterrichten. Wiederholt erkundigt sie sich beim Ministerium nach den tieferen Gründen der erfolgten Zuordnung, schließlich habe sie keine jüdische Erziehung erhalten, niemals in ihrem Leben eine Synagoge besucht, niemals einem jüdischen Ritual beigewohnt und sich keinen Tag ihres Lebens als Jüdin gefühlt. Auf welcher Begründungsbasis werde sie also als Jüdin geführt?

Worum es Weil mit ihren vor Sarkasmus triefenden Eingaben an das Ministerium geht, ist nicht etwa, in irgendeiner Weise verschont zu werden, sondern allein eine reductio ad absurdum der angelegten Kriterien. Wie auch immer, sie würde sich schon auf eigene Weise zu suspendieren wissen. Dafür brauchte sie niemanden anderen. Schon gar nicht die Regierung ihrer besetzten Heimat. An ihren Früchten sollt ihr sie erkennen!

GESPANNTE ERWARTUNG

Weils ursprünglicher Plan, in der Ardèche bis zur völligen physischen Erschöpfung auch noch die Weinlese mitzunehmen, zerschlägt sich Ende Oktober unerwartet (wohl auf Betreiben Thibons zu deren Schutz) und zwingt sie zur Rückkehr nach Marseille, wo ihre Eltern nun seit mehr als einem Jahr auf eine rettende Passage in die USA hoffen.

Geradezu zwanghaft kreisen Weils Gedanken in dieser Phase um die Taufe und die Frage, ob und wenn ja, unter welchen Umständen sie dieses ersten und heiligsten aller Sakramente wohl würdig wäre. Simone Weil weiß sich als tief gläubig, ja von Gott berührt. Aber was folgte daraus für einen Menschen, für eine Philosophin wie sie? Wie weit musste die willentliche Unterwerfung gehen, um vor Gottes Antlitz bestehen zu können? Oder wäre mit dem expliziten *Willen* zur Unterwerfung der eigentliche Frevel bereits vollzogen? War Seelenheil außerhalb der katholischen Kirche überhaupt denkbar? Und würde die Bitte um Aufnahme in deren Schoß nicht andererseits eine schmähliche Entsolidarisierung mit all den rettungslos Verlorenen bedeuten, die sich auch weiterhin außerhalb ihrer befanden? Konnte das richtig sein?

Sie quält sich, wartet auf Lösung, ein Zeichen. Auch der ihr mittlerweile zum engen Vertrauten gewordene Dominikanerpater Joseph-Marie Perrin rät, in dieser letzten und wichtigsten Frage des Glaubens nichts zu suchen, nichts zu wünschen als den Willen Gottes.

Innerlich tief aufgewühlt, sozial indes weitgehend zu Untätigkeit verurteilt, entwickeln sich die Wintermonate des Wartens zu den geistig bislang produktivsten ihres Lebens. Neben zahlreichen Vorträgen[26] zur griechischen Philosophie und deren Mysterienkulten, die Weil in der Krypta des Marseiller Dominikanerordens hält und als Artikel auch in der damals, gerade in nichtkommunistischen Zirkeln intellektuell tonangebenden Zeitschrift »Cahiers du Sud« veröffentlicht, fließt Weils geistige Energie vor allem in ihre Denkhefte.[27]

Grundiert von ihren religiösen Erweckungserlebnissen und in direktem Dialog mit den großen Weisheitsquellen der antiken Achsenzeit (Platonismus, Hinduismus, Buddhismus), sucht Weil darin in scheinbar lose arrangierten Sentenzen und Einträgen nach Klärung der für sie entscheidenden Fragen: Wert und Ursprung des Ich, dessen Verhältnis zum anderen, zu Gott, zu Gesellschaft und geschichtlicher Situation; Wesen und Ursprung der Liebe und des Guten; die grundmenschliche Spannung zwischen Endlichkeit und Unendlichkeit, Immanenz und Transzendenz.

OHNE ICH

Vergleicht man ihre *Cahiers* mit Beauvoirs Tagebüchern und Schriften des gleichen Zeitraums, entsteht der höchst unheimliche Eindruck eines telepathischen Kontakts zweier Geister, die von den beiden Enden eines unendlich langen Fadens in gespannter Resonanz stehen. Denn auch Weil nimmt in den Cahiers die menschliche Situation eines angstbelegten Wissens um die je eigene Sterblichkeit und Endlichkeit zum Ausgangspunkt ihrer philosophischen Untersuchungen. Allerdings mit einer distinkt anderen Stoßrichtung als die bereits 1941/1942 so genannten »Existentialisten«.[28]

> Dasein – eine Wahrheit im »Existenzialismus«, aber sie haben eine Versuchung hineingebracht.[29]

Mit der Verwendung des Terminus »Dasein« im deutschen Original verweist Weil klar auf Heideggers Werk »Sein und Zeit«. Ja, in der Gestimmtheit der Angst – als ereignishafte Vergegenwärtigung seines dereinstigen Nicht-mehr-Seins – offenbaren sich dem Dasein wesentliche Wahrheiten. Anstatt die Leere dieses Abgrunds aber auszuhalten und zum reinigenden Anlass einer vollkommenen Entschöpfung (»De-Création«) des Ich zu nehmen, wird sie, so Weils Kritik, im Existentialismus zur Grundlage einer authentischen Selbstermächtigung im Zeichen des frei wollenden »Egos«, des »Ich will«.

Bereits mit dem ersten Schritt in die philosophische Bewusstwerdung zweigt der »Existentialismus« nach Weil in die falsche Richtung des Ich-Erhalts und der Ich-Revolte ab. Und wird so zum Wegbereiter eines rein diesseitig ausgerichteten Egoismus der Selbstergreifung, dessen trotzige Verlorenheit alles überbietet, was noch der dumpfste Konformismus eines traditionsbeschränkten »man« zu bewirken vermöchte. Als Einträge in ihre Cahiers:

> Der Egoist opfert alles, aber nicht der eigenen Person, sondern der Bequemlichkeit des Lebens; das ist nicht das gleiche.[30]

> Der Mensch wäre gern egoistisch und kann es nicht sein. Dies ist das auffälligste Merkmal seines Elends und die Quelle seiner Größe.[31]

> Es wäre sehr angenehm, wenn man Egoist sein könnte. Das würde Ruhe bedeuten. Doch man kann buchstäblich nicht.[32]

Dies ist im Kern exakt der Reflexionsgang, den im Jahr 1941/1942 auch Beauvoir im Rückblick auf ihre eigene Lebensgestaltung durchläuft. Doch wo Beauvoir die Freiheit des Ich im Sinne einer »metaphysischen Solidarität« an die Existenz anderer knüpft, bewertet Weil auch diese Bewegung als nur eine weitere Flucht. Das wahrhaft befreiende Ziel lautet nicht solidarische Hingabe an andere, sondern gnadenvolle Selbstaufgabe im Zeichen göttlicher Transzendenz. Denn:

> Wir besitzen nichts auf der Welt – denn der Zufall kann uns alles nehmen – als die Fähigkeit, Ich zu sagen. Das ist es, was man Gott geben muß, das heißt zerstören muß.[33]

Woraus für Weils Existentialismus der Gnade folgt, dass ein Dasein erst nach diesem letzten und ersten Akt erlösender Selbstzerstörung überhaupt in der Lage ist oder wäre, Gutes zu wirken:

> Alles, was *ich* tue, ist schlecht, ohne Ausnahme, einschließlich des Guten, weil *ich* etwas Schlechtes ist.[34]

> Die Notwendigkeit in einem selbst wirken lassen. (Verzicht auf den eigenen Willen).[35]

Das einzig gute Handeln besteht damit – Weil rennt hier in den Traditionen östlicher wie westlicher Mystiker sehenden Auges gegen die Grenzen der Sprache selbst – in einer eminenten Form des Nichthandelns, von der sogar die Entscheidung zur Gottesliebe betroffen bleibt. Auf die für Weil zu dieser Zeit bestimmende Problematik einer katholischen Taufe bezogen, kommt eine eigenmächtige Entscheidung also nicht infrage. Wer schließlich bin ich, eine Wahl für oder gegen Gott zu treffen – mich ganz bewusst für oder gegen ihn zu entscheiden? Hochmütigster aller Gedanken, tiefster aller denkbaren Frevel. »Nicht ich soll Gott lieben. Gott soll sich durch mich lieben.«[36]

OHNE WIR

Genau das also, was Beauvoirs Existentialismus als Grundlage einer rein diesseitig orientierten Therapie gegen den Nihilismus dient, benennt für Weil den Krankheitsherd selbst. Und in noch einmal verschärfter Weise gilt diese Diagnose für das Bestreben, dem einzelnen Ich über die Idee eines sich befreienden »Wir« den Weg ins Offene eines ethischen Daseins zu bahnen. »Man darf nicht *Ich* sein, aber man darf noch weniger *Wir* sein.«[37]

Vielmehr markiert der Schritt vom Ich zum Wir für Weil den eigentlichen Übergang ins Reich des Bösen. Vor allem dann, wenn dieses »Wir« im Sinne »der Gesellschaft« adressiert und politisch mobilisiert wird. Bedeutet die Ausrichtung des eigenen Handelns an »der Gesellschaft« – deren etwaigem Wohl, Nutzen und Fortbestand – doch die für ein Dasein denkbar verheerendste Form, sich der eigenen Nichtigkeit mutmaßlich moralisch zu entledigen: »In der Gesellschaft ist das Individuum das unendlich Kleine.«[38]

Aber nach Weil eben ist der Mensch doch nicht klein genug. Denn im Vergleich zur transzendenten Unendlichkeit, mit der das Dasein Gott gegenübersteht, handelt es sich bei der Unendlichkeit des Gesellschaftlichen nur um einen zweitrangigen, abgeleiteten, allzu irdischen und damit nachgerade diabolischen Ersatz. Weil bezeichnet diese Sphäre des Gesellschaftlichen und dessen sozialen Druck mit Platon als »das große Tier«: »Pharisäisch ist ein Mensch, der aus dem Gehorsam vor dem großen Tier tugendhaft ist.«[39]

So weit könnte auch Beauvoir noch unbedingt zustimmen. Doch geht Weils Kritik »am großen Wir« in den Cahiers weit über diesen Gemeinplatz hinaus und richtet sich ganz grundsätzlich gegen die Sphäre des Gesellschaftlichen als Ziel und Adressat moralischen Handelns – in welcher Form auch immer. Selbst Ayn Rand hätte es zunächst nicht extremer formulieren können: »Der Mensch ist ein gesellschaftliches Tier, und das Gesellschaftliche ist das Böse.«

Da der Mensch aber nun einmal ein gesellschaftliches Tier *ist* (oder eben, mit Aristoteles gesprochen, ein zoon politikon), gibt es für ihn keinen irdischen Ausweg aus diesem Bösen, wie Weil im unmittelbaren Anschluss festhält – und sich in ihrer Beschreibung dieser paradoxalen Lage sogleich als inspirierte Leserin Kafkas zeigt:

> Dagegen können wir nichts tun.... Also kann das Leben nur zerreißender Schmerz sein. Diese Welt ist unbewohnbar. Deshalb muß man in die andere fliehen. Doch das Tor ist verschlossen. Wie lange muß man klopfen, bevor sie sich auftut. Um wirklich einzutreten, um nicht auf der Schwelle zu bleiben, muß man aufhören, ein gesellschaftliches Wesen zu sein.[40]

Es gibt also ein Ziel – aber keinen Weg. Zumindest keinen, den ein rein irdisch gebundenes Individuum aus eigener Kraft finden und beschreiten könnte. Sofern das Tor in eine andere Welt sich zu Lebzeiten öffnen mag, dann gewiss nicht aufgrund des eigenen Anklopfens. Dies geschieht einzig im Akt der Gnade.

Die eigentliche Verführung des »großen Tiers« liegt für Weil in der ganz und gar schimärischen Hoffnung, über den Weg der irdischen Transzendenz erreichen zu können, was in Wahrheit nur die göttliche Transzendenz des Einen zu wirken vermag.

OHNE OPIUM

Für ihr tief vom Geiste Platons durchdrungenes Selbstverständnis als Christin ist schlicht nichts, was ausschließlich der irdischen Sphäre entspringt oder angehört, nichts, was sich nur aus der endlichen Immanenz des menschlichen Daseins speist, im wahren Wortsinne »real«, »gut« oder auch nur begründbar. Insbesondere nicht Werte oder leitende Ideale. Deshalb verfehlt auch jeder Humanismus, der sein Fundament auf rein irdischem Grunde errichtet, den Ursprung alles Guten ebenso sicher wie das in Wahrheit tief in die Transzendenz neigende Wesen des endlichen Daseins.

> Man muß den Begriff des Humanismus als solchen auflösen, und zugleich das, was sich dem Humanismus entgegenstellt, indem man erkennt, daß der Humanismus der christliche Glaube ist.[41]

Seine gesellschaftlich einflussreichste wie auch historisch verheerendste Form hatte der humanistische Fehlschluss nach Weil bisher im vulgären Politmarxismus mit seinen rein vertikal ausgerichteten Fortschrittsversprechen angenommen:

> Das große Tier ist der einzige Gegenstand der Götzendienerei, der einzige Ersatz für Gott, die einzige Nachahmung eines Gegenstandes, der unendlich weit von mir entfernt ist und der Ich ist.[42]

> Der große Irrtum der Marxisten und des gesamten 19. Jahrhunderts bestand darin zu glauben, daß man, wenn man nur geradeaus ginge, in die Lüfte aufstiege.[43]

Folglich gilt für Simone Weil:

> Nicht die Religion, die Revolution ist das Opium des Volkes.[44]

Wobei sich das Revolutionssehnen des Kommunismus/Sozialismus nach Weil von einer psychologischen Verstellung belastet zeigt, die ihn im totalitären Regelfall vom rassistisch motivierten Nationalsozialismus faktisch ununterscheidbar werden lässt:

> Der Sozialismus besteht darin, das Gute in die Besiegten zu legen; der Rassismus darin, es in die Sieger zu legen. Aber der re-

> volutionäre Flügel des Sozialismus bedient sich derjenigen, die, obwohl unten geboren, von Natur und Berufung Sieger sind; und so endet er bei derselben Ethik.[45]

Weshalb auch gilt:

> Der Totalitarismus ist ein Ersatz für das Christentum.[46]

Die von Simone de Beauvoir gepriesene Freiheitsphilosophie »metaphysischer Solidarität« in einer Welt ohne Gott (Freiheit *und* Sozialismus), für Simone Weil bereitet sie, im Winter des Jahres 1941/1942, den direkten Weg in eine auf Dauer gestellte Hölle des großen Tieres. Sie bereitet den Weg in den ewigen Götzendienst eines sich wechselseitig verblendenden Authentizitätsstrebens, das in Wahrheit nicht weiter von dem entfernt sein könnte, was es für menschliche Wesen heißen mag, sich wahrhaft zu suchen, zu finden – oder besser gesagt: sich wahrhaft zu verlieren.

ETHIK DER ANNAHME

Der kleine Gernegroß des Ego ist gelöscht, die große Bestie des Wir ausgeschaltet, wie aber steht es dann um das Du des Gegenübers? Was wird aus dem zentralen christlichen Gebot der Nächstenliebe in einer Konzeption, die weder von selbstbestimmt handelnden Subjekten noch so etwas wie gesellschaftlicher Gesamtverantwortung ausgeht? Wie wird die Beziehung zum anderen überhaupt gestiftet und bestimmt? Die direkte Antwort Weils lautet: durch die aufmerksame, unentwegte Annahme seiner wesensgemäßen Verwundbarkeit, seines Leides.

> Das Unglück der Anderen annehmen und darunter leiden. Annehmen bedeutet nichts anderes, als zu erkennen, daß etwas ist.[47]

> *Das Unglück der Anderen betrachten, ohne den Blick abzuwenden; nicht nur den Blick der Augen; sondern ohne den Blick der Aufmerksamkeit abzuwenden, mit Hilfe der Auflehnung oder des Sadismus oder irgend einer anderen inneren Tröstung. Das ist schön.*[48]

> Gott durch das Elend der anderen zu lieben, ist noch viel schwerer, als ihn durch das eigene Leiden zu lieben.[49]

Die geradezu meditative Versenkung ins Leiden anderer dient dabei keinem anderen Zweck, als sich dessen gewahr zu werden. Leiden ist. Da-sein *ist* Leid. Im beschriebenen Sinne zu erkennen, dass ein anderer leidet, und sich darauf aufbauend zu fragen, aus welchen Gründen und aufgrund welcher geltenden Normen ihm wohl beizustehen wäre, ist deshalb nach Weil nicht etwa Ausweis eines (ethisch) geschärften Bewusstseins, sondern vielmehr der reflexive Tatbeweis dafür, noch nicht einmal im Ansatz verinnerlicht zu haben, worin sich ein wahrhaft ethisches Dasein finden würde. Es gibt, vor dem entworfenen Hintergrund, kein eigens zu lösendes Problem der Form: Warum ethisch sein? Warum überhaupt anderen helfen? Bin ich der Hüter meines Bruders …

Das mutmaßlich philosophische Fragen nach dem Grund des »Sollens« im »Sein« offenbart sich als Scheinproblem einer Weltsicht, die meint, aus dem Geiste moderner Subjektivität heraus überhaupt so etwas wie eine Trennung zwischen »Sein« und »Sollen« etablieren zu müssen. Diese Trennung aber ist selbst nichts anderes als ein in der Betrachtung des Leids zu überwindender Ich-Effekt. Schmerz und Leid sind für Weil, mit anderen Worten, wesensgemäß handlungsbezogene Gegebenheiten. Ein argumentativ zu lösendes Problem im Sinne eines tiefer zu rechtfertigenden Grundes zeigt sich nicht. Gibt sich in Wahrheit nicht.

Was es gibt, sind fehlende Aufmerksamkeit und durch permanente Ablenkung und selbstische Erwägungen gedämpfte Impulse zur Sorge um den anderen. Was es gibt, ist nach Weil der allzu menschliche Wille zur Instrumentalisierung der Verwundbarkeit anderer zu eigenen Zwecken – gerade auch vermeintlich »guten«, »gesellschaftlichen« oder »humanitären« Zwecken.

HÖHERE GLEICHGÜLTIGKEIT

Genauso wenig, wie der klare Blick auf das Leiden der anderen nach Normen oder gar ethischen Imperativen fragt, bedarf oder verträgt er explizite Ermunterungen oder Aufforderungen. Die Neigung zur tätigen Annahme des anderen als Leidendem mag individuell verschieden sein, aber diese individuellen Differenzen sind im Zustand einer »höheren Gleichgültigkeit«[50], wie Weil es nennt, offenbar als ebenso gegeben hinzunehmen wie die Wirklichkeit des Leidens selbst.

> Es ist nicht nötig, die Neigung zum Helfen zu vergrößern – ganz gleich, ob sie stark oder schwach ist, denn sie ist natürlich und also weder gut noch schlecht –, sondern man muß beseitigen, was sie daran hindert, sich zu verwirklichen.[51]

Im Fall von Simone Weils Dasein war diese Neigung offensichtlich ganz extrem, ja in den Augen ihrer Mitmenschen geradezu pathologisch ausgeprägt. Ihr Ich war in einer Weise geschwächt und also porös für das Leid aller, wie es kaum je bezeugt wurde. Wenn es ihr nur vergönnt wäre, in höchster Aufmerksamkeit und Versenkung – das Ego bis zum äußersten Punkt geschwächt – das letzte Tor zu durchschreiten und die Grenze zwischen Eigenem und anderem ganz und gar aufzuheben. Es wäre das höchste Gut. Es hieße, ganz licht zu sein. Hieße, endlich unbedingt frei zu sein – also selbst ohne Wahl.

> Die Aufmerksamkeit ist auf ihrer höchsten Stufe das gleiche wie das Gebet. Sie setzt Glaube und Liebe voraus. Mit ihr ist

> eine andere Freiheit verbunden als die der Wahl, die sich auf der Ebene des Willens befindet. Nämlich die der Gnade. So aufmerksam sein, dass man keine Wahl mehr hat. Dann kennt man sein Dharma.[52]

> Das wahre Ziel besteht nicht darin, Gott in allen Dingen zu sehen, sondern darin, daß Gott durch uns alle Dinge sieht, die wir sehen.[53]

> Ich muß mich zurückziehen, um ihm diesen Blick freizugeben.[54]

> Alle Tatsachen zu lieben heißt nichts anderes, als Gott in ihnen zu lesen.[55]

Weils Ethik einer vollends zweckbereinigten »höheren Gleichgültigkeit« nähert sich einerseits Positionen an, wie sie im abendländischen Kontext von Baruch de Spinoza[56] oder zu ihren Lebzeiten auch von Ludwig Wittgenstein[57] vertreten wurden.[58] Aber im östlichen Kulturkreis finden diese sich auch im Buddhismus und Hinduismus – Korrespondenzen, die Weil in ihren Cahiers immer wieder explizit anspielt und auslotet. Was die Neigung, *in der richtigen Weise* aktiv zu sein, unter Menschen insbesondere vermindert und beeinträchtigt, ist demnach das Beharren auf einem wertenden Ich oder gar Wir als mutmaßlichem Quell aller Werte und Zwecke.

Existentialistisches Engagement bedeutet selbstermächtigtes Vergehen an der Güte des Seins – so lautet das in gnadenloser Konsequenz gedachte Verdikt Simone Weils im Winter des Jahres 1941/1942. Was sie ihm entgegenstellt, ist ein asketischer Höhenweg der Erlösung, frei von jeder Form rein irdisch gelagerten Wollens. »Gewiss ist das nicht jedermanns Sache«, wie Weil in ihren Cahiers lakonisch festhält, »aber Gott zu lieben ist auch nicht jedermanns Sache«.[59] Wie alles aber, was auf dieser Welt Wert und

Gewicht hat – das Schöne, das Gute, das Gerechte –, liegt auch der Ursprung dieser Liebe in einer anderen Welt.

> Allein die übernatürliche Liebe schafft Wirklichkeit. Dadurch sind wir Mit-Schöpfer. Wir haben an der Schöpfung der Welt Anteil, indem wir uns selbst ent-schaffen.[60]

ÜBERFAHRT

Weils Cahiers des Jahreswechsels 1941/1942 gleichen Skizzen aus der Welt einsamer Plateaus und Täler, die ein menschliches Dasein auf dem Weg durch die Finsternis ins Licht zu durchschreiten hat. Die gleichen Orientierungspunkte – oder beinahe gleichen – werden darin stets von neuem von verschiedenen Richtungen her berührt und in immer weitere Bilder aufgefächert,[61] was nicht zuletzt daran liegt, dass Weil diese Skizzen auf dem Weg selbst anfertigt.

Anstatt eine kalt vermittelbare Lehre oder gar Wissenschaft erster Prinzipien zu sein, ist Philosophieren für sie nichts anderes als das furchtlose Beschreiten eben dieses Weges. Es ist mit anderen Worten keine objektiv feststellende, sondern eine existentiell transformative Tätigkeit. Sie ist deswegen auch nicht delegierbar oder intellektuell zu verkünden, sondern andern Menschen allenfalls im Modus des Winkens und Weisens zu vermitteln. Also als eine Form der Führung für solche, die sich ebenfalls bereits auf ihrem Weg befinden. Das sind erfahrungsgemäß nie alle oder auch nur viele, sondern stets wenige und Vereinzelte. Auf genau diese wesensgemäß einzigen und seltenen – auch in dieser Hinsicht zeigt sich Weil als Schülerin Platons – kommt es gerade in finstersten Zeiten letztlich an. Sie tragen das Licht in die Welt. Und je dunkler ihr Ort, umso heller ihr Flammen.

Mit rein diesseitigen Registern sind – oder wären – diese allzu wenigen Menschen demgemäß weder präzis zu beschreiben noch zu beurteilen. Und wenn man es doch versuchte, dann eben nur in Begriffen tiefer Befremdung und Verrückung. So widerfährt es auch Weil in besagter Phase – sei es als Erntehelferin in der Ardèche oder in den Frühlingsmonaten von Marseille. Von Freunden auf ihre weiteren Pläne befragt, gibt sie immer wieder zur verstörenden Antwort, sie wolle »dienen, dahin gehen, wo die Gefahr am größten, wo mein Leben am wenigsten geschützt ist«.[62] Brief um Brief schreibt sie an Militärs und Funktionäre des »freien Frankreich« – und legt darin detaillierte Pläne für Missionen im besagten Sinne nieder. Der seelische Druck, unter dem sie steht, ist offenbar enorm. Auf den ersten Blick zeigt sich darin keine Spur von gottergebener Gelassenheit und willensbefreiter Hingabe. Umso mehr, als sie sich zunächst in der festen Verpflichtung sieht, ihre Eltern auf der Passage nach New York zu begleiten. Die Furcht, einmal in Amerika, nicht mehr in ihr leidendes Heimatland zurückkehren zu können, lastet derweil schwerer als alles andere auf ihr.

Schon seit Ende Januar 1942 sind die Koffer gepackt. Jeden Tag mag es nun so weit sein. Absolute Leere der Zeit. Reines Ausharren. Alle weiteren Pläne sind ausgesetzt. Gerade in dieser abermals von außen erzwungenen Suspendierung schreitet Weil auf ihrem Weg in die befreiende »Ent-Schöpfung« voran. In höchster Geistesgegenwärtigkeit füllt sie Seite um Seite ihrer Cahiers: »Augenblicke des Innehaltens, der Betrachtung, der reinen Intuition, der geistigen Leere, des Annehmens innerer Leere. Durch diese Augenblicke ist (der Mensch) des Übernatürlichen fähig. Wer die Leere einen Augenblick lang erträgt, empfängt entweder das übernatürliche Brot, oder er fällt.«[63]

»Ich hatte den Eindruck«, erinnert sich Gustave Thibon an die letzte Zusammenkunft im Frühling 1942, »vor einem geradezu transparenten Wesen zu stehen, das im Begriff stand, ins Urlicht zurückzukehren … sie kommentierte das Evangelium. Die Worte fielen von ihren Lippen wie die Früchte eines Baumes. Diese Worte übersetzten nicht erst die Wirklichkeit, sie versetzten sie, nackt und total, in mich hinein. Ich spürte mich über Raum und Zeit hinausgehoben …«[64]

In dem Bewusstsein, ihr geistiges Testament – als Dokument eines Letzten Willens – niedergelegt zu haben, überreicht sie die Cahiers im April 1942 zur Verwahrung an Perrin und Thibon. Am 14. Mai 1942 verlassen die Weils Marseille, zunächst mit Kurs auf Casablanca. Von der Reling aus ruft Simone am Kai winkenden Freunden zu: »Sollten wir torpediert werden, was für eine schöne Taufe wäre das!«[65]

THIS MEANS YOU!

Wenigstens die Feuertaufe durch deutsche U-Boot-Torpedos war Hannah Arendt erspart geblieben. Doch auch ein Jahr nach ihrer Ankunft ist sie mit New York nicht recht warm geworden. Vor allem nicht mit den gesellschaftlichen Kreisen, die ihr eigentlich am ehesten hätten vertraut sein sollen – jenen der dortigen jüdischen Intellektuellen und Gelehrten. »Sie können sich«, schreibt sie am 25. April 1942 an Scholem nach Jerusalem, »schwer einen Begriff davon machen, wie fremd und verwunderlich uns dieses social life hier vorkommt (Monsieur hatte ich sicherheitshalber wegen goj und so zu Hause gelassen.) Die Leute sprechen über alles, was uns Juden angeht und über alles, was uns geschehen ist, mit solch einer distanzierten Verzweiflung, wie man sie nur haben kann, wenn man im Grunde nicht mitbetroffen ist. Und dies ist mit Verlaub zu sagen, ein schwerer Irrtum.«[66]

Nach Arendts Überzeugung war mittlerweile so gut wie jedes Volk der Erde betroffen, ja jeder Mensch in seinem Dasein von den Nazis direkt bedroht. Dass dies weder von den Zionisten noch den Alliierten ausreichend begriffen wurde, stellte aus ihrer Sicht die eigentliche Gefahr dar. Sowohl für die Zukunft der Juden wie auch aller anderen Völker und Nationen der Welt.

»Uns geht es aber davon abgesehen«, fährt Arendt fort, »ganz gut. Monsieur arbeitet als eine Art von Sachverständiger bei allen möglichen Büchern und Researchsachen mit. Ich schreibe meine Antisemitismussachen und veröffentliche sie stückweise in jüdischen Zeitungen ... Daneben schreibe ich für den »Aufbau« ziemlich regelmässig, wo ich mich ganz friedlich als der kleinste Columnist Amerikas etabliert habe.«[67]

Es war fast gar nicht gelogen. Gemeinsam mit Arendts Mutter bewohnt das Paar zwei halb möblierte Zimmer zwischen Central Park und Hudson River. Alles andere als komfortabel, zumal sich das Verhältnis zwischen Monsieur und seiner Schwiegermutter zunehmend spannungsreich gestaltet. Mit der Robustheit eines New Yorker Taxifahrers rumpelt Blücher noch immer durch die ihm unvertraute Sprache. Zu mehr als brüchiger Alltagskonversation reicht es nicht, was, wie Arendts Mutter wiederholt anmerkt, seine Chance auf bezahlte Arbeit nicht eben erhöhe. Seine nur teilweise vergüteten Beiträge für amerikanische Militär- und Propagandazwecke verfasst er weiterhin auf Deutsch.

Arendt hingegen hatte sich bereits wenige Tage nach der Ankunft mit voller Energie ins Amerikanische geworfen – im Sommer 1941 sogar einen mehrwöchigen Sprachaufenthalt bei einer Gastfamilie auf dem Lande absolviert – und bereits wenige Wochen darauf die ersten Texte verfasst. Der Ton besticht selbst im neuen Idiom, die Schärfe der Gedankenführung sowieso. Sie ist im Gespräch und erhält zum November 1941 eine Kolumne in der deutschsprachigen Wochenzeitschrift »Aufbau«, dem damals maßgeblichen Organ jüdischer Exilkreise.

Der Kolumnentitel »This means you«[68] war Programm und ließ erkennen, dass Arendt der Sinn nicht nach *friedlicher* Etablierung stand. Vielmehr widmete sie ihre ersten Kolumnen fast ausschließlich der mit Verve vorgetragenen Forderung nach einer eigenen, aus aller Welt rekrutierten jüdischen Armee, die Seite an Seite mit den Alliierten für die Befreiung vom Joch der Nazis kämpfen sollte:

> Eine jüdische Armee ist keine Utopie, wenn Juden aller Länder sie verlangen und bereit sind, in sie als Freiwillige einzutreten. Utopisch aber ist die Vorstellung, wir könnten in irgendeiner Weise von der Niederlage Hitlers profitieren, wenn diese Niederlage nicht auch uns verdankt ist.[69]

> Ein Volk, dem man nicht erlaubt, sich seiner Feinde zu wehren, ist kein Volk, sondern ein lebendiger Leichnam ... Wir wollen keine Versprechungen, dass auch unsere Leiden »gerächt« werden würden, sondern wir wollen kämpfen; wir wollen keine Barmherzigkeit, sondern Gerechtigkeit ... Freiheit aber ist keine Prämie für ausgestandene Leiden, und Gerechtigkeit empfängt man nicht wie Brosamen von dem Tische der Reichen.[70]

Nur durch einen bewaffneten Kampf unter eigener Flagge, nur durch die für alle Welt sichtbare Bereitschaft derer, die als Juden angegriffen wurden, sich *als* Juden auch militärisch zu wehren, würde es, so Arendts feste Überzeugung, ihrem Volke dereinst möglich sein, seiner gerade in Europa historisch wie zementiert scheinenden Rolle als Opfergruppe zu entkommen. Zudem würde eine jüdische Armee aller Länder auch eine mit der Etablierung Palästinas drohende Spaltung der Juden in ein Volk zweier Welten verhindern – einem Volk in der Heimstatt Palästina (Zion) und einem des ewigen Exils und der Diaspora (Galuth). Für Arendt aber psychologisch wie politisch eigentlich entscheidend: Solch eine Armee trüge zu einer von ihr als unbedingt notwendig erachteten Normalisierung der jüdischen Selbst- wie Fremdwahrnehmung als nur *eine*s unterdrückten Volkes unter vielen anderen unterdrückten Völkern und Volksgruppen der Welt bei. Schließlich seien im Zuge von Hitlers rassistisch motivierten Eroberungen mittlerweile nahezu »alle europäischen Nationen ... zu Paria-Völkern geworden, alle sind gezwungen, den Kampf um Freiheit und Gleichberechtigung neu aufzunehmen. Unser Schicksal ist zum ersten Mal kein Sonderschicksal, unser Kampf zum ersten Mal identisch mit dem Freiheitskampf Europas. Als Juden wollen wir für die Freiheit des jüdischen Volkes kämpfen, denn: ›Wenn nicht ich für mich – wer für mich?‹: als Europäer wollen wir für die Freiheit Europas kämpfen, denn: ›Wenn ich nur für mich – wer bin ich?‹ (Hillel)«.[71]

NEUES ENTSETZEN

Soweit es das Schicksal der Judenheit betrifft, argumentiert Arendt auch in neuer Welt vorrangig aus europäischer Perspektive. Und so schlüssig ihre Forderungen auch wirken, spätestens zum Mai des Jahres 1942 muss sie ihre publizistische Kampagne innerhalb der Kreise des Zionismus als gescheitert erkennen. Was umso mehr schmerzt, als sich die weltpolitische Lage entscheidend gewandelt zeigt. Bereits zum Oktober 1941 ist der deutsche Vormarsch auf Moskau zum Stillstand gekommen und hat sich mit Einbruch des russischen Winters zu einem für beide Seiten ausgesprochen verlustreichen Abnutzungskampf verhärtet. Anstatt binnen weniger Wochen in sich zu kollabieren, zeigt Stalins Rote Armee immer höhere Festigkeit. Das Schicksal Leningrads steht beispielhaft für die neue Konstellation. Seit September 1941 von den Nazis umstellt und mit einer Blockade belegt, wird es von Stalins Truppen um jeden Preis gehalten und verteidigt. Bereits im ersten Winter finden so Hundertausende Einwohner der späteren »Heldenstadt« einen von den Nazis völkerrechtswidrig erzwungenen – und von Stalin strategisch in Kauf genommenen – Hungertod.

Als Folge des Angriffs japanischer Bomber auf die US-Pazifikflotte in Pearl Harbour am 7. Dezember 1941 haben nun auch die USA ihren Eintritt in den Weltkrieg offiziell erklärt. Im Verbund mit den Briten konzentrieren sich deren Streitkräfte zunächst auf die Westfront Europas. Die Leitlinie lautet: »Germany first«. So zeichnet sich zum Frühling 1942 für Europa ein Zwei-Fronten-Szenario ab, das die Schlagkraft der deutschen Wehrmacht notwendig überfordern würde.

Im April 1942 unternehmen Hitlers Truppen in der Sowjetunion abermals – und abermals vergeblich – einen entscheidenden Durchbruchsversuch. Bei klarer Sicht auf die vorhandenen Kampf- wie Rüstungsressourcen würde die Niederlage der Nazis jetzt nur mehr eine Frage der Zeit sein – sowie der Opferbereitschaft der alliierten Truppen.

Als führende Köpfe der Zionistenbewegung am 9. Mai 1942 im New Yorker Biltmore-Hotel zu einem außerordentlichen Kongress zusammentreffen, stehen die Diskussionen damit unter einer eigentümlichen Doppelspannung. Wirklich gesichert sind die Informationen noch nicht, doch offenbar hatten die Nazis in besetzten Ostgebieten zu Beginn des Jahres 1942 mit der Massendeportation internierter und zwangsghettoisierter Juden in eigens zu diesem Zweck errichtete Vernichtungslager begonnen – zunächst aus Lemberg und Lublin.[72] Augenscheinlich trat der Massenmord an den Juden Europas damit in eine neue, bislang nicht einmal für vorstellbar gehaltene Phase. Dies verlieh der zionistischen Forderung nach Lockerung oder gar Aufhebung der Einreisebeschränkungen in das britische Protektorat »Palästina« neue Dringlichkeit. Gleichzeitig zeichnete sich am Horizont das Szenario eines Sieges der Alliierten ab und gab damit einem politisch souveränen Palästina als Heimstatt des jüdischen Volkes eine neue Perspektive. Auch Arendt nimmt als Beobachterin an der Konferenz teil. Und zeigt sich über die dort gefassten Beschlüsse geradezu entsetzt.

FALSCHE EINHEIT

Bereits seit Monaten ist Arendt besorgt, die zionistische Bewegung könnte sich angesichts der grauenhaften Lage der Juden weiter innerlich verhärten und vor allem nationalistisch verengen. Um diesen Kräften entgegenzuwirken, die nicht zuletzt auch ihren publizistischen Feldzug für eine jüdische Armee ideologisch zu kidnappen drohen, ruft sie im März 1942 unter dem Namen »jungjüdische Gruppe« einen politischen Diskussionszirkel ins Leben.

Mit ihr als intellektueller Impulsgeberin stehen die Diskussionen im Zeichen der Frage, welche »Art von politischer Körperschaft sich die palästinensische Judenheit«[73] geben sollte. Wobei Arendt diese Frage zunächst als politische Theoretikerin, nicht als Jüdin angeht. Was sich schlicht daraus erklärt, dass sie die Problemstellung der Juden in Palästina lediglich als beispielhafte Verdichtung einer Konstellation deutet, von der in Wahrheit jedes Volk und jede Volksgruppe betroffen sind, die innerhalb eines existierenden Nationalstaats als Minderheit nach angemessener Repräsentation und Selbstbestimmung streben, nach Wahrung ihrer Identität und Sprache, ihrer religiösen wie kulturellen Eigenheiten, ihrer Tradition.

Gemäß Arendts Analysen war es dabei die aus dem Geist des 19. Jahrhunderts geborene, in ganz Europa verbindlich gewordene fixe Idee eines Nationalstaats als notwendiger *Einheit von Volk, Territorium und Staat*, die den eigentlichen Ursprung der beiden Weltkriege wie auch des modernen Antisemitismus (als Begriff ebenfalls ein Kind des 19. Jahrhunderts) bildete. In Arendts eigenen Worten:

> Damals äußerte sich im Antisemitismus noch ein typischer Konflikt, wie er in einem Nationalstaat unvermeidlich ist, in welchem die grundlegende Identität von Volk, Territorium und Staat notgedrungen gestört wird durch die Anwesenheit einer anderen Nationalität, die in welcher Form auch immer sich ihre Identität erhalten will.[74]

Gemäß der im Biltmore-Hotel unter Federführung des Sozialdemokraten (und späteren Premierministers Israels) David Ben-Gurion gefassten Beschlüsse war es nun genau dieses Modell eines ethnisch homogenen Nationalstaats, nach dem sich auch das jüdische Volk seine Heimstatt in Palästina würde schaffen wollen. Denn neben der Forderung nach Zuzugserlaubnis von zwei Millionen europäischen Juden wurde auf diesem Kongress die Vision Palästinas als eines »jüdischen Gemeinwesens« (Jewish Commonwealth) beschlossen. Der dort ebenfalls ansässigen, faktischen Mehrheitsbevölkerung der Araber sollten lediglich Minderheitenrechte zukommen (zu denen das Wahlrecht nicht gehören würde).

Arendt schäumte vor Wut, mehr noch: Verzweiflung. Sah sie doch mit den Biltmore-Beschlüssen im Namen des Zionismus nun eben jenes Ideal zur etwaigen Lösung der »Judenfrage« verklärt, das ihrer festen Überzeugung nach in Europa überhaupt erst zu einem politischen Antisemitismus und also einer »Judenfrage« im modernen Sinn geführt hatte: eben die fixe Idee von einem Nationalstaat, der im Idealfall eine vollends bündige Einheit von Volk, Territorium und Staat bildet – und in dem die Juden als Volk somit notwendig als tief störende andere wahrgenommen werden mussten.

Für Arendt bedeutet der Beschluss von Biltmore eine tiefe Verfehlung, ja geradezu einen Verrat an den ursprünglich emanzipativen Zielen der zionistischen Bewegung. Darüber hinaus hält sie ihn auch realpolitisch für eine bereits mittelfristig selbstzerstörerische Narretei. Als geradezu absurd bezeichnet sie in ihren zahlreichen Wuttexten der folgenden Wochen und Monate die Vorstellung, eine Bevölkerungsmehrheit (die Araber) innerhalb eines demokratischen jüdischen Gemeinwesens allenfalls mit Minderheitsrechten zu versehen. Ebenso illusorisch scheint ihr die Vorstellung eines sich souverän gebenden Nationalstaats, der in seinem Bestand und Gedeihen dauerhaft auf den militärischen Beistand eines weiteren Schutzstaats angewiesen bleiben müsste. Ein Schicksal, das mit Blick auf die Landkarte für ein rein jüdisches Palästina unausweichlich schien:

> Der Nationalismus ist schlimm genug, wenn er auf nichts anderes als die rohe Stärke der Nation baut. Ein Nationalismus aber, der notwendigerweise und eingestandenermaßen von der Stärke einer fremden Nation abhängt, ist mit Sicherheit schlimmer. … Selbst eine jüdische Mehrheit in Palästina … würde nichts Grundlegendes an einer Situation ändern, in der Juden entweder eine auswärtige Macht zum Schutz gegen ihre Nachbarn ersuchen oder eine wirksame Verständigung mit ihren Nachbarn erreichen müssen.[75]

Nicht zuletzt würde der beschlossene Weg jedes friedliche Zusammenleben mit den arabischen Palästinensern dauerhaft unmöglich machen und den in den unmittelbaren Anrainerstaaten ohnehin stark anwachsenden panarabischen Antisemitismus weiter befeuern.

Biltmore markiert Arendts endgültigen Bruch mit dem institutionalisieren Zionismus. Keine Sekunde indes zweifelt sie daran, dass es so etwas wie ein »jüdisches Volk« gab, das sich in Zeit und Raum durch die Jahrtausende als politisch wirksame Einheit erhalten hatte und als ein Volk freie Selbstbestimmung verdiente. Genauso wie sie sich als Jüdin lebenslang zu dem von Theodor Herzl ausgegebenen Ziel bekennt, eine nationale Heimstatt für das jüdische Volk zu schaffen. Nur eben nicht in der Form eines klassischen Nationalstaats alteuropäischer Prägung.

WELTBÜRGERLICHE ABSICHTEN

Dass es andere Möglichkeiten gab, sich als politische Gemeinschaft souverän zu konstituieren, bewies nicht zuletzt ihr neues Zuhause: die Vereinigten Staaten von Amerika. Diese hatten sich einst als *Föderation* aus der Taufe gehoben, setzten sich also »aus unterschiedlichen, klar erkennbaren nationalen oder anderen politischen Elementen zusammen, die gemeinsam den Staat bilden. Nationale

Konflikte können in einer solchen Föderation nur deshalb gelöst werden, weil das unlösbare Mehrheiten-Minderheiten-Problem zu existieren aufgehört hatte. ... In dieser Vereinigung besitzt kein Einzelner irgendeine Vorherrschaft über einen anderen, und alle Staaten zusammen regieren das Land.«[76]

Genau solch eine föderative Lösung – entweder als Teil einer zukünftig europäischen Staatenföderation oder aber des Britischen Commonwealth – schwebt Arendt für das zukünftige Palästina als Ideallösung vor. Sie ist fest überzeugt, »daß Palästina als nationale Heimstatt für die Juden nur gerettet werden kann (wie andere kleine Länder und andere kleine Nationen auch), wenn es in eine Föderation integriert wird.«[77]

Mit dieser Form eines jüdischen Patriotismus in weltbürgerlicher Absicht freilich stand sie als einsame Ruferin in der New Yorker Betonwüste. Was nicht nur daran lag, dass ihre Vision des Frühjahrs 1942, beugte man sich geschulten Auges über den Kartentisch, mit dem Adjektiv »philosophisch« noch als wohlmeinend qualifiziert gelten durfte. Arendts zunehmende Isolation innerhalb der amerikanischen wie europäischen Zionistenkreise in New York hatte auch konkret soziale und zwischenmenschliche Gründe. Der Ton bestimmte die Musik. Und als »kleinste Kolumnistin Amerikas« schlug Arendt stets den schärfsten und unnachgiebigsten Ton an. Selbst in einer Zeit, da das jüdische Volk in Europa in den Abgrund seiner Auslöschung blickte, sparte sie nicht mit Sarkasmus, entzweiender Ironie sowie Argumentführungen, die einer faktischen Gleichsetzung des nationalsozialistischen Rassismus mit einem jüdischen Nationalismus nahekommen.[78] Sehenden Auges erzeugt sie als »public intellectual« böses Blut. Sie glaubt es sich und den Ihren schuldig zu sein. Im Namen der Wahrheit, der Gerechtigkeit – und der Freiheit des ebenso offenen wie öffentlichen Diskurses.

Was sie in dem wohl finstersten Moment ihrer Geschichte auch und gerade von den Juden politisch einforderte, ist, um es mit einem Terminus Beauvoirs zu sagen, die Haltung einer »metaphysischen Solidarität« mit allen geknechteten Völkern der Welt – und zwar im ureigenen Freiheitsinteresse. Bereits rein philosophisch war das viel verlangt. Realpolitisch aber wohl notwendig eine Überforderung. Zumindest unter den faktisch gegebenen Druckverhältnissen.

KLEINE KREISE

Was Arendt – ebenso wie Beauvoir, Weil und Rand – damals als Philosophierende in realpolitischer Mission anstrebte, es wäre zu jeder Zeit schwer zu erreichen gewesen: politische Wirksamkeit bei gleichzeitiger Prinzipientreue, philosophische Tiefenschärfe und konkrete Umsetzung. Um das Jahr 1941/1942 herum war es indes ein ganz und gar aussichtsloses Unterfangen. Sei es in Paris oder in New York. Sei es im Namen des wahren Sozialismus, des Christentums, Zionismus oder Amerikas; sei es im Namen existentialistischer Solidarität, des Herrn Jesu, eines kantischen Weltbürgertums oder aber eines radikalen Libertarismus. Gerade weil sie Politik in erster Linie denken wollten, waren sie politisch an den Rand gedrängt. Für Philosophierende ist das, blickt man in die Geschichte der Zunft zurück, keine wirklich neue Erfahrung. Und nicht einmal eine des notwendigen Freiheitsverlusts. Von wo aus schließlich sah man klarer auf das Geschehen: wirklich aus dessen Zentrum heraus oder nicht vielmehr aus der Distanz, von seinen äußersten Rändern und Abgründen her?

Denken, das diesen Namen verdient, es macht auch sozial einsam. Was schlicht darin liegen mag, dass es im Kern eine Tätigkeit ist, deren unbedingter Fokus letztlich nur ohne andere zu gewinnen ist. Mehr als ein, zwei Vertraute verträgt seine Sammlung in der Regel nicht. Dies jedenfalls ist auch Arendts lebenslange Überzeugung.

Im November 1942 wird Arendts Kolumne im »Aufbau« eingestellt. Auch die »jungjüdische Gruppe« ist zu dieser Zeit bereits

Geschichte. Nicht ausschließlich als Klage verstehen muss man deshalb, wenn Arendt Freund Scholem noch Monate danach einmal mehr von der Nachhaltigkeit ihres »culture shocks« berichtet (der Abschied vom deutschen Umlaut ist indes offenbar bereits gelungen): »Man ist in diesem Land sehr einsam; das haengt vor allem damit zusammen, dass alle Menschen sehr viel zu tun haben und dass das Bedürfnis nach Musse bei den meisten nach einer gewissen Zeit einfach nicht mehr da ist. Dies bringt eine gewisse staendige Abwesenheit mit sich (absent-mindedness meine ich), die den Kontakt zwischen den Menschen sehr erschwert.«[79]

Aufmerksam bleiben in Zeiten der Geistesferne. Das Bedürfnis nach Muße und Verlangsamung pflegen. Aktiv sein, aber nicht allzu busy. Das geradezu klassische Existenzbeharren einer uralten Europäerin in neuer Welt. Nur nicht hineinfallen also in den nach Arendt landestypischen Abgrund zwischen »politischer Freiheit« und »gesellschaftlicher Knechtschaft«.[80] Sondern die neu erhaltene Freiheit nach eigenem Willen ausgestalten: sich einmal mehr im besten Sinne »dazwischen« finden – und vor allem: weiter suchen.

Gleich zu Beginn des Sommers gibt es dazu eine neue Chance, anlässlich ihres ersten akademischen Einsatzes als »adjunct lecturer« am New Yorker Brooklyn College. Kurstitel: »Neueste europäische Geschichte«. Ein neues, altes Lebensmodell konkretisiert sich damit: Publizistin und Akademikerin. Wie auch ein eng daran geknüpftes Eine-Frau-Forschungsprogramm: Freilegung der Elemente, die zur aktuellen Verfinsterung geführt haben – den europäischen Todesfeiern des Totalitarismus, seinem rassistisch motivierten Unterdrückungswillen, seiner Zwangsidee von dem einen, einzigen und einheitlichen Volks- und Staatskörper, seiner Logik des Lagers als Ort fortschreitender Entmenschlichung … Antisemitismus, Imperialismus, totale Herrschaft. Das alles verwies in seinen Ursprüngen zurück ins 19. Jahrhundert. Dieser Spur galt es zu folgen.

Was Arendt dafür wirklich benötigt, besitzt sie bereits: die innere Freiheit, selbstständig zu denken, den ihr liebsten Menschen als dialogisches Gegenüber und die äußere Freiheit eines Landes, das Eigensinn nicht nur dem Buchstaben nach gewähren lässt. Um es in einer jener idiomatischen Wendungen zu sagen, wie sie der gute Monsieur Heinrich noch immer täglich in sein Lernheft eintrug, war Hannah Arendt Ende des Jahres 1942 also nicht nur ein mit allen atlantischen Wassern gewaschenes »nifty chick« (»raffiniertes Küken«), sondern vor allem auch »very much her own woman«.

NIETZSCHES FLUCH

In der Nachbetrachtung fast ein bisschen schade, dass Ayn Rand so gar keine Kenntnis von den politischen Projekten besaß, die annähernd zeitgleich auch Arendt und Beauvoir ins Leben riefen. Es hätte sie bei dem schwierigen Prozess einer Namensfindung für ihren eigenen Zirkel inspirieren können. Etwa im Sinne von: »metaphysische Egoisten«, »junglibertäre Gruppe« oder, warum nicht gleich voll auf die Zwölf, »Freiheit ohne Sozialismus«.

Diese Bezeichnungen wären allemal besser als die im Herbst 1941 tatsächlich diskutierten Namensvorschläge, wie »amerikanische Nachbarn« (Rand: »die Leute werden denken, das hat irgendwas mit Südamerika zu tun«[81]) oder auch der von der Gründerin selbst ins Spiel gebrachte Kandidat »intellektuelle Aristokraten«. Denn auch das traf es nicht exakt. Vielmehr akzentuierte er ein Hauptproblem des gesamten libertären Programmschwerpunkts: die schwer zu vermittelnde Spannung zwischen offenem Elitismus und angestrebtem Populismus, Nietzsches Fluch: Wie sollte man die Mehrheit demokratisch davon überzeugen, dass die breite Masse der Bevölkerung wesensgemäß zur Idiotie hinneigt? Dass der aufklärerische Mut, sich des eigenen Verstands zu bedienen, schon immer ein Ideal der wenigen war und auch bleiben würde?

In exakt diese Richtung hatte sich auch Albert Jay Nock bei einer der ersten Zusammenkünfte der Gruppe geäußert: Anstatt sich im Namen aller für die Vision eines politischen Individualismus abzukämpfen, riet er dazu, lieber weiter im kleinsten Kreise das Ideal liberaler Selbstgenügsamkeit zu kultivieren. Soweit es den Umgang mit der Masse betraf, gab es demnach nur ein autonomiesicherndes Rezept: sozialer Abstand und alltägliche, nicht zuletzt ökonomische Unabhängigkeit. Nur nicht gemein machen. Mehr war bei Lichte betrachtet weder zu erreichen noch vernünftig zu erhoffen, egal zu welcher Zeit und in welchem Land. Auch nicht in Amerika. Gleich die ganze Welt mit der eigenen, als alternativlos erachteten Vision des guten Lebens politisch beglücken zu wollen – war das nicht der totalitäre Impuls an sich?[82]

Auch die Literaturkritikerin Isabel Paterson – nun schon mehr als ein Jahrzehnt Kolumnistin beim New Yorker »Herald Tribune« – winkte nur wohlwollend ab. Und das, obwohl zwischen Rand und ihr im Lauf des Jahres eine Freundschaft entstanden war, so tief und vertraut, wie Rand sie allenfalls von ihren Sankt Petersburger Jugendjahren mit Olga Nabokov (einer Schwester von Vladimir Nabokov) erinnerte. An Patersons eisern libertärem Lebensgrundsatz, niemals irgendeiner Gruppe oder Organisation beizutreten, änderte es nichts.

AMERICAN SPRENGMEISTER

Noch vor dem eigentlichen Projektstart waren die »intellektuellen Aristokraten« damit auf ein halbes Dutzend wohlmeinender Mittelständler aus dem Mittleren Westen sowie einige tief von den Republikanern enttäuschte New Yorker Altrechte geschrumpft. Anstatt mit einer individualistischen Funktionselite loszuziehen, die zur jeweiligen Schulung vor Ort eingesetzt werden konnte, würde man, nach Rands Eindruck, erst einmal selbst ordentlich nachschulen müssen. Nicht einmal ihr Scheckbuch wollten die Herren ausreichend öffnen, womit es der geplanten Bewegung nicht zuletzt am nötigen Startkapital fehlte.

Gleiches traf auch an rein privater Front zu. Einmal von der Stundenarbeit als Skriptleserin für Paramount Pictures abgesehen, war Rand als libertäre Vollzeitaktivistin seit gut einem Jahr ohne echte Einkünfte. Hinzu kamen acht weitere Verlagsabsagen für das Romanprojekt. Zu allem Unglück hatte auch Frank seinen mühsam ergatterten Halbtagsjob als Verkäufer in einem Zigarrengeschäft wieder verloren. Gut bezahlte Lohnarbeit, sie war noch immer Mangelware. Mit der Hartnäckigkeit eines Raucherhustens hielt sich die Rezession auch im achten Jahr nach Roosevelts New Deal, sodass selbst eine an sich überzeugte Isolationistin wie Ayn Rand den Kriegseintritt der USA im Dezember 1941 im Stillen begrüßt haben mag.[83]

Zumindest entlastete er sie davon, das Scheitern ihrer politischen Ambitionen eigens erklären zu müssen. Im Überschwang des Kriegspatriotismus würden America-first-Stimmen auf absehbare Zeit Pause haben. Wie insbesondere auch libertäre Ansätze im Zeichen einer nun mit voller Kraft anlaufenden Kriegswirtschaft.[84] Das Gemeinschaftsprojekt »intellektuelle Aristokraten« war also Geschichte, bevor es überhaupt begonnen hatte. Für das Projekt »Howard Roark« indes galt dies nicht.

Im Gegenteil. Wie aus heiterem Himmel (in Wahrheit aber wohl von Isabel Paterson eingefädelt) signalisiert der in Indianapolis ansässige Verlag Bobbs-Merrill konkretes Interesse, insbesondere ein dort frisch eingestellter Lektor Namens Archie Ogden. Unter Androhung seiner sofortigen Kündigung kämpft er für das Manuskript. Und setzt sich letztendlich durch.

Bereits Am 10. Dezember 1941 kommt es zur Vertragsunterzeichnung. Zwar ist der Vorschuss mickrig (1000 Dollar) und der niedergelegte Abgabetermin einmal mehr jenseits aller Realität (1. Januar 1943), aber wenigstens gab es jetzt wieder ein konkretes Ziel. Und einen direkten Weg in die einzige Freiheit, die Ayn Rand – genau wie Simone Weil, Simone de Beauvoir und Hannah Arendt – als wirklich unbedingt erfuhr: die des Schreibens als Schöpfens.

Mit der Vertragsunterzeichnung, exakt drei Tage nach Pearl Harbour und nur einen Tag vor dem offiziellen Kriegseintritt der USA, beginnt das glücklichste und produktivste Jahr ihres Lebens.

SOCIAL DISTANCING

Was den Roman betrifft, »so war und bin ich in einer Orgie des Schreibens«, meldet Rand ihrem neuen Lieblingslektor am 19. Februar 1942. »Ich arbeite, buchstäblich, Tag und Nacht. Mein bisheriger Rekord war eine Schicht, bei der ich um 4 Uhr nachmittags begann und erst am kommenden Tag um 1 Uhr wieder aufgehört habe (mit nur einer Essensunterbrechung). Oft kann ich das nicht tun, aber in diesen Stunden habe ich die bisher besten Sachen geschrieben. Es kommt vor, dass ich meine Kleidung zwei oder drei Tage nicht wechsle, ich lege mich einfach für ein paar Stunden zum Schlafen auf die Couch, und dann geht es eben weiter.«[85] Ihr Apartment verlässt sie so wie gut gar nicht, stellt bis auf sonntägliche Treffen mit Isabel Paterson jeden sozialen Kontakt ein und reduziert die Körperpflege ebenso auf ein Minimum wie den Schlaf. Wenn nur die nötige Energieversorgung gesichert ist: Zigaretten, Schokolade, Pralinen.

Wie vor mehr als zehn Jahren als Ideal erträumt, ist Rand mit dem Verlauf des Jahres 1942 – da sie pro Woche gut 25 druckreife Manuskriptseiten produziert – auf dem direkten Weg vom Menschen zur leibhaftigen Schreib-Maschine. Das war sie, die Existenz, die sie wollte: selbstständig, selbstverantwortlich, selbsterzeugend – und im eminenten Sinne wertschöpfend. Kein Gedanke an etwaige Leser, die Gesellschaft, *Kritiker*. Das Einzige, was in diesem Prozess zählte, war die metaphysische Solidarität mit dem Werk selbst. Das fokussierte Autorendasein als beispielhafte Verkörperung eines übermenschlich produktiven Egotismus. Wer braucht schon eine Außenwelt, wenn er aus dem Inneren seine eigene erschaffen kann? (Und der Ehemann die täglichen Besorgungen übernimmt.)

Nicht einmal das Jahr als politische Aktivistin war ganz verloren gewesen. Lang gehaltene Überzeugungen zeigten sich nun klarer konturiert, neue Einsichten traten differenzierend hinzu. Insbesondere bei der von Rand bereits in ihrem philosophischen Journal des Jahres 1934 formulierten Grundfrage, ob »Ethik ein notwendig und grundlegend soziales Konzept« sei: »Gibt es ethische Systeme, die vorrangig auf ein Individuum ausgerichtet sind?«[86]

War in den dreißiger Jahren terminologisch noch die Spannung zwischen »Individualismus« und »Kollektivismus« bestimmend gewesen, führte Ayn Rand nun den Begriff des »Altruismus« als eigentlichem Feind der Freiheit ein. Altruist war demnach, wer sich als ethisch handelndes Wesen vorrangig im Zeichen des anderen verstehen wollte. Also ein Mensch, der sein Denken, Handeln und Schöpfen nach der Existenz anderer und deren Interessen ausrichtete: sei es mit dem machthungrigen Ziel der Unterwerfung oder Manipulation, sei es mit dem opferwilligen Ziel, sie zu fördern oder gar zu »retten«. Letztlich hing also alles davon ab, wer als eigentlicher Adressat ethischen Handelns anzusehen sei: ich selbst oder der andere. Dementsprechend notiert Rand in ihrem Denktagebuch des Jahres 1942: »Wenn die Menschen glauben, andere seien ihre Haupttugend, bleiben nur zwei Alternativen: zu tun, was andere glauben (sklavisch), oder anderen den eigenen Glauben zu deren Wohl aufzuzwingen.«[87] Als Adressat vermeintlich ethischen Handelns war dem anderen, mit anderen Worten, nur im Modus der Unterwerfung zu helfen. Sei es in Form der eigenen Unterwerfung oder aber durch dessen Unterdrückung. Ein Drittes gab es nicht.

Eine Ethik im Zeichen des anderen – Sartre hätte es zeitgleich nicht forscher formulieren können – war damit notwendig eine der bejahenden Zurichtung, also für beide Pole der Dyade notwendig mit Autonomieentzug verbunden. Deshalb verblieb als einziger Ausweg aus dieser Situation, sich im Akt der ethischen Selbstbestimmung jederlei Einbeziehung des anderen in die eigene Willensfindung zu versagen. Nicht Freiheit *für, durch* oder auch nur *mit* dem anderen, sondern Freiheit *vom* anderen: »Selbstbezogenheit (selfishness) – nicht, um andere zu zerschmettern, sondern *unabhängig* von anderen.«[88] Gerade weil ein randscher Egotist andere in ihrem Dasein unbedingt anerkennt, gerade weil auch sie im eminenten Sinne da sind – und zwar mit gleicher Präsenz und Wertigkeit wie man selbst –, gilt es, deren Existenz und etwaige Bedürfnisse, soweit es die eigene Willensbestimmung betrifft, unbedingt auszublenden.

Das Einzige, was wechselseitige Freiheit wirklich ermöglicht und garantiert, ist demnach eine konsequent eingenommene Haltung »metaphysischer Unabhängigkeit«, nicht etwa »metaphysische Solidarität«. Die einzige wirklich gewaltfreie Form, mit dem anderen in Kontakt zu treten und ihn als ebenfalls freien Menschen uneingeschränkt anzuerkennen, ist vertragsförmig – wie ein guter Deal. My word is my bond. Take it or leave it. And live with the consequences. Die sozial geschmeidigste Weise aber, festgelegt, Tauschziele zu realisieren, war klarerweise die monetäre: über Geld. Und die einzige wirtschaftliche Weise, die einen in diesem Sinne wirklich gewaltfreien Austausch zwischen Individuen ermöglichte, war der Kapitalismus in Form des absoluten Laissez-faire. Das einzige in diesem Sinne legitime Regierungssystem schließlich war die in ihren staatlichen Eingriffen ebenso schmal gehaltene wie direkt ermöglichte Demokratie.

Dieses Gesamtpaket freien Zusammenlebens war für Rand nicht nur praktisch bestens bewährt und das erfahrungsgemäß kleinste Übel unter Menschen, es war geradezu transzendental geboten. Es funktionierte nicht nur gut, es war das unter Menschen Gute! Also das Gute schlechthin. Denn eine andere Wertquelle als den Menschen gab es nicht (und selbst wenn es sie gäbe, müsste der Einzelne sich zunächst frei für sie entscheiden).

Jede willentliche Abweichung von diesem Ideal aber bedeutete, sehenden Auges den Weg in die selbst verschuldete Knechtschaft einzuschlagen: ethisch als Altruismus, wirtschaftlich als Sozialismus, religiös als Fundamentalismus, politisch als Totalitarismus. Natürlich gab es auch Menschen, die sich genau danach sehnten. Und zwar eben jene, die es nicht vermochten, das schöpferische Feuer der Freiheit in sich selbst zu entzünden oder zu hegen. Und die deshalb, anstatt sich auf das herbe Abenteuer ihres eigenen »pursuit of happiness« einzulassen, lieber auch alle anderen im Namen aller anderen eingehegt sahen. Das »Prinzip Toohey« in all seinen zivilisatorischen Spielarten.

Mochte dies alles im streng logischen Sinne auch nicht letztbegründet, nicht jeder begriffliche Übergang wirklich marmorglatt geschmirgelt sein, so taugen diese Grundsätze Rand im Jahr 1942 zu einer Deutungsmatrix, die es ihr erlaubt, den werdenden Roman auf drei Ebenen gleichzeitig anzulegen: als Darstellung eines überzeitlichen Kampfes einander radikal widerstreitender Entwicklungsideale in der Psyche jedes Einzelnen; als Deutung der spezifischen Zeitgeistspannung Amerikas am Vorabend des Zweiten Weltkriegs; als eine in die Form des Romans gegossene Lehre, die in finsterster Zeit einen Ausweg aus der Hölle des anderen zu weisen versprach – mit dem geradezu religiös überhöhten Howard Roark als Heilsgestalt.

Im Dezember 1942, nach zwölf Monaten ununterbrochenen Schaffensrausches, erreicht Rand mit Roarks Apologie vor den zwölf Geschworenen den eigentlichen End- und Höhepunkt ihres Werkes. Gleich einem Sokrates des wahren Amerikas tritt er im Namen des Volkes vor die Jury, um dort vor aller und für alle Welt eben jene Werte beispielhaft zu verkörpern, auf denen Amerikas weithin geachtete Unabhängigkeitserklärung und Verfassung eigentlich beruhte.

ROARKS VERTEIDIGUNG

Das Verbrechen, dessen Roark beschuldigt wird, besteht weder in der Verführung der Jugend noch in der Lästerung der Götter. Es erscheint zunächst weitaus banaler, bei näherer Betrachtung aber für den Zusammenhalt des gesellschaftlichen Stoffes noch gefährlicher. Eigenhändig hat er ein von ihm selbst entworfenes Vorzeigeprojekt des sozialen Wohnungsbaus nur wenige Tage vor dessen Fertigstellung mit Dynamit dem Erdboden gleichgemacht. Und zwar nur, weil ein das Bauprojekt begleitendes Komitee öffentlicher Hand (unter Leitung Tooheys) geringfügige Änderungen an dem Originaldesign angemahnt und in der Folge ohne explizite Einwilligung – also streng genommen vertragswidrig – umgesetzt hatte. Worüber die Jury zu urteilen hat, ist also weder die Tat noch der Tathergang, denn dieser wird von Roark keinesfalls bestritten, sondern allein die Wertigkeit und damit Berechtigung seines Tatmotivs.

In den Worten der Staatsanwaltschaft liege dieses Motiv klar »jenseits aller normalen menschlichen Gefühle. Der Mehrzahl von uns wird es als ungeheuerlich und unvorstellbar erscheinen … So wie das Dynamit das Gebäude weggefegt hat, hat dieses Motiv alle Menschlichkeit aus der Seele dieses Mannes in die Luft gesprengt. Wir haben es … mit dem gefährlichsten Sprengstoff zu tun, den es auf Erden gibt: dem Egoisten (egotism).«[89]

Nun war es an Roark, sich zu erklären. Auf einen Anwalt hat er verzichtet. Er spricht für sich selbst. Heilig blind für alles, was auf seine etwaige Bedingtheit verweisen könnte, erscheint er auch der Jury bereits auf den ersten Blick als Mensch, der des Gefühls »der Angst vollkommen unschuldig« ist (»a man innocent of fear«[90]). Eine bemerkenswerte Formulierung, die sich folgerichtig aus Rands Überzeugung von der vollkommenen Steuerbarkeit des eigenen Gefühlslebens durch den Verstand ergibt. Es gibt also unvernünftige Gefühle und Affekte, deren sich ein menschliches Dasein schuldig machen kann: Angst an erster Stelle. Auch Reue.

Antriebsarmut. Allesamt Schneisen in die innere Leere und damit Einfallstore des anderen. Roark sind sie natürlich wesensfremd. Er ist nichts als reine Tatenlust und Fülle, geleitet von seiner ureigenen Einbildungs- und Schöpferkraft, entfacht vom Feuer seines Genius.

Nur konsequent, dass seine Verteidigung mit Prometheus als erstem aller menschlichen Schöpfer anhebt: »Vor Jahrtausenden entdeckte ein Mensch als erster, wie man Feuer macht. Vermutlich wurde er auf dem Scheiterhaufen verbrannt, den anzuzünden er seine Brüder gelehrt hatte.«[91]

Damit ist die Fallhöhe etabliert sowie das Leitthema gesetzt: das innovative Individuum als eigentlich treibende Kraft allen zivilisatorischen Fortschritts – im Konflikt mit der neidischen Horde der »viel zu vielen«. Das Licht schöpfender Vernunft gegen die dunkle Gedankenlosigkeit der Selbstverleugnung. Das mutige, fortschrittswillige Ich gegen die angstgetriebene Stagnationssehnsucht des »man«.

Was aber nun treibt den wahren Schöpfer an, worin gründen die wahren Motive seines Tuns? Nach Roark ist es keinesfalls der Wille, seinen Mitmenschen in irgendeiner Weise nützlich oder hilfreich zu sein. Sondern einzig und allein die nach bestem Wissen und Gewissen unternommene Suche nach der Lösung für ein Problem. Also der Wille zur Wahrheit des Werkes selbst.

Sofern das Problem ein neu gestelltes ist, kann dessen Lösung nicht allein darin liegen, auf bereits von anderen etablierte Regeln und Verfahren zurückzugreifen. Kreativität bedeutet damit notwendig den Willen zur selbstbewussten Abweichung – auch und gerade im Bereich des Sozialen. Wahre Schöpfer, als Treiber allen menschlichen Fortschritts, sind deshalb Einzelgänger und müssen es sein. Aus exakt diesem Grunde werden sie von der Masse abgestraft, verfemt, allzu oft auch schlicht gelyncht. Oder aber, seltener, von dieser gefeiert, aufs Podest gehoben, gar vergöttert. Beides ist für das schöpferische Individuum gleich schädlich, beides im Ergebnis gleich gefährlich. Nicht gegen andere, nicht für sie – sondern *unabhängig* von ihnen. Wenn es hoch kommt, schätzen sie das Werk.

So wie Roark seiner Jury die Lage darlegt, sind die Quelle wahrer Kreativität und die Quelle pragmatischer Vernunft identisch. Es gibt letztlich nur eine Form des Denkens und Schließens. Und sie ist für alle Menschen die gleiche. Mehr noch, als bewusst steuerbare Fähigkeit ist sie das Alleinstellungsmerkmal des Menschen. Ohne sie wäre er in keiner Weise überlebensfähig. Mit ihr vermag er potentiell alles.

Denken aber, vor allem im eminenten Sinne des Schöpfens, könne ein jeder nur für sich:

> So etwas wie ein kollektives Gehirn oder einen kollektiven Gedanken gibt es nicht … Kein Mensch kann seine Lungen benutzen, um für einen anderen zu atmen. Kein Mensch kann sein Gehirn benutzen, um für einen anderen zu denken. Alle geistigen und körperlichen Funktionen sind privat. Sie können weder geteilt noch übertragen werden.[92]

Für Roark folgt daraus nicht zuletzt: Urheberrechte sind unbedingt zu schützen und zu wahren. Sie sind ein wesentlicher Teil der jeweiligen Integrität einer Person – als schöpferischer Einheit von Leib und Geist. Wer gewaltsam in diese Rechte eingreift, legt also die Axt an die Grundlagen einer Zivilisation der Freiheit und des Fortschritts. Eine gute, gerechte Gesellschaft schützt diese Integrität deshalb unbedingt vor dem gewaltsamen Zugriff anderer.

Sie schützt sie besonders vor dem Zugriff derer, die nicht selbst schöpfen können und vor allem: wollen. Derer, die sich als Menschen lieber in die Scheingeborgenheit des »man« und seiner »guten Gesellschaft« flüchten. Derer, die den Schöpfer aus niederen und niedersten Beweggründen – meist im propagandistisch pervertierten Namen aller – gezielt behindern und bekämpfen. Also den »second-handers« und ihrer leitenden Ideologie einer Abhängigkeit, individuellen Austauschbarkeit und damit geforderter Selbstbescheidung jedes Einzelnen im Namen aller anderen. Also den Altruisten: »Altruismus ist die Lehre, die verlangt, dass man für andere lebt und andere über sich selbst stellt.«[93]

Was diese Ideologie nach Roark nun eigentlich so zerstörerisch macht, ist nicht nur ihre tiefe psychologische Verstelltheit, sondern, grundlegender noch, ihre faktische Uneinholbarkeit. Altruisten fordern buchstäblich das Unmögliche:

> Niemand kann für einen anderen leben. Man kann seinen Geist so wenig mit anderen teilen wie seinen Körper. Doch der Zweithänder (second-hander) hat den Altruismus der Ausbeutung benutzt und die Grundlage aller Moralprinzipien auf den Kopf gestellt. Man hat den Menschen alles beigebracht, was den Schöpfer vernichtet. Man hat dem Menschen beigebracht, Abhängigkeit sei Tugend. Wer versucht, für andere zu leben, ist abhängig.[94]

Die eigentliche Wahl, vor der jeder vernunftbegabte Mensch mit Blick auf seine Mitmenschen steht, lautet also nicht »Knechtschaft« oder »Herrschaft«, sondern »Abhängigkeit« oder »Unabhängigkeit«. Wobei dieser erklärte Wille zur Unabhängigkeit – wem läge er kulturell näher als Amerikanern – keine Frage der jeweiligen Talente oder intellektuellen Anlagen ist. Kein Mensch ist zu dumm, er selbst zu sein. Worum es zunächst geht, ist der erklärte Mut, sich seines eigenen Verstands überhaupt selbstständig bedienen zu wollen; es ist der Wille, überhaupt selbstbewusst »*ich* will«, »*ich* kann und werde« zu sagen. Dieser Akt aber hat rein gar nichts Elitäres an sich, vielmehr ist er als existentielle Option so egalitär, würdewahrend und basisdemokratisch, wie nur irgend denkbar:

> Die Grade der Fähigkeit sind unterschiedlich, aber das Grundprinzip bleibt dasselbe. Der Grad der Unabhängigkeit, der Ini-

> tiative und der persönlichen Liebe eines Menschen zu seiner Arbeit bestimmt seine Begabung als Arbeiter und seinen Wert als Mensch. Unabhängigkeit ist der einzige Gradmesser menschlicher Tugend und menschlichen Wertes. Das, was ein Mensch ist und was er aus sich macht; nicht was er für andere getan oder nicht getan hat. Es gibt keinen Ersatz für persönliche Würde. Es gibt keinen anderen Maßstab für persönliche Würde. In allen legitimen Beziehungen erbringt keiner dem anderen ein Opfer.[95]

Aus diesem Grund kann auch nur ein Gemeinwesen, das sich auf eben diesen Mut gründet und ihn verfassungsmäßig unbedingt schützt, als Nation gedeihen und prosperieren. Wie eben das »Land der Freien«. Fern eines vermassenden Nationalismus des großen Kollektivs redet Roark den Geschworenen als amerikanischer Patriot der Verfassung ins Gewissen:

> Sehen Sie sich die Ergebnisse einer Gesellschaft an, die auf dem Prinzip des Individualismus aufgebaut ist. Dieses, unser Land. Das edelste Land der Menschheitsgeschichte. Das Land der größten Leistung, des größten Wohlstands, der größten Freiheit. Das Land, das nicht gegründet ist auf selbstlosem Dienst, auf Opfer, auf Verzicht oder irgendeine Vorschrift des Altruismus. Es wurde gegründet auf das Streben nach Glück. Seinem eigenen Glück. Nicht das Glück eines anderen. Ein privates, persönliches, eigennütziges Motiv. Sehen Sie sich die Ergebnisse an. Horchen Sie in Ihr eigenes Gewissen.[96]

Keinen Schritt also dem Altruismus nachgeben. Keinen Schritt weit seinen Zumutungen. Keinen Schritt weit der Untergrabung der einzigen Rechte, die es im Namen der Unabhängigkeit und Integrität eines jeden vernünftigen Menschen, Frau oder Mann, unbedingt und ohne jeden Kompromiss zu wahren gilt: seinen sowohl geistigen wie leiblichen Eigentumsrechten!

Die eigenmächtige Sprengung der von ihm und nur ihm erdachten Modellsiedlung »Cortlandt« war damit nicht nur Roarks gutes Recht, sie war sogar seine uramerikanische Pflicht. Sie war ein Akt wertewahrenden Widerstands in finsterer Zeit. Gewiss, er tat es letztlich nur für sich, aus rein – da hatte die Staatsanwaltschaft völlig recht – selbstischen Gründen. Aber er tat dies stellvertretend für alle vernunftbegabten und sich somit nach Freiheit sehnenden Menschen seines Landes – ja dieser Welt:

> Jetzt wissen Sie, warum ich Cortlandt gesprengt habe …
> Ich bin hier, um zu sagen, dass ich niemandem das Recht auf nur eine einzige Minute meines Lebens gebe. Oder auf irgendeinen Teil meiner Energie. Oder auf irgendeine meiner Leistungen. Wer und wie viele sie auch immer sind, die solche Ansprüche erheben, und wie groß ihre Bedürftigkeit sein mag.
> Ich bin hierhergekommen, um zu sagen, daß die Integrität des schöpferischen Werks eines Menschen wichtiger ist als jede Art von Wohltätigkeit. Diejenigen, die das nicht verstehen, sind diejenigen, die die Welt zerstören.
> Ich bin hierhergekommen, um meine Bedingungen darzulegen. Ich bin nicht bereit, nach anderen zu leben.
> Ich erkenne keine Verpflichtungen gegen Menschen an, außer einer: ihre Freiheit zu achten und mich nicht mit einer Gesellschaft von Sklavenhaltern einzulassen. Meinem Land will ich gerne die zehn Jahre schenken, die ich im Gefängnis verbringen muss, falls es mein Land nicht mehr gibt. Ich werde sie im Gedenken und in Dankbarkeit an das verbringen, was mein Land einmal war. Es wird ein Treueschwur sein, meine Weigerung, in der Welt zu leben und zu arbeiten, die an seine Stelle getreten ist.[97]

DAS VERDIKT

Das Urteil, es liegt nun bei den Geschworenen. Jedem einzelnen von ihnen. Und natürlich besitzt es in der gegebenen Konstellation seinen besonderen Reiz, sich die leibhaftige Hannah Arendt, Simone Weil und Simone de Beauvoir des Jahres 1942 als Mitglieder dieser fiktiven Jury vorzustellen. Wie hätten sie wohl über Roarks Motive geurteilt? Seine Verteidigung bewertet? Seine Argumente seziert? Seinen Auftritt erlebt?

War es wirklich allein der selbstbewusste Akt des »Ich will«, der dem Menschen als endlichem Wesen Wert und Würde verlieh? Oder lag deren Quelle nicht auch außerhalb seiner selbst – ja womöglich außerhalb dieser Welt? Konnte sich ein Ego aus Fleisch und Blut wirklich nur unabhängig von anderen frei bestimmen – oder im Gegenteil nur durch und mit ihnen?

Wie stand es um die Spontaneität und Eigensinnigkeit des Gefühlslebens? War sie dem Verstand wirklich unbedingt zu unterwerfen – und wenn ja, mit welchen Folgen für die etwaige Individualität des eigenen Werdens? War Roark wirklich der schöpferische Paria, als der er sich präsentierte – oder nicht vielmehr der Prototyp eines narzisstisch verblendeten Parvenus? Stand er als Mensch wirklich jenseits jeden klassischen Geniekults – oder war es genau dieses Podest, auf das er von anderen gehoben werden wollte?

Wie stand es um die von ihm behauptete Identität von streng logischem Denken und kreativem Schöpfen? Gab es wirklich nur eine Logik der Forschung, gar nur eine logische Form des Erkennens und Urteilens? Wie stand es um die Ursprünge kreativer Prozesse? Inwiefern konnte ein Einfall als Privatbesitz beansprucht werden, wo er doch ganz offenbar nichts war, was ein schöpferisches Individuum einfach willentlich erzeugen und hervorrufen konnte?

Ging die Welt, wie Roark argumentierte, tatsächlich an einer Orgie der Selbstlosigkeit und Selbstaufopferung zugrunde? Oder nicht vielmehr am Willen zur unbedingten Selbstermächtigung manisch Einzelner? Waren es wirklich die atlashaften Schultern der wenigen, auf denen die gesamte Last des zivilisatorischen Fortschritts ruhte? Oder nicht vielmehr die ewig gekrümmten Rücken der von diesen wenigen systematisch Ausgebeuteten?

Und nicht zuletzt: Wie stand es wohl um das Wesen der Sprache, mit und in der Roark sich an die Jury gewandt hatte? War auch diese Sprache, im Ursprung, das Werk eines egotistischen Urgenies aus ferner Vorzeit? Und dann ganz sicher eines Menschen? Ließ sich Sprache als Medium der Verständigung und des Denkens überhaupt begreifen, indem man sie als etwas modellierte, das unabhängig von der Existenz anderer Menschen ins Leben gerufen worden war?

Die betreffenden Erörterungen zwischen Beauvoir, Arendt und Weil, sie hätten gewiss mehrere Tage, womöglich sogar Jahre (oder Jahrhunderte) beansprucht. Ohne dabei allerdings je auf ein einstimmiges Urteil zu konvergieren. Wie anders wäre es – unter eigenständig Philosophierenden – auch zu erwarten? Nur Gimpel oder Ideologen halten Konsens für ein Ziel des Denkens.

In der real existierenden Fiktion Ayn Rands benötigte die vorrangig aus realitätsgestählten Vertretern des amerikanischen Common Sense zusammengestellte Jury – leitende Angestellte, Ingenieure, Lastwagenfahrer, Elektriker, Maurer – indes nur wenige Minuten für ihre Urteilsfindung.

»Herr Obmann, sind Sie zum Spruch gekommen?«
»Jawohl.«
»Wie lautet Ihr Spruch?«
»Nicht schuldig.«[98]

Als Rand diese Zeilen zu Papier bringt, liegen zwölf Monate sozialer Isolation und ununterbrochenen Schaffensrauschs hinter ihr. Am 31. Dezember 1942 überreicht sie Archibald Ogden eigenhändig das fertiggestellte Manuskript. Ihr Teil des Vertrags war damit erfüllt. Sie war niemandem etwas schuldig geblieben. Vor allem nicht sich selbst. Von nun an lag das Werk in den Händen der anderen. Und wie immer deren Urteil auch ausfallen würde, sie wusste in diesem Moment ganz genau, was sie getan und kreiert hatte. Es war ein göttliches Gefühl.

VIII.
FEUER

1943

Rand und Beauvoir sind im Himmel,
Arendt starrt in den Abgrund
und Weil betritt die letzte Schwelle

»Ich bin keine Altruistin. Was zu sagen war, habe ich gesagt. Wenn es die Leser nicht anspricht, weshalb sollte ich mich weiter bemühen, sie aufzuklären?«[1] Nur sechs Wochen nach der Veröffentlichung schien auch das Schicksal ihres zweiten Romans besiegelt. Keine Werbung. Keine Abverkäufe. Nicht einmal mehr Verrisse. Da half es auch nicht, dass Isabel Paterson am anderen Ende der Leitung begann, aus dem Nähkästchen eigener Fiaskos zu plaudern. Bis dato acht Romane. Keiner davon ein Erfolg. Nur wenige Wochen vor Rands »Fountainhead« war mit »The God of the Machine« Patersons bisher ehrgeizigstes Sachbuch erschienen – eine kulturhistorisch fundierte Hymne an freies Unternehmertum und die Kreativität des Individuums. Ebenfalls ohne breitere Resonanz. Was hatte die Freundin denn erwartet? Ernsthaft 100 000 verkaufte Exemplare?[2] Für einen philosophischen Roman? In Roosevelts Amerika?

16 Monate hatte sie ununterbrochen geschuftet. Bis in den April hinein jeden Tag an den Korrekturen gesessen. Gerade gegen Ende war es nur noch mit Aufputschmitteln[3] gegangen. Rand war einfach zu erschöpft, um sich beruhigen zu können. Eine Kultur, die selbst für ein Buch wie dieses taub blieb, hatte ihren Untergang verdient: »Was, Pat, wenn ich einfach in den Streik träte. Und nicht nur ich, sondern alle kreativen Köpfe auf der Welt?«[4] Wenn wir der »Maschine« einfach den Stecker zögen. Also eine koordinierte Revolte der Schöpfer, bis noch der störrischste Kollektivist öffentlich eingestehen müsste, auf wessen Schultern die Last des Ganzen in Wahrheit ruhte. Das wäre, fügte Rand nach einer kurzen Pause des Gesprächs hinzu, vermutlich sogar ein guter Roman. Nur schreiben würde ihn eben keiner mehr. Jedenfalls sie nicht. Sondern sich schon morgen irgendeine möglichst sinnlose Arbeit suchen. Genau wie Frank würde sie ins innere Exil gehen, allenfalls noch nachts schreiben. Aber nicht mehr für diese

Gegenwart, sondern am ehesten noch für die Nachwelt. Es reiche einfach.

Statt gleich auf Lebenszeit das Handtuch zu werfen, konnte Paterson die offenbar entkräftete Freundin im Verlauf des Gesprächs von der Notwendigkeit einer anderen Art von Auszeit überzeugen. Für den Juli lädt sie das Paar für zwei Wochen auf ihren Landsitz in Connecticut ein. Schlafen. Spazieren. Essen.

KEINE FIKTION

Während Rand im Juli 1943 zum ersten Mal seit ihrer Ankunft in Amerika buchstäblich nichts tut, nimmt »The Fountainhead« in den Vereinigten Staaten wundersam an Fahrt auf. Rein über Mund-zu-Mund-Propaganda ist die erste Auflage (8000 Exemplare) annähernd vergriffen. Zeit also, sofort nachzulegen. Das zarte Flämmchen weiter zu nähren. Frisch erholt, setzt Rand ihren Lektor bereits Mitte August von ihrem neuen Projekt in Kenntnis.

> 16. August 1943
>
> Lieber Herr Ogden,
>
> ich arbeite derzeit an einem kurzen Sachbuch … Sein vorläufiger Titel lautet »Die moralische Grundlage des Individualismus« … Das Buch wird in einfacher und konkreter Weise die Thesen von »The Fountainhead« vorstellen – also die wesensgemäße Integrität und Selbsterhaltungskraft des Menschen, die Darlegung des Altruismus als Fehlschluss und moralischem Grundübel, die Definition eines entsprechenden Moralgesetzes, das weder in der Selbstaufopferung für andere noch in der Herrschaft über andere beruht, sondern in geistiger Unabhängigkeit. … Und es wird einen Grundriss des sozialen, politischen und ökonomischen Systems aufzeigen, das sich aus dessen moralischer Natur deduzieren lässt – also des kapitalistischen Sys-

> tems: seiner Bedeutung, seinen Prinzipien und seiner Beschaffenheit als einzig *moralischem* System einer Gesellschaft.
> Der Kapitalismus steht bisher ohne wirklich moralisches Fundament da … wir haben eine gesamte Zivilisation auf diesem Fundament errichtet … es wurde als einzig praktikables, realistisches System gelehrt, aber nicht als ethisches.[5]

Kein Mensch, gerade auch jener, der sich nach Freiheit sehnt, lebe in Wahrheit von Brot allein. Sondern zunächst und vor allem von Ideen. Wollte er gut leben, sollten diese besser wahr und gut begründet sein. Die Aufgabe war damit klar gestellt: den Kapitalismus als einzig wahren Ausdruck eines moralischen Miteinanders zu etablieren, als einzig wahre Form des Strebens nach Freiheit und Selbstbestimmung. Sein Gewinnversprechen war nicht vorrangig materieller, sondern geistiger Natur. Sein leitendes Ideal nicht Wohlstand, sondern Autonomie. Sein Ziel nicht Reichtum, sondern Selbstverwirklichung. Sein Ideal nicht Ausbeutung, sondern Unabhängigkeit. Fern davon, lediglich »das kleinste Übel« zu sein, war er vielmehr folgerichtiger Ausdruck des Guten selbst! »Wir müssen den Individualismus als *moralisches* Gesetz verstehen und akzeptieren und in der Umsetzung den Kapitalismus als dessen gemäßen Ausdruck. Falls wir das nicht tun, kann der Kapitalismus nicht gerettet werden. Und wenn er nicht gerettet werden kann, sind wir am Ende – und zwar wir alle. Amerika, die Welt – jeder Mann, jede Frau und jedes Kind. Dann bleibt nichts als die Höhle und der Knüppel. Sehen Sie sich nur das Tempo der derzeitigen Zerstörung an. Daran ist eine Idee schuld – eine fatale Irrlehre. Eine andere Idee kann sie aufhalten – eine wahre.«[6]

DEAL!

Das Buch wurde nie geschrieben. Die freien Kräfte des Marktes – sowie insbesondere die des randschen Geistes – wollten es bereits einen Monat später anders. Überraschend verlässt Ogden im September den Verlag. Zeitgleich erscheint »The Fountainhead« erstmals auch auf den Bestsellerlisten an Ost- wie Westküste. Zum Oktober ist die vierte Auflage in Druck. Die Marketingabteilung kündigt für das Weihnachtsgeschäft eine neu überarbeite, landesweite Anzeigenkampagne an. Rand kann ihr Glück durchaus fassen. Genau so hatte sie sich das vorgestellt! Genau so hatte sie es den Ihren prophezeit! Keine Spur mehr vom Überdruss des Junis. Vielmehr sprüht sie nur so vor neu entfachter Energie. Isabel Paterson soll als Erste davon erfahren:

6. Oktober 1943

> Darling, danke Dir für alles, was Du gesagt hast. Vor allem, dass Du mich Deine Schwester genannt hast … Ich weiß, dass ich jetzt »Den Streik« (»The Strike«)[7] schreiben muss. Ich merke, wie ich alles andere beiseitelege und nur noch über die Handlung nachdenke – was ich gerade wirklich nicht tun sollte. Alles Zeichen dafür, dass es mich erwischt hat … So fängt es normalerweise bei mir an. Gott steh mir also bei – und Du und Frank.[8]

Selbst Hollywood ist mittlerweile auf das Phänomen »Fountainhead« aufmerksam geworden. Mitte November erhält Rand einen Anruf vom Studio Warner Brothers, den sie sofort an ihren neuen Agenten Alan Collins weiterleitet. Collins will für die Filmrechte 25000 Dollar fordern, und bei 20000 einschlagen. Damit würde seine Klientin in einer Liga mit Dashiell Hammett und John Steinbeck spielen. Vor allem aber: auf Jahre hinaus gesichert leben können. So wie Rand es begreift, nimmt »Fountainhead« gerade erst richtig an Fahrt auf. Sie kennt das Geschäft, seine Margen, und weist Collins an, 50 000 Dollar zu fordern. Keine Zugeständnisse. Keinen Cent weniger. Oder eben kein Deal.[9]

Es ist Frank, der den entscheidenden Anruf entgegennimmt. Rand soll das Drehbuch selbst schreiben, zumindest in einer ersten Version. Und dafür eigens zurück nach Hollywood ziehen, alle Kosten bezahlt – 500 Dollar monatlich. Und ja, 50 000 für die Rechte!

Zum Feiern gehen die beiden im Stamm-Diner um die Ecke essen (diesmal mit den teureren Sparmenüs), bleiben danach die ganze Nacht wach – träumend, realisierend. So hatte ihre Mutter doch noch recht behalten: »Selbst Hollywood würde eines Tages anerkennen müssen, dass ›weiß‹ eben ›weiß‹ ist.«[10] – Seit Jahren schon kein Lebenszeichen von ihrer Familie. Die Belagerung Leningrads geht in den dritten Winter.

Noch am Tag der Vertragsunterzeichnung wird Rand von ihrem Mann in ein Pelzgeschäft auf der Fifth Avenue entführt: »Du suchst dir jetzt einen Mantel aus, egal welchen, nur Mink muss es sein!« Rand wählt ein Modell für 2400 Dollar, behält es gleich an und spaziert damit schnurstracks in Patersons Redaktionsbüro.[11]

Nur Lumpen sind bescheiden! Zumal, wie sie als mittlerweile waschechte New Yorkerin erklärt, aufgrund des »ekelhaften kalifornischen Sonnenscheins« ja keineswegs absehbar war, wann sie ihn das nächste Mal würde vorführen können. Schon im Dezember wird es nach Hollywood gehen. Vor allem Frank kann es kaum erwarten. Die erste Etappe unternimmt das Paar per Zug nach Chicago. In der Luxusklasse, mit echtem Rindersteak im Bordrestaurant![12] Ganz nah am Ideal also – jedenfalls für diesen einen Moment.

Gleich nach der Ankunft in Hollywood setzt Rand sich an die Ausarbeitung des Drehbuchs. Ihr erster Eintrag dazu stammt vom 13. Dezember 1943. Er lautet: »*Leitmotiv:* menschliche Integrität.«[13]

NEUER ZUG

»Ich habe also gestern meinen Umzug beendet und Bratkartoffeln gegessen, dann bin ich mit dem Zug weitergefahren. Mein lieber Kleiner, reservieren Sie auf alle Fälle einen Platz, denn diese Gänge sind entsetzlich.«[14] Sartre hat in den neu bezogenen Zimmern des Hotels Louisiane noch einen fürstlich entlohnten Drehbuchvertrag abzuarbeiten, weshalb Beauvoir Anfang Juli allein in den Sommerurlaub gen Norden nach Roanne vorausfährt. Es gilt, sich neu zu sammeln, neu zu entwerfen. Denn was auch immer sie zum Herbst in Paris erwarten mochte, eine Rückkehr in ihr altes Leben war nunmehr ausgeschlossen. Per Ministeriumsbescheid ist Beauvoir seit dem 17. Juni 1943 vom Schuldienst suspendiert. Zwar war die von Sorokins Mutter vorgebrachte Anschuldigung der sexuellen Verführung Schutzbefohlener im Verlauf der gut anderthalbjährigen Untersuchung letztlich nicht nachzuweisen gewesen, doch reichte der Ermittlungsstand zum Entzug ihrer Lehrerlaubnis. Womit Beauvoir in diesem Sommer des Jahres 1943 auch ganz offiziell als das firmiert, was sie seit frühen Jugendjahren ohnehin immer hatte sein wollen: eine freie Schriftstellerin und Philosophin.

Bereits Ende August würde ihr erster Roman endlich bei Gallimard erscheinen. Rein gedanklich lag das Werk Jahre zurück, für die es tragenden Beziehungskonstellationen galt das weniger. Kein Zweifel, dass gerade diese Aspekte in der Aufnahme des Werkes besonders in den Vordergrund gestellt würden. Nicht zuletzt Sartres Berühmtheit wegen.

Wie zur Veranschaulichung, was es bedeutet, als Autor in der Öffentlichkeit zu stehen, entspinnt sich während der Zugfahrt in Beauvoirs Abteil ein Kritikerstreit, wie er in dieser oder leicht anderer Form mittlerweile das ganze Land beschäftigte: »Es hat mich sehr amüsiert … Sie haben einen Vergleich zwischen ›L'Étranger‹ (›Der Fremde‹) und ›La Nausée‹ (›Der Ekel‹) gezogen, zugunsten von Camus, weil sie ›La Nausée‹ trotz schöner Abschnitte langweilig fanden und dann hat der Wortführer verkündet, in ›Les Mouches‹ (›Die Fliegen‹) gebe es dennoch gute Sachen, es sei merkwürdig, daß es nicht angekommen sei …«[15]

Es stimmte: Sartres neuestes Stück war im Juni gefloppt. Weshalb genau, es blieb auch Beauvoir rätselhaft. Politische Themen anhand antiker Stoffe neu zu verhandeln, lag eigentlich ganz im Trend, ja, war faktisch sogar die einzige Möglichkeit, sie durch die Zensur zu bringen. Oder hatte man Sartre genau das übel genommen: das Aufführen selbst. Und dann noch im Théâtre de la Cité, dem einstigen Theater Sarah-Bernhardt? Neider genug hatte er. Auch solche, die ihn ganz offen als Kollaborateur verdächtigten.

SCHÖPFERISCHE ÜBERSCHREITUNG

Immerhin, Camus hatte das Stück ausgiebig gepriesen. Gleich nach der Generalprobe war man etwas trinken gegangen, hatte bis tief in die Nacht miteinander diskutiert – und gescherzt: *Der Fremde*, *das Ekel* und *die Eingeladene* – das neue Trio des neuen Existentialismus! Warum eigentlich nicht?

Bei aller spontanen Sympathie blieben die philosophischen Differenzen zwischen Sartre und Camus auch an diesem Abend unverkennbar. Aber was bedeutete diese Spannung für ihr eigenes, für Beauvoirs Denken? Vor allem für die Frage, wie »metaphysische Solidarität« vor dem Hintergrund eines existentialistischen Freiheitsverständnisses zu präzisieren war?

Was genau stiftete die Verbindung zum anderen? Welche Art von Verantwortung brachte dessen Existenz mit sich? Inwiefern war sie eine Bedrohung, inwiefern eine Bedingung meiner Freiheit?

Wie elektrisiert von den neuen Impulsen war der Jean Grenier, als Lektor des Verlags Gallimard, versprochene Essay in nur wenigen Wochen aus ihrer Feder geflossen. 100 Seiten alles in allem, auch sein Titel folgte der Mode des antiken Rückgriffs: »Pyrrhus und Cineas«[16]. Sie war ganz zufrieden damit. Der Kerngedanke schien zu tragen: Es galt, gerade um der Freiheit des eigenen Entwurfs willen, auch die Freiheit anderer unbedingt zu wollen und zu fördern. Denn: »Die Freiheit des anderen vermag für mich nur etwas, wenn meine Ziele wiederum dem anderen als Ausgangspunkt dienen können; durch die Benutzung des von mir geschaffenen Werkzeugs setzt der andere dessen Existenz fort.«[17]

Die nahende Publikation eines Buches war dafür ein hervorragendes Beispiel. Schließlich schrieb man ein Buch nicht für andere. Genauso wenig wie für ein bereits vorliegendes eigenes Selbst. Sondern eben, um das eigene Ich im Prozess des Schreibens zu erneuern und dessen vormalige Grenzen schöpferisch zu überschreiten. Oder mit anderen Worten: sich zu transzendieren.

> Also transzendiert sich der Mensch nicht *um* des anderen *willen*; man schreibt Bücher, man erfindet Maschinen, die von niemandem verlangt waren. Es geschieht auch nicht *um* seiner selbst *willen*, denn das Ich existiert nur durch den Entwurf, der es in die Welt wirft. Die Tatsache der Transzendenz geht jedem Ziel, jeder Rechtfertigung voraus.[18]

Soweit es den menschlichen Grundimpuls zum schöpferischen Entwurf betrifft, gilt es also vor allem zwei Fehldeutungen zu vermeiden: Genauso wenig, wie er unternommen wird, um bereits bestehende Bedürfnisse anderer zu befriedigen oder zu erfüllen (wie auch immer diese geartet sein mögen), vollzieht er sich im Namen eines Ich oder Selbst, dessen Wesen bereits vor dem Akt des Entwerfens selbst genau zu bestimmen oder zu fassen wäre. Vielmehr geht die Existenz eines Menschen – als sich permanent neu entwerfender – seiner Essenz stets voraus. Und zwar, ohne von dieser jemals eingeholt werden zu können.

Die Wichtigkeit anderer Menschen für diesen Prozess der fortwährenden Selbstdynamisierung besteht zunächst darin, diese Bewegung zu bezeugen und deren Ergebnissen einen bedeutungssichernden Platz in einer von allen Menschen geteilten Welt zuzuweisen. Und der je eigenen Existenz damit einen Ausgangspunkt für einen etwaigen Neuentwurf zu gewähren:

> Das ist also meine Situation den anderen gegenüber: die Menschen sind frei, und ich bin unter diese fremden Freiheiten in die Welt geworfen. Ich brauche sie, denn wenn ich meine eigenen Ziele überschritten habe, würden meine Akte erstarren und auf sich zurückfallen, wenn sie nicht durch neue Entwürfe auf eine neue Zukunft hingeführt würden.[19]

Die menschliche Existenz trat vor Beauvoirs Augen so als eine nicht enden wollende Freiheitsbewegung hervor, die sich im Angesicht des anderen stets neu findet und erfindet. Ohne die eigenständige Annahme ihrer Werke durch andere käme diese Dynamik bald zum Erliegen. Ohne deren verlebendigendes Atmen das Feuer der Freiheit bald zum Erlöschen.

Kurz vor der Veröffentlichung ihres ersten Romans bestimmt Beauvoir in ihrem Essay »Pyrrhus und Cineas« das freiheitswahrende Verhältnis zum anderen im Sinne einer Baumleiter, wie sie bereits Kinder einander gewähren, um damit eine Mauer oder ein Hindernis zu überwinden, das rein aus eigenem Impuls nicht zu erklimmen wäre. Der eine stütze, durch das schlichte Gewicht seines freien Daseins, des anderen Entwurf. Verantwortlich aber bleibt jeder nur für das eigene Handeln auf eigenem Weg. In einer nur ein wenig statischeren Metaphorik, die gleichzeitig auch als (stark idealisierte) Beschreibung eben jener Dynamik aufgefasst werden kann, die das Leben von Beauvoirs und Sartres »Familie« seit Jahren bestimmte, formuliert sie: »Unsere Freiheiten stützen sich gegenseitig wie die Steine eines Gewölbes, das allerdings von keinem Pfeiler getragen wird.«[20]

OFFENE ZUKUNFT

Ende August sind Sartre und Beauvoir einmal mehr auf dem Weg nach La Pouëze in die Villa von Madame Morel. Für den Rest des Sommers wollen sie dort schreiben. Beauvoir den Beginn eines dritten Romans, dessen Titel »Das Blut der anderen« sie schon seit längerem im Kopf hat. Sartre ein Theaterstück in kleiner Besetzung, das »Die Anderen« heißen soll. Mehr als Fingerübung – vor allem aber, um Wanda, die wie Olga nun ebenfalls schauspielert, zu einem ersten Engagement zu verhelfen. (Das Stück wird später den Titel »Huis Clos« beziehungsweise »Geschlossene Gesellschaft« erhalten.)

In Angers lässt der Anschlusszug auf sich warten. Während Beauvoir in einem Café Pause macht, kommt ihr Sartre vom Bahnhof, »eine Zeitung schwenkend« entgegen. Es war so weit: »Die erste Kritik über ›L'Invitée‹ war in ›Comœdia‹ erschienen. ... Nie wieder hat mich ein Artikel so gefreut ... Diese Besprechung, von einem wirklichen Kritiker verfaßt, abgedruckt in einer wirklichen Zeitschrift, bestätigte mir schwarz auf weiß, daß ich ein wirkliches Buch geschrieben hatte, daß ich auf einmal wirklich eine Schriftstellerin war. Ich ließ meiner Freude freien Lauf.«[21]

Auch von Sartre nur beste Nachrichten. Seine Drehbücher sind angenommen, die Gelder damit gesichert: »Haben Sie keine Angst ... wir werden es nächstes Jahr bequem haben«.[22] Zumal es ihm während eines weiteren Kurzaufenthalts in der Hauptstadt gelungen ist, Beauvoir eine gut dotierte Stelle als Redakteurin bei Radiodiffusion Nationale zu verschaffen (ein staatlicher Sender, der deshalb im Volksmund auch Radio Vichy genannt wurde).

Als sie im Oktober nach Paris zurückkehren, ist Beauvoirs Roman weit über die Szene des Montparnasse hinaus Gesprächsthema. Wie erwartet, regt vor allem die handlungstragende Ménage-à-trois die Phantasie der Leserschaft an: »Ich beeinträchtigte mein Vergnügen nicht durch indiskrete Fragen. Ich fragte mich nicht nach dem absoluten Wert des Romans, ob er der Zeit standhalten würde. … Für den Augenblick genügte es mir, eine erste Schwelle überschritten zu haben. ›L'Invitée‹ existierte für die anderen, und ich war ins öffentliche Leben eingetreten.«[23]

Sogar für den Prix Goncourt ist das Buch in der Endauswahl. Das war mehr als nur ein erster Schritt. Es war der Durchbruch. Und verstand man die Nachrichten der BBC nur richtig zu hören, rückte seit der Landung der Alliierten in Sizilien auch eine Befreiung Frankreichs immer näher: »Hauptsache, es käme der Tag, an dem sich die Zukunft wieder öffnete. Wir zweifelten jetzt nicht mehr daran, wir glaubten sogar, daß wir nicht mehr lange warten müssten.«[24]

FLASCHENPOST

Der Tag, an dem das Höllenspektakel vorbei sein würde, auch Hannah Arendt in New York erwartet ihn im Herbst 1943 mit wachsender Ungeduld. Vergleichbare persönliche Durchbrüche kann sie derweil allerdings nicht vorweisen. Im Gegenteil. Neben ihren Zerwürfnissen mit den zionistischen Kreisen der Stadt gestaltete sich auch der Kontakt zur deutschen Exil-Intelligenzija zunehmend unerfreulich. In erster Linie gilt dies für Theodor Wiesengrund Adorno und Max Horkheimer und deren Institut für Sozialforschung. Die Antipathien reichen bis ins Frankfurt der frühen dreißiger Jahre zurück, als Arendts damals frisch angetrauter Gatte Günther Stern sich dort, im Umkreise Adornos, vergeblich um eine Habilitationsmöglichkeit bemüht hatte. Was einander in neuer Welt verband, war einzig die Sorge um den Nachlass Walter Benjamins. Wie aufgetragen, hatte Arendt dessen letzte Schriften gleich nach ihrer Ankunft zur Archivierung ins Institut gebracht, seitdem aber nichts mehr über deren Verbleib und vor allem etwaige Verwendung gehört. Das war nun mehr als zwei Jahre her. Auch Scholem in Jerusalem, als ältester und vertrautester Freund Benjamins, zeigte sich zunehmend verärgert: Warum geschah mit dem Material nichts? Weshalb gab es keine Veröffentlichungen? Blieben Nachfragen ohne jede Antwort?

»Ich schicke Ihnen auch die Thesen von Benjamin – obwohl ich nur das eine Exemplar habe«, schreibt Arendt am 4. November 1943 Scholem in einem Brief, dessen New Yorker Direktheit Ayn Rand alle Ehre gemacht hätte: »Mit Wiesengrund zu verhandeln, ist schlimmer als sinnlos. Was die mit dem Nachlass angestellt haben oder anzustellen gedenken, weiß ich nicht. Ich habe mit Horkheimer, der im Sommer hier war, gesprochen: ohne jedes Resultat. Behauptet, die Kiste sei in einem Safe (dies ist wohl sicher gelogen) und er sei noch gar nicht an sie herangegangen ... Ich bin hier ganz allein, ohne jede Unterstützung, und bin diesem Gang in keiner Weise gewachsen ... Hinzu kommt, dass das Institut selbst auf dem Aussterbeetat ist. Sie haben immer noch Geld, aber sie sind mehr und mehr der Meinung, dass sie sich damit einen ruhigen Lebensabend sichern muessen. Die Zeitschrift kommt nicht mehr heraus, ihr Ruf hier ist nicht gerade erstklassig, sofern man überhaupt weiss, dass sie existieren. Wiesengrund und Horkheimer leben in Californien in grossem Stil. Das Institut ist hier rein administrativ. Was administriert wird, ausser Geldern weiss kein Mensch. Sie haben mit Agenten und Intrigen das American Jewish Committee um 10 000 $ erleichtert, um eine Arbeit über den Antisemitismus zu machen.«[25]

Das also war Arendts Lage: Ohne Netzwerk, ohne Anstellung und ohne Stipendium muss sie dabei zusehen, wie sich ausgerechnet Adorno und Horkheimer mit eben jenem Thema ein fürstliches Forschungsstipendium sichern, an dem sie selbst seit Jahren konzentriert arbeitet. Und das, obwohl »sie mir alle darueber geklagt (haben), daß sie sich doch nie fuer Juden und ihre Feinde interessiert haetten und dass sie sich mit solch ›nebensaechlichen‹ und verrueckten Dingen abgeben muessten. Wiesengrund und Konsorten schreiben inzwischen die ›Flaschenpost für die Zukunft‹, ich nehme an, daß sie dabei manche Anregung aus dem ›Safe‹ empfangen.«[26]

Besagte »Flaschenpost« von Adorno und Horkheimer wird nur ein Jahr später unter dem Titel »Dialektik der Aufklärung« erscheinen (und eines der wirkmächtigsten philosophischen Werke des 20. Jahrhunderts werden). Soweit es aber die Geschichte und vor allem die Auswirkungen des Antisemitismus in Europa betraf, rückten diese auch in Amerika nun mehr und mehr ins Zentrum des öffentlichen Interesses.

AM ABGRUND

Bereits ein Jahr zuvor, im November 1942, hatte der jüdische Weltkongress erste Berichte über die massenhafte Ermordung von Juden an Journalisten weitergereicht. So monströs diese Informationen dem Inhalt nach waren, an das tatsächliche Geschehen dieser Phase reichten sie nicht annähernd heran. Wie man heute weiß, wurden allein von August 1942, als die Truppen der Wehrmacht in Stalingrad einrückten, bis Oktober 1942 mehr als 1,4 Millionen Juden von der SS ermordet. Darunter mehr als eine Million in den unter der »Aktion Reinhardt« stehenden Lagern in Belzec, Sobibor und Treblinka. 14000 Menschen pro Tag. Das Grauen ebbte Ende Oktober allein aus logistischen Gründen ab. Es fehlte zunächst schlicht an Nachschub zu mordender Menschen.[27]

Doch selbst im damals kolportierten Rahmen löste das Vorgehen der Nazis Unglauben aus. Auch aufseiten von Experten und Journalisten. Vor allem, da es von außen betrachtet nicht den geringsten Sinn zu ergeben schien. Weder militärischer noch sonstiger Art. Es sei denn, es sollte den Nazis auf dem Scheitelpunkt des Krieges schlicht um den Tatbeweis gehen, selbst dazu imstande und vor allem willens zu sein.

Arendt und Blücher hatten ebenfalls Monate gebraucht, um sich innerlich vom Wahrheitsgehalt der Berichte zu überzeugen. Ab dem Frühjahr 1943 verlieh Arendt auf Vorträgen aber auch immer wieder ihrer Überzeugung Ausdruck, dass »sich seit

Kriegsausbruch und selbst davor eine Konspiration des Schweigens um die Leiden und die Verluste des jüdischen Volkes gebildet hatte«.[28]

Zur Beteiligung an öffentlichkeitswirksamen Solidaritätsveranstaltungen, wie etwa dem im März 1943 von Ben Hecht und Kurt Weill im Madison Square Garden organisierten »We Shall Never Die«-Konzert, war sie dennoch nicht zu bewegen. Zu tief saß mittlerweile ihr Misstrauen gegen jede Form zionistisch getragenen Engagements.

Für den Moment blieb in New York nichts Sinnvolleres zu tun, als weiter an ihrer eigenen Flaschenpost zu basteln. »Ich habe«, meldet sie Scholem in ihrem Brief von November 1943, »sehr viel gearbeitet. Wenn ich einst mein Buch über Antisemitismus[29] schreiben sollte, wird sehr viel Kurioses drin stehen muessen. Inzwischen schreibe ich nach wie vor Teile und veröffentliche sie irgendwo in hiesigen Zeitschriften.«[30]

ELEMENTE UND URSPRÜNGE

Da fügte es sich bestens, dass auch der Judaist Scholem in seinem jüngsten Buch »Die jüdische Mystik in ihren Hauptströmungen«[31] eigenen Wegen gefolgt war. Sowohl den Quellen wie der Methodik nach. Im Vorjahr hatte er ihr persönlich ein Exemplar zukommen lassen. Wie Arendt in ihren (dem Novemberbrief von 1943 an Scholem beigelegten) Notizen zum Werk schrieb, breche dessen Forschung in geradezu visionärer Weise aus einem Deutungsschema aus, das die moderne jüdische Geschichtsschreibung in Europa schon viel zu lange bestimmt und belastet habe:

> Jüdische Historiker des letzten Jahrhunderts pflegten … alle diejenigen Fakten der jüdischen Geschichte zu ignorieren, die nicht zu ihrer grundlegenden These von der Diaspora-Geschichte paß-

> ten, der zufolge die Juden keine eigene politische Geschichte besaßen, sondern unablässig unschuldige Opfer einer feindlichen und mitunter gewalttätigen Umgebung gewesen seien ... Doch das jüdische mystische Denken, das in der sabbatianischen Bewegung, wie man weiß, in politisches Handeln mündete, war für diese Interpretation ein so ernsthaftes Hindernis, daß es nur durch hastige Verunglimpfung oder völlige Nichtbeachtung überwunden werden konnte. Scholems neuartige Darlegung und Würdigung der jüdischen Mystik schließt nicht nur diese Lücke, sondern verändert tatsächlich das Gesamtbild der jüdischen Geschichte.[32]

Insbesondere der im Zitat erwähnte Sabbatianismus, eine auf Schabbtai Zvi als mutmaßlichem Messias zurückgehende mystische Heilsbewegung aus dem frühen 18. Jahrhundert, markierte nach Scholem insofern den eigentlichen Ursprung des jüdischen Trauerspiels in Europa, als mit dessen Niederschlagung als distinkt politischer Bewegung auch jede Hoffnung auf eine Identitätsfindung jenseits von Assimilation oder Opferrolle verloren ging. Das Scheitern der sabbatianischen Bewegung bedeutete so den Beginn einer tiefen Identitätskrise und einer Ära der politischen Agonie, die befeuert vom modernen Antisemitismus und Nationalismus des 19. Jahrhunderts in der Gegenwart der frühen vierziger Jahre einen absoluten Tiefpunkt erreichte. Schließlich ging es im Angesicht des nationalsozialistischen Vernichtungsfeldzugs gegen die Juden um weit mehr als nur Verzweiflung über die innere Bestimmung eines Volkes. Es ging um das sprachlose Grauen im Angesicht seiner totalen Auslöschung durch industrialisiertes Morden. Um den drohenden Verlust jeder Hoffnung auf eine Zukunft, die diesen Namen noch verdiente.

Ganz im Sinne des benjaminschen Engels der Geschichte wenden deshalb auch Scholem und Arendt jeder Zukunft zunächst den Rücken zu, um im eigenständigen Blick zurück zu erhellen, wie es überhaupt zu den Trümmer- und Leichenbergen der Gegenwart hatte kommen können. Ganz wie Benjamin sind auch sie überzeugt, dass die sogenannte Vergangenheit dabei in Wahrheit genauso wenig festliegt wie die Zukunft. Und dass in dieser finstersten Phase des Schocks zunächst alles darauf ankam, erst einmal die spezifischen Konstellationen in den Blick zu bekommen, die zu dieser und keiner anderen Gegenwart geführt hatten. Denn, um es mit einer These aus Benjamins »Begriff der Geschichte« zu sagen: »Vergangenes historisch artikulieren heißt … sich einer Erinnerung bemächtigen, wie sie im Augenblick einer Gefahr aufblitzt.«[33] Es hieß, die Elemente und Ursprünge zusammenzuführen, in denen sich das jetzige Grauen jäh kristallisierte.[34] Das war eine präzise Beschreibung von Arendts aktuellem Forschungsprojekt zur Geschichte des Antisemitismus. Und, wie sie es begriff, auch dem Projekt Scholems als visionärer Judaist.

Ihre Notizen schließt sie im November 1943 mit folgendem Zitat aus dessen jüngstem Grundlagenwerk: »Über das Schicksal und den mystischen Wandel zu sprechen, der in der großen Katastrophe, die über das jüdische Volk in dieser Generation tiefer als je in seiner langen Geschichte hereingebrochen ist, uns noch beschieden sein mag – und ich glaube, daß uns solcher Wandel noch bevorsteht, – ist Sache der Propheten und nicht der Professoren.«[35]

Wobei Arendt diesem Zitat sofort ihren Einspruch hinzufügt, dass es keinesfalls »die Aufgabe von Propheten (ist), über unseren letztlich politischen Willen zu befinden«.[36] Genauso wenig die von Professoren.

KEIN SCHICKSAL

Ihre eigene Mission war in der gegebenen Konstellation damit klar umrissen: Weder als Prophetin noch als Professorin würde sie schreiben. Weder die Ideale der kantischen Aufklärung im Namen einer dunklen Dialektik verraten noch sich in mystisches

Raunen retten. Weder naiv an »den Fortschritt« glauben noch die Hoffnung auf eine bessere Zukunft für immer fahren lassen. Geschichte weder naiv erzählen noch platt kausal erklären. Sondern im Namen eines gegenwärtigen Denkens – eines Philosophierens im Weltbegriff[37] – immer wieder für jene schockartigen Störungen sorgen, die den Blick in verschwiegene oder auch nur verstellte Abgründe öffneten. Dazwischen sein – dazwischengehen. Lebenslang getragen von einer Mahnung, mit der sie auch ihre Notizen zu Scholems Buch im Jahr 1943 abschließt: »Doch was wir … nicht vergessen sollten, ist die Tatsache, daß es letztlich dem Menschen auferlegt ist, über sein politisches Schicksal zu entscheiden.«[38]

Es gab keinen besseren Zeitpunkt, diese Erinnerungsarbeit auf neue Wege zu führen als am nun immer klarer absehbaren Ursprung einer neuen weltpolitischen Ära. Sogar privat sprühen auf einmal Hoffnungsfunken. Richtig Englisch konnte er zwar noch immer nicht, dafür lehrt ihr guter Gatte mittlerweile an einer veritablen amerikanischen Eliteuniversität – Mission: deutschsprachigen Offizieren der U. S. Army Vorlesungen über die Organisation und Struktur der deutschen wie französischen Armee zu halten.[39] Auch eine Form der Aufklärung. Sogar die zunächst vorrangige. Als Brief an Scholem klingt das im November 1943 dann so: »Monsieur ist ›visiting lecturer‹ in Princeton und ich kuemmere mich zum ersten Mal seit vielen Jahren ueberhaupt nicht um Geldfragen.«[40] Fast schon Freiheit.

VERRÜCKTE FRÜCHTE

»*Darlings* – die heißen Tage sind zurück, immer wieder von Platzregen unterbrochen. Nicht mehr lange. Es heißt, der September sei oft trocken und sonnig.«[41] Vier Monate liegt Simone Weil nun schon auf Station im Middlesex-Hospital. Seither hat sich ihr Zustand kontinuierlich verschlechtert. Kaum, dass sie noch die Kraft findet, das Besteck zu halten. Allein für Briefe findet sie noch die nötige Energie. Doch anstatt Mime und Biri auf der anderen Seite des Atlantiks von ihrer Lage zu berichten, fabuliert Weil am 4. August 1943 lieber von dem sommerlichen Straßenleben Londons, von Parks und Pints, von Mädchen und Jungs, von ersten Küssen und enttäuschten Rendezvous; den ganz alltäglichen Freuden ganz alltäglicher junger Menschen. Gerade so, als ob sie Teil dieses Lebens wäre. Jemals Teil gewesen wäre.

Sie ahnt, es ist ihr letzter Brief an die Eltern. Weswegen es ihr ein tiefes Bedürfnis ist, eine vor Monaten übermittelte Beobachtung zu korrigieren: Dieser süße Nachtisch, den die Engländer »fruit fools« (falsche/närrische Früchte) nennen, in Wahrheit besteht er gar nicht aus Obst, sondern fast ausschließlich aus Gelatine und Chemikalien. Es verhält sich mit ihm also ganz anders als bei Shakespeare, in dessen Dramen es ja gerade die Narren (fools) und nur die Narren sind, die Wahrheit sprechen – alle anderen Gestalten indes nur vermischte Falschheiten von sich geben. Für Weil offenbart sich darin eine tiefe Einsicht:

> In dieser Welt können nur diejenigen Wesen, die sich im äußersten Maße erniedrigt erfahren, viel tiefer als nur durch Bettelei, die nicht nur sozial ohne jeden Belang sind, sondern sich in den Augen aller noch der ersten Würde des Menschen beraubt finden, der Vernunft – nur diesen ist es tatsächlich möglich, Wahrheit zu sprechen. Alle anderen lügen.[42]

Da diese »Verrückten« (les fous) aber weder Professorentitel noch Würdenämter besäßen, achte niemand auf deren Wahrheiten – würden sie weder gehört noch verstanden. »Darling M(ime), spürst du sie, die Verwandtschaft, die wesenhafte Analogie zwischen diesen Narren und mir – trotz Eliteuniversität, trotz meines Abschlusses und der Lobeshymnen auf meine ›Intelligenz‹? … In meinem Fall haben diese Elogen nur einem *Ziel* gedient, der Vermeidung der Frage: Spricht sie Wahrheit oder nicht?«[43]

UNLÖSBAR

Als Weil diese Zeilen schreibt, hat sie lang um Verlegung in ein Sanatorium gebeten. Gegen den Rat ihrer Ärzte weist sie jede weitere Behandlung zurück.[44] Sie will nicht mehr ringen. Sie will, so verrückt es den anderen auch erscheinen mag, nicht einmal mehr wollen. Schließlich gibt es auch andere Formen der Heilung, des Strebens nach Befreiung. Gerade auf den Wegen des Geistes. Gerade auf denen der Philosophie. Besteht deren eigentliche Methode, wie Weil ihr Londoner Denkheft (Cahier) beginnt, doch darin,

> … die unlösbaren Probleme in ihrer Unlösbarkeit klar zu erfassen, sie dann zu betrachten, weiter nichts, unverwandt, unermüdlich, Jahre hindurch, ohne jede Hoffnung, im Warten.
> Nach diesem Kriterium gibt es wenige Philosophen. Wenig ist noch viel gesagt.
> Der Übergang zum Transzendenten vollzieht sich, wenn die menschlichen Fähigkeiten – Verstand, Wille, menschliche Liebe – an eine Grenze stoßen und der Mensch auf dieser Schwelle verharrt, über die hinaus er keinen Schritt tun kann, und dies, ohne sich von ihr abzuwenden, ohne zu wissen, was er begehrt, und angespannt im Warten.
> Das ist ein Zustand äußerster Demütigung. Unmöglich für einen, der nicht fähig ist, die Demütigung anzunehmen.[45]

Nach Jahren auf dem Weg hat Weil ihre irdische Existenz – ihr schlichtes Dasein – als Problem der beschriebenen Art erkannt. Es ist für sie Zeit, auf der Schwelle zu verharren. Kein Widerstand mehr. Keine fremde Front. Keine anderen Feinde. Allein aufmerksamstes, selbstentleertes Gewahren. Der Weg der Mystik. Der Weg der Erlösung. Noch den ursprünglichsten, animalischsten Willensimpuls verwinden: den nach Nahrung.

DEMISSION

Der Stationsarzt wird sie als »schwierigste Patientin, die ich je hatte«, erinnern.[46] Vom Tag ihrer Einlieferung an lehnt sie jede Sonderbehandlung kategorisch ab. Nicht einmal der Hinweis, ihre Tuberkulose sei noch ansteckend und gefährde also andere, vermag sie von der Notwendigkeit eines Einzelzimmers zu überzeugen. Beide Lungenflügel sind betroffen. Die Heilungschancen sind zunächst dennoch vielversprechend. Nur absolute Ruhe müsse sie sich gönnen. Und vor allem: ausreichend essen.

Bis auf winzige Portionen Haferbrei jedoch will Weil nichts zu sich nehmen. Aus Solidarität, wie sie sagt, mit ihrem hungernden Volk in der Heimat. Vor allem den Kindern. Wiederholt weist sie die Krankenschwestern an, die dargebotene Milch direkt nach Frankreich zu senden. Die ersten Wochen im Krankenhaus verbringt sie schreibend und mit dem Studium der »Bhagawadgita«, original in Sanskrit.

Bereits im Juni ist sie so schwach, dass der französische Militärpriester gerufen wird. Eigentlich mit ihm sprechen will Weil indes nicht, geschweige denn, sich von ihm taufen lassen. Vom Besucherstuhl aus lauschend, sieht sich der gute Mann außerstande, ihren sachte gehauchten Assoziationsketten über das Geschenk der Gnade und den Weg der Seele ins Licht zu folgen. Auch zu ihrem ehemaligen Kommilitonen Maurice Schumann, Weils Vertrauensperson im Stabe de Gaulles, spricht sie bei dessen letztem Besuch nur in prophetischen Andeutungen, fern jeder Dialogerwartung.

Die letzten Taue sind auch hier geistig gekappt. Am 26. Juli 1943 bündelt sie noch einmal alle Kräfte, um dem Leitungsstab des »Freien Frankreich« in einem langen Brief die Gründe ihrer tiefen Enttäuschung darzulegen. Anstatt sie, wie ausdrücklich gewünscht, zu einem Einsatz nach Frankreich zu senden, habe man sie seit ihrer Ankunft in England für vier lange Monate mit Aufgaben betreut, die entweder bis zur Sinnentleerung vage gestellt oder aber für sie unmöglich zu erfüllen waren. Anstatt sie vor Ort kämpfen und für ihr Volk sterben zu lassen, habe man sich ihre mutmaßliche Intelligenz (intelligence) zunutze machen wollen. »An nützlichen Intelligenzen herrscht auf dem Markt kein Mangel. Die meinige aber, das kann ich Ihnen versichern – ist wirklich nichts Besonderes … Wenn ich sie nicht einmal zu meinem eigenen Nutzen einsetzen kann, wie soll sie da anderen dienen?« Deshalb quittiere sie hiermit unwiderruflich den Dienst und wolle zudem für alle Zukunft festgehalten wissen, dass »ich niemals irgendeine Beziehung – direkt oder indirekt, nicht einmal sehr indirekt, zum französischen Widerstand hatte …«

»P.S.: Sie haben damit keinen großen Verlust erlitten … Ich bin am Ende, gefangen, jenseits aller Möglichkeit auf Heilung, und zwar unabhängig von den Kochschen Bazillen. Diese haben das Fehlen von Widerstand (résistance) nur genutzt, und, klar, den Schaden ein wenig verstärkt.«[47]

Der Brief an die Eltern ist der letzte von eigener Hand. An den Rand des vierten Blattes setzt Weil ihren Abschiedsgruß: »Tausend Küsse, *darlings*. Hofft, aber mit Maß. Seid glücklich. Ich umarme euch beide viele Male.«

Am 17. August 1943 wird Weil in ein Sanatorium nach Ashford in der Grafschaft Kent verlegt.

ERDUNG

Trotz hohen Fiebers finden die Krankenschwestern sie bei der Aufnahme wohl gelaunt und ganz bei sich. Die Augen sind klar und lebhaft. Der Blick aus dem Fenster geht hinaus auf Bäume und Felder (»Ah, was für ein schönes Zimmer zum Sterben«[48]). Sogar zu essen erklärt sie sich bereit. Am liebsten Kartoffelpüree, nach französischer Art zubereitet. Ob es möglich wäre?

Wer sie denn sei und was sie im Leben so tue, will Dr. Broderick als diensthabende Ärztin von ihrer neuen Patientin wissen.

Simone Weil antwortet lächelnd mit einem einzigen Satz: »Ich bin Philosophin und interessiere mich für die Menschlichkeit (humanité).«[49]

SCHNEISEN

AYN RAND schreibt in Hollywood das Drehbuch für »The Fountainhead«, das 1949 mit Gary Cooper in der Hauptrolle verfilmt wird (deutscher Titel: »Ein Mann wie Sprengstoff«). Rands vierter und letzter Roman »Atlas Shrugged« (dt. »Der Streik«) erscheint nach mehr als zehnjähriger Arbeit am Manuskript 1957 und gilt neben »The Fountainhead« als ihr zweites Hauptwerk.

Von der akademischen Sphäre weitestgehend ignoriert, beginnt sie mit den sechziger Jahren ihre Philosophie auch in Form von Essays sowie Sachbüchern zu einem Gesamtsystem von Ontologie, Erkenntnistheorie, Sprachphilosophie, Ethik, politischer Philosophie und Ästhetik auszuarbeiten. Rand gibt ihrem System den Namen »Objektivismus« – ursprünglich wollte sie es »Existentialismus« nennen.

1982, Rands Todesjahr, erscheint ihr letztes Buch. Es trägt den Titel: »Philosophy: Who Needs It«. Zu diesem Zeitpunkt ist sie in den USA bereits seit Jahrzehnten eine Kulturikone, deren Einfluss auf das politische und gesellschaftliche Leben gerade in Kreisen des marktliberalen Konservatismus wie auch Libertarismus schwer zu überschätzen ist.

Zu den einflussreichsten Schülern Rands, die seit ihrer Rückkehr nach New York 1951 einen Kreis getreuer Adepten heranzieht, gehört Alan Greenspan, von 1987 bis 2006 Vorsitzender der United States Federal Reserve (FED) – der amerikanischen Zentralbank. Greenspans Berufung erfolgte durch Ronald Reagan. Bereits 1974 wird Greenspan zum Vorsitzenden des Council of Economic Advisers des amerikanischen Präsidenten ernannt. Rand ist bei Greenspans Vereidigung zugegen.

In der Rückschau gilt das Jahr 1943 – in dem neben dem »Fountainhead« auch Isabel Patersons »The God of the Machine« sowie Rose Wilder Lanes »The Discovery of Freedom« erschien – als

Ursprungsjahr der libertären Bewegung, die seit 1971 in den USA auch als Libertäre Partei existiert und bis heute eigene Präsidentschaftskandidaten aufstellt.

Mit der Finanzkrise 2008 erhält Rands Einfluss einen erneuten Schub, insbesondere in Form der sogenannten Tea-Party-Bewegung, die wesentliche Impulse aus Rands Romanen in ihre Programmatik und Protestaktionen mitaufnimmt.

Allein in der englischsprachigen Welt haben sich Rands Bücher bis heute (Stand: 2020) über 25 Millionen Mal verkauft, der »Fountainhead« dabei mit mehr als acht Millionen Exemplaren. »Atlas Shrugged« gilt nach der Bibel als das seit den sechziger Jahren meistverkaufte Buch in den USA.

SIMONE DE BEAUVOIR und Jean-Paul Sartre sind 1945 Teil der Gründungsredaktion der Zeitschrift »Les Temps Modernes«, zu der auch Raymond Aron und Maurice Merleau-Ponty gehören. Im gleichen Jahr startet das Paar in Form von Artikelreihen und Vorträgen eine »existentialistische Offensive«. In der Folge entwickelt sich der Existentialismus von Paris aus zur politisch wie lebensästhetisch einflussreichsten philosophischen Strömung der westlichen Welt.

Im Jahr 1949 veröffentlicht Beauvoir ihr Werk »Le deuxième sexe« (dt. »Das andere Geschlecht«), das bis heute als Gründungsdokument des modernen Feminismus und wesentlicher Impuls der Frauenbewegung nach 1968 gilt. In ihm beschreibt Beauvoir, fern von Essentialismus und Biologismus, das Frausein als eine auf spezifischen physiologischen Voraussetzungen beruhende, gesellschaftlich konstruierte »Situation«. Sie legt damit nicht zuletzt den Grundstein zu der später wirkmächtigen Unterscheidung zwischen Sex und Gender. Das Buch wird ein Welterfolg und Sartre und Beauvoir endgültig zu globalen Denkikonen.

1954 erhält Beauvoir für ihren Schlüsselroman über die linksintellektuelle Nachkriegsszene in Paris mit dem Titel »Les Mandarins« (dt. »Die Mandarins von Paris«) den Prix Goncourt, Frankreichs bedeutendsten Literaturpreis. Nur schwach verschlüsselt, nehmen darin neben Sartre auch Albert Camus und Arthur Koestler eine zentrale Rolle ein.

Beauvoir und Sartre verstehen sich in den sechziger und siebziger Jahren zunehmend in der Rolle politischer Aktivisten, vor allem in Fragen des Antikolonialismus, sozialistischer Revolutionsbewegungen sowie der rechtlichen wie gesellschaftlichen Gleichstellung der Frau.

Bis zuletzt als Schriftstellerin wie auch Redakteurin der »Temps Modernes« aktiv, stirbt Beauvoir am 14. April 1986. Beigesetzt wird sie auf dem Friedhof des Montparnasse, in demselben Grab wie Jean-Paul-Sartre, ihrem lebenslangen Denkgefährten.

HANNAH ARENDT, die nach Kriegsende für verschiedene jüdische Forschungs- und Kultureinrichtungen arbeitet, veröffentlicht in den USA 1951 ihr Werk »The Origins of Totalitarianism«. Im gleichen Jahr erhält sie die amerikanische Staatsbürgerschaft. 1955 erscheint das Buch, stark modifiziert und überarbeitet, auf Deutsch unter dem Titel »Elemente und Ursprünge totaler Herrschaft: Antisemitismus, Imperialismus, totale Herrschaft«. Es gilt als eines der Gründungsdokumente der Totalitarismusforschung und begründet Arendts Weltruhm.

Zum Jahreswechsel 1949/1950 kehrt Arendt erstmals nach Deutschland zurück und trifft sich dort auch mit Karl Jaspers und Martin Heidegger. Mit beiden wird sie lebenslang Freundschaft pflegen.

Arendt bleibt publizistisch aktiv und lehrt ab den späten fünfziger Jahren als Professorin auch an verschiedenen amerikanischen Universitäten, darunter in Princeton, der University of Chicago sowie der New Yorker New School.

1961 wird sie von dem Magazin »The New Yorker« nach Jerusalem gesandt, um dort über den Prozess von Adolf Eichmann zu berichten. 1963 erscheint (zunächst auf Englisch) ihr Buch »Eichmann in Jerusalem: Ein Bericht von der Banalität des Bösen«, das äußerst kontrovers aufgenommen wird. Arendts Beschreibung Eichmanns als eines Menschen, dessen Kernverfehlung auf seine »Unfähigkeit zu denken« zurückzuführen ist, wird als Verharmlosung angesehen. Auch Arendts Problematisierung des Verhaltens der Judenräte während des Deportationsgeschehens wird skandalisiert und führt zu weiteren, schweren Verwerfungen in Arendts Verhältnis zu Kreisen des Zionismus wie des jüdischen Geisteslebens – auch und vor allem in ihrer Freundschaft zu Gershom Scholem.

Zu weiteren Hauptwerken Arendts zählen »Vita activa – Vom tätigen Leben« (1960) sowie ihr auf drei Bände angelegtes philosophisches Hauptwerk »Vom Leben des Geistes: Das Denken / Das Wollen / Das Urteilen«. Mitten in den Arbeiten am dritten Band »Das Urteilen« erleidet Arendt einen Herzinfarkt und verstirbt am 4. Dezember 1975 in ihrer New Yorker Wohnung am Riverside Drive. Sie wird auf dem Friedhof des Bard College neben Heinrich Blücher beigesetzt.

Von der akademischen Philosophie, auch in Deutschland, über Jahrzehnte weitestgehend ignoriert, entfaltet Arendts Denken seit den fünfziger Jahren eine weltweite Wirkung, die weit über die Sphären der politischen Theorie und Geschichtsforschung hinausgeht und bis heute weiter an Bedeutung gewinnt.

SIMONE WEIL stirbt am 24. August 1943 im Sanatorium von Ashford, England. Als Todesursache weist der medizinische Bericht »Herzversagen … aufgrund von Verhungern und Tuberkulose« aus. Sowie als Nachsatz: »Wegen geistiger Verwirrung weigerte sich die Verschiedene zu essen.«[1]

Nur sieben Menschen wohnen Weils Begräbnis bei, darunter Maurice Schumann, der an ihrem Grab Gebete spricht. Zwar ist auch ein Priester bestellt, doch verpasst dieser einen Zug und trifft nicht ein.

Ab 1947 erscheinen in Frankreich erste Auszüge aus Weils Denkheften (Cahiers), im Jahre 1949 »L'enracinement« (dt. »Die Verwurzelung«). Zu Beginn der fünfziger Jahre nimmt sich Albert Camus des Werkes von Weil an und gibt beim Verlag Gallimard zahlreiche ihrer wichtigsten Schriften heraus.[2] 1951 schreibt Camus in einem Brief an Weils Mutter: »Simone Weil, ich begreife es nunmehr, ist der einzig große Geist unserer Zeit … Soweit es mich betrifft, wäre ich zufrieden, wenn man sagen könnte, ich hätte mit den mir zur Verfügung stehenden, bescheidenen Mitteln das Meinige getan, ihr Werk zu verbreiten und zur Kenntnis zu bringen; ein Werk, dessen volle Wirkung wir erst noch zu ermessen haben.«[3]

1958 erhält Weils Grab in Ashford einen Grabstein mit der Inschrift »Mit ihren Schriften zählt sie zu den bedeutendsten modernen Philosophen (philosophers)«.

Weils Schriften liegen mittlerweile in einer edierten Gesamtausgabe im Verlag Gallimard vor. Ihre Wirkung beschränkte sich lange auf die Felder der insbesondere katholischen Theologie, der Pädagogik wie auch der politischen Theorie. Von der akademischen Philosophie wird Weils Denken bis zum heutigen Tage weitestgehend ignoriert.

Ihr Werk gilt entdeckt zu werden.

DANK

Mein Dank gilt Christiane Braun, Dr. Christoph Selzer und Dr. Johannes Czaja, die dieses Buch als LektorInnen mit größter fachlicher Umsicht, wie auch schönster menschlicher Nachsicht, begleitet haben.

Mein Dank gilt Tom Kraushaar und Michael Gaeb für entscheidende Ermunterungen, Vertrauen und energiespendende »Quarantinis« sowie Thomas Meyer für Wohlwollen und fehlervermeidende Hinweise.

Mein Dank gilt den bestimmenden Biographinnen der vier Heldinnen dieses Buches: Anne C. Heller (»Ayn Rand and the World She Made«), Simone Pétrement (»La vie de Simone Weil«), Kate Kirkpatrick (»Becoming Beauvoir – A life«) und Elisabeth Young-Bruehl (»Hannah Arendt – Leben, Werk und Zeit«). Ihre Werke waren mir während des Schreibens ständige Begleiter.

Ohne ein großzügig gewährtes Stipendium der Brost-Stiftung hätte dieses Buch in schwieriger Zeit so nicht entstehen können – ein besonderer Dank an Sonja Villarreal, Dr. Boris Berger sowie Prof. Bodo Hombach.

Ich danke Dr. Vera Schmit-Eilenberger für stets heilenden Rat.

Vor allem aber, einmal mehr, Pia, Venla und Kaisa – den Feuern meines Lebens.

Berlin, 23. Mai 2020

WERKREGISTER

Hannah Arendt

KG = Arendt, H. (2018, fortlaufend), Kritische Gesamtausgabe, hrsg. v. B. Hahn, Göttingen.

KG3 = Bd. 3 (2019): Sechs Essays – Die verborgene Tradition, Göttingen.

Arendt/Anders = Putz, K. (Hrsg.) (2018), Hannah Arendt und Günther Anders, Schreib doch mal *hard facts* über dich – Briefe 1939 bis 1975, München.

Arendt/Benjamin = Schöttker, D. und Wizisla, E. (Hrsg.) (2017), Arendt und Benjamin – Texte, Briefe, Dokumente, Frankfurt a. M.

Arendt/Blücher = Köhler, L. (2013), Hannah Arendt/Heinrich Blücher – Briefe 1936–1968, München.

Arendt/Heidegger = Arendt, H. und Heidegger, M. (1998), Briefe 1925–1975, Frankfurt a. M.

Arendt/Jaspers = Köhler, L. und Saner, H. (Hrsg.) (2001), Hannah Arendt/ Karl Jaspers. Briefwechsel 1926–1969, München.

Arendt/Scholem = Knott, M. L. (Hrsg.) (2010), Hannah Arendt/Gershom Scholem – Der Briefwechsel 1939–1964, Frankfurt a. M.

»Aufbau« = Knott, M. L. (Hrsg.) (2004), Hannah Arendt: Vor Antisemitismus ist man nur noch auf dem Monde sicher – Beiträge für die deutsch-jüdische Emigrantenzeitung »Aufbau« 1941–1945, München.

Aug = Arendt, H. (2018/1929), Der Liebesbegriff bei Augustin – Versuch einer philosophischen Interpretation, Hamburg.

Böse = Kohn, J. (Hrsg.) (2019/2006), Hannah Arendt, Über das Böse: Eine Vorlesung zu Fragen der Ethik, München.

Briefe Freunde = Nordmann, I. (Hrsg.) (2015), Hannah Arendt: Wahrheit gibt es nur zu zweien – Briefe an Freunde, München.

Denktagebuch = Ludz, U. und Nordmann, I. (Hrsg.) (2016), Hannah Arendt: Denktagebuch 1950–1973, erster Band, München.

Eichmann = Arendt, H. (2018/1964), Eichmann in Jerusalem: Ein Bericht von der Banalität des Bösen, München.

EuU = Arendt, H. (1986/1951), Elemente und Ursprünge totaler Herrschaft – Antisemitismus, Imperialismus, totale Herrschaft, München.

Finst. Zeiten = Arendt, H. (2013/1968), Menschen in finsteren Zeiten, München.

Flüchtlinge = Arendt, H. (2016/1943), Wir Flüchtlinge, Leipzig.
Freiheit = Arendt, H. (2018), Die Freiheit, frei zu sein, München.
Urteilen = Beiner, R. (Hrsg.) (2017/1982), Hannah Arendt, Das Urteilen: Texte zu Kants politischer Philosophie, München.
Var = Arendt, H. (1981/1959), Rahel Varnhagen – Lebensgeschichte einer deutschen Jüdin aus der Romantik, München.
Vita = Arendt, H. (2007/1960), Vita activa oder Vom tätigen Leben, München.
Wir Juden = Knott, M. L. und Ludz, U. (Hrsg.) (2019), Hannah Arendt: Wir Juden – Schriften 1932 bis 1966, München.

Simone de Beauvoir

AG = Beauvoir, S. de (2018/1949), Das andere Geschlecht: Sitte und Sexus der Frau, Reinbek.
Beauvoir/Sartre 1 = Le Bon, S. (Hrsg.) (2017), Simone de Beauvoir: Briefe an Sartre, Bd. 1: 1930–1939, Reinbek.
Beauvoir/Sartre 2 = Le Bon, S. (Hrsg.) (1998), Simone de Beauvoir: Briefe an Sartre, Bd. 2: 1940–1963, Reinbek.
BJ = Beauvoir, S. de (2008/1960), In den besten Jahren, Reinbek.
Blut = Beauvoir, S. de (2018/1945), Das Blut der anderen, Reinbek.
Drei Essays = Beauvoir, S. de (2007/1955), Soll man de Sade verbrennen – Drei Essays zur Moral des Existentialismus, Reinbek.
Kriegstagebuch = Beauvoir, S. de (1994), Kriegstagebuch 1939–1941, Reinbek.
Lauf = Beauvoir, S. de (2018/1966), Der Lauf der Dinge, Reinbek.
Lisa = Beauvoir, S. de (2005/1979), Marcelle, Chantal, Lisa …, Reinbek.
Memoiren = Beauvoir, S. de (2018/1958), Memoiren einer Tochter aus gutem Hause, Reinbek.
Menschen = Beauvoir, S. de (2019/1946), Alle Menschen sind sterblich, Hamburg.
Skub = Beauvoir, S. de (2017/1943), Sie kam und blieb, Reinbek.

Ayn Rand

Anthem = Rand, A. (1938), Anthem, Wroclaw (daraus übersetzte Zitate W. Eilenberger).
Atlas = Rand, A. (2007/1957), Atlas Shrugged, London.

Fountainhead = Rand, A. (1993/1943), The Fountainhead, New York (daraus übersetzte Zitate W. Eilenberger).
Journals = Harriman, D. (Hrsg.) (1999), Journals of Ayn Rand, New York. (daraus übersetzte Zitate W. Eilenberger)
Letters = Berliner, M. S. (Hrsg.) (1997), Letters of Ayn Rand, New York. (daraus übersetzte Zitate W. Eilenberger).
New Intellectual = Rand, A. (1963), For the New Intellectual, New York.
Return = Rand, A. (1999), The Return of the Primitive, New York.
Romantic Manifesto = Rand, A. (1999/1969), The Romantic Manifesto – A Philosophy of Literature, New York.
Selection = Peikoff, L. (Hrsg.) (1999), The Early Rand – A Selection from Her Unpublished Fiction, New York.
Three Plays = Rand, A. (1999), Three Plays, New York.
Ursprung = Rand, A. (2019), Der Ursprung, Jena.
Voice = Rand, A. (1990), The Voice of Reason: Essays in Objectivist Thought, New York.
We the Living = Rand, A. (2010/1936), We the Living, London (daraus übersetzte Zitate W. Eilenberger).

Simone Weil

OC = Weil, S. (1988, fortlaufend),, Œuvres Complètes, I–VII, Paris.
OCII-2 = Écrits historiques et politiques (1991/1934–1937), Paris.
OCII-3 = Écrits historiques et politiques (1989/1937–1940), Paris.
OCIV-1 = Écrits de Marseille (2008/1940–1942), Paris (daraus übersetzte Zitate W. Eilenberger).
OCIV-2 = Écrits de Marseille (2009/1941–1942), Paris.
OCV = Écrits de New York et de Londres (2013/1943), Paris.
OCVII-1 = Correspondance (2012), Paris.
Abschaffung = Weil, S. (2009), Anmerkung zur generellen Abschaffung der politischen Parteien, Zürich.
Cahiers 1 = Weil, S. (2017), Cahiers/Aufzeichnungen 1, München.
Cahiers 2 = Weil, S. (2017), Cahiers/Aufzeichnungen 2, München.
Cahiers 3 = Weil, S. (2017), Cahiers/Aufzeichnungen 3, München.
Cahiers 4 = Weil, S. (2017), Cahiers/Aufzeichnungen 4, München.
Corr. 1942 = Weil, S. und Bousquet, J. (2019), Correspondance 1942: Quel est donc ton tourment, Paris.

Fabrik = Weil, S. (1978), Fabriktagebuch und andere Schriften zum Industriesystem, Frankfurt a. M.

KuG = Weil, S. (2011a), Krieg und Gewalt – Essays und Aufzeichnungen, Zürich.

Trotski = Weil, S. (2014), Conversation avec Trotski, Paris (daraus übersetzte Zitate W. Eilenberger).

UuF = Weil, S. (1975), Unterdrückung und Freiheit – Politische Schriften, München.

Venedig = Weil, S. (2019), Venice Saved, London.

Verwurzelung = Weil, S. (2011b), Die Verwurzelung – Vorspiel zu einer Erklärung der Pflichten dem Menschen gegenüber, Zürich.

AUSWAHLBIBLIOGRAPHIE

Adamowitsch, A. und Granin, D. (2018), Blockadebuch – Leningrad 1941–1944, Berlin.

Adorno, T. W. und Benjamin, W. (1994), Briefwechsel 1928–1940, Frankfurt a. M.

Alain (1939), Convulsions de la force, Paris.

Alain (1939), Échec de la force, Paris.

Applebaum, A. (2003), Gulag – A History, London.

Applebaum, A. (2017), Roter Hunger – Stalins Krieg gegen die Ukraine, München.

Bair, D. (1998), Simone de Beauvoir – Eine Biographie, München.

Bakewell, S. (2018), Das Café der Existentialisten – Freiheit, Sein und Aprikosencocktails, München.

Benjamin, W. (2003), Gesammelte Schriften Bd. 1, Frankfurt a. M.

Benjamin, W. (2010), Über den Begriff der Geschichte, Berlin.

Bernanos, G. (1949/1938), Die großen Friedhöfe unter dem Mond, München.

Beauvoir, S. de (Hrsg.) (2008), Jean-Paul Sartre: Briefe an Simone de Beauvoir (1926–1939), Reinbek.

Beauvoir, S. de (Hrsg.) (2004), Jean-Paul Sartre: Briefe an Simone de Beauvoir (1940–1963), Reinbek.

Blume, D., Boll, M. und Gross, R. (Hrsg.) (2020), Hannah Arendt und das 20. Jahrhundert, München.

Boehm, O. (2020), Israel – eine Utopie, Berlin.

Boschwitz, U. A. (2018), Der Reisende, Stuttgart.

Bouchardeau, H. (1995), Simone Weil – Biographie, Paris.

Bovenschen, S. (2016/1979), Die imaginierte Weiblichkeit, Frankfurt a. M.

Branden, B. (1987), The Passion of Ayn Rand, New York.

Branden, N. (1999), Judgment Day: My Years with Ayn Rand, San Francisco.

Burns, J. (2009), Goddess of the Market – Ayn Rand and the American Right, Oxford (daraus übersetzte Zitate W. Eilenberger).

Cavell, S. (2005), Philosophy the Day After Tomorrow, Harvard.

Cavell, S. (2006), Der Anspruch der Vernunft – Wittgenstein, Skeptizismus, Moral und Tragödie, Frankfurt a. M.

Cohen-Solal, A. (1985), Sartre: 1905–1980, Paris.

Collado Seidel, C. (2016), Der spanische Bürgerkrieg – Geschichte eines europäischen Konflikts, München.

Descartes, R. (1965), Meditationen – Mit sämtlichen Einwänden und Erwiderungen, Hamburg.

Eiland, H. und Jennings, M. W. (2014), Walter Benjamin – A Critical Life, Harvard.

Eilenberger, W. (2018), Zeit der Zauberer – Das große Jahrzehnt der Philosophie 1919–1929, Stuttgart.

Fest, J. (2019/1973), Hitler: Eine Biografie, Berlin.

Foessel, M. (2019), Récidive – 1938, Paris.

Gabellieri, E. und L'Yvonnet, F. (Hrsg.) (2014), L'Herne: Simone Weil, Paris.

Gladstein, M. R. und Sciabarra, C. M. (Hrsg.) (1999), Feminist Interpretations of Ayn Rand, Pennsylvania.

Hampe, M. (2014), Die Lehren der Philosophie – Eine Kritik, Berlin.

Hegel, G. W. F. (1986), Phänomenologie des Geistes: Werke 3, Frankfurt a. M.

Heidegger, M. (1993), Sein und Zeit, Tübingen.

Heidegger, M. (2000), Gesamtausgabe, Ausgabe letzter Hand, Bd. 16: Reden und andere Zeugnisse eines Lebensweges (1910–1976), Frankfurt a. M.

Heidegger, M. (2004/1924), Der Begriff der Zeit, Frankfurt a. M.

Heidegger, M. (2010/1929), Kant und das Problem der Metaphysik, Frankfurt a. M.

Heller, A. C. (2009), Ayn Rand and the World She Made, New York (daraus übersetzte Zitate W. Eilenberger).

Hobsbawm, E. (1994), The Age of Extremes: 1914–1991, London.

Homer (1983), Ilias, Stuttgart.

Jaspers, K. (1932), Max Weber – Deutsches Wesen im politischen Denken, im Forschen und Philosophieren, EA Stalling, Oldenburg.

Kant, I. (1983/1798), Anthropologie in pragmatischer Hinsicht, Leipzig.

Kershaw, I. (2016), Höllensturz – Europa 1914 bis 1949, München.

Kirkpatrick, K. (2019), Becoming Beauvoir – A Life, London (daraus übersetzte Zitate W. Eilenberger).

Kirkpatrick, K. (2020), Simone de Beauvoir – Ein modernes Leben, München (lag beim Verfassen des Buches noch nicht vor).

Koestler, A. (2018/1937), Ein spanisches Testament, Berlin.

Koestler, A. (1941), Scum of the Earth, London.

Koestler, A. (1971), Abschaum der Erde, Frankfurt a. M.

Labatut, B. (2020), Das blinde Licht: Irrfahrten der Wissenschaft, Berlin.

Lepore, J. (2019), Diese Wahrheiten – Geschichte der Vereinigten Staaten von Amerika, München.

Louette, J.-F. (2019), Sartre et Beauvoir: Roman et Philosophie, Genève.

Marx, K. und Engels, F. (1958/1946), Marx-Engels-Werke, Bd. 3, Berlin.

Meyer-Moses, H. (2019), Reise in die Vergangenheit – Eine Überlebende des Lagers Gurs erinnert sich an die Verfolgung während der NS-Diktatur, Ubstadt-Weiher.

Nieradka-Steiner, M. (2018), Exil unter Palmen – Deutsche Emigranten in Sanary-sur-Mer, Darmstadt.

Nietzsche, F. (1999/1888), Ecce Homo, Gesamtausgabe Bd. 6, München.

Nietzsche, F. (2013), Philosophische Werke in sechs Bänden, Hamburg.

Nye, A. (1994), Philosophia: The Thought of Rosa Luxemburg, Simone Weil and Hannah Arendt, London.

Ortega y Gasset, J. (1956/1929), Der Aufstand der Massen, Reinbek.

Pelz, M. (2007), Simone de Beauvoir, Frankfurt a. M.

Pétrement, S. (1973), La vie de Simone Weil, Paris (daraus übersetzte Zitate W. Eilenberger).

Pétrement, S. (2008), Simone Weil – Ein Leben, Leipzig (lag beim Verfassen des vorliegenden Buches nicht vor).

Perrin, J.-M. (2009/1984), Mon dialogue avec Simone Weil, Paris.

Perrin, J.-M. und Thibon, G. (1954), Wir kannten Simone Weil, Paderborn.

Perrin, J.-M. (2008), Attente de Dieu, Paris (daraus übersetzte Zitate W. Eilenberger).

Peikoff, L. (1991), Objectivism: The Philosophy of Ayn Rand, New York.

Poirier, A. (2019), An den Ufern der Seine – Die magischen Jahre von Paris 1940–1950, Stuttgart.

Prinz, A. (2013), Hannah Arendt oder Die Liebe zur Welt, Frankfurt a. M.

Reckwitz, A. (2017), Die Gesellschaft der Singularitäten, Berlin.

Redecker, E. v. (2013), Gravitation zum Guten: Hannah Arendts Moralphilosophie, Göttingen.

Rees, R. u. Moore, H. T. (1978), Simone Weil: A Sketch for a Portrait, Southern Illinois.

Rhodes, R. (2015), Hell and Good Company: The Spanish Civil War and the World it Made, London.

Roberts, A. (2019), Feuersturm – Eine Geschichte des Zweiten Weltkriegs, München.

Rowley, H. (2005), Tête-à-Tête: Simone de Beauvoir and Jean-Paul Sartre, New York.

Samjatin, J. (2015/1920), Wir: Utopischer Roman, Hemmingen.

Sartre, J.-P. (2018/1938), Der Ekel, Reinbek.

Sartre, J.-P. (2019/1943), Das Sein und das Nichts, Hamburg.

Sartre, J.-P. (2018/1947), Der Existentialismus ist ein Humanismus und andere philosophische Essays 1943–1948, Reinbek.

Sartre, J.-P. (2010/1947), Die Transzendenz des Ego – Philosophische Essays 1931–1939, Reinbek.

Scholem, G. (1951/1941), Die jüdische Mystik in ihren Hauptströmungen, Frankfurt a. M.

Scholem, G. (2018), Walter Benjamin/Gershom Scholem – Briefwechsel 1933–1940, Frankfurt a. M.

Schreiber, G. (2013), Der zweite Weltkrieg, München.

Sciabarra, C. M. (2013), Ayn Rand – The Russian Radical, Pennsylvania.

Seghers, A. (2018/1951), Transit, Berlin.

Seymour-Jones, C. (2009), A Dangerous Liaison: A Revelatory New Biography of Simone de Beauvoir and Jean-Paul Sartre, New York.

Shklar, J. N. (2020), Über Hannah Arendt, Berlin.

Smith, T. (2007), Ayn Rand's Normative Ethics: The Virtuous Egoist, Cambridge.

Später, J. (2016), Siegfried Kracauer – Eine Biographie, Frankfurt a. M.

Sparti, D. und Hammer, E. (Hrsg.) (2002), Stanley Cavell: Die Unheimlichkeit des Gewöhnlichen und andere philosophische Essays, Frankfurt a. M.

Spinoza, B. (1986/1677), Die Ethik, Leipzig.

Stone, L., Quantifying the Holocaust: Hyperintense kill rates during the Nazi genocide, in: Science Advances vom 2. Januar 2019, Bd. 5, Nr. 1, eaau7292.

Suhr, M. (2015), Jean-Paul Sartre zur Einführung, Hamburg.

Webber, J. (2018), Rethinking Existentialism, Oxford.

Weil, Sylvie (2010), André und Simone Weil: Die Familie Weil, Leipzig.

Weinstock, N. (1975), Das Ende Israels? Nahostkonflikt und Geschichte des Zionismus, Berlin.

Wildt, M. und Kreutzmüller, C. (2013), Berlin 1933–1945, München.

Wimmer, R. (1996), Vier jüdische Philosophinnen: Rosa Luxemburg, Simone Weil, Edith Stein, Hannah Arendt, Leipzig.

Wimmer, R. (2009), Simone Weil: Person und Werk, Freiburg i. B.

Winch, P. (1989), Simone Weil: »The Just Balance«, Cambridge.

Wittgenstein, L. (1984/1923), Tractatus logico-philosophicus, Frankfurt a. M.

Wroblewsky, V. v. (Hrsg.) (2008), Jean-Paul Sartre: Briefe an Simone de Beauvoir 1926–1939, Hamburg.

Wroblewsky, V. v. (Hrsg.) (2004), Jean Paul Sartre: Briefe an Simone de Beauvoir 1940–1963, Hamburg.

Young-Bruehl, E. (2018/1982), Hannah Arendt – Leben, Werk und Zeit, Frankfurt a. M.

ANMERKUNGEN

I. Funken

1 Drei Essays, S. 195. Sämtliche Zitate dieses Abschnitts aus Beauvoirs Essay »Pyrrhus und Cineas«.
2 vgl. ibid. S. 196.
3 ibid. S. 197.
4 vgl. BJ, S. 167.
5 »L'invitée«, 1953 auf Deutsch erschienen unter dem Titel »Sie kam und blieb« (= Skub).
6 »Le sang des autres«, auf Deutsch erschienen unter dem Titel »Das Blut der anderen« (= Blut).
7 Erstmals aufgeführt in Paris im Herbst 1945 unter dem Titel »Les bouches inutiles« (dt. »Die unnützen Mäuler«).
8 Drei Essays, S. 207.
9 vgl. hierzu Kirkpatrick, K. (2019), S. 182.
10 Drei Essays, S. 222.
11 ibid. S. 226.
12 ibid. S. 228.
13 ibid. S. 196.
14 Cahiers 4, S. 324.
15 vgl. für die biographischen Details dieser Lebensphase Pétrement, S. (1973), S. 643–673.
16 KuG, S. 199 f.
17 Pétrement, S. (1973), S. 667.
18 = Verwurzelung.
19 vgl. »Dieser Krieg ist ein Krieg der Religionen«, in: KuG, S. 205–214.
20 KuG, S. 212 f.
21 Verwurzelung, S. 173.
22 ibid. S. 43 f.
23 Cahiers 4, S. 204.
24 Letters, S. 67 ff.
25 ibid. S. 69.
26 Die weltweite Gesamtauflage allein für dieses Buch dürfte mittlerweile (Stand 2020) bei weit über acht Millionen Exemplaren liegen.

Für Rands philosophische Romane insgesamt liegt sie derzeit bei deutlich über 20 Millionen.

27 vgl. Heller, A. C. (2009), S. 117.

28 Ursprung, S. 988f.

29 Für die biographischen Details aus Rands Jungendjahren vgl. Heller, A. C. (2009), S. 22–52.

30 Für eindrückliche Zeugenberichte damaliger Einwohner der Stadt vgl. Adamowitsch, A. und Granin, D. (2018).

31 Journals, S. 347.

32 ibid. S. 350.

33 Flüchtlinge, S. 26.

34 ibid. S. 10 und S. 21.

35 ibid. S. 33.

36 Heidegger, M. (2000), S. 184.

37 vgl. Young-Bruehl, E. (2018/1982), S. 261.

38 vgl. Arendts Interview mit Günter Gaus: https://www.youtube.com/watch?v=J9SyTEUi6Kw&t=1820s

39 Flüchtlinge, S. 23.

40 ibid. S. 35.

41 vgl. hierzu das Motto von Arendts späterem Buch »Elemente und Ursprünge totaler Herrschaft« (= EuU), es handelt sich hierbei um ein Zitat von Karl Jaspers: »Weder dem Vergangenen anheimfallen noch dem Zukünftigen. Es kommt darauf an, ganz gegenwärtig zu sein«.

II. Exile

1 Young-Bruehl, E. (2018/1982), S. 164. Folgende Schilderungen ebenfalls nach Young-Bruehl.

2 ibid.

3 Wie Thomas Meyer, der derzeit an einer neuen Arendt-Biographie schreibt, mir im Gespräch mitteilte, befand sich Arendt – entgegen eigenen Aussagen – nur einen Tag in Polizeigewahrsam.

4 Var, S. 26f.

5 ibid. S. 23f.

6 ibid. S. 17.

7 ibid. S. 133.

8 Arendt/Jaspers, S. 50.

9 Jaspers, K. (1932).

10 Arendt/Jaspers, S. 52.
11 ibid. S. 56.
12 ibid. S. 58.
13 Young-Bruehl, E. (2018/1982), S. 166.
14 »Die Lage in Deutschland«, in: UuF, S. 55.
15 ibid.
16 Pétrement, S. (1973), S. 212.
17 ibid. S. 274.
18 OCVII-1, Fußnote 5, S. 140.
19 ibid. S. 150.
20 »Perspektiven: Gehen wir einer proletarischen Revolution entgegen?«, in: UuF, S. 137.
21 Er wurde im Verlauf des Herbstes 1933 mehrfach nachgedruckt und sowohl ins Spanische wie Niederländische übersetzt.
22 UuF, S. 119.
23 ibid. S. 128.
24 OCVII-1, S. 154.
25 vgl. hierzu die eindrückliche Studie von Applebaum, A. (2019).
26 UuF, S. 133.
27 Pétrement, S. (1973), S. 258.
28 Ablauf des Treffens und Zitate nach Pétrement, S. (1973), S. 278ff. und Trotski, S. 9–12.
29 Pétrement, S. (1973), S. 279.
30 Leo Trotzki erliegt am 21. August 1940 in Mexico City (Coyoacán) den Verletzungen, die ihm der Sowjetagent Ramón Mercader tags zuvor mit einem Eispickel zugefügt hatte. Dem Mörder wurde noch im selben Jahr von Stalin der Lenin-Orden verliehen.
31 Pétrement, S. (1973), S. 291.
32 UuF, S. 151–240.
33 BJ, S. 140.
34 ibid.
35 ibid. S. 110.
36 Sartre, der das Jahr zuvor durchgefallen war, wurde nach langer Diskussion der erste Platz zugesprochen. Beauvoir wurde, als jüngste Absolventin der Geschichte, Zweite.
37 BJ, S. 111.
38 Kirkpatrick, K. (2019), S. 143.
39 Memoiren, S. 323f.
40 Descartes, R. (1965).

41 Descartes, R. (1965), Zweite Meditation, S. 29.
42 vgl. Memoiren: »Der subjektivistische Idealismus, dem ich mich angeschlossen hatte, beraubte die Welt ihrer Stofflichkeit und ihres besonderen Wesens« (S. 311).
43 BJ, S. 118.
44 In einem späteren Text aus dem Jahr 1938 wird Sartre dieses husserlsche Verhältnis von Welt und Bewusstsein wie folgt poetisieren: »Das Bewußtsein hat sich gereinigt, es ist klar wie ein starker Wind, es gibt nichts mehr in ihm außer einer Bewegung, vor sich zu fliehen, aus sich herauszugleiten; falls Sie, unmöglicherweise, ›in‹ ein Bewußtsein eindrängen, würden Sie von einem Wirbelsturm erfaßt und nach draußen, in die Nähe des Baums, mitten in den Staub, zurückgeworfen, denn das Bewußtsein hat kein ›Drinnen‹; es ist nichts als das Draußen seiner selbst … Wenn das Bewußtsein versucht, sich wieder zu ergreifen, endlich mit sich selbst zu koinzidieren, ganz warm, bei geschlossenen Fensterläden, dann vernichtet es sich. Diese Notwendigkeit für das Bewußtsein, als Bewußtsein von etwas anderem als von sich zu existieren, nennt Husserl ›Intentionalität‹«. In: Sartre, J.-P. (2010/1947), S. 34.
45 Zitate aus: BJ, S. 155 ff.
46 ibid. S. 156.
47 ibid. S. 174.
48 ibid. S. 136 f.
49 Für die biographischen Details dieser Lebensphase vgl. insbesondere Heller, A. C. (2009), S. 71 ff.
50 ibid. S. 71.
51 Letters, S. 7.
52 ibid. S. 8.
53 Heller, A. C. (2009), S. 72.
54 ibid. S. 74.
55 Letters, S. 17 f.
56 ibid. S. 8.
57 vgl. We the Living, S. 423.
58 = Journals.
59 ibid. S. 66.
60 Burns, J. (2009), S. 25.
61 Journals, S. 73.

III. Experimente

1 vgl. Heller, A. C. (2009), S. 77.
2 Three Plays, S. 3 f.
3 ibid.
4 Ortega y Gasset, J. (1956/1929).
5 Journals, S. 71.
6 Episode nach Heller, A. C. (2009), S. 109.
7 ibid. S. 79.
8 BJ, S. 178.
9 vgl. ibid.
10 Später erschienen unter dem Titel »Der Ekel«.
11 BJ, S. 199.
12 ibid. S. 204 f.
13 ibid. S. 206.
14 ibid. S. 217.
15 vgl. BJ, S. 182.
16 Beauvoir/Sartre 1, S. 41.
17 BJ.
18 ibid. S. 190.
19 ibid. S. 191.
20 ibid. S. 190; das erwähnte Buch erschien 1979 auf Deutsch unter dem Titel »Marcelle, Chantal, Lisa …«.
21 Bair, D. (1998), S. 230.
22 BJ, S. 207.
23 ibid. S. 206.
24 ibid. S. 218.
25 Lisa, S. 122.
26 ibid. S. 141.
27 UuF, S. 232.
28 Bouchardeau, H. (1995), S. 132.
29 Fabrik, S. 121.
30 vgl. Pétrement, S. (1973), S. 335 f.
31 Fabrik, S. 48.
32 ibid. S. 157 ff.
33 ibid. S. 161.
34 Marx, K. und Engels, F. (1958/1846), S. 33.
35 UuF, S. 162.
36 ibid. S. 170.

37 ibid. S. 223.
38 ibid. S. 227.
39 ibid. S. 235.
40 ibid. S. 214.
41 ibid.
42 Fabrik, S. 61.
43 ibid. S. 121.
44 Nieradka-Steiner, M. (2018), S. 67.
45 ibid.
46 Arendts Formulierung im Fernsehinterview mit Günter Gaus vom 28. Oktober 1964. Transkript unter: https://www.rbb-online.de/zurperson/interview_archiv/arendt_hannah.html
47 ibid.
48 Young-Bruehl, E. (2018/1982), S. 178.
49 ibid.
50 Scholem, G. (2018), S. 95.
51 Young-Bruehl, E. (2018/1982), S. 180.
52 Weinstock, N. (1975), S. 60.
53 Formulierung im Interview mit Günter Gaus.
54 EuU, S. 605.
55 Sklaven und Menschen insbesondere afrikanischer Herkunft waren davon in beiden Dokumenten ausdrücklich ausgeschlossen beziehungsweise nicht mitgemeint.
56 Ursprung, S. 603.
57 ibid. S. 604f.
58 Briefe Freunde, S. 15
59 Brief an Blumenfeld vom 17. Juli 1946, in: Briefe Freunde, S. 63.
60 Young-Bruehl, E. (2018/1982), S. 182.
61 Scholem, G. (2018), S. 205.
62 Young-Bruehl, E. (2018/1982), S. 206.

IV. Nächste

1 Letters, S. 23.
2 ibid.
3 vgl. Heller, A. C. (2009), S. 95.
4 Journals, S. 77.
5 ibid. S. 81.

6 ibid. S. 93.
7 ibid.
8 ibid. S. 93 f.
9 ibid. S. 95.
10 ibid. S. 95 f.
11 ibid. S. 97.
12 Letters, S. 36 f.
13 Arendt/Blücher, S. 59.
14 Scholem, G. (2018), S. 224.
15 ibid. S. 223.
16 Kershaw, I. (2016), S. 396.
17 vgl. Schreiber, G. (2013), S. 12.
18 Applebaum, A. (2003), S. 73. Im Jahr 1943 sollten es um die vier Millionen sein.
19 vgl. Kershaw, I. (2016), S. 411.
20 vgl. ibid. S. 408 ff.
21 ibid. S. 413.
22 Young-Bruehl, E. (2018/1982), S. 185.
23 vgl. ibid. S. 185 f.
24 = Aug.
25 Arendt/Heidegger, S. 14.
26 Aug, S. 103.
27 ibid. S. 109.
28 ibid. S. 97.
29 ibid. S. 110.
30 Arendt/Blücher, S. 83 f.
31 BJ, S. 246.
32 ibid. S. 241.
33 ibid. S. 239.
34 Bair, D. (1998), S. 239.
35 vgl. zur Vertiefung Webber, J. (2018), S. 57–73.
36 BJ, S. 222 f.
37 ibid. S. 222.
38 Bair, D. (1998), S. 243.
39 BJ, S. 245.
40 Sartre, J.-P. (2018/1938), S. 200 f.
41 ibid. S. 266.
42 ibid. S. 245.
43 BJ, S. 243.

44 ibid. S. 247.
45 Pétrement, S. (1973), S. 420.
46 ibid. S. 401.
47 Die biographischen Details dieser Phase sind vorrangig Pétrement, S. (1973), S. 383–430 entnommen.
48 Partido Obrero de Unificacíon Marxista – eine der zahlreichen Splittergruppen, die von ehemaligen Mitgliedern der dortigen KP gegründet worden war.
49 Bernanos, G. (1949/1938).
50 KuG, S. 60.
51 BJ, S. 247.
52 KuG, S. 62f.
53 ibid. S. 40.
54 auf Deutsch in KuG, S. 37–57.
55 KuG, S. 38ff.
56 ibid. S. 40.
57 ibid. S. 60.
58 ibid. S. 43f.
59 vgl. ibid.
60 Pétrement, S. (1973), S. 415f.

V. Ereignisse

1 ibid. S. 467.
2 in: OCII-3, S. 93ff.
3 Pétrement, S. (1973), S. 466.
4 Zu den politischen Verengungen des Jahres 1938, insbesondere in Frankreich, vgl. Foessel, M. (2019).
5 Pétrement, S. (1973), S. 466.
6 vgl. Bouchardeau, H. (1995), S. 214.
7 Perrin, J.-M. (2008), S. 75.
8 ibid. S. 74f.
9 ibid. S. 75.
10 vgl. Pétrement, S. (1973), S. 468.
11 Cahiers 1, S. 105.
12 ibid. S. 172.
13 Pétrement, S. (1973), S. 468.
14 ibid. S. 468.

15 ibid. S. 469 f.
16 Cahiers 1, S. 11.
17 vgl. Pétrement, S. (1973), S. 466.
18 »Ein Nichts zu sein, tragt es nicht länger, / alles zu werden, strömt zuhauf«.
19 Fabrik, S. 121.
20 vgl. Heller, A. C. (2009), S. 98.
21 Applebaum, A. (2017), S. 102.
22 ibid. S. 99.
23 Für die Details aus diesem Lebensabschnitt vgl. Heller, A. C. (2009), S. 102 ff. und Burns, J. (2009), S. 49 f.
24 vgl. Heller, A. C. (2009), S. 102.
25 vgl. ibid. S. 102 f.
26 Anthem, S. 4.
27 ibid. S. 3.
28 ibid. S. 1.
29 ibid. S. 57.
30 ibid. S. 65.
31 ibid. S. 73.
32 Für den Hinweis auf Kallas und ihr Werk ein besonderer Dank an Dr. Pia Päiviö.
33 Letters, S. 40.
34 Burns, J. (2009), S. 50.
35 Heller, A. C. (2009), S. 105.
36 Journals, S. 95.
37 Heller, A. C. (2009), S. 117.
38 Burns, J. (2009), S. 51.
39 Nietzsche, F. (1999/1888), S. 365 f.
40 Heller, A. C. (2009), S. 123.
41 Journals, S. 192.
42 ibid. S. 193.
43 ibid. S. 192.
44 Ursprung, S. 17.
45 vgl. Später, J. (2016), S. 354 f.
46 Var, S. 218.
47 ibid. S. 214.
48 ibid. S. 218.
49 ibid. S. 223.
50 ibid. S. 224.

51 ibid.
52 ibid. S. 218.
53 ibid. S. 224f.
54 Scholem, G. (2018), S. 262.
55 = EuU.
56 Var, S. 222.
57 Arendt/Blücher, S. 88.
58 Scholem, G. (2018), S. 290.
59 ibid. S. 291.
60 Nach heutigem Verständnis meint Scholem damit »jüdische Siedlung«; also nicht im heutigen Sinne des Gebrauchs von »palästinensisch«.
61 Scholem, G. (2018), S. 307f.
62 ibid. S. 309.
63 Tatsächlich sollte dieses Exemplar nach dem Krieg das einzige noch existierende sein: Scholem sandte es auf Arendts Bitte hin (Brief vom 17. Oktober 1941) nach New York: Es erschien erstmals 1957 auf Englisch in London, 1959 auf Deutsch und 1974 in Amerika.
64 BJ, S. 301.
65 Beauvoir bestritt öffentlich lebenslang, sexuelle Verhältnisse mit Frauen gehabt zu haben.
66 vgl. Kirkpatrick, K. (2019), S. 156ff.
67 ibid. S. 158.
68 ibid.
69 Beauvoir/Sartre 1, S. 85f.
70 ibid. S. 85.
71 ibid. S. 90.
72 Kirkpatrick, K. (2019), S. 143.
73 BJ, S. 269.
74 ibid. S. 293.
75 ibid. S. 269.
76 vgl. ibid. S. 270f.
77 ibid. S. 287.
78 ibid.
79 ibid. S. 289.
80 Beauvoirs jüngere Schwester Hélène war damals auf dem Weg zur Malerin, ebenso auch Beauvoirs enge Freundin Gégé.
81 BJ, S. 290.
82 Skub, S. 187ff.

83 Die Konstellation ähnelt damit stark dem späteren Stück »Huis Clos« (dt. »Geschlossene Gesellschaft«) von Jean-Paul Sartre.
84 BJ, S. 288.
85 Die Hörspielfassung von Orson Welles' »Krieg der Welten« wurde im Oktober 1938 ausgestrahlt.
86 Beauvoirs Werk »Le deuxième sexe« (dt. »Das andere Geschlecht«) sollte 1949 auf Französisch erscheinen.
87 Beauvoir/Sartre 1, S. 87f.
88 Wroblewsky, V. v. (Hrsg.) (2008), S. 281f.

VI. Gewalt

1 vgl. Pétrement, S. (1973), S. 501.
2 in: KuG, S. 161–191.
3 KuG, S. 161.
4 ibid. S. 162.
5 ibid. S. 165.
6 vgl. Pétrement, S. (1973), S. 488.
7 KuG, S. 168.
8 ibid. S. 170.
9 ibid. S. 189.
10 vgl. Pétrement, S. (1973), S. 502ff.
11 vgl. zu dieser Episode Roberts, A. (2019), S. 77f.
12 KuG, S. 170f.
13 KuG, S. 175f.
14 Heidegger, M. (2004/1924), S. 116.
15 KuG, S. 177f.
16 ibid. S. 179.
17 ibid. S. 181f.
18 ibid. S. 182.
19 ibid. S. 184.
20 ibid. S. 187.
21 ibid. S. 190f.
22 Pétrement, S. (1973), S. 514.
23 Beauvoir/Sartre 2, S. 198.
24 Wroblewsky, V. v. (Hrsg.) (2004), S. 292.
25 BJ, S. 379.
26 ibid. S. 380.

27 vgl. Kirkpatrick, K. (2019), S. 175.
28 Wroblewsky, V. v. (2004), S. 41f.
29 Beauvoir/Sartre 2, S. 60, 15. Januar.
30 ibid. S. 66, 18. Januar.
31 Heidegger, M. (2010/1929), S. 285.
32 BJ, S. 373.
33 ibid. S. 380f.
34 Derartige Szenen sind dort zwar ebenfalls historisch verbürgt, erklären sich aber vor dem Hintergrund des oftmals in gleicher Weise unmenschlichen Vorgehens der durch die Wehrmacht vertriebenen Truppen Stalins. Die damit verbundenen Hoffnungen der Bevölkerung wurden jedenfalls bald auf grauenhafte Weise enttäuscht.
35 Wroblewsky, V. v. (2004), S. 297; »Erlebnisse« im Original.
36 Kriegstagebuch, S. 391f.
37 ibid. S. 420.
38 ibid. S. 201; Eintrag vom 11. Juli 1940.
39 BJ, S. 393.
40 ibid. S. 402.
41 ibid. S. 403.
42 Wroblewsky, V. v. (2004), S. 299.
43 Beauvoir/Sartre 2, S. 201.
44 ibid. S. 226.
45 vgl. Skub, Motto.
46 ibid. S. 552f.
47 Arendt/Scholem, S. 17.
48 ibid. S. 21 (Fußnote 10).
49 vgl. Young-Bruehl, E. (2.018/1982), S. 229.
50 Koestler, A. (1971)
51 ibid. S. 424.
52 Flüchtlinge, S. 18f.
53 EuU, S. 908.
54 ibid. S. 921.
55 ibid. S. 912.
56 ibid. S. 922.
57 Flüchtlinge, S. 12.
58 ibid. S. 24.
59 vgl. EuU, S. 925.
60 Adorno, T. W. und Benjamin, W. (1994), S. 441–443.

61 = mit Rückporto (Anm. W. Eilenberger).
62 Arendt/Benjamin, S. 139.
63 Pétrement, S. (1973), S. 523.
64 Arendt/Scholem, S. 18.
65 Arendt/Benjamin, S. 101–112.
66 ibid. S. 106.
67 ibid. S. 112.
68 vgl. Meyer-Moses, H. (2019), S. 10: Es wurden aus Baden damals circa 5600 Menschen nach Gurs deportiert. Etwa ein Drittel von ihnen verstarb in Gurs oder einem seiner Nebenlager.
69 Arendt/Scholem, S. 10.
70 ibid. S. 19.
71 vgl. Young-Bruehl, E. (2018/1982), S. 223.
72 Heller, A. C. (2009), S. 132.
73 ibid. S. 133.
74 ibid. S. 129.
75 Letters, S. 42.
76 vgl. Heller, A. C. (2009), S. 116.
77 Journals, S. 209.
78 ibid. S. 215.
79 ibid. S. 209f.; dieser Eintrag ist ohne Datierung.
80 ibid. S. 229.
81 ibid. S. 228.
82 ibid. S. 229.
83 Ursprung, S. 822.
84 vgl. Heller, A. C. (2009), S. 134.
85 vgl. Burns, J. (2009), S. 43ff.
86 Bis heute für die meisten europäischen Beobachter verwirrend, bezeichnet »liberal« im Amerikanischen deshalb eine eher linke Haltung und wird mittlerweile nahezu synonym gebraucht mit »Demokrat« im Sinne einer Parteizugehörigkeit.
87 Journals, S. 345ff.
88 ibid.
89 ibid.
90 ibid. S. 350.
91 ibid. S. 351.
92 ibid. S. 355.

VII. Freiheit

1 BJ, S. 415.
2 ibid. S. 411.
3 ibid. S. 413.
4 Schreiber, G. (2013), S. 58.
5 ibid. S. 42.
6 ibid. S. 66.
7 BJ, S. 413f.
8 Bair, D. (1998), S. 310.
9 BJ, S. 430.
10 Kriegstagebuch, S. 452.
11 ibid. S. 453f.
12 vgl. Sartre, J.-P. (2019/1943), S. 254ff.
13 ibid. S. 1071.
14 Sartre, J.-P. (2018/1947), S. 145–191.
15 Man kann hier dem Urteil von Kirkpatrick, K. (2019), S. 198 unbedingt zustimmen: »So it has been mistakenly assumed that Sartre developed the ethics of existentialism, one of the most popular movements in twentieth-century philosophy, when in fact, Beauvoir did.«
16 BJ, S. 424.
17 ibid. S. 428.
18 vgl. Kirkpatrick, K. (2019), S. 178.
19 BJ, S. 433.
20 ibid. S. 431.
21 Kriegstagebuch, S. 456.
22 ibid. S. 460.
23 Pétrement, S. (1973), S. 571f.
24 ibid. S. 581.
25 Pétrement, S. (1973), S. 581.
26 vgl. OCIV-1 = Écrits de Marseille 1940–1942.
27 Die Denkhefte dieser Zeit sind auf Deutsch erschienen als Cahiers 2 und Cahiers 3.
28 Der Begriff »Existentialist« wurde von dem (katholischen) Philosophen Gabriel Marcel (1889–1973) zunächst verwendet, um Sartres Philosophie zu kennzeichnen. Sprachlich ergibt sich, zumal in der Übersetzung aus dem Deutschen ins Französische, eine terminologische Nähe zum Begriff der »Existenzphilosophie«, die Karl Jaspers zur

Kennzeichnung seines eigenen Ansatzes (auch in Tradition Kierkegaards) verwendete. Ein Ansatz, dem auch Marcels Denken verwandt ist. Es ist nicht ganz klar, auf wen Weil sich hier bezieht – der geäußerte Kritikpunkt hält indes sowohl gegen Jaspers (und Heidegger) wie auch gegen Sartre und Beauvoir.

29 Cahiers 2, S. 102.
30 ibid. S. 105.
31 ibid. S. 210.
32 Cahiers 3, S. 249.
33 Cahiers 2, S. 289.
34 ibid. S. 320.
35 ibid. S. 180.
36 ibid. S. 323.
37 ibid. S. 240.
38 Cahiers 3, S. 145.
39 ibid. S. 10.
40 ibid. S. 145.
41 ibid. S. 145.
42 ibid. S. 341.
43 ibid. S. 118.
44 ibid. S. 310.
45 ibid. S. 256.
46 ibid. S. 194.
47 Cahiers 2, S. 233.
48 ibid. S. 238.
49 ibid. S. 177.
50 Cahiers 4, S. 67ff.
51 Cahiers 2, S. 224.
52 ibid. S. 104.
53 ibid. S. 316.
54 ibid. S. 349.
55 ibid. S. 193.
56 vgl. Spinoza, B. (1986/1677).
57 vgl. Wittgenstein, L. (1984/1923).
58 vgl. hierzu auch Winch, P. (1989).
59 Cahiers 3, S. 331.
60 Cahiers 2, S. 254.
61 vgl. Wittgenstein, L. (1984/1923), S. 305; aus: Vorwort zu den »Philosophischen Untersuchungen«.

62 Pétrement, S. (1973), S. 608.
63 Cahiers 2, S. 24.
64 Perrin, J.-M. und Thibon, G. (1954), S. 172.
65 Pétrement, S. (1973), S. 617.
66 Arendt/Scholem, S. 28f.
67 ibid. S. 29.
68 Sämtliche Kolumnentexte in »Aufbau«.
69 ibid. S. 21, Text vom 14. November 1941.
70 Wir Juden, S. 171f. und S. 173.
71 »Aufbau«, S. 28, Text vom 28. November 1941.
72 Schreiber, G. (2013), S. 64ff.
73 Wir Juden, S. 179.
74 ibid. S. 188.
75 ibid. S. 177.
76 »Aufbau«, S. 122.
77 ibid. S. 120.
78 z.B. »Aufbau«, S. 82: »Weniges ist heute für unsere Politik so wichtig, wie die Freiheitskämpfe der unterdrückten Völker rein zu halten von der faschistischen Pest. Dieser Krieg wird nur gewonnen werden, wenn in seinem Verlauf alle Völker befreit und das heißt alle ›Rassen‹ in Völker verwandelt werden«.
79 Arendt/Scholem, S. 39.
80 Young-Bruehl, E. (2018/1982), S. 240.
81 Letters, S. 59.
82 vgl. Burns, J. (2009), S. 71ff.
83 vgl. Heller, A. C. (2009), S. 143ff.
84 vgl. Burns, J. (2009), S. 80.
85 Letters, S. 63f.
86 Journals, S. 69.
87 ibid. S. 221.
88 ibid.
89 Ursprung, S. 980.
90 Fountainhead, S. 677.
91 Ursprung, S. 985.
92 ibid. S. 987.
93 ibid. S. 989.
94 ibid. S. 989.
95 ibid. S. 991.
96 ibid. S. 993f.

97 ibid. S. 994ff.
98 ibid. S. 998.

VIII. Feuer

1 nach Heller, A. C. (2009), S. 165.
2 ibid. S. 55.
3 Rand beginnt in diesen Monaten einen (jahrzehntelangen) regelmäßigen Konsum des damals in den USA häufig verschriebenen Benzedrine, einem Amphetamin-Präparat.
4 nach Heller, A. C. (2009), S. 165.
5 Letters, S. 87f.
6 ibid. S. 88.
7 Letztlich 1957 erschienen als »Atlas Shrugged« (dt. »Der Streik«). Im Amerikanischen besitzt das Wort »strike« mehrere Bedeutungen, neben dem deutschen »Streik« meint es auch »Schlag« oder »Volltreffer« – als Verb auch »anzünden« oder einen Erfolg oder ein Geschäft »landen« beziehungsweise »sichern«.
8 Letters, S. 174.
9 nach Burns, J. (2009), S. 96.
10 vgl. Heller, A. C. (2009), S. 79.
11 ibid., S. 160.
12 ibid. S. 161.
13 Journals, S. 234.
14 Beauvoir/Sartre 2, S. 311.
15 ibid. S. 312.
16 in: Drei Essays, S. 193–264.
17 ibid. S. 259.
18 ibid. S. 248.
19 ibid. S. 256.
20 ibid. S. 262.
21 BJ, S. 475f.
22 vgl. Wroblewsky, V. v. (Hrsg.) (2004), S. 329.
23 BJ, S. 477.
24 ibid. S. 470.
25 Arendt/Scholem, S. 37f.
26 ibid. S. 39.
27 vgl. hierzu Lewi Stone, Quantifying the Holocaust: Hyperintense kill

rates during the Nazi genocide, in: Science Advances vom 2. Januar 2019, Bd. 5, Nr. 1, eaau7292.

28 vgl. Young-Bruehl, E. (2018/1982), S. 262.

29 Das geplante Buch mündete als zweiter Teil in Arendts »Elemente und Ursprünge totaler Herrschaft« (= EuU).

30 Arendt/Scholem, S. 39.

31 Scholem, G. (1951/1941).

32 Arendt/Scholem, S. 469.

33 Benjamin, W. (2003), S. 695.

34 Arendt/Benjamin, S. 30.

35 Arendt/Scholem, S. 482.

36 ibid.

37 vgl. Kant, I. (1983/1798).

38 ibid.

39 vgl. Young-Bruehl, E. (2018/1982), S. 264.

40 Arendt/Scholem, S. 39.

41 Gabellieri, E. und L'Yvonnet, F. (Hrsg.) (2014), S. 195.

42 ibid.

43 ibid. S. 196.

44 Biographische Details dieser Lebensphase sind entnommen aus Pétrement, S. (1973), S. 673–693.

45 Cahiers 4, S. 317.

46 Pétrement, S. (1973), S. 680.

47 vgl. Pétrement, S. (1973), S. 684f.

48 ibid. S. 689.

49 vgl. ibid. S. 691.

Schneisen

1 Pétrement, S. (1973), S. 692.

2 Auf Deutsch erschienen im Züricher Verlag Diaphanes ab 2009 mehrere dieser Schriften in Neuübersetzung.

3 Berichtet in der französischen Zeitung »L'Express«, Ausgabe vom 11. Februar 1961.

BILDNACHWEIS

Hannah Arendt: akg-images
Ayn Rand: © picture alliance/Everett Collection
Simone Weil: picture alliance © Whiteimages/Leemage
Simone de Beauvoir: akg-images/Denise Bellon

PERSONENREGISTER

Bei kursiv gesetzten Namen handelt es sich um fiktive Charaktere.